本书得到了中国教育国际交流协会的资助，
是中国—中东欧国家高校联合教育项目
《中国—中东欧国家数字经济合作研究》（201905）的最终成果。

中国与中东欧国家数字经济合作研究

邱强◎著

RESEARCH ON
THE COOPERATION BETWEEN CHINA
AND EASTERN EUROPEAN COUNTRIES
ON DIGITAL ECONOMY

中国经济出版社
CHINA ECONOMIC PUBLISHING HOUSE

北 京

图书在版编目（CIP）数据

中国与中东欧国家数字经济合作研究／邱强著. --北京：中国经济出版社，2021.12
ISBN 978-7-5136-5181-3

Ⅰ.①中… Ⅱ.①邱… Ⅲ.①信息经济-经济合作-研究-中国、欧洲 Ⅳ.①F492 ②F495

中国版本图书馆 CIP 数据核字（2021）第 276422 号

责任编辑　罗　茜
责任印制　马小宾
封面设计　久品轩

出版发行	中国经济出版社	
印 刷 者	北京力信诚印刷有限公司	
经 销 者	各地新华书店	
开　　本	710mm×1000mm　1/16	
印　　张	19	
字　　数	321 千字	
版　　次	2021 年 12 月第 1 版	
印　　次	2021 年 12 月第 1 次	
定　　价	88.00 元	

广告经营许可证　京西工商广字第 8179 号

中国经济出版社 网址 www.economyph.com 社址 北京市东城区安定门外大街 58 号 邮编 100011
本版图书如存在印装质量问题，请与本社销售中心联系调换（联系电话：010-57512564）

版权所有　盗版必究（举报电话：010-57512600）
国家版权局反盗版举报中心（举报电话：12390）　　服务热线：010-57512564

前　言

2012年，中国与中东欧国家合作机制在波兰华沙建立以后，中国与中东欧国家开始了卓有成效的合作。2013年，"一带一路"倡议提出之后，中国与中东欧国家的合作主要集中在交通基础设施建设方面。随着合作日益加强，双方合作的领域越来越广泛，合作的内容也越来越丰富，参与合作的国家也越来越多。希腊加入以后，合作机制由原来的"16+1合作"机制扩大到"17+1合作"机制。当今世界数字经济发展日新月异，中国把握住了数字经济发展的浪潮，取得了不凡的成绩，备受世界瞩目。中国将数字经济的成果运用到"17+1合作"中。

为了对中国与中东欧国家数字经济合作的情况有一个全面的了解，以邱强为首席专家的上海对外经贸大学研究团队承担了中国—中东欧国家高校联合教育项目"中国—中东欧国家数字经济合作研究"。本书是该项目的最终研究成果。本书共分十章，由团队成员分工完成。其中，第1章中国与中东欧国家数字经济领域的合作现状和第4章中国与中东欧国家数字经济合作中存在的主要问题以及问题形成的原因由邱强教授和研究生谢梦梦共同完成；第2章中国与中东欧国家数字经济合作领域、形式和内容由李医群副教授完成；第3章中国与中东欧国家数字经济合作的主要特征由纪利群副教授完成；第5章中国与中东欧国家数字贸易竞争力比较研究由王锐副教授完成；第6章中国与中东欧国家间的数字经济合作由邱强教授和研究生于利蓉以及皮特教授的研究生Getorar Agushi共同完成；第7章中国与中东欧国家数字经济互补性分析和第8章中国与中东欧国家数字经济贸易规模、类型和特征由邱强教授和研究生李欣伊共同完成；第9章中国与中东欧国家数据保护规制与法律由上海政法学院张继红教授和研究生顾郡雯共同完成；第10章中国与中东欧国家数字贸易规则制定的现状与展望由上海政法学院殷敏教授和研究生陆哲彬、冶利亚共同完成。

本书选取中国与中东欧国家数字经济合作的现状，合作领域、形式和内容，主要特征，存在的主要问题和问题形成的原因，数字经济的竞争性和互补性，国别间的数字经济合作，数字贸易规模、类型和特征，数据保护规则和数字贸易规则等主题，按照中国电子信息产业发展研究院（赛迪研究院）对数字经济评估的分类，从基础型数字经济、资源型数字经济、技术型数字经济、融合型数字经济和服务型数字经济五个方面来对中国和中东欧国家数字经济合作内容进行全面探讨。每章大体按照文献综述、主要内容的固定形式来安排。

本书作为中外合作项目得到斯洛文尼亚卢布尔雅那大学经济学院物流专业皮特教授的大力支持，皮特教授在本书的结构安排、体例等诸多方面提供了很好的建议。皮特教授还让其研究生 Getorar Agushi 参与了本课题的研究。Getorar Agushi 的硕士学位论文 *Understanding the digital transformation approach—a case of slovenian enterprises*，作为本书的参考文献，给了我们很大的启发。皮特教授及其研究生 Getorar Agushi 还提供了大量的斯洛文尼亚当地企业数字化的相关资料。在课题研究的过程中需要对中东欧国家进行问卷调查，对此，皮特教授也给予了很多帮助。

本书得到了中国教育国际交流协会的资助，是中国—中东欧国家高校联合教育项目"中国—中东欧国家数字经济合作研究"（201905）的最终成果。在中国教育国际交流协会大力支持下，本书的初稿作为课题的中期研究成果提交给协会时，得到了协会的肯定。在此，我们对协会的傅博主任、王迎副主任、富曦萱老师和黄静老师，以及西安交通大学的杨笑老师表示感谢。在课题申请和本书的写作过程中，我校中东欧中心以及学校对外交流处为我们提供了大力支持。在此，我们对尚宇红主任和戴凌婕老师表示感谢。本书的出版得到国际经贸学院高原高峰项目的资助，在此也特别感谢学院领导，感谢黄建忠院长和科研处何欢浪处长。

由于学识水平不高，以及资料的稀缺，本书成稿可能有不足之处，我们今后将不断改进。

邱 强

于上海

2021.5.21

目 录

第1章 中国与中东欧国家数字经济领域的合作现状 …………… 001

1.1 文献综述 …………………………………………………………… 001

1.2 中国与中东欧国家数字经济领域的合作现状 …………………… 004

    1.2.1 双方在基础型数字经济层面的合作现状 ………………… 006

    1.2.2 双方在资源型数字经济层面的合作现状 ………………… 016

    1.2.3 双方在技术型数字经济层面的合作现状 ………………… 021

    1.2.4 双方在融合型数字经济层面的合作现状 ………………… 023

    1.2.5 双方在服务型数字经济层面的合作现状 ………………… 028

第2章 中国与中东欧国家数字经济合作领域、形式和内容 …… 031

2.1 文献综述 …………………………………………………………… 031

2.2 中国与中东欧国家数字经济合作形式和内容 …………………… 032

    2.2.1 基础型数字经济合作 ……………………………………… 032

    2.2.2 资源型数字经济合作 ……………………………………… 035

    2.2.3 技术型数字经济合作 ……………………………………… 036

    2.2.4 融合型数字经济合作 ……………………………………… 038

    2.2.5 服务型数字经济合作 ……………………………………… 039

第3章 中国与中东欧国家数字经济合作的主要特征 …………… 043

3.1 文献综述 …………………………………………………………… 043

    3.1.1 国内研究现状 ……………………………………………… 043

    3.1.2 国外研究现状 ……………………………………………… 045

3.2 中国与中东欧国家数字经济合作的主要特征 …………………… 046

    3.2.1 中国与中东欧国家基础型数字经济合作的主要特征 …… 046

    3.2.2 中国与中东欧国家资源型数字经济合作的主要特征 …… 048

    3.2.3 中国与中东欧国家技术型数字经济合作的主要特征……………049
    3.2.4 中国与中东欧国家融合型数字经济合作的主要特征……………051
    3.2.5 中国与中东欧国家服务型数字经济合作的主要特征……………053

第4章 中国与中东欧国家数字经济合作中存在的主要问题以及问题形成的原因…………057

4.1 文献综述……………………………………………………………057
4.2 中国与中东欧国家数字经济合作中存在的主要问题及其成因………060
    4.2.1 基础型数字经济合作中存在的问题…………………………060
    4.2.2 资源型数字经济合作中存在的问题…………………………062
    4.2.3 技术型数字经济合作中存在的问题…………………………064
    4.2.4 融合型数字经济合作中存在的问题…………………………069
    4.2.5 服务型数字经济合作中存在的问题…………………………072

第5章 中国与中东欧国家数字贸易竞争力比较研究……………075

5.1 文献综述……………………………………………………………076
    5.1.1 数字贸易相关文献综述………………………………………076
    5.1.2 数字贸易竞争力比较相关文献综述…………………………077
    5.1.3 贸易网络分析相关文献综述…………………………………077
5.2 中国与中东欧国家数字贸易发展概述……………………………078
    5.2.1 指标选取与分析方法…………………………………………078
    5.2.2 中东欧国家数字贸易总体发展情况…………………………079
    5.2.3 主要国家数字贸易出口结构分类……………………………090
    5.2.4 主要国家数字经济指数分析…………………………………092
5.3 数字贸易网络构建…………………………………………………098
5.4 数字贸易网络竞争力分析…………………………………………100
    5.4.1 核心—边缘结构分析…………………………………………100
    5.4.2 基于块模型的贸易板块分析…………………………………101
    5.4.3 贸易依赖度分析………………………………………………102
    5.4.4 贸易流量网络整体分析………………………………………106
    5.4.5 贸易流量网络中心性分析……………………………………111
5.5 数字贸易网络竞争力比较结论……………………………………112

5.5.1　贸易竞争力综合测算与排名……………………………………… 112
　　5.5.2　数字贸易竞争力国别分析………………………………………… 115

第6章　中国与中东欧国家间的数字经济合作 …………………………… 121

6.1　文献综述 ………………………………………………………………… 121
　　6.1.1　国内研究现状………………………………………………………… 121
　　6.1.2　国外研究现状………………………………………………………… 122

6.2　中国与波罗的海沿岸三国的数字经济合作 …………………………… 122
　　6.2.1　中国与波罗的海沿岸三国基础型数字经济合作………………… 124
　　6.2.2　中国与波罗的海沿岸三国资源型数字经济合作………………… 126
　　6.2.3　中国与波罗的海沿岸三国技术型数字经济合作………………… 128
　　6.2.4　中国与波罗的海沿岸三国融合型数字经济合作………………… 133
　　6.2.5　中国与波罗的海沿岸三国服务型数字经济合作………………… 134

6.3　中国与维谢格拉德集团四国的数字经济合作 ………………………… 135
　　6.3.1　中国与维谢格拉德集团四国基础型数字经济合作……………… 135
　　6.3.2　中国与维谢格拉德集团四国资源型数字经济合作……………… 138
　　6.3.3　中国与维谢格拉德集团四国技术型数字经济合作……………… 139
　　6.3.4　中国与维谢格拉德集团四国融合型数字经济合作……………… 145
　　6.3.5　中国与维谢格拉德集团四国服务型数字经济合作……………… 146

6.4　中国与东南欧五国的数字经济合作 …………………………………… 147
　　6.4.1　中国与东南欧五国基础型数字经济合作………………………… 147
　　6.4.2　中国与东南欧五国资源型数字经济合作………………………… 150
　　6.4.3　中国与东南欧五国技术型数字经济合作………………………… 152
　　6.4.4　中国与东南欧五国融合型数字经济合作………………………… 157
　　6.4.5　中国与东南欧五国服务型数字经济合作………………………… 158

6.5　中国与西巴尔干五国的数字经济合作 ………………………………… 159
　　6.5.1　中国与西巴尔干五国基础型数字经济合作……………………… 159
　　6.5.2　中国与西巴尔干五国资源型数字经济合作……………………… 161
　　6.5.3　中国与西巴尔干五国技术型数字经济合作……………………… 163
　　6.5.4　中国与西巴尔干五国融合型数字经济合作……………………… 166
　　6.5.5　中国与西巴尔干五国服务型数字经济合作……………………… 167

第7章 中国与中东欧国家数字经济互补性分析 168

7.1 文献综述 168
7.2 数字经济互补性的内涵和类型 169
7.3 中国与中东欧国家基础型数字经济互补性分析 169
7.3.1 基础型数字经济产业结构互补性 169
7.3.2 基础型数字经济技术能力互补性 172
7.3.3 基础型数字经济投资结构互补性 174
7.3.4 基础型数字经济贸易互补性 177
7.4 中国与中东欧国家资源型数字经济互补性分析 179
7.4.1 资源型数字经济产业结构互补性 179
7.4.2 资源型数字经济投资结构互补性 184
7.4.3 资源型数字经济贸易互补性 186
7.5 中国与中东欧国家技术型数字经济的互补性分析 187
7.5.1 技术型数字经济产业结构互补性 187
7.5.2 技术型数字经济技术能力互补性 189
7.5.3 技术型数字经济投资结构互补性 192
7.5.4 技术型数字经济贸易互补性 194
7.6 中国与中东欧国家融合型数字经济互补性分析 196
7.6.1 融合型数字经济产业结构互补性 196
7.6.2 融合型数字经济投资结构互补性 200
7.6.3 融合型数字经济贸易互补性 201
7.7 中国与中东欧国家服务型数字经济互补性分析 202
7.7.1 服务型数字经济产业结构互补性 202
7.7.2 服务型数字经济技术能力互补性 205
7.7.3 服务型数字经济贸易互补性 208

第8章 中国与中东欧国家数字经济贸易规模、类型和特征 210

8.1 文献综述 210
8.2 中国与中东欧国家基础型数字经济贸易规模、类型和特征 210
8.2.1 双方基础型数字经济贸易规模 210
8.2.2 双方基础型数字经济贸易类型 212

8.2.3 双方基础型数字经济贸易特征 213

8.3 中国与中东欧国家资源型数字经济贸易规模、类型和特征 216
 8.3.1 双方资源型数字经济贸易规模 216
 8.3.2 双方资源型数字经济贸易类型 217
 8.3.3 双方资源型数字经济贸易特征 218

8.4 中国与中东欧国家技术型数字经济贸易规模、类型和特征 220
 8.4.1 双方技术型数字贸易规模 220
 8.4.2 双方技术型数字贸易类型 221
 8.4.3 双方技术型数字贸易特征 222

8.5 中国与中东欧国家融合型数字经济贸易规模、类型和特征 225
 8.5.1 双方融合型数字贸易规模 225
 8.5.2 双方融合性数字贸易类型 227
 8.5.3 双方融合性数字贸易特征 228

8.6 中国与中东欧国家服务型数字经济贸易规模、类型和特征 229
 8.6.1 中国服务型数字贸易规模 229
 8.6.2 中东欧国家服务数字贸易规模 230
 8.6.3 双方服务型数字贸易特征 230

第9章 中国与中东欧国家数据保护规制与法律 233

9.1 文献综述 233
9.2 中东欧国家隐私及数据保护法制述评 235
 9.2.1 欧盟《通用数据保护条例》 235
 9.2.2 未加入欧盟的中东欧国家数据保护法制概况 240
9.3 中国个人数据保护法制概况 248
 9.3.1 法制概况 248
 9.3.2 特点分析 251
9.4 中国与中东欧国家在个人数据保护法制方面的比较分析 253
 9.4.1 共性 253
 9.4.2 我国与中东欧国家立法框架的差异 255

第10章 中国与中东欧国家数字贸易规则制定的现状与展望 258

10.1 文献综述 258

  10.1.1　国内研究现状 ……………………………………… 258
  10.1.2　国外研究现状 ……………………………………… 261
 10.2　数字贸易规则的内涵和外延 ………………………………… 262
  10.2.1　数字贸易规则的背景与定义 ……………………… 262
  10.2.2　数字贸易规则的内涵 ……………………………… 263
  10.2.3　数字贸易规则的外延 ……………………………… 264
 10.3　中国—中东欧主要国家数字贸易规则概述 ………………… 267
  10.3.1　中国数字贸易规则概述 …………………………… 267
  10.3.2　中东欧主要国家数字贸易规则概述 ……………… 272
 10.4　中国—中东欧国家数字贸易规则的比较分析及展望 ……… 279
  10.4.1　中国—中东欧国家数字贸易规则比较 …………… 279
  10.4.2　中国—中东欧国家数字贸易规则合作现状及展望 … 281

参考文献 ………………………………………………………………… 284

第1章
中国与中东欧国家数字经济领域的合作现状

1.1 文献综述

在数字经济时代，全球主要国家纷纷将数字经济视为实现经济复苏和推动可持续发展的关键，聚焦关键环节，强化政策引导，着力推动技术创新、产业融合应用、数字治理完善、数字技能提升，以战略制高点驱动数字经济腾飞。

沈子傲（2017）强调，中东欧国家是中国重要的贸易伙伴，更是欧亚国家与中国贸易的联系通道，自古就承担着"丝绸之路经济带"过境地区的重要角色，是中国从陆路通往欧亚国家的必经地区。在"一带一路"倡议中，中东欧国家在经济和政治上都具有重要地位。中东欧国家正经历"欧债危机"后深刻的经济结构调整，其大力推进的"向东开放"政策与中国"一带一路"倡议不谋而合，双方发展契合度高，合作潜力巨大。罗琼和臧学英（2017）认为实现"一带一路"倡议中欧亚大陆的互联互通，中东欧是必经之地。自2008年国际金融危机以来，中东欧国家普遍具有对经济结构调整和基础设施升级的强烈需求。中东欧国家与中国的经贸往来态势良好，在"一带一路"建设中具有诸多优势，合作前景十分广阔。赵福军（2018）指出，自2012年以来，中国与中东欧经贸合作十分成功，双边贸易额快速增长，不断推进合作机制发展，双方搭建了合作对话平台，基础设施建设合作不断深入，实现了互利共赢，增强了相互理解与信任，为今后经贸合作奠定了较好的基础。鞠维伟（2018）认为，自"16+1合作"机制建立以来，特别是"一带一路"倡议提出后，中国与中东欧国家互联互通合作成果显著，在基础设施建设、贸易运输、机制对接、资金融通和民心相通等方面成绩斐然。中国与中东欧国家的互联互通合作已进入"快车道"。刘作奎（2020）强调，"中国—中东欧国家合作"是中国应国际形势变化和中东欧国家需要，而主动设计和推进的一个跨区域合作机制。该机制启动以来，取得了积极进展，积累了丰富经验。他指出双方经贸合作在实际增速和中欧合作占比上均取得进步；人文交流空前活跃，内容和形式丰富多元；各种专业性平台陆续落地，突出了合作的专业性和精细化；中央和地方合作"双轮驱动"，激发出地方参与合作的积极性；首次扩员拓展了合作网络，展示了合作的吸引力和生命力。

中国信息通信研究院发布的《中国数字经济发展与就业白皮书》（2019）显示，2018年中国数字经济规模达到31.3万亿元，按可比口径计算，名义增长20.9%，占GDP比重为34.8%。这表明我国数字经济正进入高速发展的新阶段。葛雪刚（2019）强调数字经济发展已经成为中国落实国家重大战略的关键力量，对实施供给侧结构性改革、创新驱动发展战略具有重要意义。自1994年以来，中国以互联网行业发展为开端，逐步成为世界公认的数字化大国。短短二十多年，中国数字经济不仅在规模上实现"飞跃式"发展，创新模式也由模仿创新向自主创新蜕变，在部分领域开创了"领跑"局面。曹淼孙（2020）指出，我国数字贸易规模稳步扩大，数字贸易红利巨大；中央及地方政府高度重视数字贸易发展，利好政策不断出台；数字贸易服务类型不断丰富，跨境电子商务成为中坚力量；数字贸易发展趋势明朗，但区域发展差异较大。夏蓓丽和彭雪芬（2017）认为，中东欧国家大多数是计划经济转型国家，经济发展水平相对落后，但增长潜力巨大，各国信息化发展水平总体比较接近，在全球处于中等偏上到中等偏下之间。其中，爱沙尼亚、捷克、立陶宛、波兰、斯洛伐克、匈牙利、拉脱维亚和斯洛文尼亚等国信息化发展水平较高，进入全球前50名，其他国家的信息化发展水平也普遍高于世界平均水平。孔田平（2020）认为，中东欧国家未来的经济发展在很大程度上取决于能否有效利用数字化带来的机遇，实现经济的数字化转型。中东欧国家除爱沙尼亚外，数字化水平均落后于欧盟老成员国。中东欧国家工业化离不开数字化。近年来，中东欧国家高度重视第四次工业革命，通过了"工业4.0"战略，希望实现工业的数字化，提升各国家工业的竞争力，避免成为第四次工业革命的"落伍者"。数字化能否成为中东欧国家的增长引擎非常值得关注。

庄怡蓝和王义桅（2018）强调，中东欧国家多数是新兴经济体，互联网发展相对成熟，发展数字经济潜力巨大。"一带一路"倡议为中国—中东欧国家数字经济合作提供广阔的发展空间，目前，中国与中东欧国家已在数字基础设施、电子商务、网络治理等方面取得了优异的成绩。王鹏、魏必和刘思扬（2020）指出我国是数字经济领域的积极实践者，通过大力实施网络强国战略、国家信息化发展战略、国家大数据战略、"互联网+"行动计划等一系列重大战略和行动，促进了数字经济进一步发展，数字经济呈现出良好的发展态势。数字经济已经成为全球合作的契合点，中欧数字经济合作的重要性愈加凸显，当前中国与欧盟开展数字经济合作主要有三种方式：一是依托非政府机构的交流平台；二是借助官方机构；三是通过已有合作框架或者倡议推进相关商贸合作项目。宋爽和陈晓（2020）指出，中国对中东欧国家的投资主要集中在交通、能源、通信等基础设施领域。为了促进中东欧国家数字基础设施的建设，以华为和中兴为代表的中资通信企业，在许多中东欧国家设立了分公司或办事处，参与当地通信设施的建设。

2019年10月8日，第四届中国—中东欧国家创新合作大会在塞尔维亚举行。中方组织了国内15个省份的300余名产学研代表参会，展示项目40余项，涉及高速铁路、信息通信、人工智能、智慧城市与智能交通、高端装备制造、新能源、新材料、健康医学、农业技术、科技园区建设与管理等多个领域。此次大会是落实《中国—中东欧国家合作中期规划》的重要举措，旨在进一步挖掘合作潜力，提升中国与中东欧国家的科技创新合作水平，促进产学研对接与融合，于中国和中东欧国家双方数字经济合作而言，具有积极作用。姜琍（2019）指出，近年来，中国和斯洛伐克在电子通信、机械、汽车、农业和新能源等领域的合作均取得进展。目前，中国在斯洛伐克投资合作的项目主要有：华为斯洛伐克公司、中兴斯洛伐克公司、联想布拉迪斯拉发共享服务中心、中国中车控股汽车零配件厂、航天科工海鹰集团控股IEE斯洛伐克公司、延锋斯洛伐克公司、青岛软控欧洲研发和技术中心、宁波天胜轴承集团有限公司收购斯洛伐克ZVL AUTO公司、斯洛伐克联合工业公司斯中葡萄园、长荣斯洛伐克有限公司。吴若男等（2020）强调，近年来，中国和保加利亚的双边贸易加速增长，跨境电商平台和各种展会在推动中国同保加利亚的贸易中发挥了重要作用。另外，中国对保加利亚的投资额显著增长，投资领域涉及农业、能源、汽车和通信等。在原有的合作基础上，中保双方不断创新合作模式，拓宽合作领域。在传统的农业领域，中国—中东欧国家首个农业合作示范区以及农产品电商物流中心相继落户保加利亚。跨境电商平台的建立降低了跨境交易成本，扩大了双边贸易额。姜琍（2020）指出，中捷的双边贸易以及双向投资不断扩大。在数字经济层面，在捷克投资的中资企业有 40 多家，其中，华为技术有限公司、中兴通信股份有限公司、联洲技术有限公司是具有代表性的信息通信公司。

1.2 中国与中东欧国家数字经济领域的合作现状

当今世界，以大数据、云计算、人工智能、物联网、区块链等为代表的新一代科技革命席卷全球，并在经济社会领域得到迅速、广泛的应用，催生出以数字经济为代表的新一轮产业变革。全球已经进入数字经济主导的新时代。

相关测算数据显示，2018 年我国数字经济总量达到 31.3 万亿元，占 GDP 比重超过 1/3，达到 34.8%，同比提升 1.9 个百分点（见图 1-1）。数字经济蓬勃发展，推动传统产业改造升级，为经济发展增添新动能。2018 年数字经济发展对 GDP 增长的贡献率达到 67.9%，同比提升 12.9 个百分点，超越部分发达国家水平，数字经济成为带动我国国民经济发展的关键力量。

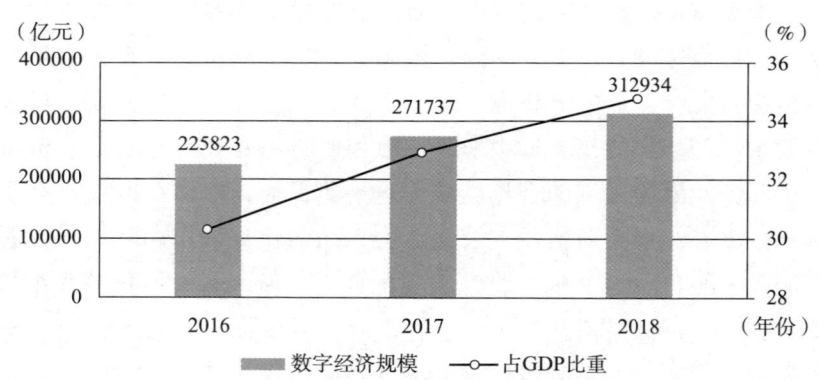

图 1-1　2016—2018 年中国数字经济发展情况

资料来源：中国信息通信研究院。

麦肯锡咨询公司根据数字化的程度（信息通信技术部门的价值、电子商务市场的价值和离线消费者在数字设备支出的价值三个指标），将欧盟国家分为"数字领跑者""数字挑战者"和"欧盟五大国"。其中"数字领跑者"为比利时、丹麦、爱沙尼亚、芬兰、爱尔兰、卢森堡和荷兰，这些国家在数字化领域处在领先地位；"数字挑战者"为保加利亚、捷克、克罗地亚、匈牙利、拉脱维亚、立陶宛、罗马尼亚、波兰、斯洛伐克和斯洛文尼亚，即除爱沙尼亚之外的中东欧欧盟成员国，这些国家在数字化领域具有巨大的发展潜力。数据显示，2016年"数字挑战者"数字经济规模与"欧盟五大国"不相上下，但人均数字GDP与"数字领跑者"和"欧盟五大国"相比水平较低，2012—2016年"数字挑战者"的数字经济增长率略高于"数字领跑者"，是"欧盟五大国"的2倍，见表1-1。

表1-1 2016年欧洲国家数字经济发展比较

国家	数字经济占GDP的比重（%）	人均数字GDP（欧元）	数字经济增长率（2012—2016年）（%）	非数字经济增长率（2012—2016年）（%）
"数字挑战者"	6.5	746	6.2	2.6
"欧盟五大国"	6.9	2264	3.1	1.2
"数字领跑者"	7.3	3276	5.9	2.0
瑞典	9.0	41252	9.9	2.2

资料来源：麦肯锡咨询公司。

总体来看，中东欧国家核心地区经济增长乐观，但16国经济发展水平仍参差不齐、差距较大。除爱沙尼亚之外，中东欧国家的数字化水平低于欧盟发达国家。麦肯锡数字指数表明，中东欧的数字经济在不同领域的发展并不均衡。在信息通信技术和金融保险领域，数字经济较为发达，为"数字引领者"。在制造业和批发零售业、矿业、运输和仓储业，数字化水平居中，为"数字追随者"。艺术和娱乐业，住宿和餐饮服务业，农业，医疗、教育和政府服务产业的数字化水平相对滞后，为"数字新手"。2019年，瑞士洛桑国际管理发展学院（IMD）对世界63个国家的数字竞争力进行排名。从表1-2可以看出，中东欧国家中爱沙尼亚和立陶宛的排名居于前30位。与2015年相比，2019年，波罗的海沿岸国家捷克、斯洛伐克和克罗地亚排名下降。斯洛文尼亚、波兰、匈牙利、保加利亚和罗马尼亚排名上升。

表1-2 2019年中东欧国家数字竞争力排名

国家	得分	排名（括号内为2015年排名）
爱沙尼亚	78	29（27）
立陶宛	77	30（28）
斯洛文尼亚	75	32（39）

续表

国家	得分	排名（括号内为2015年排名）
波兰	73	33（38）
拉脱维亚	72	36（34）
捷克	71	37（31）
匈牙利	65	43（44）
保加利亚	63	45（54）
罗马尼亚	62	46（51）
斯洛伐克	62	47（43）
克罗地亚	59	51（46）

近年来，我国与中东欧国家经贸合作逐渐加强，双边贸易增长迅速。2003—2016年，中国与中东欧国家双边贸易额从86亿美元上升到587亿美元。中国在中东欧国家的投资项目持续增加，投资领域涉及机械、电子、电信、化工、印刷、农业、汽车、物流、新能源等。2017年是我国与中东欧国家"16+1合作"机制成立的5周年。2017年11月，李克强总理在出席第六次中国—中东欧国家领导人会晤期间发表的署名文章中表示，我国与16个中东欧国家之间的政治互信日益加深，先后同塞尔维亚、波兰和匈牙利建立了全面战略伙伴关系，和捷克成为战略伙伴，经济合作稳步前进，并提出在共建"一带一路"中寻找新动力，而数字经济层面的进一步合作将是开发这一新动力的关键环节。

1.2.1 双方在基础型数字经济层面的合作现状

基础型数字经济主要体现为数字基础设施的建设，包括数字产品和数字服务的生产和供给，如电子信息制造业、信息传输业、软件和信息技术服务业等。电子信息制造业主要包括计算机、网络通信、数字视听、集成电路、元器件、应用电子等产品的制造。信息传输业指利用信息技术进行的信息传输服务，主要包括电信服务、广播电视传输服务、卫星传输服务和互联网相关服务。软件和信息技术服务业包括软件开发、信息系统集成服务、信息技术咨询服务、数据处理和存储服务、集成电路设计和其他信息技术服务业。基础型数字经济侧重于物理数字基础设施的建设，体现了数字经济的"硬实力"。

本节主要从"数字基础设施"和"信息与通信技术（ICT）行业"两个角度来阐述中国和中东欧国家在基础型数字经济层面合作的情况。

1.2.1.1 数字基础设施

数字基础设施的发展是夯实基础型数字经济的关键所在，更是盖好数字经济这座大楼的地基。我国互联网普及率呈现逐年上升之势，已经从2015年的50.3%上升至2018年的56.9%。数据显示，截至2019年6月，我国互联网普及率已达到61.2%。此外，随着"双G双提"工作的加快落实，全国网络提速卓有成效，固定宽带迈入"千兆时代"。截至2019年底，三家基础电信企业的固定互联网宽带接入用户总数达4.49亿户，全年净增4190万户。其中，1000Mbps及以上接入速率的用户数达87万户，100Mbps及以上接入速率的固定互联网宽带接入用户总数达3.84亿户，占固定宽带接入用户总数的85.4%，占比较上年末提高了15.1个百分点。移动网络覆盖向纵深发展，4G用户总数达12.8亿户，全年净增1.17亿户，占移动电话用户总数的80.1%，具体见图1-2。

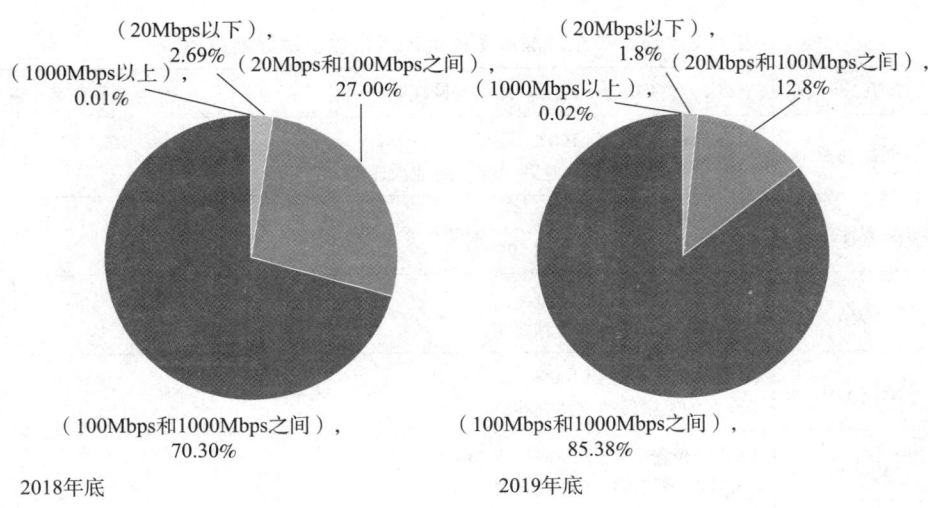

注：分组下限在内

图1-2　2018年和2019年中国固定互联网宽带各接入速率用户占比情况

资料来源：《2019年通信业统计公报》。

根据国际电信联盟的统计，2018年，中东欧国家移动电话用户的普及率超过 100%。匈牙利每百人拥有移动电话 103 部,爱沙尼亚每百人拥有移动电话 145 部。此外,参考欧盟数字经济和社会指数,从联通性(包括各国固定宽带、移动宽带、快速与极速宽带以及价格指标)层面分析,对固定宽带(基本、快速和超快)的比较评估显示,荷兰和卢森堡表现最佳,相比之下,希腊、波兰和克罗地亚的表现最差。在移动宽带方面,芬兰、丹麦、拉脱维亚和意大利的得分领先欧洲,而罗马尼亚和匈牙利的得分最低。从移动语音和数据的价格看,300 个语音呼叫+1GB 数据的套餐价格为 8~59 欧元,欧盟国家的平均价格为 22 欧元,其中价格最便宜的国家是卢森堡、意大利、斯洛文尼亚、奥地利和法国,最低价格低于 10 欧元。相比之下,保加利亚为 59 欧元,希腊为 56 欧元、匈牙利为 47 欧元、斯洛伐克为 46 欧元、捷克为 43 欧元。总体而言,大多数中东欧国家移动语音和数据的价格偏高。

在互联网渗透率方面,中东欧国家的渗透率明显高于中国。根据《2017 年欧洲电子商务报告》显示,中东欧国家中互联网渗透率最高的爱沙尼亚达 96%,在欧洲国家中排名第 4 位,而克罗地亚和保加利亚渗透率分别为 70% 和 60%,低于欧洲平均值(77%)、欧盟平均值(83%),处于欧洲最低水平。部分中东欧国家不同速宽带覆盖率计划目标见表 1-3。

表 1-3 部分中东欧国家不同速度宽带覆盖率计划目标

国家	至 2020 年所期望实现的目标(特别注明的例外)
保加利亚	30 兆的覆盖率达到 100% >100 兆的家庭渗透率达到 50%,企业渗透率达到 80%
克罗地亚	30 兆的覆盖率达到 100% 100 兆的家庭渗透率达到 50%
捷克	30 兆的覆盖率达到 100% 100 兆的家庭渗透率达到 50%
爱沙尼亚	30 兆的覆盖率达到 100% 100 兆的家庭渗透率达到 60%
匈牙利	30 兆的覆盖率达到 100%(2018 年) 100 兆的家庭渗透率达到 50%
拉脱维亚	30 兆的覆盖率达到 100% 100 兆的家庭渗透率达到 50%
立陶宛	30 兆的覆盖率达到 100% 100 兆的家庭渗透率达到 50%

续表

国家	至2020年所期望实现的目标（特别注明的例外）
波兰	30兆的覆盖率达到100% 100兆的家庭渗透率达到50%
罗马尼亚	30兆的覆盖率达到100% >30兆的覆盖率达到80% 100兆的家庭渗透率达到50%
斯洛伐克	30兆的覆盖率达到100%
斯洛文尼亚	30兆的覆盖率达到4% 100兆的家庭渗透率达到96%

资料来源：European Commission, Connectivity-Broadband Market Development in the EU。

近年来，中国与中东欧国家基础型数字经济的合作主要体现在中国企业加大对中东欧国家的数字基础设施建设的投资方面。华为、中兴等均对波兰和匈牙利开展了大规模投资。2015年，华为公司宣布向匈牙利投资近100亿福林（约合2.29亿人民币），用于匈牙利宽带网络的建设，同时计划适当扩大华为在匈牙利的研发中心。华为在匈牙利铺设大约1000千米的光缆，为近14万户匈牙利居民提供宽带网络。此外，华为公司还与沃达丰公司合作，提供4G移动网络服务。同时华为公司联手匈牙利电信，提供IP-TV技术和网络。华为在匈牙利的基地位于布达佩斯郊区，公司旨在拓展其区域功能，进一步提高生产和物流水平。该基地面向全欧洲的华为设备，对退回的产品和零部件进行处理，提供售后服务。2017年初，中国—中东欧投资合作基金出资6880万美元收购了匈牙利电信公司Invitel 99%的股权，并计划在收购完成后与华为公司合作建设高速光纤网。

1.2.1.2 信息与通信技术（ICT）行业

当前，中国电子信息制造业发展态势基本平稳。工业和信息化部的数据显示，中国规模以上电子信息制造业增加值同比增长率于2017年达到最大值13.8%，2019年回落至9.3%，见图1-3。按照主要行业分析，2019年12月，通信设备制造业增加值同比增长9.4%，在主要产品中，手机产量同比增长3.5%，其中智能手机产量同比增长0.3%；电子元件及电子专用材料制造业增加值同比增长20.7%，在主要产品中，电子元件产量同比增长26.9%；电子器件制造业增加值同比增长8.3%，在主要产品中，集成电路产量同比增长30%；计算机制造业增加值同比增长9.2%，在主要产品中，微型计算机设备产量同比增长 13.2%。

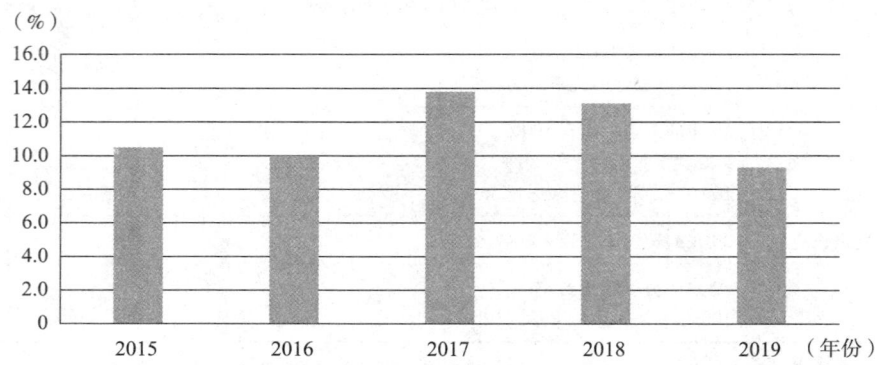

图 1-3　2015—2019 年中国规模以上电子信息制造业增加值同比增长变化趋势
资料来源：工业和信息化部。

与此同时，中国软件和信息技术服务业同样呈现平稳向好的发展态势，收入和利润均保持较快增长速度，从业人数稳步增加，信息技术服务加快云化发展，软件应用服务化、平台化趋势明显。

具体而言，软件业务收入保持较快增长。2019 年，全国软件和信息技术服务业规模以上企业超过 4 万家，累计实现软件业务收入 71768 亿元，同比增长 15.4%，见图 1-4，其中，软件产品收入实现较快增长。2019 年，软件产品实现收入 20067 亿元，同比增长 12.5%，占全行业的比重为 28.0%。其中，工业软件产品实现收入 1720 亿元，增长 14.6%，为支撑工业领域的自主可控发展发挥重要作用。信息技术服务加快云化发展，2019 年，信息技术服务实现收入 42574 亿元，同比增长 18.4%，增速高出全行业平均水平 3 个百分点，占全行业收入的比重为 59.3%。其中，电子商务平台技术服务收入 7905 亿元，同比增长 28.1%；云服务、大数据服务共实现收入 3460 亿元，同比增长 17.6%。信息安全产品和服务收入稳步增加，2019 年，信息安全产品和服务实现收入 1308 亿元，同比增长 12.4%。"嵌入式"系统软件收入平稳增长，2019 年，"嵌入式"系统软件实现收入 7820 亿元，同比增长 7.8%，占全行业收入的比重为 10.9%。"嵌入式"系统软件已成为产品和装备数字化改造、各领域智能化增值的关键性带动技术。

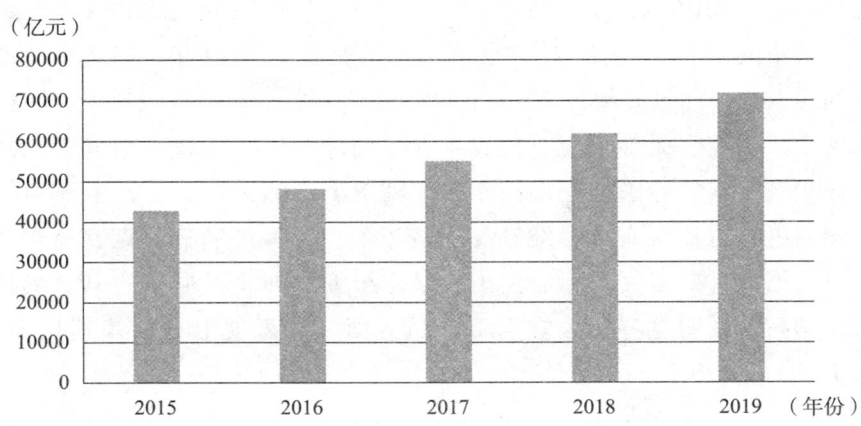

图1-4　2015—2019年软件和信息技术服务业收入变化趋势

资料来源：《2019年软件和信息技术服务业统计公报》。

Eurostat 数据显示，2014—2017 年，中东欧国家的信息和通信技术（ICT）发展总体较为乐观。如图 1-5 所示，保加利亚、克罗地亚、拉脱维亚和波兰的 ICT 部门增加值占国内生产总值（GDP）的比重逐年增加，但除了保加利亚外的其他三国增速不显著，其他各国 ICT 部门增加值占 GDP 比重只是略有波动。

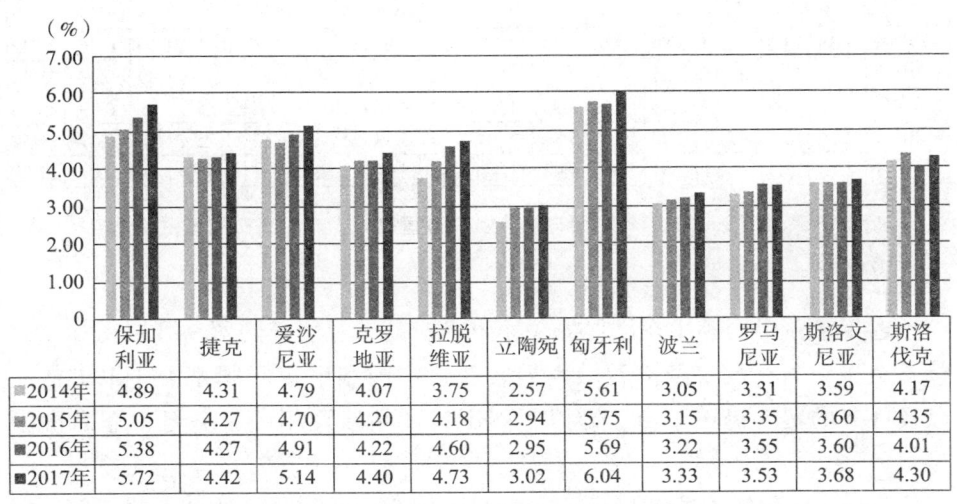

图1-5　2014—2017年中东欧部分国家ICT部门增加值占GDP的比重

资料来源：Eurostat。

中国和中东欧国家的 ICT 产品进出口情况基本趋于平稳。Eurostat 数据显示，2013—2017年，中国的ICT产品出口量于2013年达到最大值，占产品出口总量的27.42%，但2014年有所回落，直至2017年，虽然出口占比有所回暖，但仍然没有超过2013年的水平。从图1-6中可以看出，在中东欧国家中，捷克、爱沙尼亚、拉脱维亚、匈牙利、斯洛伐克的ICT产品出口占比相较于其他各国处于偏高水平。就ICT产品进口而言，中国和中东欧各国的进口占比没有大幅波动。相较于出口，保加利亚、克罗地亚、波兰、罗马尼亚、斯洛文尼亚、黑山、塞尔维亚、阿尔巴尼亚的ICT产品进口占比越高，说明这些国家在ICT产品方面一定程度上更依赖其他国家，见图1-7。

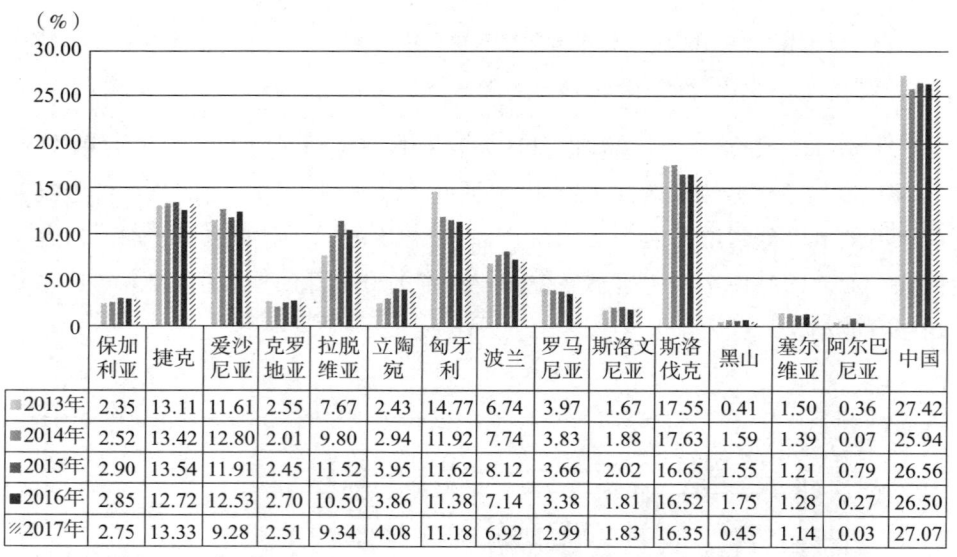

图1-6 2013—2017年中国与部分中东欧国家ICT产品出口总量占比情况

资料来源：Eurostat。

近年来，中国和中东欧国家关于ICT产品以及服务的贸易开展得如火如荼。由于中国在数字经济领域发展较快，中国和中东欧国家关于ICT产品以及服务的贸易仍不平衡，即以中国出口产品以及相关服务至中东欧国家为主。

Comtrade数据库数据显示，在中东欧国家中，捷克、波兰、匈牙利、斯洛伐克等国的集成电路进口对中国有一定的依赖性，见图1-8。同时，保加利亚、捷克、匈牙利、拉脱维亚、斯洛伐克等国是中国集成电路的供应国，见图1-9。但是，就贸易总值而言，中东欧国家集成电路的进口贸易值大于

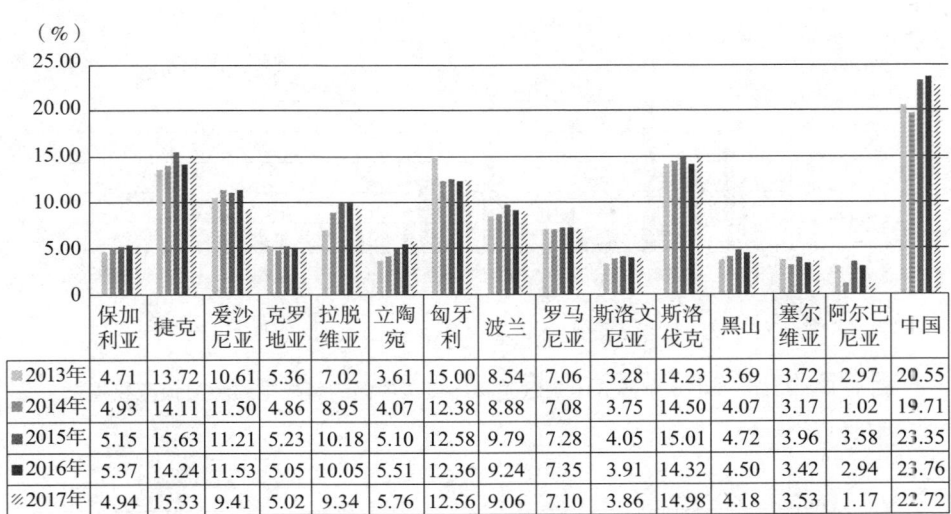

图 1-7　2013—2017 年中国与部分中东欧国家 ICT 产品进口总量占比情况

资料来源：Eurostat。

出口贸易值。在 ICT 产品细分领域，通信设备、电子零件等产品贸易的特点也如此。就通信设备而言，捷克、波兰、罗马尼亚等国与中国贸易往来相对频繁。其中，波兰对中国通信设备的进口量远大于出口量，且对中国通信设备的依赖程度相较于中东欧其他国家更高（见图 1-10 和图 1-11）。此外，斯洛伐克、斯洛文尼亚、波兰和捷克等国对中国的电子零件也有需求。其中，2018 年斯洛伐克从中国进口的电子零件贸易总值相较于 2017 年激增（见图 1-12）。

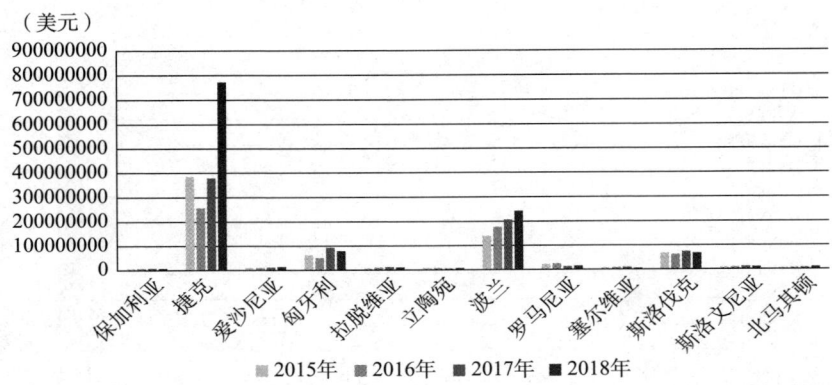

图 1-8　2015—2018 年部分中东欧国家从中国进口集成电路贸易值变化情况

资料来源：Comtrade 数据库。

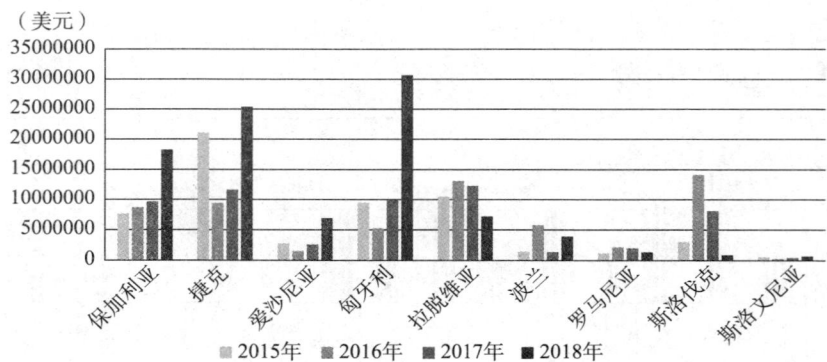

图 1-9　2015—2018 年部分中东欧国家出口至中国的集成电路贸易值变化情况
资料来源：Comtrade 数据库。

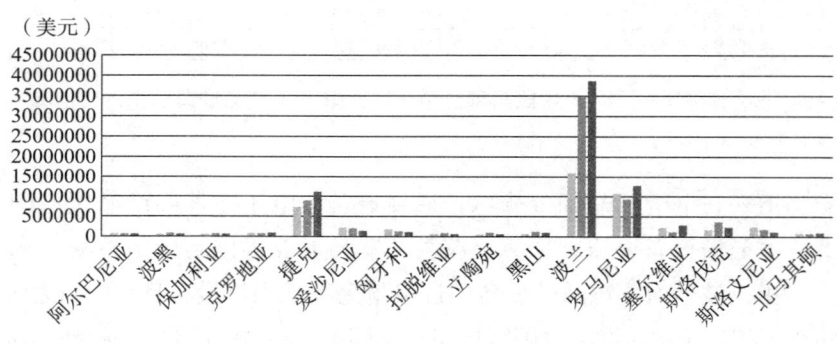

图 1-10　2016—2018 年中东欧国家从中国进口的通信设备贸易总值变化情况
资料来源：Comtrade 数据库。

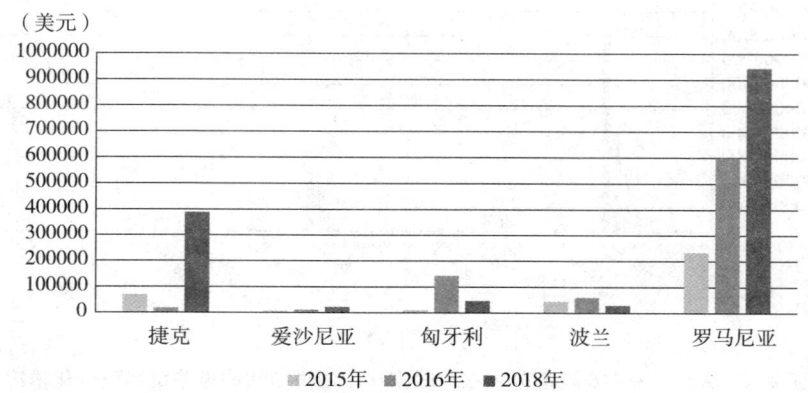

图 1-11　2015—2018 年部分中东欧国家出口至中国的通信设备贸易值变化情况
资料来源：Comtrade 数据库。

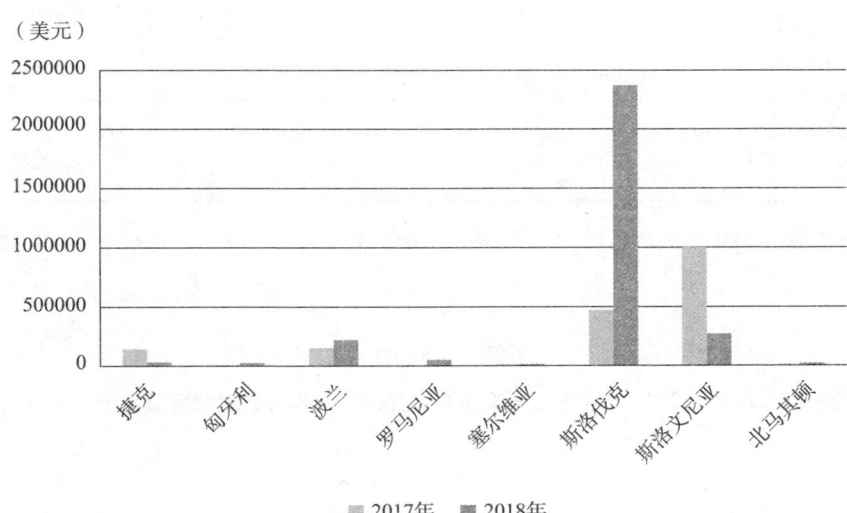

图 1-12 2017—2018 年部分中东欧国家从中国进口电子零件贸易总值变化情况

资料来源：Comtrade 数据库。

就 ICT 服务贸易而言，由于中国与中东欧国家数字经济发展存在差异，双方在 ICT 服务领域的合作主要还是中方占主导地位，虽然部分中东欧国家也有相关服务出口至中国，但是中方在合作中仍为主要的服务提供者。如图 1-13 和图 1-14 所示，在中东欧国家中，捷克在计算机和信息服务领域与中国合作密切。

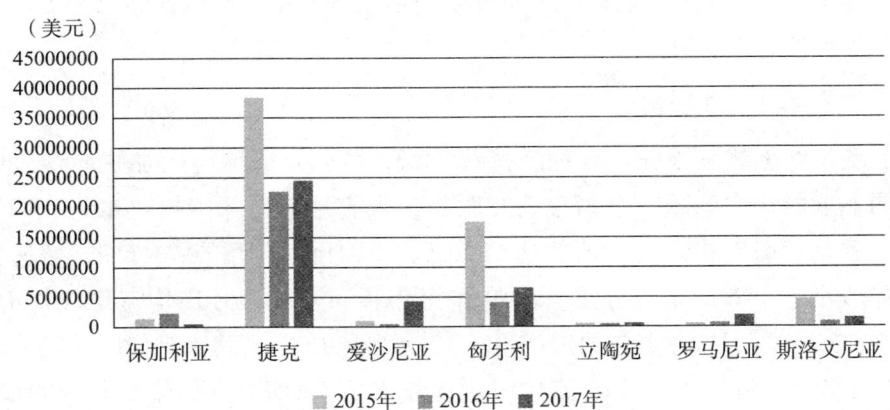

图 1-13 2015—2017 年中东欧国家进口中国计算机与信息服务的贸易值变化情况

资料来源：Comtrade 数据库。

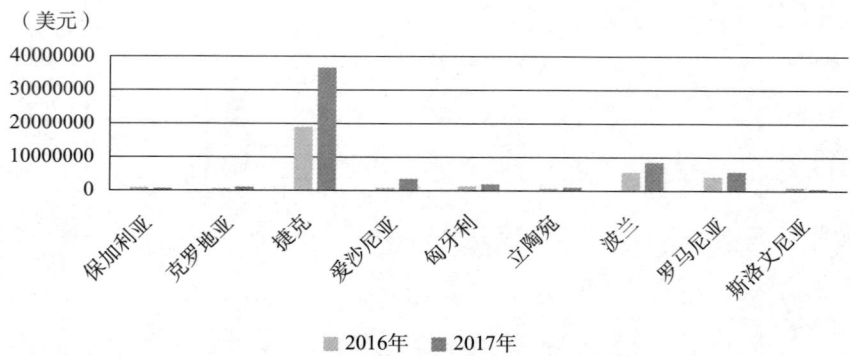

图1-14 2016—2017年中东欧国家出口中国的计算机与信息服务贸易值变化情况
资料来源：Comtrade 数据库。

1.2.2 双方在资源型数字经济层面的合作现状

资源型数字经济体现了对数据资源的利用，包括潜在的数据资源及数据资源的利用。潜在数据资源是指潜在的数据规模，如移动用户数据、App 的历史访问记录等，这些数据蕴含着巨大的经济价值。数据资源的利用则主要体现为数据资源的集聚和应用。数据资源集聚包括数据中心建设，数据清洗、存储与备份，数据安全保障等。数据资源应用包括数字加工、分析、交易、运营等。资源型数字经济体现了数字经济的"软实力"。

本节从互联网和大数据两个角度来描述中国和中东欧国家在资源型数字经济层面的合作规模。

1.2.2.1 互联网

我国线上线下服务融合创新持续活跃，各类互联网应用加快向四五线城市和农村用户渗透，全国移动互联网接入流量消费保持较快增长。2019年，移动互联网接入流量消费达 1220 亿 GB，比上年增长 71.6%，增速较上年收窄了 116.7 个百分点。2019 年全年移动互联网月户均流量（DOU）达 7.82GB/户/月，是上年的 1.69 倍；12 月当月 DOU 高达 8.59GB/户/月。其中，手机上网流量达到 1210 亿 GB，比上年增长 72.4%，在总流量中占 99.2%（见图 1-15）。

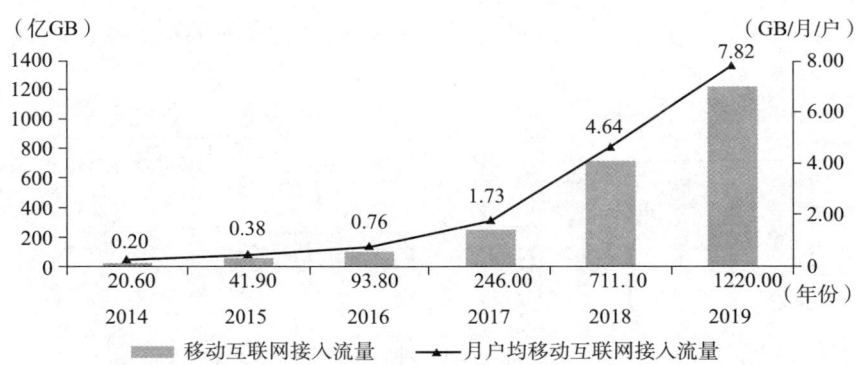

图 1-15　2014—2019 年中国移动互联网流量及月 DOU 增长情况

资料来源:《2019 年通信业统计公报》。

中国工业和信息化部数据显示，2015—2019 年，我国固定互联网宽带接入用户总量从 2.13 亿户飙升至 4.49 亿户（见图 1-16），5 年中用户总数增加了两倍之多。另外，《2016 年通信业统计公报》显示，2016 年，我国固定宽带接入时长全年累计达到 57.5 万亿分钟。

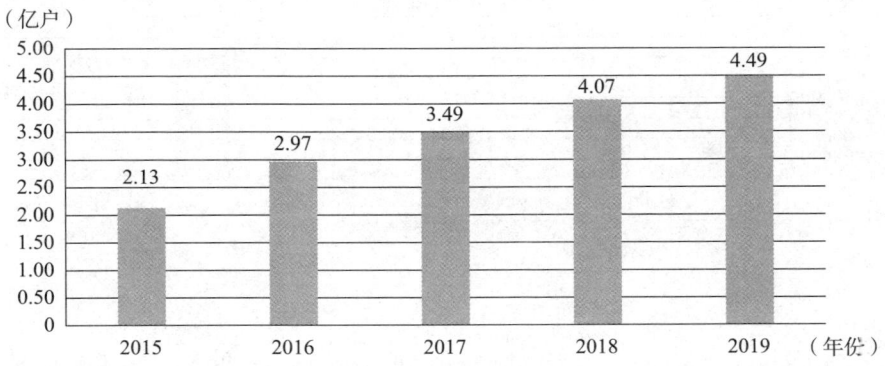

图 1-16　2015—2019 年中国固定互联网宽带接入用户总数变化情况

资料来源：中国工业和信息化部。

Eurostat 数据显示，2018 年中东欧 16 国的家庭互联网接入平均水平高达 80%，其中爱沙尼亚的家庭互联网接入水平最高，为 90%；波黑的家庭互联网接入水平最低，为 69%（见图 1-17）。世界银行数据库相关数据显示，波兰、罗马尼亚、捷克、匈牙利和保加利亚等国的固定宽带用户数较多。其中，保加利亚、匈牙利、罗马尼亚、塞尔维亚和斯洛伐克等国这一指标呈逐年上升的趋势（见图 1-18）。目前，中东欧国家也在着手 5G 网络的部署，以使民众能够获得高速移动互联网接入服务，在数字经济时代，技术传播和应用的速度大大加快，数字技术设施的更新为数字化转型提供了物质基础。

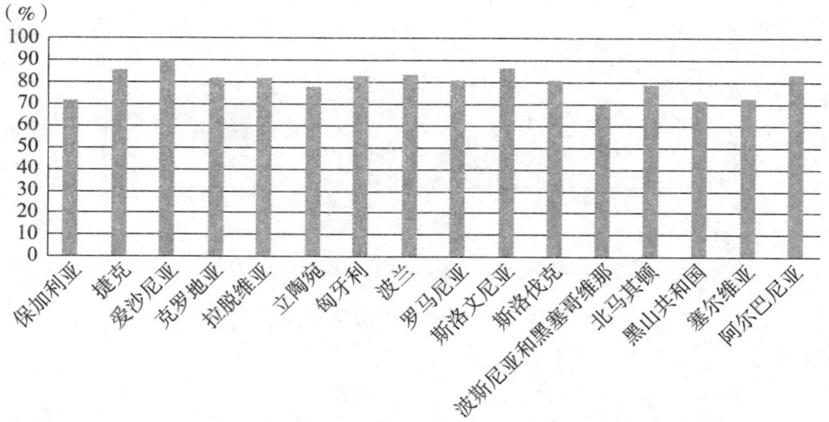

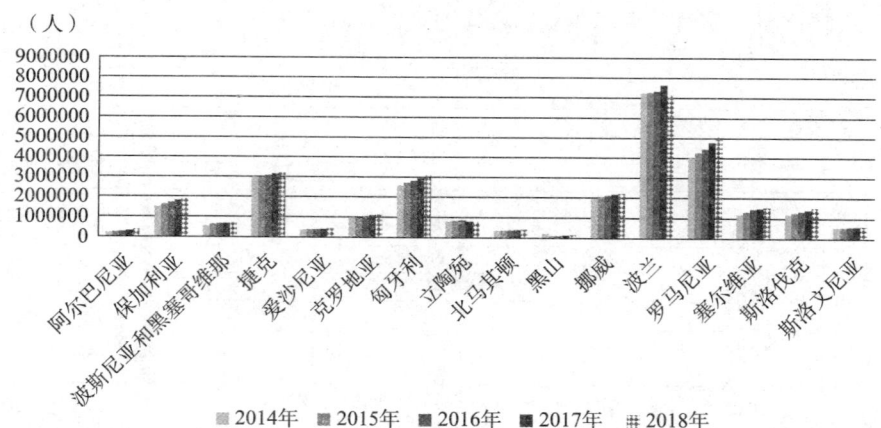

图 1-17　2018 年中东欧国家家庭互联网接入水平

资料来源：Eurostat。

图 1-18　2014—2018 年中东欧国家固定宽带用户数变化情况

资料来源：世界银行数据库。

中国和中东欧国家在互联网上的合作主要体现在各方对互联网的协作运用上，一系列"互联网+"项目正在不断推进。随着数字经济时代的到来，"数字丝绸之路"也逐渐成为各沿线国家的关注焦点。2017 年 12 月 3 日，在中国举行的第四届世界互联网大会上，中国、埃及、老挝、沙特阿拉伯、塞尔维亚、泰国和土耳其等国家达成了《"一带一路"数字经济国际合作倡议》。该倡议提出"数字丝绸之路"的建设内容，即进一步拓展宽带使用的范围和规模、提升宽带运行的速度和质量、加大在信息和通信技术领域的投资等，提出推动通信端口网络的建设，如跨境光缆的铺设等，从而改善国际通信状况并提高互联互通的层次，顺利推进"数字丝绸之路"。中东欧国家在"数字丝绸之路"经济带中占有重要的地位，是我国将"数字丝绸之路"通向欧洲的重要布局之地。

1.2.2.2 大数据

大数据已经成为重要的经济资源，并获得各国的高度重视。《2019年通信业统计公报》显示，2019年，我国固定数据及互联网业务收入实现2175亿元，比上年增长5.1%，见图1-19；固定数据在电信业务收入中占比由上年的15.9%提升到16.6%；移动数据及互联网业务收入为6082亿元，比上年增长1.5%，见图1-20；此外，《中国大数据产业发展评估报告》指出，2018年，我国大数据产业规模达到4384.5亿元，据预测这一指标于2021年会达到8070.6亿元，见图1-21。

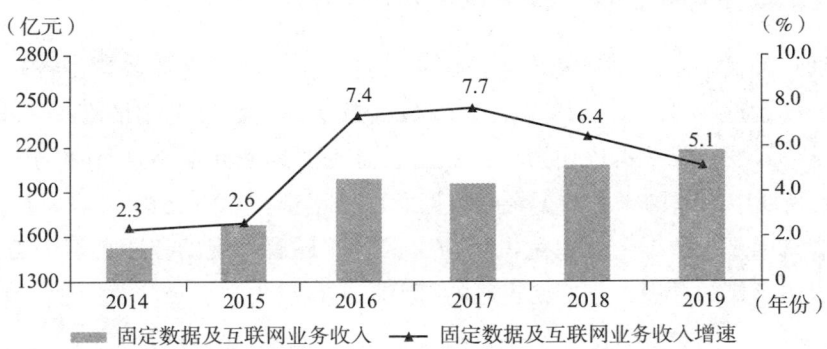

图1-19　2014—2019年中国固定数据及互联网业务收入情况

资料来源：中国工业和信息化部《2019年通信业统计公报》。

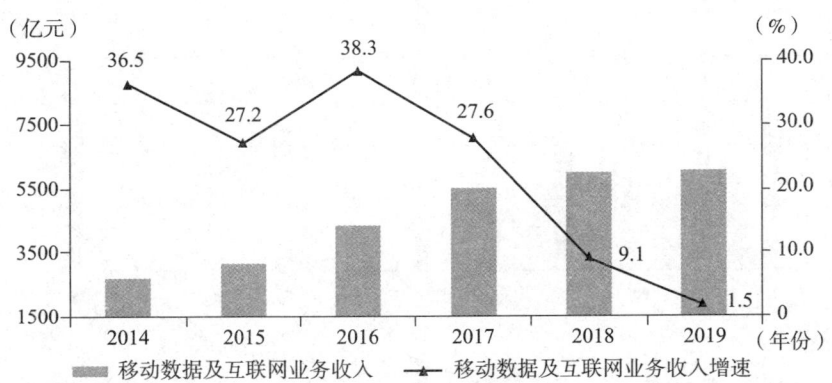

图1-20　2014—2019年移动数据及互联网业务收入发展情况

资料来源：中国工业和信息化部《2019年通信业统计公报》。

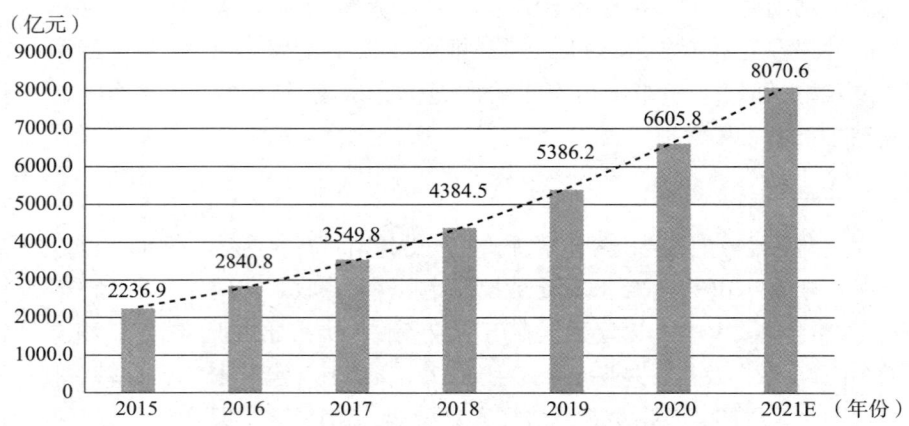

图 1-21　2015—2021 年中国大数据产业规模及预测情况

资料来源：《中国大数据产业发展评估报告》。

近年来，中东欧国家大数据企业初显身手，大数据企业数量占各国总企业数的比重逐年增加。2018 年，立陶宛大数据企业数量占比最高，为 14%；爱沙尼亚、罗马尼亚占比均为 11%；再次是克罗地亚和斯洛文尼亚的占比为 10%；其他中东欧国家大数据企业数量所占比重都在 10% 之内（见图 1-22）。虽然中欧国家大数据企业数量占比与中国相比还有一定的差距，但随着双边以及多边合作的开展，它们在追赶的路上将越跑越快。

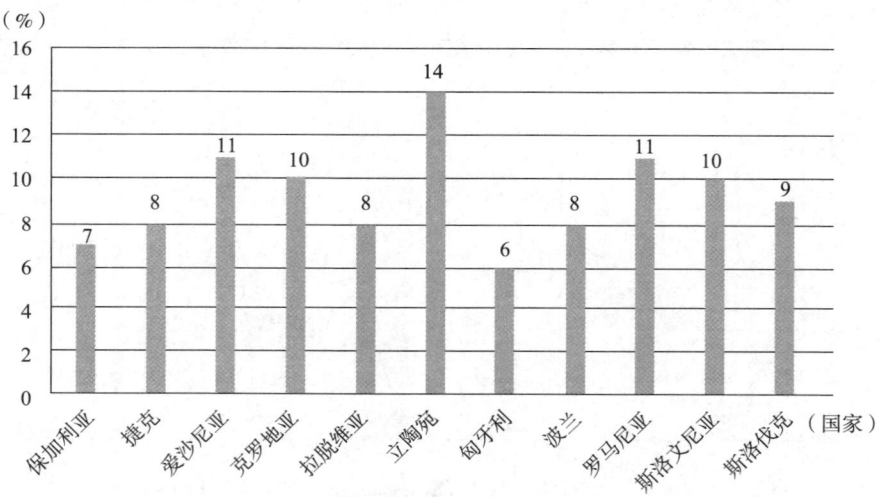

图 1-22　2018 年部分中东欧国家大数据企业数量占总企业数的比重

资料来源：Eurostat。

中国在与中东欧国家的经济合作中，大数据层面的合作是全方位的，从私人服务至政府间交流都有涉及。2017年，携程旅行与匈牙利国家旅游局签署了战略合作协议，该协议的签署意味着携程将与匈牙利旅游局通过旅游相关大数据以及精细准确的用户画像分析，更加精确地掌握各方游客的旅行以及消费习惯，更有针对性地展开营销服务。2018年，宁波市商务局组织建设了数字中东欧信息平台，通过不断完善已经掌握的相关中东欧国家的各类信息，利用微信公众号、相关App以及抖音之类的短视频平台进行宣传。贸易数据中心储存的相关中东欧国家数据信息，通过大数据的处理以及相关数字信息平台的展示，为中国和中东欧国家相关企业乃至普通民众提供了所需的信息，节约了信息获取时间，促进了中国和中东欧国家合作。

1.2.3 双方在技术型数字经济层面的合作现状

技术型数字经济主要体现为数字经济领域的前沿技术、颠覆性技术的投入，以及围绕技术转移、转化带来的技术输出。技术型数字经济范畴覆盖数字技术产品制造、信息技术服务、网络通信服务、新兴数字技术等方面的技术布局与升级。目前，数字技术的更新主要体现在技术自主研发、技术获取与改造升级方面。

本节主要从5G技术、云计算云服务技术和人工智能三个领域来阐述中国与中东欧国家在技术型数字经济层面的合作现状。

1.2.3.1 5G技术

中国与中东欧国家在技术型数字经济方面的发展意愿趋于一致，双方在信息通信领域有着长期、良好的合作基础，其中最突出的领域是5G技术。5G技术已然成为全球热议的话题，"4G改变生活，5G改变社会"，业界普遍认为5G将会给人类的生产生活方式带来一次革命性的进步，其重要性堪比蒸汽机和电力，5G将会重塑国际政治新格局。

中国—中东欧国家早于2015年签署了关于5G战略合作的联合声明。这体现了中国和中东欧各国在5G技术上意欲开展合作的长远共识。目前，中国的5G产业已经走在了世界前列。据悉，按国家统计，全世界5G标准立项并且通过数量为中国21项、美国9项、欧洲14项、日本4项、韩国2项；5G相关技术专利申请量超1000项的电信设备商有华为、诺基亚、LG、爱立信、三星、高通、中兴。按国家统计，中国相关技术专利申请数量位居世界榜首。

因此，关于中国和中东欧国家在 5G 技术方面的合作，以中国企业在中东欧地区开展相关技术建设为主。华为作为中国通信信息技术的顶尖企业，近年来大力在中东欧国家推广电信技术。从 2G 技术到 5G 技术，华为在中东欧国家的口碑良好。2019 年为 5G 元年，更多的欧洲国家表示在 5G 技术方面向中国企业打开大门。跨国电信运营商 Telenor 于 2019 年 6 月 21 日在塞尔维亚正式启动该国首个 5G 商用移动网络，Zvezdara 科技园区的"Telenor Sutra"公司投入运营第一个 5G 网络，即塞尔维亚第一个 5G 基站。塞尔维亚因此成为最早一批正式开通 5G 商用移动网络的欧洲国家。华为公司是 Telenor 5G 网络的核心供应商，双方保持了十几年的合作关系。除此之外，华为表示其有意与塞尔维亚合作，进一步开发塞尔维亚的 5G 网络。匈牙利、保加利亚等国家也与华为达成了友好合作意向，决定在 5G 手机网络上使用华为技术。华为在中东欧国家能够成功开展其 5G 业务，除其自身过硬的技术外，还离不开中东欧各国的积极配合。截至 2019 年 12 月，华为已经获得 70 多个 5G 商用合同，近一半来自欧洲市场，500000 多个 5G AAU 已发往世界各地，华为将携手各国伙伴共同开创信息技术新时代。众多中国企业通过提升信息技术设施合作的层次，为深化中国与中东欧国家双方数字经济合作创造了条件。

1.2.3.2 云计算云服务技术

当前，中国在云计算领域同样居于国际前列，而中东欧国家在这一领域仍处于初级发展阶段。据相关数据预测，2021 年中东欧国家市场的公共云市场规模将达到 25.4 亿美元，超出 2017 年市场规模的 2 倍以上。虽然在技术方面，中东欧国家处于劣势，但其发展潜力巨大。中国和中东欧国家在云计算领域的合作更多地体现在中国向中东欧地区提供相关技术支持，以促进中东欧国家的云服务技术发展。

阿里云作为中国云计算的领头羊，在与中东欧国家合作方面也走在世界前列。2018 年 8 月，阿里云宣布和中东欧地区最大的 IT 硬件和消费电子分销商 ABC Data 达成了战略合作伙伴关系。此次合作是中国和中东欧地区云计算领域合作的典范。本次合作，阿里云通过 ABC Data 为中东欧地区 8 个国家提供阿里云计算产品和技术，这些国家分别是波兰、捷克、爱沙尼亚、匈牙利、立陶宛、罗马尼亚、斯洛伐克和拉脱维亚，业务范围主要涵盖弹性计算、大数据、人工智能、数据存储等，以帮助各国实现数字化转型。

1.2.3.3 人工智能

近年来，中国在人工智能领域发展迅速。2019年，我国人工智能企业数量超过4000家，位列全球第二。《全球人工智能发展报告（2019）》显示，在全球人工智能高增长企业排名前50位中，入围的中国企业有14家。其他入围的企业分别来自美国、英国、日本、印度以及以色列，未见来自中东欧国家的企业入围。中国的人工智能在数据应用层面拥有较大的优势，但在基础研究、芯片、人才等多项指标上，仍与全球领先地区有一定的差距。但相较于中东欧国家，中国在人工智能上的发展处于领先地位。因此，双方在该领域合作的主要表现仍然是中国向中东欧地区输出较多。

以塞尔维亚为例，塞尔维亚为了能够赶上数字经济的浪潮，促进本国经济的快速发展，2019年和华为签署了关于在该国设立人工智能发展平台的合作备忘录。据报道，中国国际发展合作署提供了约1亿元人民币（约合1300万欧元）的投资。通过本次合作，塞尔维亚未来将在本国国家数据中心中使用华为的高效计算机系统以及人工智能软件平台。

2019年10月，第四届中国—中东欧国家创新合作大会在塞尔维亚举行。本次会议是落实《中国—中东欧国家合作中期规划》的重要举措，进一步挖掘各方的合作潜力，提升中国与中东欧各国的科技创新合作水平。此次创新合作大会是在新一轮全球科技革命和产业变革加速演进，人工智能、大数据、云计算、物联网、区块链等技术群体突破并快速发展的背景下召开的，将进一步推动中国—中东欧国家合作关系深入发展。中方主要负责人表示，中国愿意与中东欧各国在"17+1合作"的框架下，积极寻找各方的利益契合点和合作交汇点，构建更加紧密的创新共同体。

1.2.4 双方在融合型数字经济层面的合作现状

融合型数字经济主要体现为通信技术、网络技术等与传统产业融合所带来的规模增长，其重点指与第一、第二产业的融合。与第一产业的融合体现为农业信息技术的应用，与第二产业的融合体现为将信息技术应用到研发设计、生产制造、销售流通和售后服务等环节，从而实现生产组织方式和运营方式的优化提升。融合型数字经济与基础型数字经济的发展是相辅相成的，是数字技术和设施在传统产业中的应用、融合。

本节主要从智慧农业和智能制造两个维度来描述中国与中东欧国家在融

合型数字经济层面的合作现状。

1.2.4.1 智慧农业

智慧农业是在现代信息技术革命的红利中探索出来的农业现代化发展的新模式，是集集约化生产、智能化远程控制、精细化调节、科学化管理、数据化分析和扁平化经营于一体的农业发展高级阶段，是依托物联网、云计算以及3S技术等现代信息技术与农业生产相融合的产物，可以通过对农业生产环境的智能感知和数据分析，实现农业生产精准化管理和可视化诊断。

按照《全国农业农村信息化发展"十三五"规划》要求，我国农业农村信息化总体水平从35%提高到50%，基本完成农业农村信息化从起步阶段向快速推进阶段的过渡。具体指标包括：农业生产信息化整体水平翻两番，达到12%；农业经营信息化整体水平翻两番，达到24%；农业管理信息化整体水平达到60%；农业服务信息化整体水平达到50%以上等。我国智慧农业所提倡的现代农业精细化生产与物联网技术结合有着巨大的市场需求空间，以感知为前提，人与人、人与物、物与物全面互联的网络平台构筑成功，现代农业悄然步入物联网时代，智慧农业大局已然出现。

2006年，中国与中东欧国家率先在农业领域建立了合作机制。中国已连续举办了10届中国与中东欧国家农业经贸合作论坛，论坛规模逐渐扩大，层次规格也在不断提高，对推动中国与中东欧国家农业务实合作起到了积极作用。在"16+1合作"机制下，农业科技和创新合作成为重点合作领域，先后被纳入中国—中东欧国家领导会晤后联合公布的《贝尔格莱德纲要》《苏州纲要》《索菲亚纲要》《杜布罗夫尼克纲要》等重要成果文件中，得到了各国领导人的高度关注以及一致认可。《中国—中东欧国家合作中期规划》也将农业合作提升到新的高度，提出进一步加强农产品贸易、农产品深加工、农业科技、农业节水灌溉等领域的合作。2015年6月26日，中国与中东欧国家农业合作促进联合会在保加利亚索非亚成立。农业合作促进联合会网站在2016年1月也已正式投入使用，为中国和中东欧国家加强农业合作提供了一个便捷的信息平台。

2018年7月，在第七次中国—中东欧国家领导人会晤期间，首个中国—中东欧国家农业合作示范区在保加利亚揭牌。同年11月8日，中国首家"16+1合作"农产品电商物流中心与展示馆在深圳盐田港隆重开馆。该项目以中国—中东欧国家农业合作机制为依托，通过开展跨境贸易展示交易、金融结算和物流集运一体化综合服务，搭建多方贸易平台，推动中东欧国家的高品质农产品进入中国市场，以满足国人不断升级的消费需求。随着中国与中东欧国家在农业乃至智慧农业上的合作机制不断推进，越来越多的中国企业到中东欧国家进行农业投资，合作领域不断拓展。据悉，天津农垦集团、天津食品集团、安徽丰原集团等企业已在保加利亚、波兰等国投资设厂。以天津食品集团为例，该集团在保加利亚投资3.6亿元建立了农业园区，用于发展农业种植和大宗农产品贸易。据悉，该园区聚集了众多科研机构和企业，旨在构建高标准农田信息化管理系统、建立规模化奶牛场ERP云平台和奶牛信息库、开发百万只蛋鸡自动化管理系统等智能农业体系。目前该园区已形成规模效应，成为中国—中东欧国家农业合作的典范，被中国农业农村部命名为中国—中东欧国家农业合作示范区。中国与中东欧国家农业合作相关机制发展进程见表1-4。

表1-4 中国与中东欧国家农业合作相关机制发展进程

年份	相关机制情况
2006	中国—中东欧国家农业合作论坛（第一届），此后每年一届
2012	中国—中东欧国家领导人会晤机制成立，农业合作论坛被正式纳入总体框架
2015	中国与中东欧国家农业合作促进联合会成立，该联合会定期组织召开咨询委员会会议，每年召开两次，对农业合作进行具体指导
2016	形成农业部长会议、农业合作经贸论坛、农产品博览会"三位一体"模式。其中，第三届中国—中东欧国家农业部长会议主题为"智慧农业——粮食安全和食品安全的创新性解决方案"；第四届中国—中东欧国家农业部长会议主题为"农业数字化——乡村振兴的动力引擎"

1.2.4.2 智能制造

智能制造是一系列新型技术与应用的有机结合，其内涵会随着技术的发展不断变化。当前，智能制造包含"数字化""网络化""智能化"三部分。中国智能制造在全世界范围内属于第二梯队，总体水平强于南非、巴西、印度等新兴制造业国家或地区，但与美国、日本、德国还有较大差距。中国制造企业总体处于"自动化+数字化"阶段，随着智能制造推进，有望在2025年实现总体进入"数字化+网络化"阶段。据统计，2018年我国90%的制造业企业配有自动生产线，但仅有40%的企业实现了数字化管理，5%的企业打通工厂数据，1%的企业使用智能化技术，而预计到2025年，"数字化""网络化""智能化"制造企业占比分别将达到70%、30%、10%。此外，我国细分行业智能制造差别较大。智能制造领域中离散制造业所占比例更高，重点体现在电子电器、工业装备、航空航天、汽车等行业。不同细分行业因其产业特质、发展历史等原因，集中度、规模等均大有不同。

《世界智能制造中心发展趋势报告（2019）》基于对全球50个重要智能制造中心城市的统计和大数据分析，发布了2019世界智能制造中心城市潜力榜单Top 50。其中，中国有22个城市进入榜单，占44%，上海位列榜单第二、深圳位列第五、苏州位列第八、天津位列第十、北京位列第十五（见表1-5）。

表1-5 入围2019世界智能制造中心城市潜力榜单Top 50的中国城市

城市	智能制造指数	排名
上海	0.6250	2
深圳	0.5626	5
苏州	0.5423	8
天津	0.5338	10
北京	0.5149	15
重庆	0.4709	20
佛山	0.4496	24
宁波	0.4342	27
广州	0.4230	32
南京	0.4139	36
武汉	0.4093	37
合肥	0.4083	39
东莞	0.4055	40
无锡	0.4039	41
长沙	0.4022	42
西安	0.3921	43
杭州	0.3913	44
成都	0.3883	45
青岛	0.3846	47
郑州	0.3840	48
烟台	0.3616	49
大连	0.3500	50

资料来源：《世界智能制造中心发展趋势报告（2019）》。

自金融危机之后，欧盟多次强调再工业化，作为欧盟成员国的部分中东欧国家也受到极大的影响。各个国家都相信"工业4.0"能够为欧洲再工业化带来新的希望。而这次再工业化的基石就是现代信息通信技术。"工业4.0"主要围绕大数据、网络安全、工业物联网、数字化、"3D"打印、机器人、人工智能等方面开展。工业数字化能够提高中东欧国家企业的生产效率和国际竞争力。

宁波一直以来是中国与中东欧国家合作的关键城市，其地处"一带一路"和长江经济带的交汇点，也是古丝绸之路的"活化石"和"一带一路"的节点城市。从2014年6月承办中东欧特色商品展起，到连续4年举办中东—中东欧国家投资贸易博览会，再到启动建设国内首个中国—中东欧国家经贸合作示范区，宁波先人一步，在经贸、科技、人文等方面与中东欧国家开展合作。2019年，第五届中国—中东欧博览会在浙江省宁波市圆满落幕，其中"宁波智造"成为展会的一大亮点。据悉，每年从6月开始，宁波美诺华天康药业有限公司的两条固体制剂生产线会越发忙碌。这里每天会有近300万片（粒）药品包装入库，等待发往欧洲市场。美诺华天康药业有限公司的完美"蝶变"源于同斯洛文尼亚最大药企KRKA的深度牵手。2019年该公司通过KRKA公司成品药技术的转移转化，有5款新的成品药实现了商业化生产。这是"宁波智造"借"17+1合作"机制东风，加快向"一带一路"相关国家和地区拓展的典型案例。

作为中国最重要的先进制造业基地之一，宁波一直把发展智能制造作为推动实体经济转型升级、提质增效的主攻方向。制造业是宁波的优势和根基，"宁波智造"更是与中东欧国家合作共建的优势。宁波与中东欧国家落地的双向投资项目数量居全国前列，涵盖医药、汽配、光伏等领域。例如，宁波均胜集团在罗马尼亚、波兰等中东欧国家设有生产基地，向奔驰、宝马、奥迪等品牌客户输送汽车高端功能件，年销售额超50亿元；东方日升公司继在捷克、保加利亚建设光伏电站后，又拿下了罗马尼亚3400万欧元的光伏电站项目，同时计划开拓匈牙利市场；敏实集团在塞尔维亚投资5000万欧元建设了汽配生产厂；克罗地亚H2O Robotics有限公司已与宁波明科电子有限公司和宁波福特继电器有限公司达成合作意向，双方将在余姚研发一款新式水上机器人；保加利亚ECOFOL科技公司将与宁波慧泽生物科技有限公司合作，研发生物矿物叶面肥等产品；保加利亚乳化重油项目、克罗地亚电子差速器项目、塞尔维亚仿真滑雪材料等多个项目正在积极对接中。另外，宁波正争取在罗马尼亚设立首个宁波中东欧产业园，帮助该地企业"走出去"。"宁波智造"正在加快构建全球产业链,代表中国制造疾步走向世界。

1.2.5 双方在服务型数字经济层面的合作现状

服务型数字经济主要指数字技术与第三产业的融合,是针对消费者生活需求而提供的便捷数字服务。具体而言,服务型数字经济包括基础应用(即时通信、网络搜索等)、商务类应用(网上购物、生活服务、旅行等)、金融类应用(互联网理财、网上支付)和公共服务(教育、医疗、政务和出行)等方面。与服务型数字经济发展相对应的是完善的互联网基础设施、庞大的互联网用户,以及在不同生活服务领域的应用。

本节从电子商务、智慧物流和智慧城市三个方面来描述中国和中东欧国家在服务型数字经济层面的合作现状。

1.2.5.1 电子商务

2018年6月,浙江省宁波市举办了第三次中国—中东欧国家经贸促进部长级会议,各方在"一带一路"和"16+1合作"框架下,就中国与中东欧国家贸易、投资、基础设施互联互通、产能、金融、电子商务等重要议题深入交换意见,并达成广泛共识。其中,针对电子商务这一议题,一致通过了《中国—中东欧国家电子商务合作倡议》。可见,中国和中东欧各国在电子商务方面均有强烈的合作意愿。

浙江省宁波市作为中国跨境电商零售进口交易规模最大的城市,正在全面推动中国—中东欧国家的跨境电子商务发展。2019年6月,浙江省宁波市宣布开启"跨境电商中东欧国家拓市行动",这一举措意味着此后中国的消费者能够通过跨境电商平台购买到更多来自中东欧国家的产品。据悉,宁波市寄希望于此次行动,来提升中东欧国家优质商品在中国的认知度和能见度,将宁波市打造成中东欧国家商品进入中国市场的关键城市,建设成为跨境电商进口的全国集散中心。为促进与中东欧国家在跨境电子商务方面的合作,宁波市在同年4月与拉脱维亚投资发展署签署了《关于合作支持建设中国(宁波市)—拉脱维亚跨境电子商务港湾的谅解备忘录》,旨在为双方企业提供物流仓储、口岸清关、金融等一站式服务。同年5月28日,在浙江省(宁波市)—匈牙利经贸科技合作交流会上,宁波中东欧邮政跨境电商园、中大物产云商有限公司与匈牙利邮政集团签署了中东欧跨境电商数字平台的合作协议,共同致力于开展中国—中东欧跨境电子商务物流便捷化通道建设。

中国与中东欧国家在跨境电商层面的合作，离不开中国跨境电商大型企业的推动。据悉，在2019年举行的首届中国—中东欧国家博览会暨国际消费品博览会中，网易考拉分别与拉脱维亚和波兰的化妆品企业达成合作意向，并签下650万美元和350万美元的大订单，此前网易考拉在售的中东欧品牌约30个，单品约为300个，覆盖波兰、捷克、匈牙利、拉脱维亚等国家。此外，云集、贝店等跨境电商平台纷纷与中东欧国家达成了合作协议。在中国的跨境电商企业"走出去"方面，西欧市场相对成熟，而以波兰为代表的中东欧市场仍是一片有待开发的极具潜力的热土。以速卖通为例，在过去的几年里，速卖通在以波兰为重心的中东欧市场的增长率已经超过50%，据当地媒体报道，平均每4位波兰民众中就会有1位使用速卖通进行网上购物。

1.2.5.2 智慧物流

近年来，跨境电商的蓬勃发展带来了大量的国际订单，这些订单的完成最终都离不开物流业。据艾媒咨询公布的数据，2018年全球B2C跨境电商交易规模达到6760亿美元，比2017年增长了27.5%，全球跨境网购普及率达51.2%，其中欧洲的跨境电商市场也正在经历前所未有的活跃与繁荣。电商的繁荣带来仓储物流业的快速发展，近年来以仓储服务为主的物流园区在欧洲如雨后春笋般涌现，而具备成本和区位优势的中东欧国家更是成为物流业竞逐的热土。2017年中投公司牵头引领中国多家投融资机构组成投资团，以122.5亿欧元的价格从黑石集团收购了欧洲大型物流设施资产组合项目Logicor。该项目包含600多个物流设施，分布于17个欧洲国家。此外，中国在欧洲建设的首个国家级境外经贸合作区和首个国家级商贸物流型境外经贸合作区——位于匈牙利布达佩斯的中欧商贸物流合作园区，自2012年成立以来，已经引入包括商贸、物流行业在内的150多家企业入驻并生产运营，每年带动货物进出口贸易额超过2亿美元。

中东欧国家为欧盟东部的"守门员"，是很多企业进入西欧市场重要的跳板。随着"一带一路"国际合作的逐步推进，向中东欧地区投资的中国企业越来越多。同时，中国的电商企业也开始在该地区整合布局，旨在突破海外物流的发展瓶颈。其中，海外保税仓B2B2C模式正迅速发展，该模式是中国电商企业进行第二轮商业升级的黄金搭档。据悉，目前中国在中东欧国家的海外仓涵盖几乎所有的电商产品。例如，浙江华捷投资发展有限公司投资建设的"一带一路"捷克站物流园项目，自物流园运营以来已经与圆通、京东、菜鸟、中通等众多企业进行合作洽谈，并迅速开展与捷克 BeeFirst、纵腾网络等企业的合作，在短时间内完成 1.1 万方货物入仓，其中近 40%的产品来自中国义乌。物流园可为中国跨境电商企业提供海外仓、保税仓及物流配送等服务，同时配合中欧班列的运营，为进出口企业提供商品集货、运输、仓储、清关等一站式服务，是浙江乃至全国对欧洲跨境电商产品集散、欧洲进口产品汇集的仓储物流中心。

1.2.5.3 智慧城市

智慧城市指运用信息和通信技术手段感测、分析、整合城市运行核心系统的各项关键信息，从而对包括民生、环保、公共安全、城市服务、工商业活动在内的各种需求做出智能响应。其实质是利用先进的信息技术，实现城市智慧式管理和运行，进而为城市中的人创造更美好的生活，促进城市的和谐、可持续成长。智慧城市建设已经成为世界各国城市发展的热点。

中国和中东欧国家在智慧城市建设上的合作主要体现在华为与中东欧国家的合作上。据悉，华为智慧城市解决方案已经服务了全球 40 多个国家 100 多个城市。其在全球建立了 7 个开放实验室，依托于开放、共生共荣、有机生长的平台和生态系统，与全球优秀的合作伙伴共享资源，共同为客户提供智慧城市整体解决方案。2017 年，华为罗马尼亚子公司在布加勒斯特举办首届罗马尼亚"智慧城市"论坛，与罗马尼亚政府官员、主流电信运营商代表共同探讨罗马尼亚未来智慧城市的发展方向。2018 年，华为在保加利亚首都索菲亚成功举办"2018 华为智慧城市峰会"，旨在携手中东欧国家在智慧城市、交通、教育等领域展开合作，共同推动数字化转型，助力数字经济发展。除了华为，中建三局在第七次中国—中东欧 16 国领导人峰会期间的中国—中东欧国家经贸论坛上与保加利亚经济部、保加利亚 Capital Concept Limited 公司控股子公司 Bulgaria Development Holding Limited（以下简称"保发控股"）签署三方联合声明，明确中建三局为"保加利亚索菲亚智慧城市项目"施工总承包方。同年 11 月，在波黑首都萨拉热窝举行的第三届中国—中东欧国家创新合作大会上，波黑有关部门与中国华为公司签署合作文件，旨在利用华为领先的信息通信技术，促进波黑建设智慧城市。

第2章

中国与中东欧国家数字经济合作领域、形式和内容

2.1 文献综述

数字经济拓展了中国与中东欧国家之间互联互通的内涵,在这一互联互通合作的过程中,中国与中东欧国家数字经济合作在不同领域也存在着许多不同的形式和内容。

中国与中东欧国家的数字经济合作形式,在数字经济的不同产业领域中有不同的表现。本节主要选取了近几年的国内外相关文献,针对中国与中东欧国家数字经济合作的主要形式和内容的相关研究成果进行分析。

中国与中东欧国家间数字经济合作的形式和内容。第一,中东欧国家与中国之间加强数字经济合作的原因。王鹏等(2020)指出,欧盟的数字经济实力不断增强,呈良好的发展态势,因此中国与欧洲国家的数字经济合作十分重要。中国与中东欧国家的数字经济合作不断加强,贸易也在迅速地增长,2003—2016年,贸易额从86亿美元一路攀升到了587亿美元。《环球时报》(2019)报道指出,中国是中东欧国家的借力而不是威胁,华为帮助中东欧国家经济发展,开展友好信息技术合作,是为中东欧国家赢得更多资源,而不是一种渗透。孔田平(2020)指出,中东欧国家数字经济实力的平均水平普遍落后欧盟其他成员国(爱沙尼亚除外),把握数字化转型机遇,发展数字经济是中东欧国家经济发展、实现工业数字化的重中之重。第二,中国与中东欧国家数字经济合作的主要形式有政府间的合作和非政府间的合作。王鹏等(2020)指出,中国与欧盟成员国的数字经济合作主要集中在非政府机构交流平台、官方机构以及在已有合作框架或倡议下继续推进其他相关合作项目三个方面,如中欧数字协会、"16+1合作"机制、"一带一路"倡议等。第三,

中国与中东欧国家数字经济合作的内容包括内容宽带、数字化转型、电子商务、数字化技能、信息通信技术、人工智能、大数据、云计算等诸多方面。孙璞（2019）指出，塞尔维亚等国家与中国共同在2017年第四届世界互联网大会上发起了《"一带一路"数字经济国际合作倡议》，旨在通过内容宽带、数字化转型、电子商务、数字化技能、信息通信技术等方面的合作促进"一带一路"国家数字经济的发展。人工智能、大数据、云计算等技术是"数字丝绸之路"的强大动力。

2.2 中国与中东欧国家数字经济合作形式和内容

2.2.1 基础型数字经济合作

中国数字经济的基础建设一直走在世界前列，自2012年提出"互联网+"概念以来，中国一直在围绕互联网发展进行产业部署，改造传统工业，发展新型互联网工业，提升产业结构，进而增强经济发展的动力。2020年政府工作报告也指出"要继续出台支持政策，全面推进'互联网+'，打造数字经济新优势"。新冠肺炎疫情期间，传统行业遭到重创，人们愈来愈感受到电商的重要。据了解，2020年第一季度，电商直播超过400万场，可见数字经济蕴藏的巨大能量。中国是世界电子商务、电子支付和交易的"领头羊"。新型数字基础设施建设是发展数字经济的基础。2018年，中央经济工作会议提出了"新型基础设施建设"，其内容不仅包含互联网、AI、大数据等，而且囊括了传统设施的信息改造（如智慧城市）、无人配送、物联网等。

中东欧国家新型数字经济基础设施发展较为落后，除爱沙尼亚外，其他国家的数字化均落后于欧盟老成员国，中东欧国家要实现经济快速发展，必然离不开数字经济的发展，而数字经济基础设施是中东欧国家竞争力增长的关键因素。中国帮助中东欧国家打造智慧城市，在通信等多方面为中东欧国家建设基础设施，为中东欧国家的数字经济发展奠定了良好的基础。双方在数字经济基础设施方面的合作主要包括金融基础设施建设、物流基础设施建设和通信基础设施建设三个方面。

（1）中国—中东欧银联体建设，打牢数字金融基础设施建设基础。金融基础设施建设是金融发展的良好基础，中国在电子货币、互联网金融领域发展迅速，已经是世界上使用电子支付人数最多的国家。随着网络覆盖率的提升、手机和二维码的普及，中国的电子支付额、网上交易量也越来越大。中国与中东欧国家经济贸易往来日益频繁、交易量日益增多，对于商业银行专业服务的需求也在不断地增多。因此中国金融机构开始在中东欧国家设立分支机构，以便更快、更有效地满足当地顾客的需求。表2-1列举了中国几家主要银行在中东欧国家的分行分布情况。当地互联网金融的发展推动了金融基础设施的快速布局，而金融设施的快速布局也为数字金融和投融资变化提供了基础。2019年，中国外长在访问匈牙利之后，宣布中国的两家大银行进入匈牙利。

表2-1 中资银行在中东欧国家部分分行

银行名称	在中东欧地区的分行名称
中国银行	中国银行（匈牙利）有限公司
	中国银行（匈牙利）布拉格分行
	中国银行（卢森堡）有限公司波兰分行
	中国银行（塞尔维亚）有限公司
	中国银行布加勒斯特分行
中国工商银行	中国工商银行华沙分行
	中国工商银行布拉达分行
中国建设银行	中国建设银行（欧洲）有限公司华沙分行
中国交通银行	中国交通银行布拉格分行

（2）完善物流基础设施分布，拉动跨境电子商务发展。中东欧国家的物流业相对落后，制约着跨境电子商务在当地的发展。中国企业通过并购的形式加大在当地投资，使中东欧国家仓储物流业得到快速发展。2016年，双方成立了"中国—中东欧物流合作联合会"，旨在提升运输便利化水平，推进物流发展。2017年中投公司牵头引领中国多家投融资机构组成投资团，从黑石集团收购欧洲大型物流设施资产组合项目Logicor。另外，中国在匈牙利建立了中欧商贸物流合作园区。

（3）携手华为进行数字化改造，推进中东欧国家通信基础设施建设可持续发展。波兰外长曾向中国外长抱怨，中东欧国家只享受5%的中国对欧盟投资，中东欧国家希望引入中国的资金和技术，并且欢迎中国来建设中东欧国家的基础设施。当然，中国也希望进一步扩大自己在中东欧国家经济中的市场份额。中东欧国家基础设施的数字化改造不仅能给中东欧国家带来巨大的福祉，也能为中国对中东欧国家的贸易和投资提供便利条件。在推进中东欧国家发展的部署当中，华为起到了关键性的作用。通信是中国的优势产业，而中东欧国家亟须升级的也正是通信产业。华为以塞尔维亚为突破口，将罗马尼亚作为华为在中东欧国家的业务中心，打开了中东欧国家市场，为中东欧国家提供优质的通信设施与服务。华为是波黑电信领域的主要供应商和克罗地亚电信公司的战略合作伙伴，在斯洛文尼亚的运营商网络市场也取得了重大突破。在中东欧国家的 5G 基础设施建设和技术方面，华为也做出了重大的贡献。2019 年，匈牙利决定在 5G 网络上使用华为的技术。在基础设施部署的基础上，华为以其在智慧城市领域 2700 多个合作伙伴和全球交付的能力，与保加利亚、罗马尼亚、北马其顿等国家加强合作。华为不仅在通信基础设施建设方面与中东欧国家建立了良好的合作关系，而且其在电子产品市场的渗入率也非常高。

（4）中国与中东欧国家在数字基础建设方面存在的问题。一是通信基础设施不完善。现在正是从 4G 向 5G 转型的关键时期，虽然中东欧国家互联网普及率非常高，但 5G 基础设施建设缓慢。5G 建设过程中受到地缘政治、国家安全等方面的阻力，基础设施无法顺利铺设。这样自然会影响未来互联网与零售业的快速融合，从而减缓电子商务的发展。二是物流网点覆盖率不高。中东欧国家物流速度非常慢，有时候网购一件产品，竟然要半个月甚至更长时间才能收到货物。这主要是因为物流网点的覆盖率不够，物流的集成度不高。这也是中国企业与中东欧国家未来的合作方向。三是线上合作平台缺失。中国与中东欧国家尚未搭建完善的信息平台，无法实现信息共享，因而中国企业无法"对症下药"，无法抓住中东欧国家发展的症结。

（5）中国与中东欧国家在数字基础设施方面未来合作的形式和内容。一是继续推进数字经济基础设施的建设、升级与完善。推进金融网点、通信基础设施布局，高覆盖率是数字经济发展的重要保障，稳定的网络、平台、服务可以更好地发展中东欧国家数字经济市场。二是搭建信息服务平台，推进信息公开化。信息完善对于双方的合作有极大的促进作用，在合作领域、合作方式上公开透明，可以吸引更多中国投资者投资中东欧国家的基础设施建设。三是保障信息安全，促进数字经济平稳发展。在数字基础设施的建设过程中，中方应更加谨慎，尊重国际标准、遵守欧盟法律，保护中东欧国家信息。

2.2.2 资源型数字经济合作

数据资源有效供给的匮乏,导致了数字经济发展存在阻碍,习近平总书记强调:"要构建以数据为关键要素的数字经济。建设现代化经济体系离不开大数据的发展和应用,要推动实施国家大数据战略,加快完善数字基础设施,推进数据资源整合开放共享,保障数据安全。"在数字经济时代大背景下,应格外重视数据资源的有效利用,建设云平台,充分挖掘大数据的潜能,发挥数据资源的价值。

随着信息通信技术的不断发展,中东欧国家的数字化水平也在不断提高。爱沙尼亚有着"波罗的海硅谷"的美名。这个国家的互联网速度远超欧洲其他国家。其政府对信息技术十分重视,99%的政务都可以进行数字化处理。该国在极短的时间内成功实现了数字化转型。立陶宛的数字化水平也毫不逊色。此外,波兰、捷克、斯洛伐克和匈牙利等国家的互联网产业也比较发达,数据资源基础设施较为完善。

(1)中国数字企业与中东欧国家政府部门合作开发对方的数字资源。2015年6月,在宁波举行的中国—中东欧国家旅游合作交流会上,中东欧国家纷纷向中国推荐本国的旅游资源。阿里巴巴集团表示将会利用数据资源以及云计算技术,参与开发中东欧国家的旅游资源和投资项目。

(2)中国数字企业与中东欧国家数字企业加强合作,提高中东欧国家数字资源的利用水平和效率。2018年8月,阿里云与ABC Data建立了战略合作关系,这一战略合作将会为波兰、捷克、爱沙尼亚、拉脱维亚、立陶宛、匈牙利、斯洛伐克、罗马尼亚八国提供系列数据计算、存储、网络、大数据、物联网、人工智能等技术和服务。IDC预计,2021年中东欧国家云市场规模将能够达到25.4亿美元,超过2017年的两倍。

(3)中国与中东欧国家学术团体加强合作,共建智库与交流网络等数字资源合作平台。中国—中东欧"16+1智库交流与合作网络"(现更名为"17+1智库交流与合作网络")主要职能是协调中国政府、学术、商业等数据资源,为中国与中东欧各国多领域、多层次的合作提供支持。中国数据资源与中东欧国家数据资源的融合,能够进一步推进双方的互联互通,为网络基础设施的建设、信息交流的加强提供帮助。

(4)中国与中东欧国家数据资源数字经济合作存在的问题。一是数据的安全问题。从发展现状来看，中东欧国家的云计算技术应用仍处于初级阶段，安全问题仍然是这些国家应用云计算等技术最大的顾虑，因为需要将数据信息交由第三方进行处理。二是双方的合作关系不够密切。在数字经济发展大背景下，云计算、大数据等合作前景依然十分广阔，在数据资源的挖掘和应用方面，中国与中东欧国家间的合作应更加密切。

2.2.3 技术型数字经济合作

技术在数字经济发展中的重要性不言而喻。党的十八大以来，中国的信息科技在诸多领域取得了历史性成就：在量子通信、高性能计算机方面取得重大突破，互联网覆盖率稳步提升，数字经济规模位居全球第二。目前，中国正处在信息技术带动经济发展的爆发期和黄金期，在新冠肺炎疫情期间，数字经济更是迸发出强大的活力，其市场之广阔显而易见。在第九届中国智慧城市与智能经济博览会上，中国新亮相了智慧公交车；在新冠肺炎疫情期间，雷神山医院使用了新型消杀机器人等，这些都彰显着中国在数字技术上的新成就。中国为中东欧国家银行构建了海量数据库来进行数据挖掘和计算，打造了保加利亚云中心，通过中国—中东欧创新合作大会、中国—中东欧国家质检合作信息网站等为中东欧国家输送了关键技术。2017年，中国工业和信息化部与波兰能源部合作开发电动汽车，来推动新能源技术的应用。

（1）大批中国数字企业入驻中东欧国家有助于中东欧国家数字技术的发展。波兰有世界顶尖的IT人才，吸引了华为在当地建立研发中心，主要研究IT相关技术。与此同时，华为在罗马尼亚设置了全球服务中心、全球运维中心和全球技术支持中心。TCL组建了一支拥有30名海外工程师的研发团队，专注于AI技术的研究。在2018年的IFA上，TCL展示了8K、QLED等前沿技术。欧洲市场也是阿里云重点瞄准的市场之一，阿里云与ABC Data合作，旨在为中东欧地区的8个国家提供云计算服务和技术，以加速当地的数字化转型，其内容包含IoT物联网、大数据、数据存储等。青岛软控在中东欧建立了欧洲研发和技术中心，为中东欧国家建立自动化生产线提供解决方案。浙江慈溪正在积极打造中东欧产业园，与中东欧国家在拟人机电、智能系统、通过因特网加热设备的通用控制模块等技术方面达成合作意向，为人才、技术的对接搭建了平台。

（2）成立中国—中东欧国家区块链卓越中心，推进相关技术务实合作。

在第八届中国—中东欧国家领导人会晤之后，斯洛伐克牵头设立了中国—中东欧"17+1合作"区块链研究中心。该中心旨在成为区块链和DLT（分布式账本）技术的全球领先研究和创新中心，这些技术可以被运用到能源、航空航天、物流等多个行业。区块链的本质是一个共享数据库，涉及数学、互联网、计算机编程等多个领域的技术。近年来，区块链越来越受到人们的关注，但是相关技术还不够成熟，运用也不够广泛。中国与中东欧国家协同建立区块链平台，可以共同助力区块链技术的发展，将其从技术和研究层面带入应用市场，在新能源汽车、智能电表互联网化、电子消费和电子服务等领域寻找更多应用机会，在应用中检验科研成果，进而不断改善技术。在模式方面，该中心主要采用政府和社会资本合作的模式。该模式可以将大型企业、初创团队、科研中心和政府部门联系在一起，并密切合作，在资金和科研方面提供保障，从而可以增强技术创新的活力。在国际化科技服务方面，该中心还与中科大洋、索贝、阿里云和网宿科技等现阶段较成熟的渠道服务提供商进行合作，为高精尖产业链发展赋能，推动数字金融领域的技术革新与发展。同时，该中心的卓越中心网站和七六一工厂（北京）科技发展有限公司网站2.0版也正式上线运营。这都为未来区块链技术的发展奠定了良好的资金、技术和平台基础。

中国企业入驻中东欧国家后，积极融入当地的发展，承担必要的社会责任，给当地带来了巨大的经济收益，获得中东欧国家普遍的赞誉。中国企业不仅在物流、电子商务平台这些基础设施搭建上给中东欧国家提供了技术支持，而且通过大数据、云计算等技术产品的出口给中东欧地区人民的生活带来了便利。

（3）中国与中东欧国家未来技术合作的方向。一是重点推进通信行业的发展。中国在电子信息通信方面有着巨大的技术优势，在相关技术研发方面也走在世界前列。中国与中东欧国家可以在全双工通信技术、新型编码技术、网络视频切片技术等方面展开精细合作，推动5G建设以及相关领域的技术发展。二是依托"工业4.0"，充分发挥中国制造业的优势，推进智能工厂的建设。智能工厂在中国的发展并不成熟，还有待进一步完善。中东欧国家具有制造的成本优势，也有广阔市场。双方可以共同聚焦于智能工厂的研究与开发，在生产自动化、管理智能化方面合作，更多地引入JIT、ERP等自动化管理方式，助力中国和中东欧地区制造业智能化发展。三是聚焦于网络安全。在5G技术的推进过程中，网络安全显得尤为重要。许多国家都关注自身信息安全，甚至有中东欧国家借口这个原因将中国企业拒之门外。因此，在技术推进的过程中，双方应重视搭建网络安全平台，让中东欧国家企业信任中方，为双方的合作保驾护航。

2.2.4 融合型数字经济合作

近年来，我国的互联网技术急速提升，并且我国已经成为名副其实的互联网大国。但相较于服务型数字经济的高速增长而言，我国的融合型数字经济的发展比较落后。与中东欧国家在融合型数字经济领域的合作主要集中在数字化农业领域。

2018年，在第三届中国—中东欧农业部长会议上，中国农业部部长认为中国与中东欧国家在农业领域的合作方式正在不断地创新，从最初的"坐而论道"到现在的技术合作、人才交流、项目共建、政策融通等，并表示将继续促进智慧农业的发展，加速推进农业生产智能化、经营网络化、管理数据化、服务在线化，全面提高农业农村信息化水平，推进农业转型升级与高质量发展。

2019年，第四届中国—中东欧国家农业部长会议围绕着"农业数字化—乡村振兴的动力引擎"这一议题展开讨论。会议审议通过《中国—中东欧国家农业部长会议杭州共同宣言》，宣言中强调需加强创新和促进数字技术发展，加强贸易、投资及可持续农业生产领域，尤其是农业数字化领域的合作，充分挖掘"数字红利"，为乡村振兴注入更多动力。

（1）在中东欧国家建立农业园区，促进当地农业管理方式数字化。2018年7月，首个"16+1合作"农业合作示范区在保加利亚揭牌，以天津农垦保加利亚公司作为初期依托，引进、试种并推广优良品种，种植特色经济作物，建设温室大棚，展示先进农机具，同时采取措施促进双边农产品的贸易与投资，推动农产品跨境电子商务交易平台的筹建工作。在管理方面，天津食品集团引入了数字化管理模式，构建高标准农田信息化管理系统，建立规模化奶牛场ERP云平台和奶牛信息库，研发"百万只蛋鸡"自动化管理系统等。集团通过数字化信息整理与应用，使农场管理更高效、更系统化。另外，集团也在努力推进构建实体贸易链和网上贸易平台，建设总库容为4万吨的仓库，发展大宗农产品物流。集团利用网上电商平台，将国内的优质农产品与保加利亚特色农产品相互引入，积极推动两国双边贸易及经济增长。

(2)搭建农业合作平台，促进农业销售方式数字化。中捷农场是一个农业现代化园区，主要以规模农场、畜乳一体化、设施观光农业、经济林为主导产业。园区引进和建设了科技创新数字平台，形成了"研发+平台+基地"模式。同时，园区打造"创新创业孵化基地"，服务于中国企业与中东欧国家农业项目的对接，为促进中国对中东欧国家农业投资提供平台。中捷农场依靠先进技术，保障产品质量，发展订单农业模式，实现了产销一体化经营方式。订单农业作为一种新型的农业生产经营模式，必须以科技为依托、以农产品为纽带、以"互联网+"信息技术为手段，融合农产品生产、流通、销售三大领域，从而实现"按需定制"模式，极大地提升农场的经济效益和农产品的质量，降低库存积压。

(3)中国与中东欧国家的数字化农业合作发展的方向。一是利用"互联网+"信息技术手段，实现"按需定制"模式。现代农业发展订单农业模式，需要融合农产品生产、流通、销售三个领域，通过"互联网+"信息技术，构建农产品信息网络，将使农产品从生产开始即与需求直接挂钩，提升产品质量，增加农场的收益率，减少库存积压。二是加速推进精准农业。精准农业是数字农业的基本组成部分，要利用好卫星导航、遥感、地理信息系统等现代空间信息技术，对整地环节、除草环节、播种环节、农药环节等进行精准作业，加快构建数字化农业体系。三是借鉴阿里巴巴数字化农场，引入全链路式数字模式。目前，阿里巴巴走在全国数字化农场前沿，通过数据应用和数字技术实现对农场全方位控制，数据应用是指各个维度、环节数据的整合、处理、分析，而数字技术更是阿里巴巴的强项——让收集、分析的数据应用起来，让气候数据、土壤数据可监测、可预估，让农户得到从选种、播种、除草到灌溉、施药等环节的针对性指导。阿里巴巴的数字化农场集成应用计算机与网络技术、物联网技术、视频技术、远程专家智慧指导，运用传感器和软件，借助阿里云数据平台，通过手机或电脑对农场生产进行控制，打造一个可视化的远程控制、精准感知、智能预警的全程数字化管理的现代化数字农场。

2.2.5 服务型数字经济合作

近年来，我国第三产业比重逐年上涨，已成为经济高质量发展的重要推动力。伴随着"17+1合作"机制和"一带一路"倡议的展开，我国与中东欧国家在服务领域达成了不少合作,数字技术和第三产业融合,不但给各国消费者提供了快捷高效的服务体验,而且有助于拉动各国的经济增长,加速人才和资源的流转。

(1) 建立教育平台和高校智库,搭建中国与中东欧国家知识桥梁。2017年,宁波海上丝绸之路研究院、浙江万里学院商学院、北京外国语大学国际商学院等核心院校单位联合了"一带一路"沿线国家商学院,打造了"丝绸之路商学院联盟"。该联盟搭建了线上数字化教育平台,共有来自19个国家的75所院校在平台网站上开设自己的课程,并进行资源数据的共享。联盟通过这样一个超脱地理局限性的数字化交流互信平台,有效推动国家之间教育、科技、人才等丰富资源的双向流动。与此同时,宁波中东欧国家合作研究院已正式成立。研究院以建设"一带一路"地方特色新型智库为发展目标,通过利用中国社会科学院欧洲所高端智库平台优势,结合中东欧国家特色产业,将建立一个以科研院所、高等院校、社会组织为主体的高校智库平台。研究院通过对数字信息的共享,有助于人才的定向培养,促进科研合作,推动国家经济建设。

(2) 携程旅行推出大数据营销模式,推动匈牙利旅游发展数字化。携程旅行与中东欧国家一直保持着良好合作关系,2017年它与匈牙利旅游局签署了战略合作协议,主要从产品、技术和营销等方面深度开展合作。在产品方面,携程旅行将在数字平台上给予匈牙利的旅游产品更多曝光度和推荐位,吸引顾客选购;在技术方面,携程旅行将利用大数据分析,绘制更精确的用户画像,收集并掌握游客的消费和购买习惯,使不同的用户在关注相同界面时,呈现出来的广告和旅游地点推荐有所不同。数据显示,2018年赴匈牙利旅游的中国游客高达25.6万人次,同比增长11个百分点。同期,到访中国的匈牙利游客为2.36万人次,同比增长近5个百分点。2019年,前往匈牙利的中国游客持续增加,达到27.7万人次,同比增长8个百分点,远超欧盟平均水平。在数字经济的浪潮下,携程旅行与匈牙利的合作抛开了传统的旅游模式,通过数字化信息平台,将旅游景点呈现到潜在用户面前,利用大数据营销模式,提高了交易成功率,积极地推动了双边旅游业的发展。

(3) 构建"空中贸易通道",推动交易便利化。在数字经济的推动下,阿里巴巴速卖通面向全球市场打造跨境电商零售平台,设立了18个语种站点,覆盖了200多个国家和地区,海外买家数累计突破1.5亿,在全球一百多个国家的购物类软件下载排行中位居第一,是中国唯一覆盖"一带一路"

全部国家和地区的跨境出口 B2C 平台。以波兰为例，速卖通凭借其实惠的价格、多样化的产品以及优质的本土化服务，迅速在当地普及。据波兰主流财经商业媒体 Puls Biznesu 报道，近 1/4 的波兰人在使用速卖通进行网上消费。在信息流运作方面，速卖通向商家提供客户购买轨迹、用户信用度、店铺曝光度、行业动态、竞争对手、热销产品等数据，并且引入 Trade Message 帮助商家及时与买家进行交易洽谈。速卖通通过这样一系列数据的整合利用，有效地减少了商家的信息收集成本，让他们随时把握买家和行业的动态。而对于买家而言，他们可以在平台上通过搜索关键字迅速找到自己心仪的商品，且选择的商品种类更丰富，价格更加实惠。在资金运作方面，速卖通不仅通过自主开发的 Escrow 服务，提高了消费者和商家之间的信任度，降低部分中间服务费，还利用数据后台对商家的信用进行等级评估，让消费者在购买时可以更加安心地付款，促进交易的顺利完成。在物流运作方面，速卖通利用联合仓储和共同配送的模式，提高了物流的配送速度，节省了物流成本。目前，越来越多的波兰本土公司都在积极与速卖通开展合作，意图分享百亿美元的电商市场。据悉，2018 年，波兰邮政与速卖通合作，将中国到波兰的物流时效缩减到 10 个工作日。除了在物流运输上进行优化，速卖通在其他方面也与波兰公司有着密切地合作，比如支付服务提供商 PayU、P24 和移动出行工具 iTaxi 等。速卖通通过搭建数字购物平台，不仅突破了传统的商业模式和海外销售的约束，还提供给中小企业国际化发展的新路径，推动了多边经贸发展。

（4）普及数字支付方式，实现"出境不用带钱包"。支付宝是我国国内使用率和普及率最高的第三方数字支付平台，融合了支付、生活、社交、理财、保险、公益等多个商业应用场景，不仅为用户提供了方便的支付、转账、收款功能，而且实现了足不出户，在手机端就能迅速完成信用卡还款、生活缴费等业务。自 2007 年起，支付宝就开启了全球化业务，如今，已经在 40 多个国家和地区实现了"出境不用带钱包"的目标。2018 年，支付宝与匈牙利裕信银行达成合作协议。这是支付宝将业务扩展至中东欧国家市场的第一步。匈牙利布达佩斯机场的海涅曼免税店率先支持支付宝支付服务，使中国游客省去了货币兑换的麻烦。除了开通中国游客境外支付服务外，支付宝还在全球 85 个机场提供即时退税业务。这些机场中包括立陶宛、捷克、克罗地亚、拉脱维亚、爱沙尼亚、匈牙利和波兰等多个中东欧国家的机场（见表 2-2）。支付宝的海外合作不仅便利了游客的支付，也促进了境外的消费，带动了当地的经济发展。

除此之外，支付宝在跨境支付上也做出了卓越贡献。在区块链跨境支付应用开发以前，有境外支付需求的企业或个人需要在工作日亲自去银行柜台办理具体操作，而且款项到达对方账户的时效性难以保障，短则十几分钟，慢则几天不等，并存在不可预估的资金转丢风险。但自从支付宝研发出区域链跨境支付功能后，用户可以随时随地进行操作，资金实时到账，后台 7×24 小时不间断工作，且操作过程安全透明，大大地降低了跨境支付的风险性系数，为企业和个人提供了安全、高效、低成本的服务体验。

表 2-2 可提供实时支付宝退税业务的部分中东欧国家

提供支付宝退税业务的中东欧国家	机场
立陶宛	考纳斯机场
	帕兰加机场
	维尔纽斯机场
捷克	帕尔杜比采机场
	布拉格鲁济涅机场
	卡罗维发利机场
克罗地亚	杜布罗夫尼克机场
	斯普利特机场
斯洛文尼亚	卢布尔雅那机场
拉脱维亚	里加机场
爱沙尼亚	塔林伦内特·梅里国际机场

（5）中国与中东欧国家在服务型数字经济合作方面的发展方向。一是继续推动多边服务平台的搭建。中国通过与中东欧国家达成合作协议，打开各国的服务市场，开设更多互通的跨境服务型 App，提供给用户更便捷的国际服务体验。二是积极推动第三产业与数字经济的融合。以政策促发展，鼓励各企业进行数字化智能改造，加大对境外服务贸易的输入与输出。三是坚持平等合作和互利共赢原则。鼓励中东欧国家将数字经济发展纳入社会发展议程，通过相互合作，建立跨境电子商务平台、数字经济数据库、大数据交易平台等，带动多边经济和技术的发展。

第3章

中国与中东欧国家数字经济合作的主要特征

3.1 文献综述

在全球产业升级和数字经济兴起的背景下,中国与中东欧国家的数字经济合作也不断深入,中国与中东欧国家数字经济合作呈现出一些主要特征。

本节主要选取了一部分国内外相关文献,通过对已有研究成果进行分析,为后续的研究打下基础。

3.1.1 国内研究现状

中国信通院(2019)在全球数字经济新图景分析报告中提到,传统产业将加快数字化转型和数字经济国际合作深化的态势。同时其总结出了工业互联网成为各国工业数字化转型的重要选择、智慧交通打造各国未来交通系统发展的新动力、电子商务多领域辐射成为各国经济活跃的新地、公共服务数字化转型打造各国服务升级的新生态等全球产业数字化转型新空间,涉及数字经济各个领域,为细化和针对性地研究提供了全球数字经济发展的特征背景。蓝庆新和窦凯(2017)认为,数字经济在未来将向着"大数据成为共享时代数字经济发展重点、数字经济革新商业模式、以数字化服务平台为基础实现数字资源共享"三个方向发展。同时他们建议国家在加强国际合作方面,应帮助国内企业创造出有助于它们发现数字经济新兴潜力市场的条件(新兴潜力市场包括服务外包市场等),借此可以扩大市场规模和市场种类。

方芳(2019)认为,"数字丝绸之路"不仅是实现国家发展、安全、治理全方位目标的新路径,而且是中国与沿线国家、政府和企业共同参与的国际合作项目。在"数字丝绸之路"建设的国际背景下,中国与沿线国家共同修建和完善通信基础设施、促进电商平台的推广、为"一带一路"沿线国家提供数据中心、金融服务、智慧城市等技术创新应用,体现了我国在各个数字经济合作领域的成就。在路径选择上,方芳指出我国应审慎考虑制定"数字丝绸之路"建设的战略性文件,与各合作方共同制定区域发展规划;同时方芳还强调了软性数字基础设施建设和处理信息资源的重要性。黄黎洪(2019)指出,在"一带一路"倡议的国际合作计划中,有相当多的内容涉及数字化和信息技术领域;在基础设施方面,有推动通信端口网络建设的计划;在民心相通方面,有利用网络平台和新媒体加强文化媒体的国际沟通与合作的计划。黄黎洪认为未来"数字丝绸之路"的建设将着重向加强信息技术设施的互联互通、加快向数字化经济转型和普及数字技术的应用、打造创新产业链提高数字技术创新能力、加强政策相通和推进国际交流与合作等领域推进。在信息技术催生的全球治理新模式中,他提到强大的信息流通管道和媒体传播渠道可以影响他国公众民意和认知,创造新的经济收益点;同时以信息化企业为代表的非国家行为体的影响力进一步扩大。中国建设"数字丝绸之路"主要举措有:"通过加大数字化企业参与的力度减少政治风险"、推动跨境电子商务发展、为沿线国家建立大数据中心、服务于电商平台。可见在实际中资源型数字经济合作得到良好推进。

王娟娟和杨冰如(2020)发现,在"一带一路"倡议提出之后,中东欧国家数字经济相关的信息传输、软件和信息技术服务业的投资存量占比不断上升。穆正礼等(2017)认为"16+1合作"技术转移中心、"16+1合作"智库交流与合作网络等平台的形成,体现了中东欧国家与中国双方在服务型数字经济合作方面的突破。2013年以来,中国对中东欧国家的直接投资大幅增加,双边投资的领域也拓宽至IT、电信、物流商贸、研发、金融等多个行业,进一步支持了基础型数字经济发展。在"一带一路"人才培养模式上,大数据和网络学习的应用以及高端政策型人才培养模式中的智库,均为服务型数字经济新合作的体现。

欧盟中国商会(2019)在中国企业在欧发展的报告中指出,中国民营资本投资稳定增加、政策来往更加密切,腾讯、华为、阿里等公司在欧洲设立科研和人才培训机构,帮助当地建设基础设施以及实现政务治理优化和建设智慧城市等。张兮维和张利华(2017)提出,中国企业在中东欧国家承包工程项目的特点是以基础设施项目为主,说明通过基础设施建设展开合作是中国与中东欧国家进行经济合作的重要特点。电信网技术数据指出，华为针对新兴经济体的市场以 Site on Demand（按需建站）作为对策，帮助尚未形成成熟市场地区的运营商突破基础设施和网络设备边界的限制，通过云化技术和大数据来提升网络水平，并降低站点总成本（TCO）。可见，在中东欧国家等新兴经济体的市场开展合作应立足于当地的数字基础设施建设。朱晓中（2017）提出，中国与中东欧国家合作的特点主要有：合作理念新、合作制度化、首脑外交大力化以及中国政府出资推动中国—中东欧国家关系和合作研究。

3.1.2 国外研究现状

Jacoby Wade（2014）指出，中国企业在与中东欧国家进行合作时一直偏好于绿地投资，而这是出于应对市场准入标准的目的。Majman Slawomir（2015）认为中国与中东欧的投资局限性大且不平衡，个别国家参与其中，大部分国家如波兰还有很大的投资潜力。同时在贸易往来方面，双方存在着很大的不平衡。Dumitresce Conel George（2015）指出，中国出于对中东欧地区的交通便利区域优势和减少受到欧洲货主掣肘的考虑，一直保持着对中东欧国家大体量的资金投入，投资涉及机械、化工和电信等领域。Man Hung Thomas Chan（2019）认为中国积极帮助其他发展中国家实现工业化，从而为产业升级后的中国提供产品。而这在基础设施领域尤为重要，如能源和发电（包括替代能源）、高速铁路（地铁和其他快速铁路）、网络和电信网络，以及建筑（港口、机场、公路和桥梁、隧道等）。中国已通过大规模改造基础设施，在这些领域成功地实现了进口替代。Lilei Song 等（2019）指出，中国为中东欧"16+1合作"框架下的大多数举措提供资金，这反映了中国的经济实力以及政府对"16+1合作"框架积极推动的态度。其中包括推进与波罗的海国家的物流合作，促成了电子商务的发展。Alfred Gerstl（2018）认为欧洲和亚洲在交通运输、能源、数字经济和人与人之间的联系等领域的联通性，将成为欧盟欧亚联通性战略的关键点。Tamas Matura（2019）指出，为了促成合作，中国与中东欧各国召开了多次会议来推进项目。同时大多数中东欧国家进口中国产品，是为了制造高科技产品零部件再出口到西欧成员国。

3.2 中国与中东欧国家数字经济合作的主要特征

3.2.1 中国与中东欧国家基础型数字经济合作的主要特征

基础设施建设一直是中国与中东欧国家最早和最广泛开展合作的领域之一，是双方较为熟悉的合作方式。中国与中东欧国家基础型数字经济合作的主要特征有以下三点。

第一，以直接投资为主。中国对中东欧国家进行直接投资已有较长的历史，随着我国"一带一路"倡议的提出，对外直接投资规模也不断扩大，其中绿地投资方式最受青睐。中国对中东欧国家进行直接投资涉及的行业日趋多元化，针对数字经济的直接投资也逐渐受到关注。

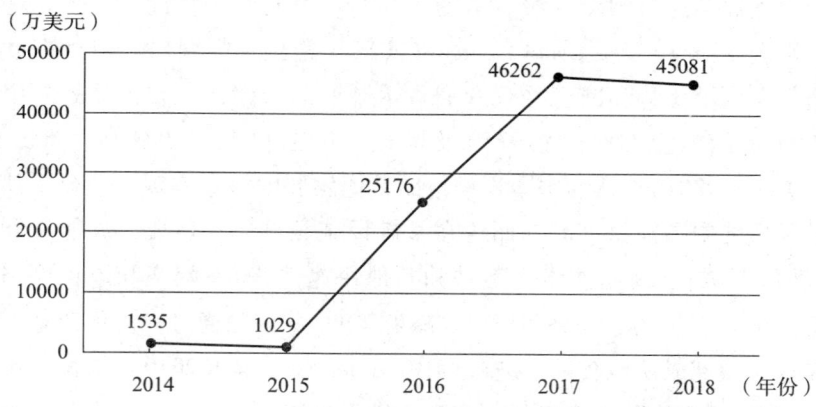

图 3-1 2014—2018 年中国信息传输/软件和信息技术服务业对欧盟直接投资流量

从图 3-1 可以看出，中国对欧盟的基础型数字经济相关行业的投资流量大幅增长。中国对中东欧地区的投资流量也增幅较大，2014 年，中国对罗马尼亚和斯洛伐克的直接投资流量同比分别增长了 1847% 和 13736.3%；2017 年，中国对捷克的直接投资流量同比增长 3843.2%（王娟娟、杨冰如，2020）。中国对中东欧国家投资的重点是基础设施建设，在电力、通信、能源、金融方面的投资规模都比较大，华为、中兴等均对波兰和匈牙利开展了大规模投资，各大银行也都在波兰、匈牙利与捷克设有分部。例如，2017 年初，中国—中东欧投资合作基金对匈牙利电信公司领头者 Invitel 展开了接近百分之百的收购。该投资的目的是完成该公司与华为在当地共同建设高速光纤网的项目。中国不断增加对中东欧地区数字基础设施建设的投资，促进了双方在网络通信方面的互联互通。

第二，合作模式不断创新。起初，中国参与中东欧国家数字基础设施建设多以项目承包为主，合作方式单一，同时在基础设施建设合作中处于较低地位。在建设过程中，中国企业往往还受欧洲技术标准的限制。但随着我国数字经济产业的发展与技术水平的提高，我国与中东欧国家数字基础设施建设的合作模式不断创新，从单一的直接资产投入，向辅以建设经验、设计与指导分享转变。根据有关新闻报道，2019 年 10 月 14 日，华为与瑞士大型通信商森赖斯（Sunrise）在苏黎世设立了 5G 研发中心，合作使用 5G 技术促使制造业和农业的高效化，以欧洲为中心向各国提供相关问题的解决方案，展现了中国企业在合作中的角色转变。分享通信、科大讯飞等民营企业与国际电信联盟（ITU）的合作，也标志着中国数字基础设施相关企业在中东欧国家中的国际标准话语权在不断提升。

第三，政府推动力度加强。中国在与中东欧国家的经济合作中一直保持着积极主动的态度，不断加大推动力度，从规范化和战略性角度推进合作。2017 年 12 月 3 日，在由中国举办的第四届世界互联网大会上，中国、埃及、老挝、沙特阿拉伯、塞尔维亚、泰国和土耳其等国家达成了《"一带一路"数字经济国际合作倡议》。《"一带一路"数字经济国际合作倡议》提出"数字丝绸之路"的建设内容：进一步拓展宽带使用的范围和规模，提升宽带运行的速度和质量，加大在信息和通信技术领域的投资等，推动通信端口网络的建设，如跨境光缆的铺设等，改善国际通信状况，提高互联互通的层次，从而顺利推进信息丝绸之路。2017 年的《中国—中东欧国家合作布达佩斯纲要》提到"各方愿探讨在服务贸易、电子商务、服务外包和数字经济方面开展合作的可能性"；2018 年的《中国—中东欧国家合作索菲亚纲要》提出，各方支持罗马尼亚牵头建立"16+1 合作"智慧城市协调中心；2019 年《中国—中东欧国家合作杜布罗夫尼克纲要》提出，与会各方愿探讨在克罗地亚设立"16+1 合作"信息通信技术协调机制的可能性。以上达成的合作协议中关于数字经济的内容均体现了政府在促成与中东欧国家数字经济国际合作、实现互利共赢等方面的努力。

3.2.2　中国与中东欧国家资源型数字经济合作的主要特征

中国与中东欧国家资源型数字经济合作有以下主要特征。

第一，数据共享透明度增强。《"一带一路"数字经济国际合作倡议》鼓励制定更透明的数字经济政策，加强与沿线国家的互联互通、信息共享。曾经，中国在电子证书系统的对接和在线数据实时交换方面与中东欧国家的合作还存在缺失。但在2016年6月8日由国家质检总局主办的首届中国—中东欧国家质检合作对话会议上，参加会议的各国达成了关于建立有效的电子证书合作机制、打击假冒证书等共五方面内容的共同研究与合作的共识，填补了这块合作中的空白。同时，在中欧合作的框架下，中国海关与波兰、匈牙利、捷克、斯洛伐克、罗马尼亚等中东欧国家中的欧盟成员国海关维持了在安智贸、AEO互认、知识产权保护、反瞒骗等领域的合作关系，进一步促成了在实时交换海关通关数据、相互承认海关监管结果、应用智能科技装备等方面的合作。以上合作行为都将大大促进中国与中东欧国家间的数据共享交流，提高数据共享透明度。

第二，数据利用率提高。中国在与中东欧国家的经济合作中，逐渐重视对相关数据的分析与应用，借此增进双方对于未知市场与群体的了解，降低双方在新的项目与产业合作上的风险。比如，在旅游业方面，2017年我国的携程旅行与匈牙利国家旅游局达成了战略合作协议，该战略合作的内容就涉及对相关数据的分析与利用。又如，2018年，宁波市商务局组织建设了数字中东欧信息平台，不断完善中东欧国家各类信息，并在微信公众号、App和抖音等平台上投放。

第三，中国数字企业影响力扩大。在云计算等新兴领域，中国企业在全球的影响力日益提高。自2014年起，中国云计算市场规模增速始终保持在35%以上，2016年的云计算产业规模达到2027.9亿元。随着该产业的发展，中资云服务商正积极布局"一带一路"沿线国家和地区（方芳，2019）。中东欧国家的数字技术水平较低，需要与我国相关企业合作，获得技术帮助，以满足工业发展的需求。而我国相关企业可以通过与中东欧国家的企业在大数据、物联网等技术方面的合作，满足自身的战略需求。例如，2018年，阿里云宣布和ABC Data达成战略合作协议。这代表了我国数字企业在中东欧国家业务范围的全面展开。在2019年举办的第八次中国—中东欧国家领导人峰会中，斯洛伐克被选为"中国—中东欧国家区块链卓越中心"的带头人，标志着中国与中东欧国家在数字经济合作上又进一步深入。该中心的合作伙伴包括中科大洋、索贝、阿里云、网宿科技等渠道服务提供商，是中国与中东欧国家深化"一带一路"国际合作的重要平台。

3.2.3 中国与中东欧国家技术型数字经济合作的主要特征

中国与中东欧国家技术型数字经济合作有以下主要特征。

第一，中国民营企业推动信息技术的发展。信息通信技术作为各国发展的关键性技术，越来越成为国家体现硬实力不可分割的一部分。不同国家在信息技术领域发展层次的差异将导致数字鸿沟的出现。数字鸿沟使信息发达国家与信息落后国家的不平等现象越来越明显，恶化了信息研发落后国家的生存状况。与此同时，中国政府正大力推动互联网技术和数字经济的跨越式发展，中东欧各国也越来越认可彼此合作可能带来的巨大收益。以阿里巴巴、腾讯、华为和百度为代表的中国互联网企业在网络技术研发和商业模式创新上都取得了较大突破，代表着中国互联网共享经济迈向世界的舞台。

阿里巴巴在中东欧地区设立了大数据中心，独立研发了"飞天"超大规模通用计算操作系统，为全球数十亿客户提供服务。华为作为中国通信信息技术的顶尖企业，与中东欧国家在人工智能和5G通信等领域实现合作。2019年11月，华为在塞尔维亚展开了人工智能发展平台的建设，我国国际发展合作署为此次合作提供了1300万欧元（约合1亿元人民币）的投资。塞尔维亚未来将在本国国家数据中心，使用华为的高效计算机系统以及人工智能软件平台。在最受关注的5G领域，匈牙利、保加利亚等国家也与华为达成了合作意向，决定在5G手机网络中使用华为技术。众多中国企业通过提升信息技术设施合作的层次，为深化双方数字经济合作创造了条件。

第二，大力扶持智慧城市的建设。科技和创新合作是中国和中东欧国家数字经济合作的新亮点。当前，中东欧国家也着手与中国企业合作，将物联网、云计算、人工智能、自动控制等新一代信息化数字技术融合应用于智慧城市建设，以发展智慧城市的方式来进一步保障交通出行的安全和便捷。智慧城市的建设包含城市生活的方方面面，大到公共出行、服务保障，小到商业活动、民生便利。"智慧城市"的普及让人们感受到数字时代的便利。

华为公司先后与罗马尼亚、波黑等国家的城市合作，利用自身的技术优势和行业经验,从经济发展、民众生活等方面入手,克服当地技术瓶颈和设施难题,帮助合作国家推进"智慧城市"建设,进一步促进中东欧国家数字经济的发展。

与此同时,外贸协会智慧城市访问团邀集研华、友达光电、宏正、讯舟等多家电子通信企业,与中东欧国家进行"智慧城市"合作洽谈,合作已取得初步进展,很多地方供应商对此产生了浓厚的兴趣。匈牙利的系统整合商Evopro与我国互联网公司达成战略合作意向,建立"人—车"联网标准体系,研发自动驾驶系统,共同加速城市智慧交通的建设。波兰最大系统整合商ASSECO对城市的规划进行了总体布局,接下来将邀请中方合作伙伴进行实地考察,并给出切实可行的意见。"保加利亚·圣索菲亚智慧城市"项目位于保加利亚首都索菲亚市,它是保加利亚建国以来的第二个"国家优先投资项目"和首个"智慧城市"项目。该项目同时获得中国央企的策略性投资,成为中国—中东欧智慧城市合作的典范。

第三,注重网络安全的治理。在中国—中东欧数字经济合作的过程中,网络安全是需要关注的重点问题。网络时代的来临带来了更便捷的信息共享、更多样的行业数据以及更复杂的网络环境。在此条件下更应该注重网络安全的治理,避免信息和数据的泄露,为数字经济合作的开展提供基础性的保障。关于布局网络安全体系,我国也在积极寻找可行的对策。

首先,我国充分尊重各国的网络主权。由于政治因素,每个国家的网络环境都不尽相同。我国会坚决禁止任何群体以任何理由侵入他国网络系统以及作出不当政治言论。国内相关信息技术企业应当积极地作出表率,尊重当地法律,保证给合作国家提供优质安全的数字技术服务。其次,建立长期有效的网络安全合作对话机制,完善监管体系。国与国之间战略互信的建立需要一个过程,而全球性的网络环境安全合作也需要经历长期的考验。中东欧国家网络安全治理相对落后,政府机构更是成为网络攻击的首要目标。因此,政府层面更应该进一步整合资源,通过双方密切合作来完善区域网络安全机制,使防护系统更加坚固。最后,注重个人隐私安全的保护。在数字化发展的大背景下,我们在享受便利的同时也会在不经意间泄露个人信息,从而带来财务安全方面的隐患。我国已经出台相关法律法规,有效保障在合作过程中个人信息的安全。

同时,阿里巴巴、腾讯、百度等中国企业带来了合作解决方案,以特殊政策鼓励安全产品"走出去",加强安全产品本地化服务,在信息安全、金融安全等方面提供有力的保障。当前,网络不仅为信息流动提供必要的空间,而且作为一种提供信息的系统也为现代国家的治理提供运作的平台。

3.2.4 中国与中东欧国家融合型数字经济合作的主要特征

第一,深化传统产业的数字化应用。数字经济正不断彰显它的活力,各个行业都在积极探索云计算、大数据、自动化等技术的应用,利用数字经济来实现产业的智能化、智慧化。传统产业与数字经济的融合将成为推动经济发展的重要驱动力,带来新的商业模式和广阔的市场前景。

面对新时代、新机遇,全球主要国家纷纷将数字经济视为实现经济复苏和推动可持续发展的关键依托。数字经济并不是独立于产业存在的,其更多的是以信息技术为基础,打破传统形式的约束与产业的边界,从而实现产业融合。数字化的融合发展催生出关联性、普惠性和开源性的经济生态,完成对传统产业的重塑。目前,中国与中东欧国家已在数字基础设施、信息技术、网络治理等方面的合作上取得了一定的成绩。在2019年8月举行的第九届中国—中东欧国家数字经济发展会议上,双方共同探讨了5G产业的融合发展。下一步,5G技术将被赋能在传统产业上,其高融合性的特点,将给现有产业带来新的发展机会。

坐落于中国河北省的中国(沧州)—中东欧中小企业合作区,正在成为与欧洲建立合作关系的一个非常好的平台,河北沧州的三创联盟科技有限公司是集科研、产品开发、生产、销售、服务于一体的轻型拖挂房车生产企业,该公司与罗马尼亚FIM房车公司达成友好的合作协议,在合作园区建立生产线生产新型房车。三创联盟秉承着"国际化、科技化"的发展宗旨,利用先进的生产技术帮助合作伙伴实现传统制造业的数字化融合发展。该项目得到政府及园区的大力支持,双方加强了投资贸易合作,实现了互利共赢。

第二,技术创新推动企业数字化转型。在与中东欧国家的合作过程中,双方把企业的数字化转型作为合作的首要任务。我国驻保加利亚经商参处的调查显示,该国已有75%的企业在接触云服务,同时有约35%的企业在积极应用大数据服务。由此可见,各国产业数字化逐渐在经济中占据主导地位。2018年,中国与中东欧部分国家的产业数字化规模如图3-2所示,我国与中东欧国家在产业数字化上还存在巨大差距。中东欧国家的企业更多地依靠我国的技术优势，实现企业数字化经营，完成数字化的转型升级。

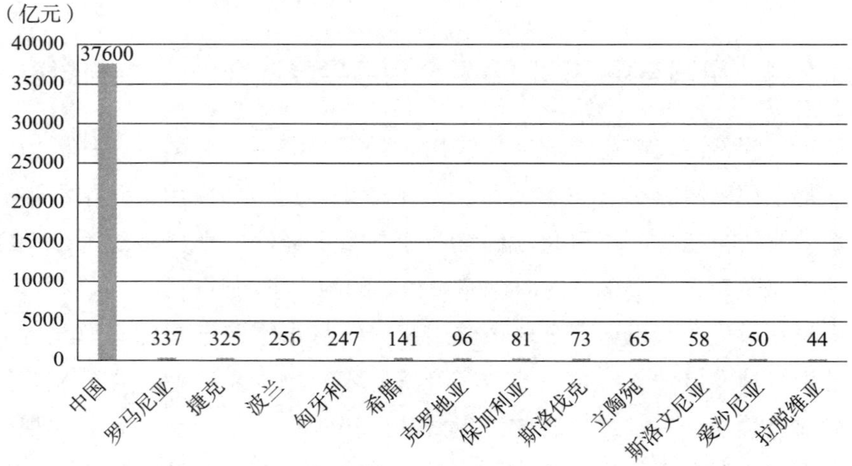

(亿元)

中国	罗马尼亚	捷克	波兰	匈牙利	希腊	克罗地亚	保加利亚	斯洛伐克	立陶宛	斯洛文尼亚	爱沙尼亚	拉脱维亚
37600	337	325	256	247	141	96	81	73	65	58	50	44

图 3-2 2018 年中国与中东欧主要国家的产业数字化规模

资料来源：中国信息通信研究院。

近年来，中东欧国家高度重视"工业 4.0"战略。"工业 4.0"战略意味着垂直和横向价值链均实现数字化，并且通过一系列关键技术如数字平台、人工智能、物联网接口，推动产业的变革，从而提高传统产业数字化转型的能力。阿里云为中东欧国家提供云计算技术支持，帮助当地企业实现数字化发展。企业只有抓住数字化、信息化转型带来的发展机遇，才能提升自身抗击风险和参与市场竞争的实力。

第三，农业数字经济进一步发展。中东欧国家的畜牧业发达，奶制品优良，尤其是东南欧有着悠久的农业历史和畜牧业基础，其奶制品深受中国消费者喜爱。截至 2019 年 5 月，中国与中东欧国家签署的主要农副产品对华出口文件见表 3-1。中国和中东欧国家在此领域的合作需求巨大，需要通过完善的平台来进行对接。为了促进双方的农业合作，自 2006 年起，农业部通过设立农业经贸合作论坛的形式，与中东欧各国部长共同探讨农业企业间的科技、投资与经贸合作。2019 年第十四届论坛会议首次提出"农业数字化"的发展倡议。中国—中东欧已经具备完善的农业合作机制，下一步，将重点关注数字技术的运用，搭建共享平台及示范园区，更高水平地推进双方农业数字经济的合作。

表 3-1　中东欧国家农副产品对华出口文件

合作国家	签署文件
匈牙利	《冷冻牛肉输华检疫和兽医卫生条件议定书》
波兰	《牛皮、绵羊皮和山羊皮输华检疫和兽医卫生条件议定书》
爱沙尼亚	《输华乳品动物卫生和公共卫生条件议定书》《大西洋鲱鱼和黍鲱检验检疫要求议定书》
拉脱维亚	《冷冻和冰鲜牛肉、冷冻和冰鲜羊肉输华检疫和卫生条件议定书》
塞尔维亚	《牛肉输华议定书》
保加利亚	《苜蓿草输华检疫要求议定书》
斯洛文尼亚	《输华乳品动物卫生和公共卫生条件协定书》
罗马尼亚	《猪肉、种牛、牛肉输华议定书》
北马其顿	《烟叶输华植物检疫要求议定书》

资料来源：中华人民共和国海关总署。

企业间的合作对接在农业数字化的推进中扮演重要角色。天津食品集团与保加利亚合作开发农场 ERP 管理系统，采用大数据及云平台技术，实现农业园区自动化管理。阿里巴巴和京东等电商企业也利用平台优势全面推广中东欧国家的农产品。第二届进博会期间，中东欧国家中的捷克、希腊作为主宾国参展，众多中东欧本土企业通过入驻天猫国际来开拓中国市场，让中国消费者了解中东欧国家的肉制品、乳制品、蜂蜜和葡萄酒等优质农产品。天猫国际不只是一个销售渠道，更是各国展示原产地的名片和展示国家形象的重要平台。京东集团在京东超市创建了匈牙利国家馆，开馆当日即吸引了 36.7 万人关注，让更多人了解匈牙利的葡萄酒。中国与中东欧国家农产品贸易原本就有着高度的互补性，通过出口产品结构的优化、合作平台的信息化，双方的合作逐渐向着"互联网+农业"的方向迈进。

3.2.5　中国与中东欧国家服务型数字经济合作的主要特征

第一，重视数字化人才的培养及智库建设。中东欧国家数字经济发展水平相对滞后，具有数字技能的人口不足 2%，数字化人才缺口量较大。数字人才技能主要涉及软件系统研发、数据分析、大数据挖掘等内容，这些数字人才将在未来的人才管理工作中发挥重要作用。

在此需求基础上，本书提出了创新型立体化的人才培养模式，如图 3-3 所示，以满足"一带一路"多层次的人才需求。此模式联合了高校、智库、企业三方面力量，拓宽了人才培养路径。虽然三个主体分别定位不同的人才培养层级（高端政策型人才、复合应用型人才、基础实用型人才），但它们并非孤立存在的闭环，更多的是协同合作，并由此构成开放式的人才培养循环系统。人才培养应该国际化，要鼓励各国人才进行开放式交流，真正做到"走出去"。中国应与中东欧国家不断加深合作，共同开设人才培养基地。

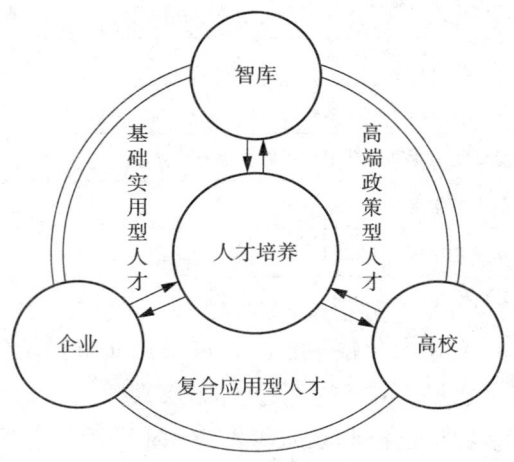

图 3-3　立体化人才培养模式

资料来源：穆正礼，罗红玲，蓝玉茵，等．"一带一路"背景下的人才需求及人才培养模式基于中国—中东欧国家合作大数据的分析报告［J］．海外华之教育，2017（7）：869-892．

智库建设也是数字经济环境下人才培养的核心。优秀的智库不仅有新思想，而且能培养思想的巨人。智库的培养体系要开放；在管理运作上要保持相对独立，切勿墨守成规；高端政策性人才的培养可以依托高校进行。2019年12月，中国—中东欧国家全球伙伴中心为"17+1合作"搭建了新型智库支持平台，以进一步提升双方数字经济合作水平。24家智库及众多科研院校成为智库平台的首批合作成员。

第二，构建数字化公共服务平台。数字经济的蓬勃发展需要数字化平台建设来助力。数字化服务平台具有开放包容、共建共享的特点，响应了当下的市场需求，实现了中国与中东欧国家交流合作从线下到线上的延伸。

在合作中，双方重点开发了三大数字化服务平台，如图3-4所示。第一种是企业云服务平台。中小企业数据库的构建，为企业提供了更精准的业务数据，有助于企业改善生产和服务模式，实现中小企业数字化的转型升级。另外，平台还可以实现资源的云收集、云共享，帮助企业解决运营难题。第二种是公共性数字服务、分享和应用平台。此平台的建设主要面向社会大众，是一个集公共服务和生活服务于一体的综合服务平台。后台中可以即时更新政府各类生活服务信息，并通过数字网络对接到社区中心、定位到个人。这种形式将政府、组织、个人智能化地结合起来，为大众提供更便民和个性化的服务。第三种是数字化对接、评价和技术平台。该平台给政府—企业、企业—消费者之间提供了便捷化的沟通渠道，供需双方均可以在线上了解相关信息，有助于监管的透明化和有效化。

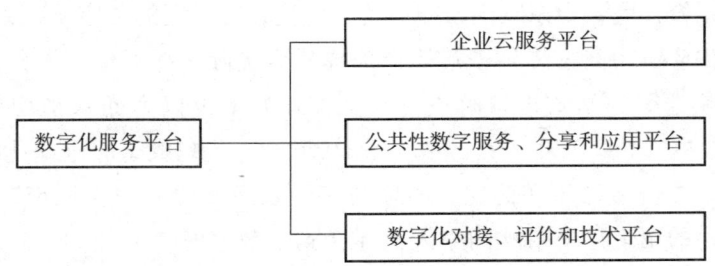

图3-4　数字化公共服务平台

资料来源：蓝庆新，窦凯. 共享时代数字经济发展趋势与对策[J]. 理论学刊，2017 (6)：55-51.

为了促进中国与中东欧国家的信息科技合作，2017年9月，"中东欧科技创新成果转化公共信息服务平台"正式启动。我国各中小企业服务机构分别与中东欧科技交流协会、高等院校达成战略合作协议，共同建立具有中东欧地区特色的科技产业园区。此信息服务平台可以实现各国科技创新人才的互动交流、技术研究成果的在线交易以及大数据信息的匹配。在中国—中东欧数字经济合作的背景下，科技成果转化平台完美解决了双边的需求，实现中国和中东欧国家间的信息智能化、平台数字化。

第三，跨境电商市场日益完善。跨境电商已成为我国对外贸易的一个新业态，为我国外贸发展注入了新的动力。随着跨境电商进入中东欧国家市场，行业优势逐渐凸显，同时也意味着行业竞争会变得更加激烈。我国会在国际物流通道搭建、跨境电商人才引进和培育、传统企业跨境电商业务孵化、跨境电商平台建设等方面进一步帮助中东欧伙伴优化跨境电商发展环境，双方共同发力，助力跨境电商销售额实现稳步增长。

目前，中东欧17个国家的跨境电商都比较碎片化，由于文化、语言和商业环境等方面存在差异，没有形成一个统一的合力，尚有80%的中东欧国家商品没有在中国被展示或宣传。宁波市作为国内首个"一带一路"建设综合试验区，正在全面推动中国—中东欧国家的跨境电子商务发展。2019年6月启动的"跨境电商拓市行动"成为中东欧国家产品展示的"窗口"，更多消费者通过电商平台了解到了中东欧国家优质的商品。与此同时，宁波市相关企业与匈牙利邮政方签署了中国—中东欧（宁波—布达佩斯）数字化跨境电商平台合作协议，致力于开展跨境电子商务物流通道建设，届时双方的跨境物流将更加通畅、便捷和高效。

  阿里巴巴作为领先的数字经济平台，为中东欧国家构建了企业数字化的商业操作系统，完善中东欧国家在通关、物流、支付上的数字基础设施搭建。菜鸟全球供应链为商家提供了从原产地提货到国际干线运输、调拨，以及存储和末端配送等一站式进口解决方案。整套方案可以为商家平均节约成本10%，时效提升5~10天。在支付方面，中欧合作是蚂蚁金服全球化的重要推手。目前，支付宝已经在捷克、匈牙利等国家开展"无现金城市"的实践。数字化支付的出现让中东欧国家人民体会到了数字时代的便利，双方通过长期友好的合作，共同助力数字经济的发展。

第4章

中国与中东欧国家数字经济合作中存在的主要问题以及问题形成的原因

4.1 文献综述

中东欧国家是伴随冷战结束、前东欧国家"回归欧洲"而诞生的一个地缘政治概念。2012年9月6日成立的中华人民共和国外交部中国—中东欧国家合作秘书处定义的中东欧国家共有16国,分别为波兰、捷克、斯洛伐克、匈牙利、斯洛文尼亚、克罗地亚、罗马尼亚、保加利亚、塞尔维亚、黑山、北马其顿、波黑、阿尔巴尼亚、爱沙尼亚、立陶宛和拉脱维亚,这些国家大多为新兴经济体。除阿尔巴尼亚、波黑、黑山、北马其顿和塞尔维亚这5国外,其余11国均为欧盟成员。受2008年美国金融危机及欧元区债务危机影响,中东欧国家纷纷"向东看",提出"向东开放"政策。2012年,中国与中东欧16国达成合作对话共识,其后不久便在波兰华沙举行了首届领导人会晤。温家宝总理提出"16+1合作"框架,标志着双方关系进入互利共赢合作的新时代。2013年,习近平总书记高瞻远瞩地提出的"一带一路"倡议涉及的64国中,中东欧16国均包括在内。"16+1合作"框架、中东欧国家的"向东开放"政策与中国的"一带一路"倡议和国际产能合作不谋而合,双方经贸关系也因此进入快速发展时期。然而,中国和中东欧国家在合作的过程中也遇到了诸多的问题和挑战。

2015年,随着国际产能合作与欧洲投资计划、"16+1合作"与中欧合作、"一带一路"建设与欧洲发展规划,即中欧"三大对接"的顺利完成,中国与中东欧国家的合作被提升到了历史发展的新高度,但双方在合作中面临的问题和挑战仍不容小觑。于军(2015)认为,"一带一路"倡议作为中国深化改革的战略举措,为中国与中东欧国家深化合作、完善合作机制提供了重要契机。然而，机遇和挑战并存，他强调中国与中东欧国家分属于东西方不同文明，地理位置遥远，冷战结束后原有的意识形态认同优势消失殆尽，双方的价值观认知和社会制度立场差距较大，经济体量相差悬殊，合作基础不够坚实。他还指出作为欧盟的成员或者准成员，中东欧国家与中国深化合作将不可避免地给地缘国带来心理压力，亟须妥善协调处理。另外，对中东欧各国内部关系复杂性的重视程度也亟待提高。曲如晓和杨修（2016）通过研究分析"一带一路"背景下的中国与中东欧国家的经贸合作，指出中国和中东欧国家在合作中存在双方贸易不平衡、中东欧国家内部发展战略不一致等突出问题。邓靖（2019）认为，"16+1 合作"为中欧贸易提供了有益补充，在中国与欧盟的贸易关系呈现趋弱的背景下，中国与中东欧 16 国的贸易关系逐渐增强，是中国与欧洲经贸关系新的增长极。"16+1 合作"仍然存在贸易规模相对偏小、进出口不平衡、商品附加值偏低以及环境不优等问题。王薇（2019）认为中国和中东欧国家在经贸合作上除了存在整体合作水平低、中东欧国家利益诉求不一致等问题外，来自欧盟国家方面的国际压力也成为双方在未来经贸合作中务必要慎重考虑的首要问题和严峻挑战。刘作奎（2020）认为"中国—中东欧国家合作"启动 8 年来，双方在经贸投资、人文交流、机制建设等方面的合作均取得积极进展。在百年未有之大变局下，"中国—中东欧国家合作"的固有基础依然存在，但面临着欧盟强化干预措施、中美全面博弈以及合作步入"深水区"带来的挑战。他强调为应对内外挑战，"中国—中东欧国家合作"应充分利用各种机遇，努力完善自身条件，积极厚植民意基础，推动企业先行，妥善处理贸易逆差等问题。

近年来，数字经济是中国和中东欧国家合作的主要领域，但双方在这条新的合作道路上并非一帆风顺。鞠维伟（2018）指出囿于中东欧国家差异明显、欧盟对中国与中东欧合作心存芥蒂，欲借助"一带一路"倡议以及"16+1 合作"机制持续深入推进中国和中东欧国家数字经济合作尚有大量工作要做。庄怡蓝和王义桅（2019）指出中东欧国家多数是新兴经济体，互联网发展相对成熟，发展数字经济的潜力巨大。"一带一路"倡议为中国—中东欧国家数字经济合作提供了广阔的发展空间。目前，中国与中东欧国家已在多领域促成合作，如在数字基础设施、电子商务、网络治理等各方面取得了优异的成绩。但是复杂的地缘政治环境，日益凸显的恐怖主义、难民等问题，使该地区边境长期战乱，基础设施破坏严重。这些问题成为制约中东欧地区数字经济发展的最大障碍。曹颖（2019）强调"一带一路"背景下的双方合作面临着中国内部资源分配和统筹的复杂性、高素养专业化人才的稀缺性；欧洲内部双层体系互动的复杂性、大国角力、政局动荡以及非传统安全威胁等问题。张晓锋（2019）认为中东欧国家作为"丝绸之路"经济带上的重要支点国家，在对接"丝绸之路"乃至"数字丝绸之路"的过程中面临着新的挑战，主要表现在地区安全、欧盟及中东欧国家内部认知和中企本土化发展等方面。Sun Jie（2019）指出中国和中东欧国家合作过程中，许多中国企业正抓住"一带一路"倡议带来的机遇，但往往低估了进入外部市场的挑战和风险。他认为"一带一路"建设、"16+1 合作"可能面临着高度复杂多样的风险，包括东道国的重大政治以及政策变化、宗教以及民族主义战争、政府国有化和征收、第三方干预、政府撤销合作支持、歧视市场准入、贸易壁垒和无形投资、商业欺诈、有组织犯罪和恐怖主义对中国企业员工以及设施的安全构成威胁等一系列问题。王鹏、魏必和刘思扬（2020）认为，虽然我国与欧盟及其成员国展开广泛的数字经济领域的合作，但仍然存在合作广度不够、合作深度不足、专家和智库关注不多、对内对外宣传力度不够、合作成果透明化不足、对外合作的部门分散化、合作效率有待改进等问题。

"数字丝绸之路"是"一带一路"建设的重要组成部分。"数字丝绸之路"通过推动"一带一路"沿线国家网络和信息化建设，深化互联互通并提升沿线国家的数字经济发展水平，其带来的数字化红利自然惠及广大中东欧国家。然而，陈龙（2018）指出在建设"数字丝绸之路"的进程中遇到了许多困难，主要体现在政治风险高、经济发展水平不均衡、文化差异导致的认知偏差、科技信息鸿沟这四个方面。他特别强调由于"丝绸之路"沿线各国之间存在科技信息鸿沟，导致各国经济发展水平不均衡，市场开放难度大，经济环境的稳定性也因此参差不齐，这在一定程度上制约了信息化成果的共享。方芳（2019）强调"数字丝绸之路"沿线的部分国家基础条件薄弱、国家国情各异、利益诉求多元化、地缘政治引发多种风险等因素对"数字丝绸之路"的建设形成了挑战。曹丹（2019）认为"数字丝绸之路"面临的困境主要有三个方面，即政治风险、文化差异和科技差异。他认为政治方面的风险主要源于地缘政治竞争。此外，由于"数字丝绸之路"门槛较低，发展中国家和中小企业能够轻易参与经济合作，但是可能产生合作规则的认知障碍和收益分配不均等矛盾。尽管中国在建设"数字丝绸之路"过程中起着关键作用，在资金和技术方面具有优势，但估价差异太大，中国有可能心有余而力不足。多米尼克·德维尔潘（2019）强调"数字丝绸之路"是"一带一路"倡议中的一个重要支柱，其面临的挑战主要有两个：第一，让人们能够更方便快捷地联网，改善"丝绸之路"沿线的网络互联；第二，将互联网作为一种公共资源加以管理，确保每个国家独立自主，并且促进数字市场建设和政策合作。

4.2 中国与中东欧国家数字经济合作中存在的主要问题及其成因

中东欧国家多数是计划经济转型国家，互联网发展相对成熟，发展数字经济的潜力巨大，但各国的数字经济发展水平参差不齐，而各国信息化发展水平总体比较接近，在全球处于中等偏上到中等偏下之间水平。其中，爱沙尼亚、捷克、立陶宛、波兰、斯洛伐克、匈牙利、拉脱维亚、斯洛文尼亚等国信息化发展水平较高，进入全球前50名，其他国家的信息化发展水平也普遍高于世界平均水平。

"一带一路"建设为中国—中东欧数字经济合作提供了广阔的发展空间，中国与中东欧国家已在诸多领域达成合作，推动多边经济发展，在数字基础设施、电子商务、网络治理等方面取得了优异的成绩。但是复杂的地缘政治环境，日益凸显的恐怖主义、难民等问题，使该地区边境长期战乱，基础设施破坏严重。这些问题也成为制约中东欧地区数字经济发展的最大障碍。

4.2.1 基础型数字经济合作中存在的问题

4.2.1.1 数字基础发展不平衡

夯实的数字基础设施是中国和中东欧国家展开数字经济合作的基石。从中东欧各国的数字基础设施发展规模来看，中东欧国家总体水平相较于中国而言还有一定差距。双方在数字基础设施发展规模上的不匹配将加大双方开拓数字市场的难度，影响中国和中东欧国家在数字经济上的合作进程。

中东欧国家的网络光缆和通信基站等基础设施建设仍较落后。根据世界银行统计，中东欧国家每百人固定宽带互联网用户数平均约为18人，约为英国和德国用户数的一半，在欧洲地区宽带网络覆盖率仍然偏低。此外，参考欧盟数字经济和社会指数，从联通性（包括各国固定宽带、移动宽带、快速与极速宽带以及价格指标）层面分析，对固定宽带（基本、快速和超快）的比较评估显示荷兰和卢森堡表现最佳，相比之下，希腊、波兰和克罗地亚的表现最差。在移动宽带方面，芬兰、丹麦、拉脱维亚和意大利的得分领先欧洲平均得分，而罗马尼亚和匈牙利的得分最低。

中东欧国家相对落后的数字基础设施，以及区域内部发展的不平衡，抑制了中国企业对中东欧国家数字化投资的积极性，也限制了已进驻企业的经营与发展空间。

4.2.1.2 数字基础设施建设受阻

中国在中东欧国家，尤其是其中的欧盟国家内开展数字基础设施承包等工程项目仍然存在着较多的阻碍。

首先，欧盟国家政府及企业排斥中国企业在中东欧地区开展相关数字基础设施建设。其次，中东欧国家整体贸易制度较为复杂，贸易发展仍然面临着许多问题，如不健全的信用证体系、不清晰的清关程序、不透明的海关规则等一系列问题阻碍着双边贸易合作。在数字基础设施领域所遇到的困难和在一般基础设施领域遇到的困难相似，中方企业面临的市场准入、技术准入标准较高，人员准入条件等都较为苛刻，这极大地造成人员流动不便，最终直接导致双方数字化相关领域人才无法得到顺畅地交流。

此外，相较于中国国内的环境，中东欧国家的市场环境更加复杂。中国企业在承包相关数字基础设施工程建设时，需要解决语言文化和经营理念等方面的差异问题，还要详细了解当地的政治经济形势，熟悉掌握当地的相关法律法规，以及各类复杂的投标审批程序。值得注意的是，大多数中东欧国家所遵循的是欧盟的法律体系，与中方的大陆法律体系有所差异，企业在进行项目建设的过程中不但要遵守当地法律，而且要注意当地法律制度的变动。中东欧国家各项法律制度在实际操作中也存在很大差异，由于其具有透明度低，行政效率低等问题，中国企业必须通过当地资深专业律师才能保证项目有序推进。

由于在程序执行的过程中可能出现大量的不确定因素，中国企业在中东欧国家进行数字基础设施建设时受到严重的阻挠，成本也随之增加，最终导致项目运作困难。

4.2.1.3 ICT 产品及服务贸易不平衡

中国与中东欧国家的数字贸易不平衡，数字贸易潜力有待深入挖掘。据统计，2018 年中国数字经济总量占 GDP 比重超过 1/3，达到 34.8%，数字经济发展对 GDP 增长的贡献率达到 67.9%。而中东欧国家数字经济总量占 GDP 比重处于较低水平。从双方数字产品贸易来看，不平衡问题突出，经贸合作有待深入挖掘。以 2017 年中国与中东欧国家的信息通信技术（ICT）产品进出口为例（见图 4-1），总体而言，中东欧国家的 ICT 产品主要依赖进口。除少数国家外，无论是进口水平还是出口水平均与中国有很大差距。世界银行的调查数据显示，2017 年中国 ICT 服务出口占总服务出口的比例为 12.66%，这个比值低于中东欧国家中的捷克、罗马尼亚、塞尔维亚、斯洛伐克 4 国，其中罗马尼亚的占比为 19.04%。这类产品和服务贸易之间的互补性体现出中国和中东欧国家双方都具有很大的合作发展空间和潜力。

然而，近年来，在双边贸易额快速增长的同时，中东欧国家对华数字贸易逆差不断扩大，引起了中东欧国家的高度重视。中东欧国家对华贸易逆差不断扩大的原因：一方面，同类商品中中国商品的价格更低；另一方面，中东欧国家对华出口贸易的潜力有待挖掘，需要加大在中国的产品宣传力度和推介力度。尽管如此，中东欧国家一些人士坚持认为，中国采取贸易保护措施，导致中东欧国家产品很难进入中国市场。

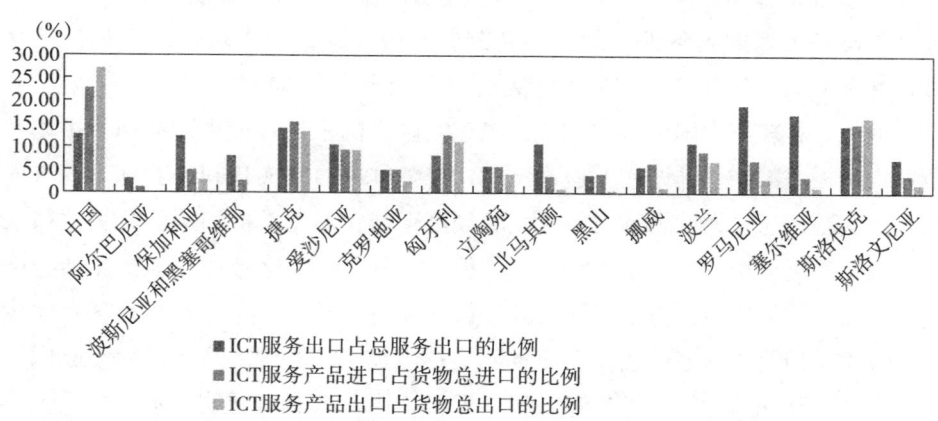

图 4-1　2017 年中国与中东欧国家 ICT 产品及服务进出口情况

资料来源：世界银行。

4.2.2　资源型数字经济合作中存在的问题

4.2.2.1　现有数据技术体系不完善

随着中国以及中东欧国家总体数据规模快速扩大，现有技术体系已经难以满足大数据应用需求。中国和中东欧国家的大数据理论与技术未成熟，双方未来在信息技术体系层面亟须颠覆式创新和变革。

由于大数据规模呈几何级高速成长的态势，需要处理的数据量已经大大超过处理能力的上限，从而导致大量的数据因无法或来不及处理，而处于未被利用、价值不明的状态，这些数据被称为"暗数据"。据国际商业机器公司（IBM）的研究报告估计，大多数企业仅能对1%的数据进行分析应用。大量的数据应该如何处理，这是中国和中东欧国家在数字经济合作中需要解决的关键问题。

近年来，虽然大数据获取、存储、管理、处理、分析等相关的技术已有显著进展，但是大数据技术体系尚不完善，中国与中东欧国家在大数据基础理论层面的研究仍处于萌芽期。具体问题表现在以下几个方面。首先，对大数据的定义虽已达成初步共识，但许多本质问题仍存在争议，例如数据驱动与规则驱动的对立、"关联"与"因果"的辩证关系、"全数据"的时空相对性、分析模型的可解释性等；其次，针对特定数据集和特定问题域已有不少专用解决方案，是否有可能形成"通用"或"领域通用"的统一技术体系，仍有待未来的技术发展给出确切的答案；最后，应用超前于理论和技术发展，数据分析的结论往往缺乏坚实的理论支撑，对这些结论的使用仍需保持谨慎态度。上述问题是当前全球大数据发展中存在的显著问题，同样也是中国与中东欧国家在该领域合作中亟待解决和处理的问题。

4.2.2.2 大数据治理体系不健全

中国与中东欧国家的大数据治理体系尚不健全，部分落后的中东欧国家尚未形成治理体系。尤其是在大数据的相关隐私保护、数据安全与数据共享利用效率等方面仍存在显著的矛盾，如数据资产地位的确立尚未达成共识，数据的确权、流通和管控等方面面临多重挑战；数据壁垒广泛存在，阻碍了数据的共享和开放；法律法规发展滞后，导致大数据应用存在安全风险等。种种因素，制约了对数据资源中所蕴含价值的挖掘与转化，成为制约中国和中东欧国家大数据发展以及大数据合作的短板。

大数据隐私保护、安全与共享之间的矛盾尤为突出。中国与中东欧各国对于数据共享开放的需求都十分迫切。近年来，各国在人工智能应用领域均取得了进展，主要源于对海量、高质量数据资源的分析和挖掘。而对于各国单一的组织机构，或者对于一些数字化竞争力较小的中东欧国家而言，靠自身的积累往往难以聚集足够的高质量数据。在很多情况下需要通过对多元数据的综合融合和深度分析，来获得从不同角度观察、认知事物的全方位视图。单个系统、组织的数据往往仅包含事物某个片面、局部的信息，因此，只有通过共享开放和数据跨域流通才能建立信息完整的数据集。

中国以及中东欧国家大数据的无序流通与共享也可能引发隐私保护和数据安全方面的重大风险。因此双方必须对其加以规范和限制。例如，鉴于互联网公司频发的、由于对个人数据的不正当使用而导致的隐私泄露问题，欧盟制定了"史上最严格的"数据安全管理法规《通用数据保护条例》（General Data Protection Regulation，GDPR），并于 2018 年 5 月 25 日正式生效实施。GDPR 生效后，Facebook 和谷歌等互联网企业立即被指控强迫用户同意共享个人数据而面临巨额罚款。在这种情况下，过去利用互联网平台中心搜集用户数据，实现平台化精准营销的这一典型互联网商业模式将面临重大挑战。中东欧国家中有 11 个国家属欧盟成员国，欧盟在大数据等数字化领域颁布的条例自然会影响到中东欧国家的相关数据治理政策。中东欧国家和中国想要在大数据方面展开更深层次的合作，健全以及协调大数据治理体系对双方至关重要。

4.2.3 技术型数字经济合作中存在的问题

4.2.3.1 技术创新人才匮乏

数字化人才不仅包括 IT 工程师、数据科学家、数据分析师、AI 算法工程师、产品经理等传统意义上的技术精英，而且包括商业应用人才及行业人才，只有形成跨行业、跨平台的复合型人才体系，才可能真正将数字化落实到实体产业中去，并解决产业的实际问题。

中国数字经济发展速度较快，导致很多科技型企业、研究机构在核心技术研发、大数据挖掘应用等领域的人才储备不足，自主创新研发能力较弱。特别是在一些重点行业的核心技术和关键产品研发方面，人才短缺问题更严重。这在一定程度上制约了对数字资源的开发利用。中国国家统计局相关数据显示，2015 年我国从事信息传输、软件和信息技术服务相关工作的人数约有 350 万人。但是，拥有高级专业技能的数字人才比例不高。目前这一问题尚未解决。中国拥有人工智能、深度分析、虚拟现实和智能制造等前沿技术的数字人才更是少之又少。与美国、英国等发达国家相比，中国的数字化人才储备尚有很大不足。相关数据显示，美国 AI 领域的从业人数在 85 万人以上，英国有 14 万人，同为发展中国家的印度有 15 万人，甚至超过了英国，而中国只有 5 万多人。

中国数字化人才缺乏主要表现为以下几个方面。第一，数字精英稀缺。数字顶尖人才储备无疑是推动中国，甚至将中国的数字化方案推向国际的动力，眼下针对数字精英的争夺战已然打响，国际国内都在进行激烈的数字人才争夺战。第二，初级技能数字人才的培养与持续增长的需求脱钩。一方面，这体现在严重的校企脱节问题上，在校接受过培养的学生毕业后能力达不到企业的要求。另一方面，多数企业没有时间和精力去重新培养相关技术人才。第三，具备数字技术以及行业经验的人才供不应求。据清华大学互联网发展与治理研究中心统计，有 46.6% 的数字人才首先是来自 ICT 基础产业，其次是金融以及医药行业（见图 4-2）。具备相关融合型产业素质的人才数量远不能满足当前中国 ICT 融合领域的发展需求。在全球数字经济进入加速创新和深度融合的时代背景下，中国经济的数字化转型已经迈入了从需求端向供给端扩展的全新阶段，而且数字经济的发展重心从消费领域向生产领域转移，与原先消费领域数字化转型主要依靠大量的互联网用户的"人口红利"相比，生产领域的数字化经济发展更加依赖于"人才红利"。

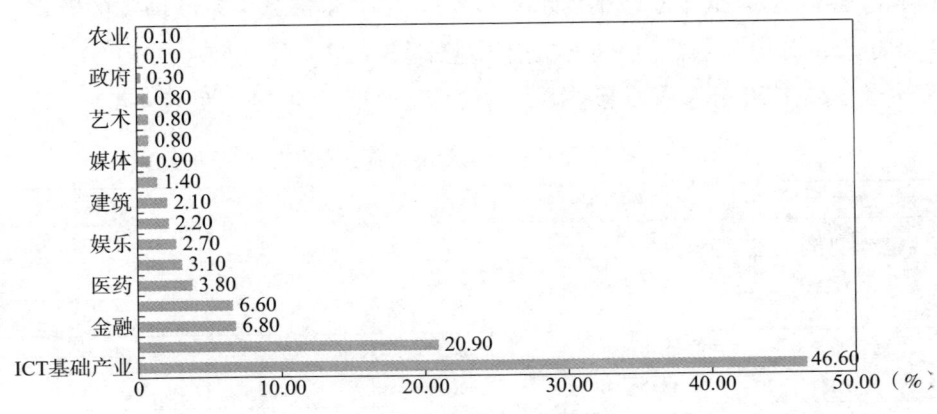

图 4-2　中国数字人才在各行业中的占比

资料来源：清华大学互联网发展与治理研究中心。

中东欧国家也面临着与中国相似的情况。由于中东欧国家与欧洲发达国家的收入差距，ICT 人才很可能会流向发达国家，这将对中东欧国家的数字化经济发展产生不利的影响。数字经济的发展同样需要普通民众数字技能水平的提高。数字化经济发展是一个动态的进程,如果普通民众的数字技能不能与时俱进,就会延缓数字经济的发展,降低数字经济的竞争力。中东欧国家也在致力于为数字化转型做好人才储备。在互联网用户技能层面,爱沙尼亚排名靠前,保加利亚、罗马尼亚等国排名相对落后。保加利亚和罗马尼亚具有基本数字技能的人才所占比重为29%左右。

各国纷纷将深化信息技术与传统行业的融合发展作为数字经济战略布局的重心,专业化数字技能人才的需求正在急速增加,吸引和培养所需的人才,是中国和中东欧国家在全球数字经济中建立以及获得竞争优势的重要手段。

4.2.3.2 数字化研发投入不足

数字化研发投入水平决定了一个国家数字经济发展的高度。中东欧国家存在的主要问题就是研发资金投入不足。总体而言,中东欧国家研发支出占GDP的比重低于欧盟的平均水平,中东欧国家的研发支出不到GDP的2%(除个别国家以及个别年份外),一些国家的占比甚至不到1%(见表4-1)。造成上述情况的原因是中东欧国家数字创新意识不足。2017年中东欧国家的数字创新意识,除克罗地亚外,均低于欧盟的平均水平。除爱沙尼亚外,中东欧国家的区块链意识均低于欧盟的平均水平。中东欧国家的人工智能意识和5G网络意识均低于欧盟平均水平。根据2017年部分中东欧国家的数字创新竞争力得分情况来看,中东欧国家中除斯洛文尼亚外(65.01分),其他国家的得分都在50分左右,有些国家的得分甚至低于40分(见表4-2)。

表4-1 2015—2018年部分中东欧国家研发支出占GDP的比重 (%)

国家	2015年	2016年	2017年	2018年
保加利亚	0.79	0.96	0.78	0.77
捷克	1.97	1.93	1.68	1.93
爱沙尼亚	1.43	1.47	1.25	1.43
克罗地亚	0.78	0.84	0.86	0.97
匈牙利	1.35	1.36	1.32	1.55
立陶宛	1.04	0.84	0.89	0.94
拉脱维亚	0.63	0.44	0.51	0.63
波兰	0.94	1.00	0.96	1.21
罗马尼亚	0.38	0.49	0.48	0.50
斯洛文尼亚	2.20	2.01	1.86	1.94
斯洛伐克	0.88	1.17	0.97	0.83

资料来源:世界银行。

表4-2 2017年部分中东欧国家数字创新竞争力得分　　　　单位：分

国家/地区	数字创新竞争力得分
爱沙尼亚	56.82
捷克	56.26
波兰	46.52
立陶宛	52.91
克罗地亚	43.78
保加利亚	43.22
斯洛文尼亚	65.01
罗马尼亚	38.99
拉脱维亚	51.32
匈牙利	42.31
斯洛伐克	45.07
塞尔维亚	32.72

与中东欧国家相比，中国在数字化研发上的投入明显较为乐观，但和美国等发达国家相比还有一定差距。据2018年世界银行数据，中国研发支出占GDP的比重为2.2%，中东欧国家研发支出情况参差不齐，斯洛文尼亚、捷克、匈牙利、爱沙尼亚的研发支出相对较高，其中捷克和斯洛文尼亚的研发支出和中国的差距较小（见图4-3）。

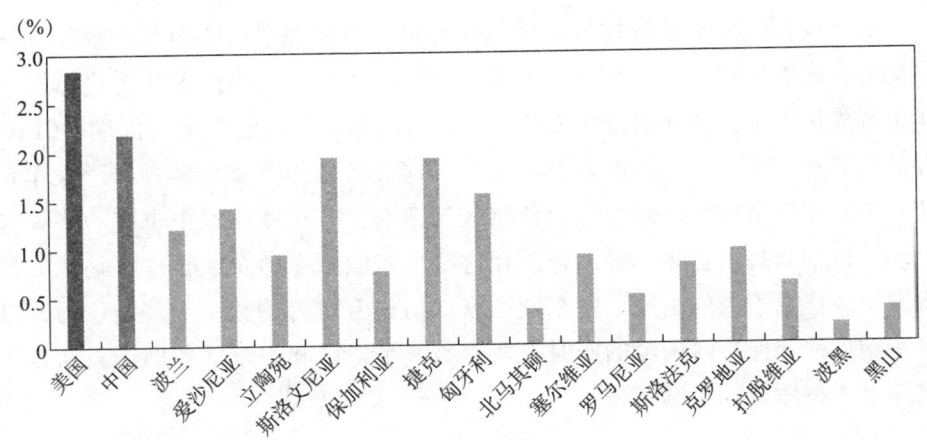

图4-3 2018年美国、中国以及中东欧国家研发支出占比情况

资料来源：世界银行。

4.2.3.3 数字创新能力不足

随着数字化时代的到来，创新成为各行各业实现数字化转型的重要突破口。以云计算、大数据、人工智能、物联网为代表的数字技术的快速发展，又推动着企业创新能力的不断提升。在这个过程中，数字化既是掀起创新浪潮的原因，又是推动创新实现升级与改革的有力保障。

《全球数字经济竞争力发展报告（2019）》显示，在国家竞争力层面，2018 年，美国、新加坡、中国占据全球数字经济国家竞争力榜单前三名。从中美数字经济竞争力近三年的差距变化来看，差距呈逐年缩小的态势。2016 年，中美数字经济竞争力差距为 23.82 分，2017 年为 21.19 分，2018 年两国差距进一步缩小为 18.57 分。就企业层面而言，来自美国、日本和中国三国的数字企业几乎占到世界 100 强的 70%~80%。从综合竞争力来看，苹果、三星、亚马逊、微软、ALPHABET 等企业占据前列，来自中国的华为、腾讯、阿里巴巴、拼多多等数字型企业的竞争力持续提升，预示着中国数字经济将进入一个快速增长期。然而，值得注意的是，该报告对竞争力的评估共分四大项：数字产业、数字创新、数字设施、数字治理。中国在"数字产业"这一项的得分是 71.34，高居第一；"数字设施"这一项的得分是 56.97，高居第二。而令人唏嘘的是，"数字创新"与"数字治理"两项的得分，中国在上榜的 18 个国家中，排名都是倒数第一（见表 4-3）。这两个倒数第一，尤其是创新上的倒数第一无疑是中国的短板。在该报告中的所有榜单中没有中东欧国家的身影，可见中东欧国家在数字经济层面的竞争力明显不足。

数字创新能力不足的短板必须引起警惕，中国和中东欧国家在数字创新上仍有极大的提升空间。目前，中国的数字经济在"核心技术"上仍然落后于世界先进水平，数字制造业依然处在产业链和价值链的中端与低端，CPU、存储器芯片、机器人、智能数控机床等高端装备依然严重依赖进口，操作系统、数据库等基础软件研发能力依然较为薄弱。中东欧国家中也有一些具有全球地位的高技术企业，中国企业和这些中东欧国家的企业合作将是双方提升数字经济竞争力的引擎。中东欧国家如何提升自身的数字经济竞争力，以及中国如何在保持前三名的同时有所突破，是中国和中东欧各国未来在合作之路上亟待考量的关键问题。

表 4-3 2018 年全球数字经济国家竞争力评价结果排名   单位：分

排名	国家	数字产业	数字创新	数字设施	数字治理	总得分
1	美国	65.99	80.18	69.73	87.85	75.94
2	新加坡	38.35	82.18	52.19	71.12	60.90
3	中国	71.34	51.52	56.97	49.66	57.37
4	英国	32.13	65.37	34.76	74.17	51.61
5	芬兰	16.62	85.54	33.50	64.79	50.11
6	韩国	20.84	68.48	44.72	65.40	49.86
7	日本	21.32	73.45	39.48	63.81	49.51
8	荷兰	21.98	63.62	35.80	76.16	49.39
9	澳大利亚	26.07	60.56	37.61	70.08	48.58
10	德国	30.59	70.87	29.63	59.92	47.75
11	瑞典	18.82	69.71	38.17	63.69	47.60
12	丹麦	17.11	64.59	37.50	67.20	46.60
13	挪威	16.77	71.85	39.80	56.00	46.11
14	加拿大	20.52	59.17	33.37	71.30	46.09
15	以色列	24.99	72.97	23.99	59.14	45.27
16	法国	29.23	62.83	25.97	61.86	44.97
17	奥地利	17.45	65.85	30.43	64.31	44.51
18	瑞士	17.97	69.99	32.79	53.57	43.58

资料来源：《全球数字经济竞争力发展报告（2019）》。

4.2.4　融合型数字经济合作中存在的问题

4.2.4.1　数字化战略诉求不一致

中东欧国家是一个经济社会发展程度参差不齐的特殊国家群体，根据地理位置其可以分为中欧五国（波兰、匈牙利、捷克、斯洛伐克和斯洛文尼亚）、波罗的海三国（爱沙尼亚、拉脱维亚和立陶宛）、东南欧八国（保加利亚、罗马尼亚、塞尔维亚、黑山、克罗地亚、北马其顿、波黑、阿尔巴尼亚）。根据是否加入欧盟，其又可以分为欧盟 11 国（波兰、匈牙利、捷克等）和非欧盟 5 国（北马其顿、黑山、阿尔巴尼亚、波黑、塞尔维亚）。仅有四个国家加入欧元区（斯洛文尼亚、爱沙尼亚、拉脱维亚和立陶宛）。虽然这些国家处在从新兴经济体向发达经济体过渡的阶段，但由于各国发展阶段的差异，难以形成统一的战略诉求。

例如，塞尔维亚、捷克向来与中国有着传统的友好关系，注重与中国的务实合作，合作领域不仅覆盖贸易、投资，而且在文化交流等领域也均有涉及，近年来在数字经济方面的合作也不胜枚举。这些国家希望通过加强与中国在经贸等多领域的合作来降低其与欧盟关系持续恶化带来的负面效应。而与之相比，波兰、斯洛伐克等其他中东欧国家长期以来对欧盟的依赖度较高，但由于受到"欧债危机"的影响，为了减缓"欧债危机"对本国经济的负面影响，这些国家开始接近中国，希望通过加大与中国的经贸合作来发展本国经济。但这种合作是否具有长期性，仍有待进一步观察。此外，中东欧国家在语言、文化、宗教、社会习俗、经济规模等方面均存在着一定差异。除了波兰、捷克和匈牙利以外，中东欧其他国家数字经济规模较小、市场规模有限、缺少技术优势，且受到国内历史遗留问题的影响，使中东欧国家发展需求呈现差异化，难以形成统一的战略发展需求，对未来中国与中东欧国家数字经济领域的合作产生了阻力。

中东欧国家所处的环境较为复杂。中东欧国家由于自身的差异性以及大部分国家又同为欧盟成员国，在数字化上进行有效合作的可能性及效率具有不确定性。麦肯锡咨询公司报告显示，期望中东欧国家合作的呼吁声很高，认为中东欧国家的合作可以产生规模效应。中东欧国家拥有1.4万亿欧元的国内生产总值，相当于全球第12大经济体。而且中东欧国家具有相似性，除了文化和历史的共同点之外，中东欧国家有较高的市场开放水平和相近的数字化水平。最好的做法是每个中东欧国家形成了各具优势的数字发展领域。但这对于目前的局势而言有些理想化，回顾过去30年，鲜见中东欧国家有过实质性合作，而在复杂的数字经济领域形成有凝聚力联盟的可能性较小，中东欧国家脱离欧洲的数字生态系统的可能性就当下而言可以说是微乎其微。

4.2.4.2 智慧农业发展内在动力不足

在智慧农业领域，中国和中东欧国家相较于美国、日本、以色列、英国等西欧国家仍有差距。在该领域，美国、日本、英国起步较早，在相关政策支持、科技研发、创新科技应用等方面都得到了快速发展。中国以及中东欧国家在该领域的发展仍不成熟，需要借鉴和学习上述发达国家的经验。

具体而言，中国和中东欧国家的高素质农业生产管理人才相当匮乏，职业农民的配套教育系统还未建立。中国方面，农村高素质人力资本流失严重，留守农民的年龄、文化、性别结构很不协调，主要呈现年龄偏高、文化水平普遍较低且以女性为主的特点。此外，他们对互联网信息技术的了解以及应用较少，现代化农业生产意识比较淡薄。由于我国当前职业农民教育体系还未建立，新型农民培养机构少，培养过程大多是走过场，这直接导致了我国高素质农业生产管理人才的匮乏，导致了智慧农业的初创者和支持者较少，因此，智慧农业建设发展的内在动力严重不足。中东欧国家也有类似的问题。相对来说，中东欧国家农村人力资本的素质要比中国的高，但是他们对互联网信息技术与农业生产相结合的知识和技能了解甚少。相对落后的中东欧国家，其农业基本问题仍未得到解决，谈及转型可谓是难上加难。

中央财经大学农村经济发展中心主任、国声智库学术委员于爱芝曾表示，新型智慧农业作为一个新生事物，在发展过程中需要统筹政策、人才、技术、金融、资本、企业等要素，构建系统的支撑体系，培育和优化新型智慧农业发展生态圈。因此，中国与中东欧各国意图在智慧农业方面展开进一步的合作，各方仍需努力。

4.2.4.3 智能制造发展步调不齐

进入数字经济时代，世界各国均希望借助数字浪潮提升本国工业发展水平。虽然各国的总目标是一致的，即强化制造业，但是中国和中东欧各国的工业发展水平不一致，强化基准不一致，各国的发展小目标不一致，因而所带来的合作障碍是显著的。

就中国而言，中国智能制造在全世界范围内属于第二梯队，总体水平强于南非、巴西、印度等新兴制造业国家，但与美国、日本和德国还有较大差距。中国制造业总体处于"自动化+数字化"阶段，随着智能制造业的推进，有望在2025年实现总体进入"数字化+网络化"阶段。中东欧国家方面，维姆·瑙德、亚历山大·苏尔代和马丁·卡梅隆（2019）对中东欧国家"工业4.0"的就绪情况的考察结果显示，从技能力综合得分来看，中东欧国家排名较高的是捷克、斯洛文尼亚和匈牙利，排名较低的是罗马尼亚、保加利亚和波兰。从创业和创新能力综合得分来看，立陶宛、捷克和波兰领先，罗马尼亚、保加利亚和斯洛文尼亚落后。从治理能力综合得分来看，捷克、立陶宛和斯洛文尼亚领先，罗马尼亚、保加利亚和波兰落后。

总体而言，捷克、立陶宛、匈牙利和斯洛文尼亚对"工业4.0"准备良好，罗马尼亚、保加利亚和波兰则准备不足。

基于上述情况，中国和中东欧国家在智能制造层面的合作只能局限于个别发展水平或者短期发展目标一致的国家，意图开展更广泛区域的合作仍存在来自各细节方面难以突破的障碍。

4.2.5 服务型数字经济合作中存在的问题

4.2.5.1 市场消费习惯不一

由于中东欧各国数字基础设施发展水平参差不齐，各国民众所享受的数字化带来的红利也不尽相同。数字化水平的不同层次意味着各国消费者日常生活中所享受到的数字化服务不同，各国消费者在不同国家背景下形成的消费习惯也不同。

中东欧16国中有11个国家属于欧盟成员国。欧盟国家间在互联网应用上的差别很大，民众通常利用互联网获取新闻、浏览社交网络、通信、购物、使用网上银行服务等。相关统计信息显示，丹麦、荷兰、瑞典和芬兰的互联网用户最为活跃，英国、卢森堡、爱沙尼亚和马耳他排在其后，相比之下，罗马尼亚、保加利亚和希腊最不活跃。值得强调的是，有31%的罗马尼亚人和36%的保加利亚人仍然不经常上网。在电子商务方面，中东欧国家和欧盟其他成员国相比差距悬殊。2018年，英国有87%的互联网用户参与网上购物活动，相比之下，罗马尼亚仅有26%的互联网用户在网上购物。2018年，荷兰、芬兰、丹麦以及瑞典接受网上银行服务的互联网用户占比分别高达94%（荷兰与芬兰相同）、92%、91%，而保加利亚的占比却只有11%，罗马尼亚只有10%。在电子商务方面，爱尔兰、比利时和捷克领先，保加利亚、罗马尼亚和拉脱维亚的中小企业尚未利用电子商务提供的发展机会。这些问题都导致中东欧各国市场偏好不一，中国企业想要大力开拓中东欧市场仍需因地制宜，对于那些服务型数字化市场尚未形成的国家，合作难度可想而知。

中国在电子商务、新零售等服务型数字经济层面的发展相对成熟，尤其是电商领域的发展居于全球前列，中东欧国家的电商发展水平和中国相比存在一定差距。中东欧国家中捷克、波兰、爱沙尼亚等国尚可与中国的电商发展模式相匹配，但罗马尼亚、保加利亚等国由于受基础设施等硬性条件的限制,消费者还没有形成网上购物、线上消费等数字化消费习惯,一时还不能承接像电子商务之类的新业态发展模式。

4.2.5.2 法律环境有待改善

中国和中东欧国家数字化法律法规滞后于数字经济实践。数据是数字经济的重要生产要素,但数据的极大丰富已经在一定程度上造成了"数据洪灾泛滥",给我们带来了极大挑战。例如,在数据产权方面,数据该由谁所有,由谁管,怎么管,怎么用,所有者、拥有者、使用者和管理者之间的责权利如何确定?就中国而言,以平台为核心的数字经济是当前中国数字化产业新业态,给传统政府监管模式带来了新挑战。不规范经营问题凸显。平台经济开创了"人人即商家、人人即媒体"的新时代,由于准入门槛低,经营者良莠不齐、网络售假等不规范经营现象时有发生,侵犯消费者权益,数据隐私保护风险加大。互联网平台汇聚海量用户数据,数据价值不断提升,用户个人信息泄露和非法利用、数据非法跨境流动等风险不断增大,各类恶性事件频发。虽然近年来中国和中东欧一些国家已经出台了一系列数字经济政策,为经济主体依法规范开展数字经济活动提供了依据。但在信息安全、企业行业有序竞争以及数字经济和实体经济融合发展等方面,相关法律法规的建立和完善还相对滞后,各方关于数字化法律环境的营造要尽快提上日程。《全球数字经济竞争力发展报告(2019)》显示,中东欧国家数字治理竞争力处于中等偏下的水平,其中竞争力得分最高的匈牙利,其得分仅为53.84(见表4-4)。

表4-4 2017年部分中东欧国家数字治理竞争力得分　　　　单位:分

国家/地区	数字治理竞争力得分
爱沙尼亚	52.47
捷克	49.75
波兰	57.58
立陶宛	52.17
克罗地亚	49.37
保加利亚	49.75
斯洛文尼亚	44.67
罗马尼亚	52.17

续表

国家/地区	数字治理竞争力得分
拉脱维亚	52.17
匈牙利	53.84
斯洛伐克	52.72
塞尔维亚	52.07

资料来源：《全球数字经济竞争力发展报告（2019）》。

4.2.5.3 数字投资环境复杂多变

就中资企业在中东欧地区的数字化投资环境而言，中东欧国家的经营风险处于较高水平。中东欧地区国家众多，本身就存在复杂性。中国社会科学院世界经济与政治研究所发布的《中国海外投资国家风险评级报告》综合了经济、政治及对华关系等在内的五大指标，对中资企业海外投资时可能面临的风险进行了量化评估。2018年的评级报告显示，在57个样本国家中，中国在中东欧地区直接投资存量最大的5个国家（匈牙利、罗马尼亚、波兰、保加利亚和捷克）均在其中，它们的风险级别分别为A、A、A、BBB和A，虽均在前20名，但匈牙利、罗马尼亚和捷克三个国家的排名同比出现了下降。中国人民大学与国际关系学院联合发布的《2017年"一带一路"能源资源投资政治风险评估报告》将"一带一路"沿线的64个国家的投资政治风险分为低、较低、中等风险、较高风险和高风险5个级别，各级别分别有2个、14个、30个、14个和4个国家，中东欧16国在上述5个级别中的数量分别为0个、4个、11个、0个和1个。较低风险的4个国家分别为捷克、罗马尼亚、波兰、匈牙利，中等投资风险的11个国家分别为立陶宛、斯洛文尼亚、斯洛伐克、拉脱维亚、克罗地亚、爱沙尼亚、塞尔维亚、保加利亚、黑山、阿尔巴尼亚和北马其顿；波黑位列高风险国家行列。这充分说明中东欧国家虽均处"一带一路"沿线，并且有"向东看"的愿望，但较高的风险还是制约了中资企业对该地区投资的积极性。在非数字经济领域的投资环境尚且如此复杂，考虑到数字化涉及的领域众多，本身复杂性相较于传统行业要高，中资企业对于在中东欧地区投资数字化产业的决策更是慎重。

第5章

中国与中东欧国家数字贸易竞争力比较研究

当前,以互联网为代表的信息通信技术正在全球范围内掀起一场数字革命的浪潮,社会经济发展面临着新一轮的技术革命关口,"互联网+传统产业"的跨界融合推动着数字经济的崛起,世界各国纷纷布局数字经济相关产业。传统国际贸易也受到互联网技术的深刻影响,不断转型升级,数据成为贸易的关键要素,因此产生了全新的国际贸易模式——数字贸易。一般认为,数字贸易包含两大部分:第一部分,通过数字化方式进行跨境交易的实体货物;第二部分,基于互联网技术实现数字化产品、服务和信息的交换。2016年,捷克发布《数字捷克2.0:走向数字经济》报告。2017年,欧洲议会国际贸易委员会通过《数字贸易战略报告》,强调创造有利的数字网络环境,拓展贸易合作伙伴。2018年,波兰政府制定科技创新的中长期发展战略,即现代化的第三次浪潮,促进提高经济创新性和有效性。数字经济和数字贸易成为欧盟经济发展的又一次起点,其发展趋势与动态值得关注。本书着眼于全球数字经济发展背景,对中国与中东欧国家数字贸易竞争力进行比较,以明确中东欧国家区域数字经济发展现状。

典型的贸易竞争力比较通常基于某经济体贸易量与世界贸易总量来进行横向比较,测算方法有贸易竞争优势指数(TC)、显性比较优势指数(RCA)、显性竞争优势指数(CA)等,上述方法对一个经济体在世界市场中的影响力及其潜力能提供较好的描述,但对国家间竞争力比较稍显不足,主要体现如下:

(1)采用贸易量及其比例一定程度上能反映经济体的贸易竞争力,但并不能描述该国在世界贸易网络中的地位,也忽略了经济体之间的贸易关系,由贸易流形成的贸易网络的变化,以及变化引发的话语权与影响力。

(2)现有方法缺少对贸易网络圈层关系及其发展趋势的深入分析。竞争力比较存在的问题包括区域贸易联系是否紧密、相关国家是否有集聚效应、发展悬殊的国家间贸易如何均衡发展、各国贸易影响力如何变化更迭,传统方法难以刻画和反映此类问题。

本书综合了传统方法和网络方法的优势进行国家间产业竞争力比较。本书选取数字贸易相关的关键指标,从规模和数量层面对中东欧国家数字贸易多年的变化趋势进行对比分析,按照进出口额进行排名。数字贸易作为数字经济的一种形态,数字基础设施的联通性、数字人力资源的储备、互联网服务的应用、数字技术的整合程度、数字公共服务的便利水平都对数字经济和贸易的可持续发展提供支撑。本书选取了中东欧主要国家数字经济和社会指数(DESI)指标进行排名,对其发展状况进行评估;基于社会网络中的整体网分析法,对中国与中东欧国家数字贸易竞争力状况进行综合评价,探析中东欧国家数字贸易网络的整体状况、圈层结构、各经济体在网络中的地位变化及其特点;重点反映中东欧国家与中国数字贸易网络中节点权力、所处竞争位置、影响力表现等多方面的综合比较及排名。系统了解这些特征,有助于把握中东欧国家数字贸易整体格局和发展演变趋势,知己知彼,在处理与中东欧国家间复杂的经贸关系和塑造区域政治经济格局中找到突破口,从而把握主动权。

5.1 文献综述

5.1.1 数字贸易相关文献综述

李忠民等(2014)是国内较早给出数字贸易定义、属性、动因的研究者,他认为数字贸易是管理领域、制造领域、流动领域在数字技术的创新主导下,以知识为基础,以数字化形式呈现出的一种新经济业态,并从几个发达经济体角度论述了全球数字贸易发展的基本情况。陈靓(2015)基于对当前国际经贸谈判中数字贸易议题进展情况的梳理,发现以美国、欧洲等国家为代表的数字贸易大国通过双边和多边谈判试图对数字贸易提出一个有约束力的全球性标准。王晶(2016)通过总结发达国家数字贸易的先进治理经验,提出我国应通过健全国内规制与引导国际规则来释放数字贸易的发展潜力。凌祯蔚(2017)分析了全球数字贸易的总体现状及全球数字贸易发展的迫切性,进而剖析了发展数字贸易所面临的技术落后、人才匮乏、规章制度不健全等问题的局限性。夏杰长（2018）通过对数字贸易现状进行分析，探究了数字贸易兴起的理论机制，提出发展数字贸易的重要路径在于培育数字贸易新业态、新模式。马述忠等（2018）将数字贸易的特点概括为有效使用信息通信技术并以现代信息网络为载体，实现传统实体货物、数字产品与服务、数字化知识与信息的线上交易，推动从消费互联网向工业互联网的转型，最终实现制造业智能化转型升级。贾怀勤（2019）基于数字贸易的定义，评价了数字贸易营商环境，并对中国参与数字贸易国际规则制定提出了建议。Alan V Deardorff（2019）将国际数字贸易定义为涉及一个以上国家的商业，其产品本身是数字的，或者以下任何一项或几项工作，即广告、订购、交付、付款或服务，是通过使用互联网或类似的数字技术来完成的。

5.1.2 数字贸易竞争力比较相关文献综述

张慧（2014）利用主成分分析法和回归分析法研究了中国金融服务贸易国际竞争力的影响因素，认为服务贸易开放程度、人力资本、国内消费水平等对中国服务贸易发展具有显著影响作用。牟岚（2014）先计算出 TC 指数和 CA 指数，进而比较分析近五年中欧数字贸易竞争力大小，得出欧盟数字贸易的总体竞争力要比中国高。肖德和李坤（2016）采用 RCA 指数和 TC 指数，将中国与世界上主要国家的金融服务贸易国际竞争力进行比较研究，结果显示中国金融服务贸易国际竞争力较弱。蓝庆新和窦凯（2019）基于熵值法构建国际竞争力综合评价体系，对比 2008—2017 年全球经济总量排名前十的国家数字贸易国际竞争力水平，并在此基础上以波特的钻石模型为理论依据，构建中国数字贸易国际竞争力的影响因素计量评价模型。谭飞燕等（2019）基于国际竞争新优势，构建了贸易强国评价指标体系，利用主成分分析法计算了贸易强国指标综合评价得分，表明在传统竞争优势逐步缩小的背景下，我国在贸易绩效等方面与主要贸易强国存在较大差距。郭艺曼（2019）通过计算 MS 指数、TC 指数以及 RCA 指数，对比分析了 G20 成员国电信、计算机和信息服务贸易的发展现状和国际竞争力。

5.1.3 贸易网络分析相关文献综述

Rauch（1999）认为，国际贸易的社会网络能大幅减少国际贸易的信息成本,从而引发贸易流量的改变。Serrano 和 Boguna(2003)是最早将复杂网络分析方法运用到全球贸易领域的学者,他们认为传统研究方法很难分析国际贸易分布及凝聚度等指标,于是构建了全球贸易网络并借助 2000 年国家层面贸易数据,来分析贸易网络的经验特征,结果发现贸易网络具有无标度和小世界等特点。邹嘉玲、刘卫东(2016)采用社会网络分析法研究"一带一路"沿线国家贸易网络的基本特征、贸易网络组团的结构变化、贸易网络核心边缘的演化,并对中国与东南亚国家的子贸易网络进行了核心边缘分析。陆菁和傅诺(2018)运用社会网络分析方法研究了 2007—2014 年全球数字贸易网络发展态势,刻画了其基本特征和演进方向,并运用改进的引力模型实证分析了数字贸易的影响因素。孙强和谢宇(2019)采用社会网络分析方法构建全球服务贸易网络模型,研究表明发展中国家与发达国家服务贸易发展不平衡是影响当前国际服务贸易持续稳定发展的最大障碍。肖伶俐和李敬(2019)运用社会网络分析方法研究 2005—2017 年中国与中东欧国家的贸易竞争与贸易互补关系及其动态变化,得出中国与中东欧国家之间的贸易互补性大于贸易竞争性,因此存在较大的经贸合作空间,其从网络视角研究中国与中东欧国家贸易竞争关系的方法,对本书的研究方法有重要的借鉴作用。

5.2 中国与中东欧国家数字贸易发展概述

5.2.1 指标选取与分析方法

目前学界对于数字贸易的具体测量标准尚未统一,相对较为认可的数字贸易指标参考《2012 美国商务部经济局报告》所列举的指标,主要涵盖数字化程度高且数据完整行业的贸易进出口额。本书也借鉴该指标,选取电信、计算机和信息(ICT)服务,保险服务,金融服务,知识产权使用费,个人文娱服务以及其他商业服务行业的贸易进出口额作为研究指标,指标含义及获取来源说明见表 5-1。

表 5-1 数字贸易指标选取说明

指标名称	二级指标	数据来源
ICT 进出口	电信服务、计算机服务、信息服务	联合国商品贸易数据库（UN Comtrade）
保险进出口	各种保险服务以及同保险交易有关的代理商的佣金。保险类型有：直接保险、再保险、辅助保险、养老金和标准保证服务	联合国商品贸易数据库（UN Comtrade）
个人文娱进出口	视听产品和相关服务（电影、收音机、电视节目和音乐录制品），其他个人文化娱乐服务（健康、教育等）	联合国商品贸易数据库（UN Comtrade）
金融进出口	金融中介和辅助服务，但不包括保险和养老金服务项目所涉及的服务	联合国商品贸易数据库（UN Comtrade）
知识产权进出口	经许可使用无形的、非生产/非金融资产和专有权以及经特许安排使用已问世的专利或原型的行为	联合国商品贸易数据库（UN Comtrade）
其他商业进出口	包括研发服务、专业和管理咨询服务、研发测试、经营租赁、技术贸易相关等服务	联合国商品贸易数据库（UN Comtrade）

5.2.2 中东欧国家数字贸易总体发展情况

5.2.2.1 贸易规模及增长率

如表 5-2 所示，2011—2018 年，数字贸易总额增长速度较快的国家有：爱沙尼亚、波兰、斯洛伐克、立陶宛、拉脱维亚和罗马尼亚。爱沙尼亚的数字贸易总额从 2011 年的 29.1 亿美元上升到 2018 年的 43.9 亿美元，增长了 50.9%。波兰的数字贸易总额从 2011 年的 315.2 亿美元上升到 2018 年的 481.9 亿美元，增长了 52.9%。斯洛伐克的数字贸易总额从 2011 年的 42.1 亿美元上升到 2018 年的 87.8 亿美元，增长了超过 1 倍。立陶宛的数字贸易总额从 2011 年的 12.7 亿美元上升到 2018 年的 37.3 亿美元，增长了超过 2 倍。拉脱维亚的数字贸易总额从 2011 年的 26.1 亿美元上升到 2018 年的 37.4 亿美元，增长了 43.3%。罗马尼亚的数字贸易总额从 2011 年的 102.2 亿美元上升到 2018 年的 201.7 亿美元，几乎增长了一倍。从总体上看，中东欧国家数字贸易发展速度超过一般贸易发展速度，且上升势头明显。

表 5-2　2011—2018 年中东欧 17 国数字贸易总额　　　　单位：千美元

国家/地区	2011 年	2012 年	2013 年	2014 年	2015 年	2016 年	2017 年	2018 年
捷克	18734141	18583220	18968934	20796693	17173003	18177772	19971369	22909604
爱沙尼亚	2911429	2940792	3339001	3661652	3149529	3480395	3835149	4391976
希腊	8766466	8005586	8604028	9387300	6603049	6947407	8399508	9228489
波兰	31521777	30331331	31450938	34496507	31999180	35412252	40721896	48191808
斯洛伐克	4215597	4708866	6831625	6717650	6043084	6925726	7914717	8781485
斯洛文尼亚	4223229	4055795	4159811	4552286	4161329	4490092	5007902	5473032
克罗地亚	3682146	3736236	3821129	4016043	3909818	4331268	4746061	5472836
立陶宛	1267801	1493780	1888711	2140287	2003194	2421121	3045196	3726457
拉脱维亚	2607891	2537602	2817465	2735724	2559726	2897011	3202623	3739055
阿尔巴尼亚	643011	557167	512240	482620	457099	565956	823802	825528
保加利亚	3155652	3478690	3351049	4430924	4327280	4564276	4088064	4317469
波黑	282957	285700	304658	307466	307771	340198	347958	371233
匈牙利	20282272	17931641	19999293	21513846	19500317	20092466	21521697	23228525
北马其顿	781891	763709	832331	876727	841606	882170	925671	1173239
黑山	287261	283893	329871	326826	336604	383959	425288	535137
罗马尼亚	10220612	10857101	13869594	14929888	13418648	14673177	16919871	20166428
塞尔维亚	3226625	3163703	3540173	3761114	3556588	3807874	4594667	5681582

5.2.2.2　贸易发展趋势

如图 5-1 所示，2011—2015 年，捷克的数字贸易进口额略大于出口额，保持贸易逆差，2016 年以后贸易进口额与出口额几乎持平。如图 5-2 所示，2011—2018 年爱沙尼亚一直保持贸易顺差，且贸易出口额远远大于进口额，共同保持下降和上升趋势。

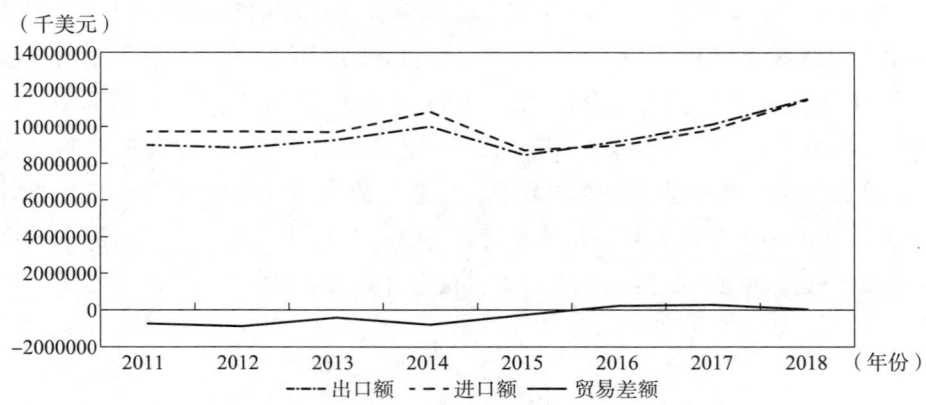

图 5-1　2011—2018 年捷克数字贸易进出口情况

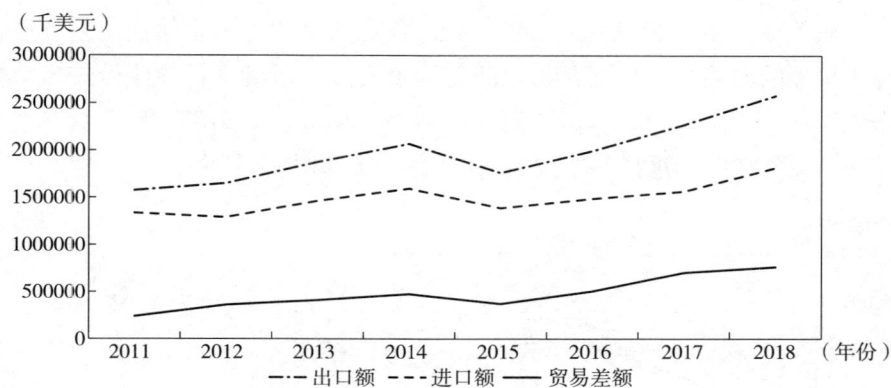

图 5-2　2011—2018 年爱沙尼亚数字贸易进出口情况

如图 5-3 所示，2011—2015 年，希腊数字贸易一直是贸易逆差，2015 年之后保持贸易顺差且出口额与进口额均保持递增趋势。如图 5-4 所示，2011—2014 年，波兰数字贸易呈现贸易逆差，2015—2018 年出口额大于进口额，二者共同上升且出口额的增长幅度更大。

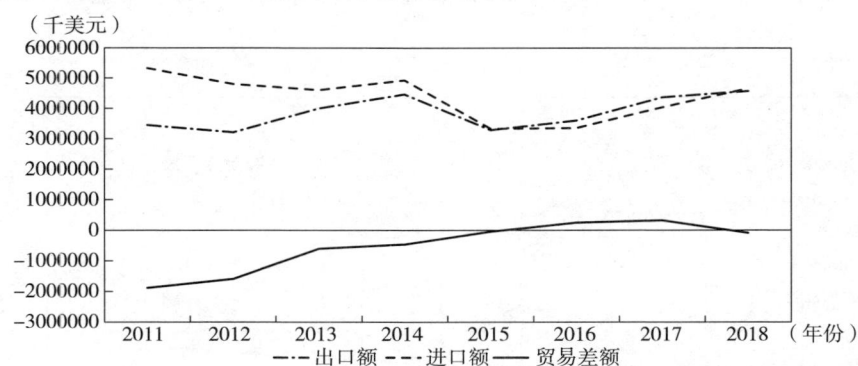

图 5-3　2011—2018 年希腊数字贸易进出口情况

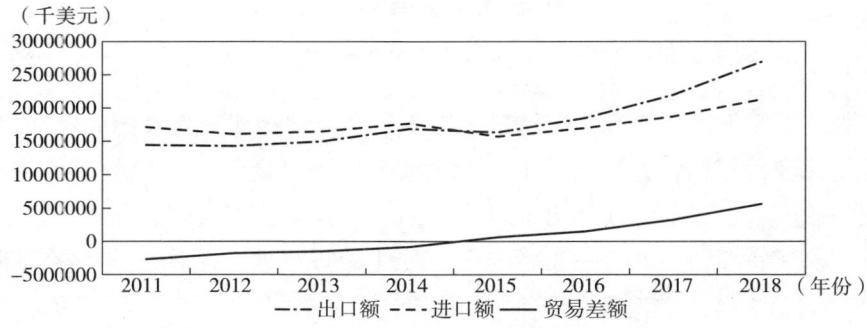

图 5-4　2011—2018 年波兰数字贸易进出口情况

如图 5-5 所示，2013—2018 年，斯洛伐克数字贸易一直保持逆差且进口额与出口额的增幅趋势相同，相比其他国家而言，斯洛伐克各年份进出口额的变化波动较为明显。如图 5-6 所示，2011—2018 年，斯洛文尼亚数字贸易一直保持贸易逆差，进口额略大于出口额且变化幅度较为平稳。

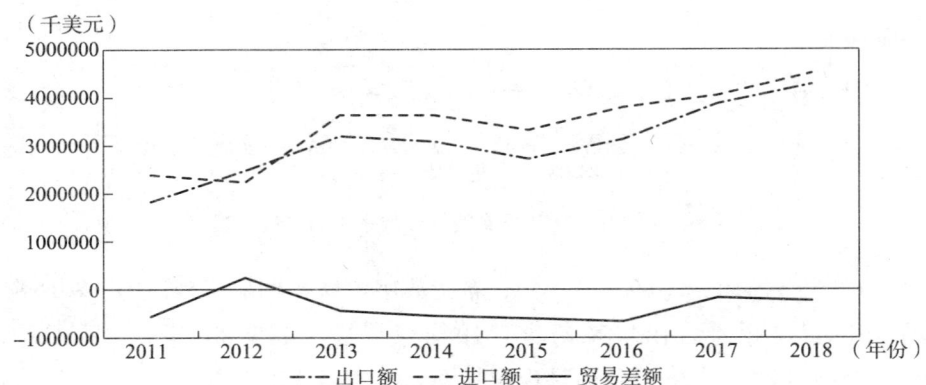

图 5-5　2011—2018 年斯洛伐克数字贸易进出口情况

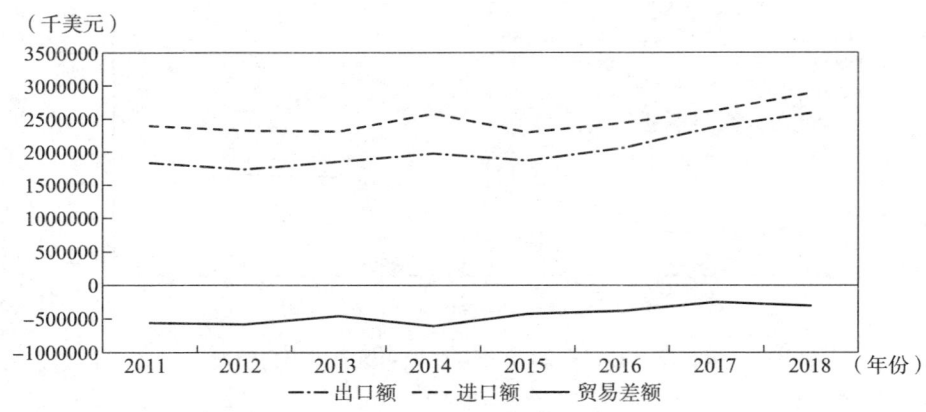

图 5-6　2011—2018 年斯洛文尼亚数字贸易进出口情况

如图 5-7 和图 5-8 所示，2011—2018 年，克罗地亚和立陶宛的数字贸易变化情况较为相似，进口额与出口额大致相同且共同保持平稳的递增趋势。如图 5-9 所示，2011—2018 年拉脱维亚数字贸易一直保持贸易顺差，且出口额远远高于进口额，2011—2015 年二者变化趋势缓慢，在 2014 年略有下降，2015 年之后二者的增长势头强劲。如图 5-10 所示，保加利亚的数字贸易进出口额在所有国家中的变化幅度最为明显，但出口额一直远大于进口额，保持贸易顺差，尤其是 2016 年以后，贸易出口额先下降后增长，贸易进口额却持续下降。如图 5-11 所示，2011—2015 年，阿尔巴尼亚的贸易出口额和进口额都呈缓慢下降趋势，2015—2017 年出口额急剧上升，而进口额一直保持平缓。如图 5-13 所示，2011—2016 年匈牙利数字贸易保持逆差，2016—2018 年表现为贸易顺差。如图 5-16 所示，罗马尼亚 2011—2018 年一直保持贸易顺差，但 2013 年后出口额与进口额的差距逐步拉大，且都呈上升趋势。

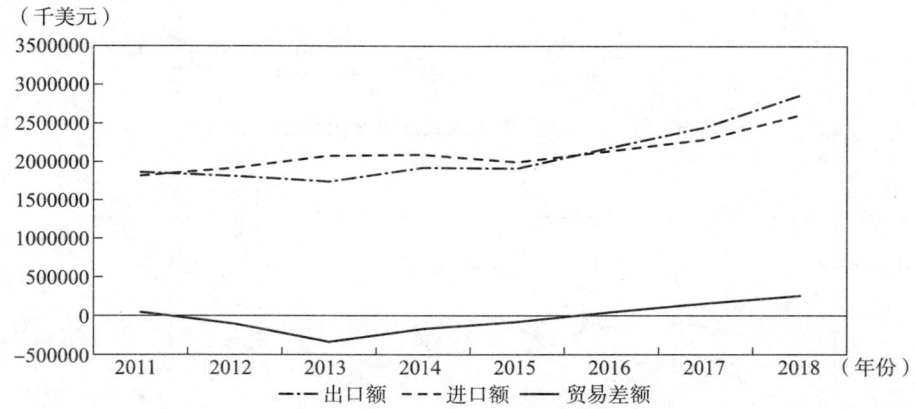

图 5-7　2011—2018 年克罗地亚数字贸易进出口情况

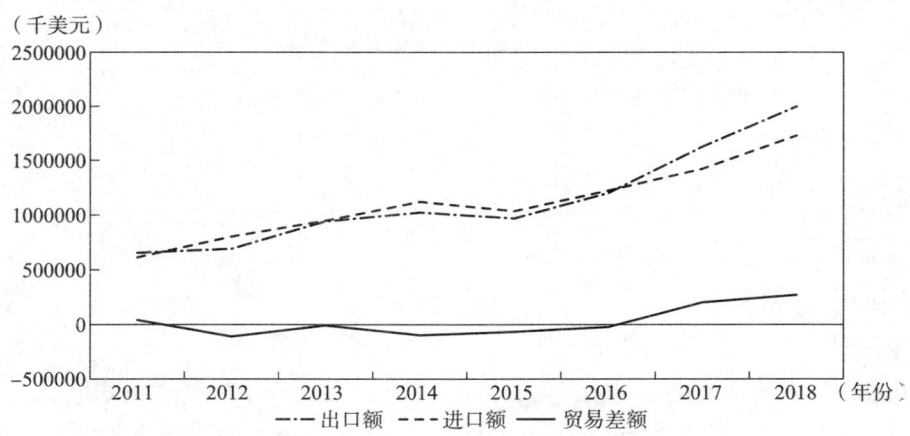

图 5-8　2011—2018 年立陶宛数字贸易进出口情况

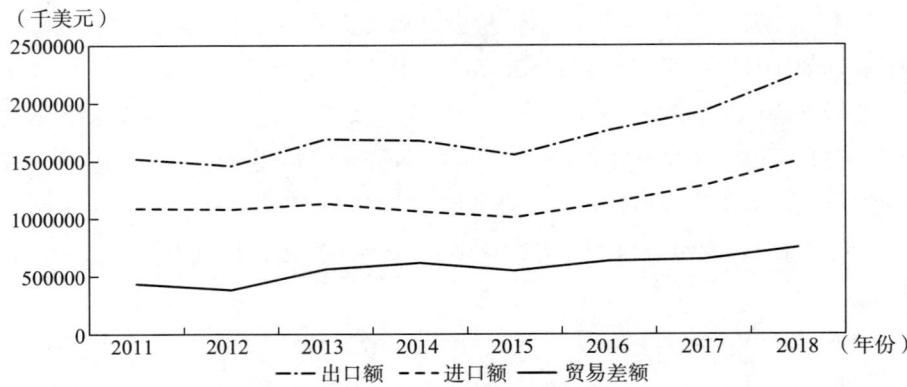

图 5-9 2011—2018 年拉脱维亚数字贸易进出口情况

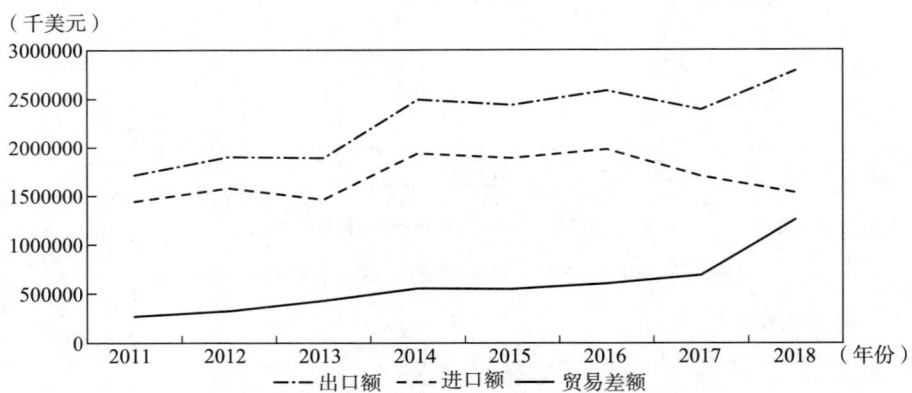

图 5-10 2011—2018 年保加利亚数字贸易进出口情况

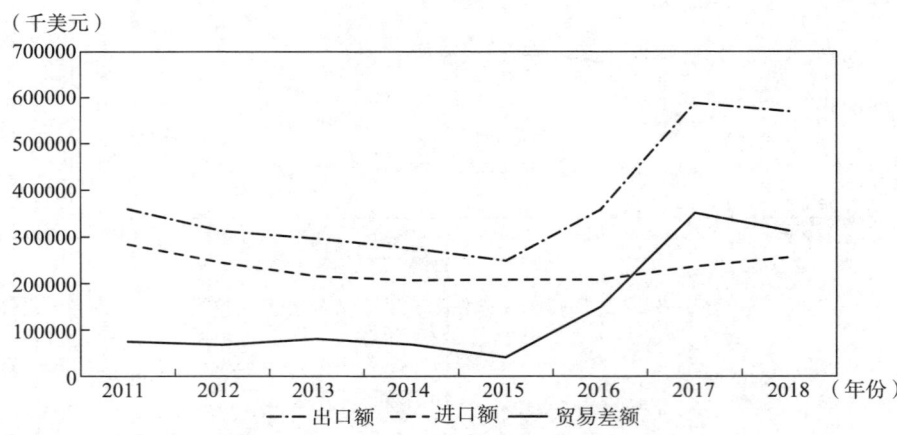

图 5-11 2011—2018 年阿尔巴尼亚数字贸易进出口情况

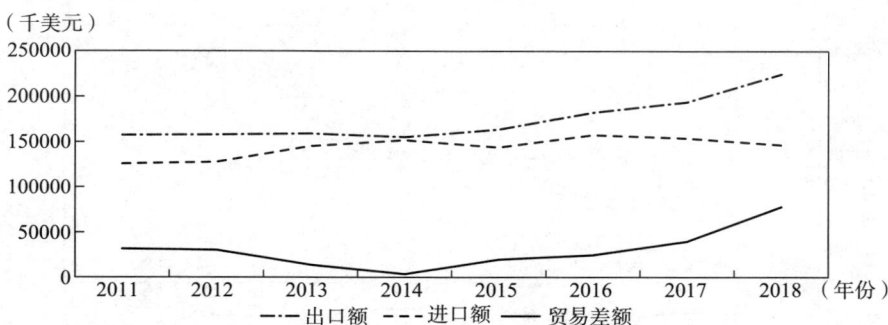

图5-12 2011—2018年波黑数字贸易进出口贸易情况

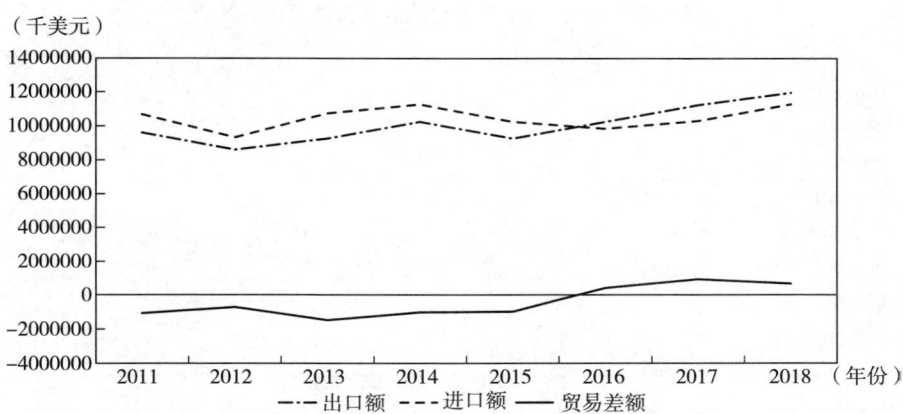

图5-13 2011—2018年匈牙利数字贸易进出口情况

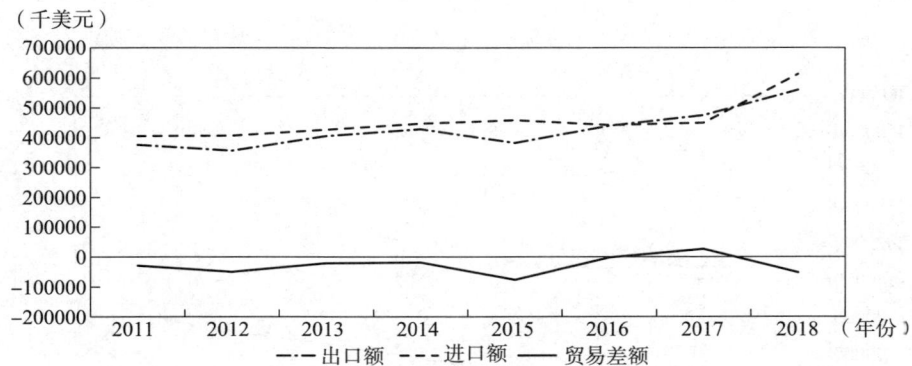

图5-14 2011—2018年北马其顿数字贸易进出口情况

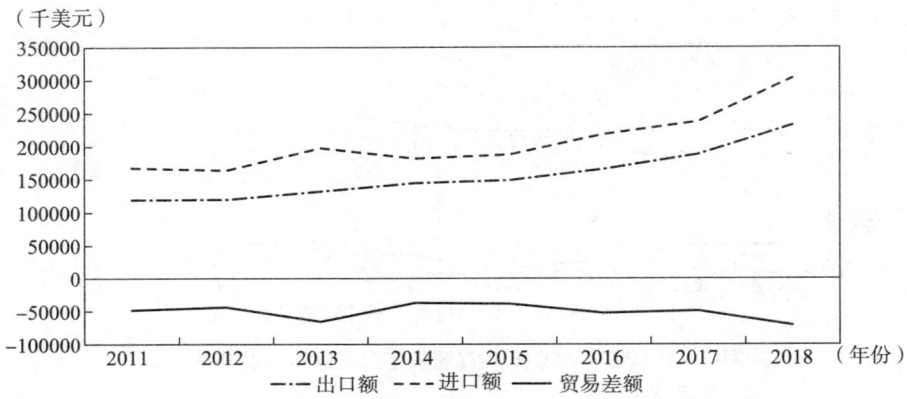

图 5-15 2011—2018 年黑山数字贸易进出口情况

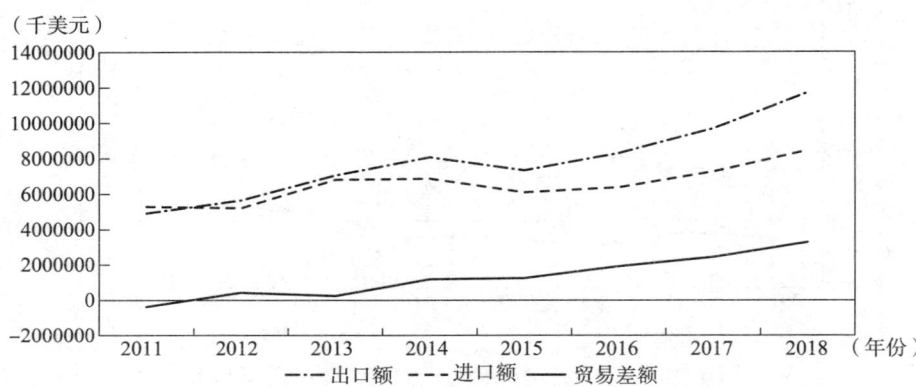

图 5-16 2011—2018 年罗马尼亚数字贸易进出口情况

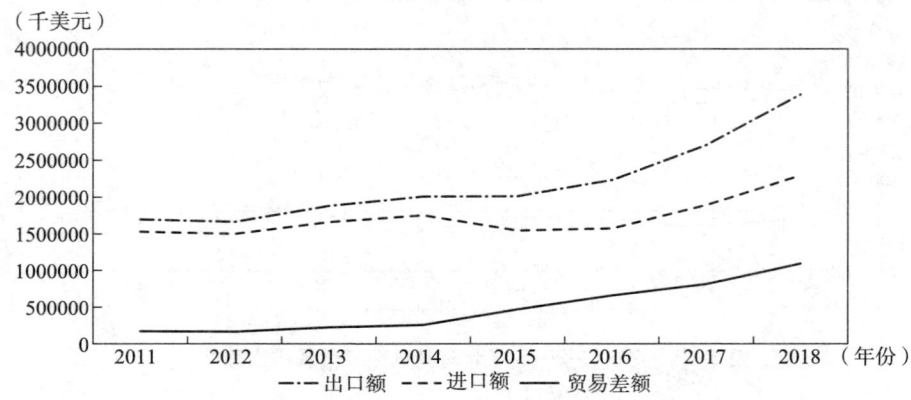

图 5-17 2011—2018 年塞尔维亚数字贸易进出口情况

5.2.2.3 数字贸易进出口额排名

表 5-3 到表 5-6，分别给出了 2012 年、2014 年、2016 年、2018 年四年中东欧 17 个国家的数字贸易出口额、进口额与进出口额排名，在数量和规模上，波兰的各项排名始终第一，捷克、匈牙利和罗马尼亚三个国家的排名随着年份的改变有所调整，但始终排名前四。2012 年捷克各项排名均为第二，匈牙利排名第三，罗马尼亚排名第四，2014 年与 2016 年匈牙利排名第二，捷克排名第三。2018 年各项排名情况发生变化，波兰各项排名仍然占据第一位，但从出口额来看，匈牙利排名第二，罗马尼亚排名第三，捷克排名第四；从进口额来看，捷克排名第二，匈牙利排名第三，罗马尼亚排名第四；从进出口总额来看，匈牙利排名第二，捷克排名第三，罗马尼亚排名第四。

表 5-3 2012 年数字贸易出口额、进口额与进出口总额排名　　单位：千美元

排名	国家	出口额	排名	国家	进口额	排名	国家	进出口总额
1	波兰	14273544	1	波兰	16057787	1	波兰	30331331
2	捷克	8849391	2	捷克	9733829	2	捷克	18583220
3	匈牙利	8605774	3	匈牙利	9325867	3	匈牙利	17931641
4	罗马尼亚	5643911	4	罗马尼亚	5213190	4	罗马尼亚	10857101
5	希腊	3205859	5	希腊	4799727	5	希腊	8005586
6	斯洛伐克	2475334	6	斯洛文尼亚	2320331	6	斯洛伐克	4708866
7	保加利亚	1902151	7	斯洛伐克	2233532	7	斯洛文尼亚	4055795
8	克罗地亚	1814634	8	克罗地亚	1921602	8	克罗地亚	3736236
9	斯洛文尼亚	1735464	9	保加利亚	1576539	9	保加利亚	3478690
10	塞尔维亚	1663571	10	塞尔维亚	1500132	10	塞尔维亚	3163703
11	爱沙尼亚	1650276	11	爱沙尼亚	1290516	11	爱沙尼亚	2940792
12	拉脱维亚	1459602	12	拉脱维亚	1078000	12	拉脱维亚	2537602
13	立陶宛	692026	13	立陶宛	801754	13	立陶宛	1493780
14	北马其顿	356917	14	北马其顿	406792	14	北马其顿	763709
15	阿尔巴尼亚	312475	15	阿尔巴尼亚	244692	15	阿尔巴尼亚	557167
16	波黑	158075	16	黑山	163972	16	波黑	285700
17	黑山	119921	17	波黑	127625	17	黑山	283893

表 5-4 2014年数字贸易出口额、进口额与进出口总额排名　　单位：千美元

排名	国家	出口额	排名	国家	进口额	排名	国家	进出口总额
1	波兰	16834471	1	波兰	17662036	1	波兰	34496507
2	匈牙利	10245750	2	匈牙利	11268096	2	匈牙利	21513846
3	捷克	10003032	3	捷克	10793661	3	捷克	20796693
4	罗马尼亚	8063533	4	罗马尼亚	6866355	4	罗马尼亚	14929888
5	希腊	4463926	5	希腊	4923374	5	希腊	9387300
6	斯洛伐克	3086114	6	斯洛伐克	3631536	6	斯洛伐克	6717650
7	保加利亚	2492610	7	斯洛文尼亚	2579965	7	斯洛文尼亚	4552286
8	爱沙尼亚	2067847	8	克罗地亚	2093819	8	保加利亚	4430924
9	塞尔维亚	2008605	9	保加利亚	1938314	9	克罗地亚	4016043
10	斯洛文尼亚	1972321	10	塞尔维亚	1752509	10	塞尔维亚	3761114
11	克罗地亚	1922224	11	爱沙尼亚	1593805	11	爱沙尼亚	3661652
12	拉脱维亚	1675664	12	立陶宛	1119100	12	拉脱维亚	2735724
13	立陶宛	1021187	13	拉脱维亚	1060060	13	立陶宛	2140287
14	北马其顿	429145	14	北马其顿	447582	14	北马其顿	876727
15	阿尔巴尼亚	275575	15	阿尔巴尼亚	207045	15	阿尔巴尼亚	482620
16	波黑	155528	16	黑山	182068	16	黑山	326826
17	黑山	144758	17	波黑	151938	17	波黑	307466

表 5-5 2016年数字贸易出口额、进口额与进出口总额排名　　单位：千美元

排名	国家	出口额	排名	国家	进口额	排名	国家	进出口总额
1	波兰	18467653	1	波兰	16944599	1	波兰	35412252
2	匈牙利	10250893	2	匈牙利	9841573	2	匈牙利	20092466
3	捷克	9204422	3	捷克	8973350	3	捷克	18177772
4	罗马尼亚	8297517	4	罗马尼亚	6375660	4	罗马尼亚	14673177
5	希腊	3597206	5	斯洛伐克	3794432	5	希腊	6947407
6	斯洛伐克	3131294	6	希腊	3350201	6	斯洛伐克	6925726
7	保加利亚	2583632	7	斯洛文尼亚	2435746	7	保加利亚	4564276

续表

排名	国家	出口额	排名	国家	进口额	排名	国家	进出口总额
8	塞尔维亚	2233191	8	克罗地亚	2142555	8	斯洛文尼亚	4490092
9	克罗地亚	2188713	9	保加利亚	1980644	9	克罗地亚	4331268
10	斯洛文尼亚	2054346	10	塞尔维亚	1574683	10	塞尔维亚	3807874
11	爱沙尼亚	1992401	11	爱沙尼亚	1487994	11	爱沙尼亚	3480395
12	拉脱维亚	1764312	12	立陶宛	1221474	12	拉脱维亚	2897011
13	立陶宛	1199647	13	拉脱维亚	1132699	13	立陶宛	2421121
14	北马其顿	439832	14	北马其顿	442338	14	北马其顿	882170
15	阿尔巴尼亚	357780	15	黑山	218376	15	阿尔巴尼亚	565956
16	波黑	182461	16	阿尔巴尼亚	208176	16	黑山	383959
17	黑山	165583	17	波黑	157737	17	波黑	340198

表 5-6 2018 年数字贸易出口额、进口额与进出口总额排名　　单位：千美元

排名	国家	出口额	排名	国家	进口额	排名	国家	进出口总额
1	波兰	26907377	1	波兰	21284431	1	波兰	48191808
2	匈牙利	11952746	2	捷克	11431859	2	匈牙利	23228525
3	罗马尼亚	11722971	3	匈牙利	11275779	3	捷克	22909604
4	捷克	11477745	4	罗马尼亚	8443457	4	罗马尼亚	20166428
5	希腊	4570470	5	希腊	4658019	5	希腊	9228489
6	斯洛伐克	4275671	6	斯洛伐克	4505814	6	斯洛伐克	8781485
7	塞尔维亚	3387113	7	斯洛文尼亚	2887533	7	塞尔维亚	5681532
8	克罗地亚	2864184	8	克罗地亚	2608652	8	斯洛文尼亚	5473032
9	保加利亚	2786065	9	塞尔维亚	2294469	9	克罗地亚	5472836
10	斯洛文尼亚	2585499	10	爱沙尼亚	1814272	10	爱沙尼亚	4391976
11	爱沙尼亚	2577704	11	立陶宛	1727997	11	保加利亚	4317459
12	拉脱维亚	2242779	12	保加利亚	1531404	12	拉脱维亚	3739055
13	立陶宛	1998460	13	拉脱维亚	1496276	13	立陶宛	3726457
14	阿尔巴尼亚	569175	14	北马其顿	612584	14	北马其顿	1173239

续表

排名	国家	出口额	排名	国家	进口额	排名	国家	进出口总额
15	北马其顿	560655	15	黑山	302997	15	阿尔巴尼亚	825528
16	黑山	232140	16	阿尔巴尼亚	256353	16	黑山	535137
17	波黑	224656	17	波黑	146577	17	波黑	371233

5.2.3 主要国家数字贸易出口结构分类

图 5-18 至图 5-22 描述了排名前五位的国家各年份数字贸易分类出口额变化趋势。共同特征是其他商业服务出口占比最大，金融和个人文娱的占比相对较少且变化幅度不大。2011—2018 年，波兰的 ICT 出口额呈逐年上涨趋势，2011—2015 年，其他商业服务出口额保持平稳，2015 年之后表现为快速增长，且其他商业服务出口额远远高于 ICT 出口额。捷克的其他商业服务与 ICT 的出口额变化趋势与波兰相似，但在数量上要远远小于波兰，个人文娱、保险、金融、知识产权的出口额随着年份的推移几乎保持不变。2011—2018 年，匈牙利的其他商业服务出口额略呈上升趋势，与另外几个国家的不同之处在于其 ICT 出口额随时间推移基本保持平缓，且知识产权出口额占比较大。2011—2014 年，罗马尼亚的其他商业服务和 ICT 出口额均保持上升趋势，2014 年略有下降，2015 年之后二者共同保持增长且 ICT 的增长速度比其他商业服务的增长速度更快，到 2018 年 ICT 出口额与其他商业服务出口额持平。2011—2018 年，希腊的其他商业服务出口额变动幅度最大，且保险出口额占据相当大的比重，2014 年以后，ICT 出口额表现出先下降后上升的趋势。

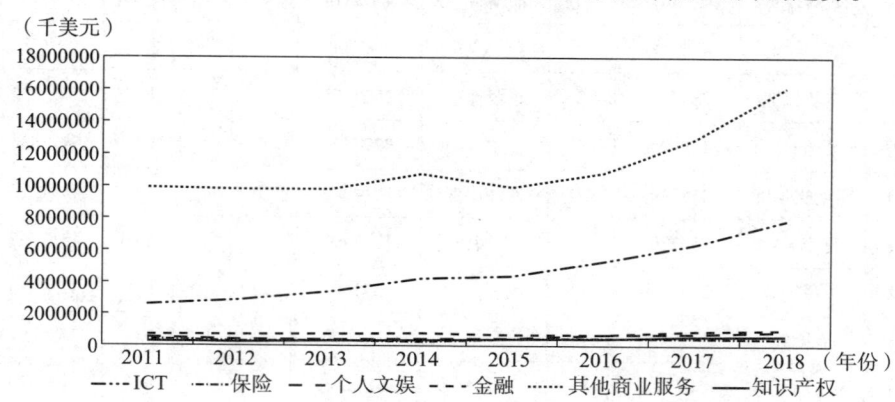

图 5-18 2011—2018 年波兰数字贸易分类出口额变化情况

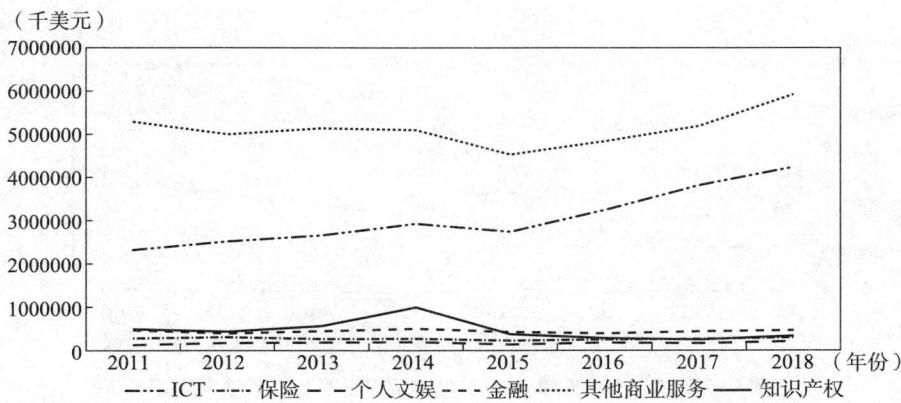

图 5-19　2011—2018 年捷克数字贸易分类出口额变化情况

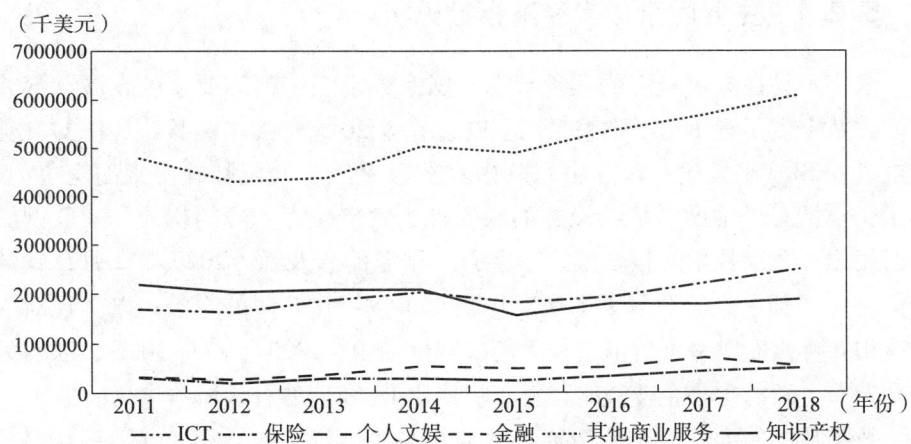

图 5-20　2011—2018 年匈牙利数字贸易分类出口额变化情况

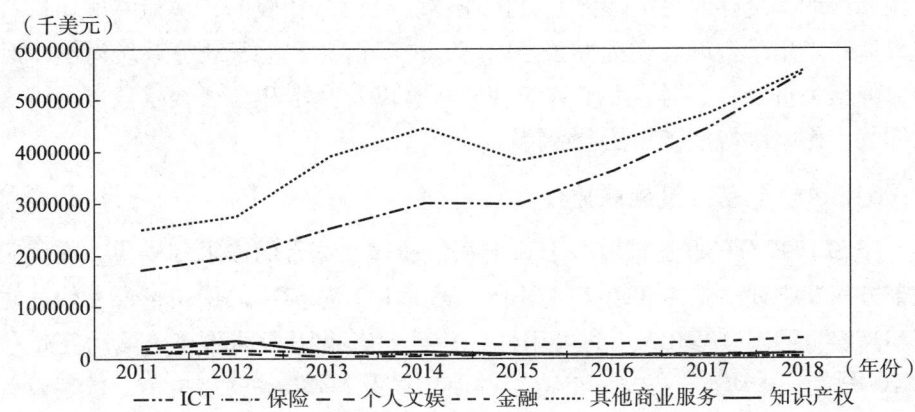

图 5-21　2011—2018 年罗马尼亚数字贸易分类出口额变化情况

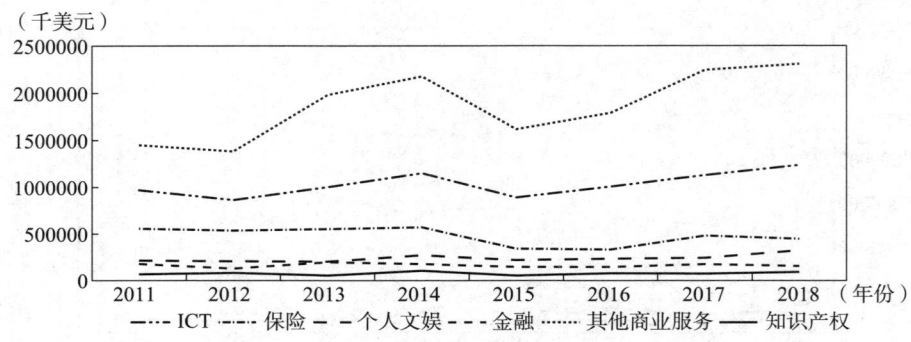

图 5-22　2011—2018 年希腊数字贸易分类出口额变化情况

5.2.4　主要国家数字经济指数分析

数字贸易是数字经济的一种形态。国家数字经济基础要素的发展状况将影响到数字贸易竞争力。本书采用了欧盟官方 2015 年提出的数字经济与社会指数（DESI）来描述并跟踪中东欧国家在数字经济领域基础要素的竞争力，其主要包括五个维度：基础设施的联通性、数字人力资源的构成、互联网服务的使用、数字技术的整合度、数字公共服务的普及性。2020 年 2 月，欧洲委员会在《塑造欧洲的数字未来》中提出了数字化转型的愿景，以实现对人类有用并尊重欧盟基本价值观技术的包容性使用。2020 年 3 月 10 日，欧盟委员会发布了新的中小企业战略，每年将使用 DESI 监测各领域数字化的进展。

数字技能使人们能够使用数字服务并在线进行基本活动，特别是在行动不便的情况下。新冠肺炎疫情期间，网络服务需求增加，个人对互联网的使用用频率激增，足够的数字技能使公民能够获得信息和服务，从而能够访问社交媒体和娱乐平台以及远程办公。同时，电子商务和电子政务系统对整个社会保障至关重要，数据、人工智能和云计算以及基本和高级数字技能允许人们继续工作来维持经济和社会运转。

5.2.4.1　基础设施联通性

DESI 所提及的联通性着眼于固定宽带和移动宽带的需求和供应。在固定宽带方面，它评估整体和超高速宽带（至少 100 Mbps）的使用情况、快速宽带和高容量网络（VHCN）的可用性，并且还考虑消费的价格。移动宽带包括 4G 覆盖、移动宽带（3G 和 4G）的使用以及 5G 准备就绪指标，数字设备的联通性在欧盟国家被视为一项社会权利。

波兰在 DESI 的联通性方面排名第 15 位。波兰是中东欧国家移动宽带使用率最高的国家，而且价格极具竞争力。固定的高速网络以及 4G 覆盖率提高了其在联通性方面的得分。就移动宽带的使用而言，波兰每百人付费用户数量在欧盟国家中排名第 1 位。波兰是网费最低的欧盟国家之一，其宽带价格指数得分为 81，欧盟国家的平均得分为 64。虽然波兰的 4G 覆盖率略高于欧盟国家的平均水平，但宽带覆盖率只有 76%，低于欧盟的平均水平。

捷克 DESI 的整体联通性得分为 44.9，在欧盟国家中排名第 24。100% 捷克家庭覆盖了 4G 无线网络，每百人移动宽带普及率为 96%，接近欧盟国家的平均水平。捷克的网费高于欧盟国家的平均价格，宽带价格指数得分为 57，在所有欧盟成员国中排名第 21 位。尽管捷克移动网络定价相对较高，但宽带普及率仅略低于欧盟国家的平均水平。

在 DESI 的联通性方面，匈牙利在欧盟国家中排名第 7。快速宽带覆盖率为 86%，固定宽带的使用率为 82%，高于欧盟国家平均水平。26% 的用户订购了至少 100 Mbps 的固定宽带。高容量网络 VHCN 覆盖范围为 43%，仅略低于欧盟国家的平均水平（44%）。移动宽带的平均覆盖范围比欧盟国家的平均值高。但是，匈牙利的移动宽带使用率仍是欧盟国家中最低的，且移动宽带价格一直居高不下。考虑所有产品组合，即固定、移动、融合的宽带价格，匈牙利在欧盟国家中排名第 16 位。在固定宽带价格方面排名第 8 位，在融合产品价格方面为第 19 位，在移动宽带价格方面为第 23 位，均高于欧盟国家的平均水平。

希腊的 DESI 联通性得分为 33.4，在欧盟国家中排名倒数。自 2017 年以来其排名没有太多改善。其整体固定宽带用户数仍在缓慢增长，覆盖率为 76%，低于欧盟平均水平。网费与欧盟国家的平均价格相比，仍较高；2018 年，希腊的宽带价格指数在欧盟国家中排名第 26 位。此外，其 30 Mbps 以上的宽带渗透率增加了 6.4 个百分点，从 2018 年的 11.3% 增加到 2019 年的 17.7%，100 Mbps 以上宽带普及率也略有增加。2019 年希腊开始部署高容量网络，目前其高容量网络覆盖率达到 7%，但仍远低于欧盟的平均水平（44%）。尽管移动宽带使用量增加了 11 个百分点，但目前每 100 人只有 86 个付费用户，远低于欧盟国家的平均水平。

罗马尼亚在 DESI 的联通性方面排名第 11。2019 年，其快速宽带覆盖率有所提高，增加到 82%，但仍落后于欧盟国家的平均水平。宽带使用率连续三年维持在 66% 水平，远低于欧盟平均水平。罗马尼亚的优势主要在城市地区，城区高容量网络 VHCN 覆盖范围和 100 Mbps 以上固定宽带占用率分别为

68%和49%。但是，农村地区高容量网络覆盖率仅为39%，表明罗马尼亚存在相对严重的城乡数字鸿沟。罗马尼亚4G网络覆盖率为86%，远低于欧盟的平均水平（96%）。

5.2.4.2 数字人力资本构成

在新冠肺炎疫情爆发之前，欧盟国家已有85%的公民使用了互联网，但只有58%的公民拥有基本的数字技能。仅具有互联网连接是不够的，其必须与适当的数字技能结合才能更好地开发利用数字资源。数字技能包括使个人能够参与数字社会并消费数字商品和服务的基本使用技能，使员工能够开发新的数字商品和服务的高级使用技能。那些既拥有互联网连接性又具备必要数字技能的公民才可能成为数字经济的内部驱动力。

在人力资本方面，波兰在欧盟国家中排名第22位。15%的波兰人尚未上网，近一半的人仍缺乏基本的数字技能。虽然ICT专家和毕业生供应量在稳步增长，但仍低于欧盟国家的平均水平。16~74岁的波兰人当中只有44%具有基本数字技能，而欧盟国家的平均水平为58%，波兰ICT专家供应量正在逐渐增长，但低于欧盟国家的平均水平。

在人力资本方面，捷克位居欧盟国家第14位。近年来，捷克具有基本数字技能的人口比例有所增加，ICT专家比例为4.1%，高于欧盟国家的平均水平，ICT专业毕业生也增长较快。2018年，捷克制定了国家数字化战略，重点是发展数字技能和知识并建立数字劳动力市场。该战略列出了八个目标，包括提升基础数字教育、建立数字劳动力市场、提高教师的数字技能等。其政府正在规划一项新的战略，旨在促进数字技能的终身学习并更新学校课程，以帮助人们获得相关数字技能。

在人力资本方面，匈牙利在欧盟国家中排名第19位。匈牙利拥有基本数字技能人口占比为49%，低于欧盟国家的平均水平（58%）。在16~74岁的人口中，只有1/4人口拥有相对较高的数字技能。与欧盟其他地区相比，匈牙利ICT专家在劳动力中所占的比例略低于欧盟国家的平均水平，大约4.3%的毕业生正在学习ICT技术，超过了欧盟国家的平均水平（3.6%）。匈牙利政府提高数字技能的举措主要基于数字教育策略和数字劳动力计划，以及面向专业人士的培训和成人教育。

希腊在人力资本方面的表现远低于欧盟国家的平均水平。2019年，年龄介于16~74岁的希腊人当中有51%的人具有基本的数字技能。虽然ICT专家在总就业人口中所占比例继续增长，但仍然很低，占比约为1.8%。希腊将发展公民的数字技能作为数字治理和数字转型战略的核心，其目的是促进所有公民使用数字公共服务，并使他们具备未来工作所需的数字技能。

罗马尼亚的人力资本在欧盟国家中排名第 27 位。罗马尼亚 16~74 岁的人口中，约有 1/3 具有基本数字技能。尽管其 ICT 专家的比例每年略有增加，但仍然远低于欧盟国家的平均值。罗马尼亚在 ICT 毕业生方面表现良好，ICT 毕业生占比在欧盟成员国中排名第 5 位。

5.2.4.3 互联网服务使用

互联网服务使用这一指标衡量了有多少人使用互联网以及他们在网上进行哪些活动，包括在线内容的消费，如音乐、电影、电视或游戏等娱乐活动；现代交流活动，如视频通话；交易活动，如在线购物和银行业务、获取丰富的媒体信息或进行在线社交互动。

波兰的互联网服务使用在欧盟国家中排名第 23 位。波兰人热衷于参与各种在线活动，最受欢迎的在线活动是阅读新闻、听音乐、观看视频、玩游戏以及使用社交网络。75% 的波兰互联网用户在线阅读新闻，高于欧盟国家的平均水平。使用互联网购物的波兰人占 66%，使用在线金融的占 59%。与 2019 年相比，2020 年波兰人使用视频通话的人口数量占比增加了 16 个百分点，达到 60%。

捷克的互联网服务使用排名持续攀升，目前在欧盟国家中排名第 17 位。捷克社会上的数字鸿沟正在缩小，从未使用过互联网的人口比例降至 9%。92% 的互联网用户在线阅读报纸和新闻杂志，在欧盟国家中得分最高。捷克在线购物、社交网络和在线银行的使用率也高于欧盟国家的平均水平。但是，在线购物的用户比例有所下降，观看商业视频点播服务的个人比例在欧盟国家中最低。捷克移动宽带价格高昂，限制了消费者在手机和平板电脑上使用互联网服务。

匈牙利的互联网服务使用与欧盟国家的平均水平大致相当，80% 的人口每周至少使用互联网一次，86% 的互联网用户使用社交网络，在线阅读新闻的人口比例为 84%，使用视频通话的人口比例为 75%；2019 年，有 58% 的互联网用户使用了在线银行服务，高于两年前的 49%；59% 的人在网上购买商品，比 2018 年有所改进，但匈牙利的在线交易表现仍低于欧盟国家的平均水平。

希腊的互联网服务使用率大大低于欧盟国家的平均水平。在希腊，最受欢迎的在线活动是阅读新闻、视频通话和社交网络。88% 的希腊互联网用户在线阅读新闻，高于欧盟国家的平均值。2019 年，希腊视频通话的使用率低于欧盟国家的平均水平。尽管 2019 年希腊网上银行的使用率为 40%，已连续三年增加，但仍远低于欧盟国家的平均水平。希腊选择网上购物的互联网用户比例增长到了51%，但仍低于欧盟国家的平均水平。

罗马尼亚的互联网服务使用率在欧盟成员国中是最低的，这与该国基本数字技能水平较低有关。在16~74岁的人中，有18%的人从未使用过互联网。尽管如此，该国还是有两项在线活动在欧盟国家中排名第6位，即社交网络和视频通话。相比之下，罗马尼亚在线银行使用率为11%，网上购物比率为29%，阅读新闻人数占比为55%，在线音乐、视频通话和游戏的使用率为63%。希腊互联网消费比例较低主要是其人民对数字技术缺乏信任，42%的成年人没有电子银行账户，并且只有3%的互联网用户在网上销售商品，4%的人在网上学习课程。

5.2.4.4 数字技术整合度

数字技术整合衡量企业和电子商务的数字化程度。数字技术整合使企业能够获得数字产业竞争优势，改善其服务和产品质量并扩大市场份额，同时，为企业的数字化转型开辟了新机遇，并促进可信赖技术的发展。中东欧国家中波兰、匈牙利、希腊、罗马尼亚、保加利亚和拉脱维亚的数字技术整合度得分低于35（满分100分），欧盟国家的平均分为43。

波兰致力于发展和投资数字技术，且其企业赞成使用新技术，其社交媒体、电子信息共享和在线销售系统的使用率日益增加。但是，根据数字技术整合指数，有60%的企业数字化水平很低，只有11%的高度数字化企业。在数字技术整合方面，波兰在欧盟国家中排名第25位。波兰企业越来越多地利用在线商务功能，13%的中小企业正在开展在线销售，但仍低于欧盟国家的平均水平（18%）。在所有中小型企业中，只有5%的企业跨境销售产品给其他欧盟国家，有14%的企业使用社交媒体，7%的企业使用云服务，8%的企业使用大数据分析。

捷克在数字技术整合方面在欧盟国家中排名为第9位，得分高于欧盟国家的平均水平。电子商务是数字技术整合的主要驱动力，28%的捷克中小企业开展了在线销售，电子商务营业额占其收入的1/5以上，跨境电商销售比例也逐步提升。但在大数据分析或云计算技术方面，捷克的水平低于欧盟国家的平均水平。2019年，捷克政府宣布了一项新的创新战略，以扩大企业数字技术的应用。该战略提出了教育改革、保护知识产权、支持创新以及加快经济和社会各领域的数字化转型等举措。

匈牙利的数字技术整合表现相对较差，技术整合指标得分偏低。在ERP信息共享方面，匈牙利是欧盟国家中得分最低的，其有57%的企业数字化处于较低水平，只有6%的企业采用了大数据解决方案。在电子商务方面，尽管匈牙利的在线购物人数有所增加，但2019年只有12%的中小企业提供在线销售服务。匈牙利正在实施"现代企业计划"，该计划为农村地区的企业提供金融服务和免费信息化服务，引入移动解决方案和云服务，帮助它们提升数字经济竞争力。

在企业数字技术整合方面，希腊在欧盟国家中排名第24位。当前，希腊共享信息的企业数量持续增加。2019年，希腊使用社交媒体的企业数量略有下降，提供在线销售服务的中小企业数量也有所下降。在希腊经济增长规划中数字经济是重中之重，其提出了"2021—2027希腊工业的数字化转型战略"，重点聚焦在工业和制造业领域的数字化。

罗马尼亚的数字技术整合在欧盟国家中排名第27位。2019年罗马尼亚在该领域的排名保持稳定，相关指标几乎没有变化。罗马尼亚企业中有23%通过电子方式共享信息，只有8%的企业使用社交媒体；中小企业在线销售额有所改善，但仍远低于欧盟国家的平均水平。希腊中小企业越来越多地进行跨境电商销售，但数量仅占中小企业总数的6%。

5.2.4.5 数字公共服务普及性

数字技术广泛使用对公共部门提出了新的要求和期望，充分发挥技术潜力是政府面临的主要挑战。高效的电子政务可以为企业提供各种便利，提高效率，节省成本，提高工作行政透明度和开放性，同时也能激发全社会开发利用数据资源的能力。

在数字公共服务方面，波兰在欧盟国家中排第20位，低于欧盟国家的平均水平。波兰政府的数据开放成熟度良好，但政府与公众之间的在线互动仍然很少，网络沟通欠缺。在面向企业的电子政务服务中，波兰得分为75，欧盟国家的平均分为88。波兰制定的《综合州数字化计划》为公共管理的数字化奠定了基础。

捷克的数字公共服务在欧盟国家中排第22位。捷克正在设法提高公共服务质量，以方便公民和企业使用在线公共服务。政府正在努力推进新的数字公共服务战略，但网络的普及程度仍然有限，连接速度不够快，特别是高容量网络覆盖范围不足，移动网络资费过高，限制了在线公共服务的广泛使用。

数字公共服务一直是匈牙利数字经济发展过程中最具挑战的领域之一。匈牙利数字公共服务在欧盟国家中排名第24，其通过提高电子政务服务质量，已经逐渐赶上欧盟其他国家的水平。匈牙利电子政务用户增长量和在线公共服务完成度在欧盟国家中排名第20。在线公共服务完成度和商业服务的得分仅略低于欧盟国家的平均水平,但匈牙利在数据开放方面的得分在欧盟国家中最低。为解决在公共数据开放方面存在的问题,匈牙利政府规划并建立了一个新的政府数据管理机构,通过新的体制架构来管理公共数据的存储和使用,并创建相适应的数据开放法律体系。

希腊的数字公共服务在欧盟国家中排名第 27 位。数据开放成熟度指标显示,2019 年,希腊数据开放度达到欧盟国家的平均水平。在线公共服务方面,希腊在线办理业务及预填表格的服务占比为 25%,仍远低于欧盟国家的平均水平。2019 年,希腊电子政务活跃用户数占互联网用户总数的 39%,仍远低于欧盟国家的平均水平。希腊面向企业的数字公共服务的可用性有所增加,但还未达到欧盟国家的平均水平。

罗马尼亚的数字公共服务在欧盟成员国中排名倒数第 2。罗马尼亚的电子政务用户数在欧盟国家中排名第 8,但公共机构与公众之间的在线互动很少,只涉及需要提交表格的互联网用户。罗马尼亚预先填写电子表格和在线服务完成度的得分均较低,所提供的数字公共服务的质量和可用性存在系统问题。罗马尼亚面向企业的数字公共服务没有做太多改善,水平处于中东欧国家的末位。

5.3 数字贸易网络构建

整体网络方法是定量分析各个国家间贸易关系的有效手段,它以点、边、权分别代表国家、贸易联系和贸易强度,所组成的网络拓扑结构不仅能描述各国在贸易网络中的地位,还能刻画数字贸易网络格局整体特征。本书构建了中国与中东欧国家间的数字贸易网络,通过对该网络进行核心—边缘分析、贸易依赖度分析、网络中心性分析、网络影响力和结构行为分析等,进而对多个维度竞争力进行分析,并讨论中国与中东欧国家间数字贸易格局演化规律。

贸易网络以节点代表国家、以边线代表存在的贸易关系、以边的权值代表贸易强度,贸易强度用进出口总额表示。由于中东欧 17 国经济体量、自然资源禀赋、数字产业发展水平参差不齐,各国数字贸易相关的统计数据差异较大,部分国家缺乏相关统计数据,或贸易体量在贸易网络中占比过低,鉴于数据的完整性和代表性,本书排除了 5 个不符合要求的国家,即阿尔巴尼亚、波黑、北马其顿、黑山和塞尔维亚,最终的贸易网络涵盖中东欧 12 国及中国,形成 13×13 的加权贸易网络。

本书涉及加权和无权两种贸易网络形式，加权贸易网络矩阵记为 W^t，其中 t 为贸易发生的年份，研究获取的数据是 2012 年、2014 年、2016 年和 2018 年 4 个年份的数据，元素 w_{ij}^t 是第 t 年 i 国和 j 国之间数字贸易进出口值，$f=(e_{ij}^t+m_{ij}^t)/2$，e_{ij}^t 是第 t 年 i 国对 j 国的数字贸易出口值，m_{ij}^t 是第 t 年 i 国对 j 国数字贸易进口值。由于各国统计数据存在差异，不同国家统计的进出口额存在一定差别，为减少偏差，取两国贸易量的平均数，若某国缺少双边贸易数据则直接采用对方国家的贸易统计值，以体现数字贸易网络的真实情况。

无权贸易网络矩阵记为 N^t，无权贸易网络由加权贸易网络通过阈值 r 构建而来，无权贸易网络中元素 n_{ij}^t 一般取 0 或 1。当 $n_{ij}^t \geq$ 阈值 r 时，表明两国存在特定的贸易关系，则 n_{ij}^t 为 1，反之为 0，阈值设置需要仔细考虑。由于各国贸易体量悬殊和存在偶然贸易行为，双边贸易可能从数万美元至数亿美元不等。如果分析时都同等看待，将导致关系冗余和结论偏误。因此，阈值需筛除微小和随机贸易流量，关注相对重要的贸易关系及其构成的网络特性。本书将关注两类重要的贸易特征，即贸易依赖关系与贸易流量关系，贸易依赖关系反映一国对另一国的贸易依赖程度，或者一国对另一国的商品和资源的控制能力，体现国家之间贸易影响力的程度；贸易流量关系则结合时序数据观察其动态演化，由此判断某国竞争力的变化过程以及网络结构特征的演变。贸易依赖网络 WD^t 中 $wd_{ij}^t = w_{ij}^t / gw_i^t$，$gw_i^t$ 为第 t 年 i 国对其他国家的数字贸易总量，wd_{ij}^t 为第 t 年 i 国与 j 国的贸易量占 i 国数字贸易总量的比重，取值为 $0 \leq wd_{ij}^t \leq 1$，该值越大表明 j 国对于 i 国来说越重要；贸易流量变化关系 WF^t 中 $wf_{ij}^t = w_{ij}^t / \max w^t$，$\max w^t$ 为第 t 年两国之间贸易流量的最大值，取值为 $0 \leq wf_{ij}^t \leq 1$，代表 i 和 j 两国贸易流量与贸易网络中最大贸易流量的占比情况。

为构建有显著性的贸易依赖关系和贸易流量关系，本书设定若两国贸易依赖度超过 10%，则存在较强贸易关系。据此认为阈值 r 为 0.1，$wd_{ij}^t \geq r$ 才表明存在较稳定且有显著影响的贸易关系，对应关系边值设为 1；$wd_{ij}^t < r$ 属于联系相对较弱的贸易关系，在分析贸易依赖网络时可以忽略，对应关系边值设为 0。据此重新构造获得贸易依赖关系网络。为反映两国贸易流量关系的变化，可以设置 r 为多层阈值，即设定两国贸易流量达到或超过网络中最大贸易流量的 5%，但小于 25% 设置边的权值为 1；超过 25% 但小于 50%，设置边的权值为 2；若超出 50%，但小于 75% 设置边的权值为 3；超出 75% 小于 100% 设置边的权值为 4；据此设置阈值 r_1、r_2、r_3、r_4 分别为 0.05、0.25、0.50、0.75；据此重新构造获得贸易流量关系网络。

5.4 数字贸易网络竞争力分析

5.4.1 核心—边缘结构分析

"核心—边缘"结构模型最早由 Wallerstain（1974）提出，用于反映国家与整体数字贸易网络的关联强度。本书使用 UCINET 中 Core-Periphery 计算中东欧国家 2012 年、2014 年、2016 年和 2018 年的核心度（见表 5-7），并给出国家核心度演化数据，结果上述 4 年数字贸易网络的拟合优度均在 90% 以上，表示"核心—边缘"结构模型可以较好地分析国家的个体特征，本书根据核心度 C_i 的大小，将国家划分为核心国家（$C_i \geq 0.2$）、半边缘国家（$0.03 \leq C_i < 0.2$）和边缘国家（$C_i < 0.03$）。

表 5-7 贸易网络核心度对照

2012 年		2014 年		2016 年		2018 年	
国家	核心度	国家	核心度	国家	核心度	国家	核心度
捷克	0.850	捷克	0.845	捷克	0.805	捷克	0.792
斯洛伐克	0.391	斯洛伐克	0.409	斯洛伐克	0.420	斯洛伐克	0.381
波兰	0.283	波兰	0.252	波兰	0.312	波兰	0.365
匈牙利	0.150	匈牙利	0.165	匈牙利	0.196	匈牙利	0.207
保加利亚	0.110	保加利亚	0.116	保加利亚	0.124	保加利亚	0.124
罗马尼亚	0.064	中国	0.079	罗马尼亚	0.098	罗马尼亚	0.121
斯洛文尼亚	0.049	罗马尼亚	0.069	中国	0.088	中国	0.120
克罗地亚	0.032	斯洛文尼亚	0.042	斯洛文尼亚	0.049	斯洛文尼亚	0.050
中国	0.030	希腊	0.025	克罗地亚	0.034	克罗地亚	0.038
希腊	0.021	克罗地亚	0.022	希腊	0.029	希腊	0.034
立陶宛	0.020	立陶宛	0.019	拉脱维亚	0.025	爱沙尼亚	0.029
拉脱维亚	0.011	爱沙尼亚	0.015	爱沙尼亚	0.023	拉脱维亚	0.028
爱沙尼亚	0.011	拉脱维亚	0.015	立陶宛	0.022	立陶宛	0.027

从空间分布看，核心国家主要集中在中欧国家，边缘国家主要集中在"波罗的海三国"。2012—2018 年，核心国家较为稳定，为捷克、斯洛伐克和波兰；其中捷克处于数字贸易网络中心位置，居于首位，但核心度逐年下降，

波兰的核心度从 2012 年的 0.283 上升到 2018 年的 0.365，核心度不断提升；匈牙利的核心度也在逐年增长，2018 年从半边缘国家跻身为核心国家；保加利亚排名稳定在第 5 位，没有太大变化；"波罗的海三国"即拉脱维亚、立陶宛和爱沙尼亚一直处于边缘位置；中国的核心度每年都有稳步提升，从 2012 年的 0.03 到 2018 年的 0.12，排名也有所提升。通过对数字贸易网络的核心边缘分析，可以得出如下结论。

（1）捷克、斯洛伐克和波兰的核心度最高，平均值在 0.5 以上，处于绝对核心位置；

（2）拉脱维亚、立陶宛和爱沙尼亚等数字贸易较为单一的国家核心度居末位，处于边缘位置；

（3）中国自 2012 年提出"一带一路"倡议后加强了与中东欧国家的合作，每年排位都有所提升，现核心度位居第 7，处于半边缘位置。总之，"12+1"国家数字贸易网络表现出显著的"核心—边缘"结构特征，且随着时间推移，中东欧国家数字贸易参与度明显提升，各国之间贸易网络影响力差异日渐缩小，2012 年核心度最低值为 0.011，2018 年最低值为 0.027，6 年提升了一倍多。预计未来边缘国家数量将会减少，半边缘国家和核心国家数量将会增多，数字贸易网络由极化向多核心转变的趋势明显。

5.4.2 基于块模型的贸易板块分析

块模型将网络中的行动者按一定的行为相似性分类为"块"，块内部的关系密切，块之间联系较少，反映了贸易行为的集聚和抱团现象，本书以此为基础分析贸易网络中的空间集聚特征、各贸易模块间的关系和所扮演的角色。块模型的测算实质上是一种迭代相关收敛法，即将贸易矩阵中的某国与沿线所有国家的贸易量所组成的列（或行）间的相关系数重复计算，最后得到一个仅有 1 或 -1 的相关系数矩阵。

根据种照辉等（2017）对块模型方法的改进，我们可以将板块分为四种类型，分别是双溢出、主受益、主溢出和经纪人。四种类型的具体解释见表 5-8。

表 5-8　贸易网络板块类型

板块类型	具体含义
双溢出	板块内部贸易联系紧密，与其他板块的联系以进口为主
主溢出	与其他板块的联系较板块内部多，且与其他板块的联系以出口为主

续表

板块类型	具体含义
主受益	板块内部贸易联系较多,与外部板块联系少
经纪人	板块内部贸易联系少,与其他板块进出口联系多

运用块模型分析后,本书将"12+1"国家分为四个板块。板块1国家最多,包括中国、保加利亚、波兰、捷克、斯洛伐克、匈牙利、希腊和罗马;板块2有两个国家,为克罗地亚和斯洛文尼亚;板块3包括爱沙尼亚和拉脱维亚;板块4只有立陶宛。四个板块之间的贸易联系如图5-23所示。可以得知,板块1和板块2呈现出明显的主受益特性,板块内部国家之间贸易联系密切,与外部板块联系较少或没有明显联系;板块3呈现主溢出特性;板块4只有一个国家,特性不明显。

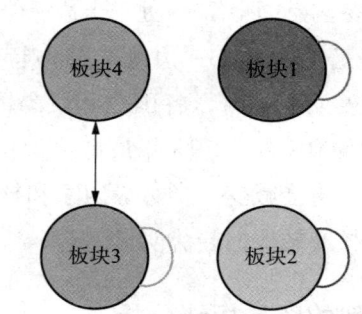

图5-23 中东欧数字贸易网络板块关联图

5.4.3 贸易依赖度分析

贸易依赖关系是指某国家在区域内的贸易比重,反映其对其他国家的贸易影响力。本书用贸易依赖网络刻画贸易依赖度。贸易依赖网络的总体特征一般用连接数、平均度数、密度、网络中心势和非互惠关系占比来表示。连接数指区域内国家间存在贸易依赖关系的总数;平均度数指每个国家平均影响或依赖的贸易关系数量;密度指区域整体贸易依赖关系的密集程度,其值为事实存在的贸易依赖关系数占最大可能关系数的比例,密度越大表明国家之间的贸易依赖关系越紧密;网络中心势反映区域贸易的集中程度,中心势越高表明贸易依赖于少数核心国家开展,贸易依赖网络存在核心—边缘结构;非互惠关系占比表明国家之间贸易依赖关系的非均衡性程度,当A国对B国的贸易依赖超过10%,B国对A国贸易依赖也超过10%,则A国和B国是互惠的依赖关系，反之为非互惠关系，非互惠关系占比高，表明存在贸易关系的不均衡性，被依赖的国家影响力较高。

如表5-9所示，2012—2018年，贸易依赖网络变动不大，连接数均在43左右，平均度数在3.3左右，密度集中在0.27左右，表明各国之间贸易关系较为稳定，每个国家平均有3~4个较强贸易关联的国家；非互惠关系占比2014年最低为0.154，2018上升到0.244，表明互惠的贸易关系相对减弱，强者恒强或者富者愈富的现象有所呈现；网络中心势从2012年的0.348提升到2018年的0.515，增加了48%，反映贸易依赖网络中围绕核心国家的贸易依赖关系愈加明显，网络集中度增强，即中东欧区域的数字贸易存在核心国家主导的产业价值链分工体系，部分国家更依赖于数字经济发达国家的产品和服务。未来要着眼于谋求区域国家间协同和比较优势互补以提高彼此的国际竞争力，因此，经济合作、政策协同、促成区域稳定和共同繁荣是中东欧国家数字经济和贸易发展的必然选择。

表5-9 贸易依赖网络整体指标对照

年份	2012	2014	2016	2018
连接数	44	42	43	43
平均度数	3.385	3.231	3.308	3.308
密度	0.282	0.269	0.276	0.276
网络中心势	0.348	0.379	0.545	0.515
非互惠占比	0.179	0.154	0.192	0.244

如图5-24和图5-25所示，从个体国家分析，波兰、捷克和匈牙利三国长期居于贸易依赖网络的核心位置，在体量、贸易伙伴关系数量中均占据领先位置，是该区域数字贸易重要节点国家；爱沙尼亚、拉脱维亚、立陶宛三国，匈牙利、捷克、斯洛伐克三国，罗马尼亚、保加利亚和希腊三国均有着相对稳定的三角互惠贸易关系，这种稳定的互惠关系对区域贸易的长期持续发展有着较为重要的支撑作用，也会促成数字贸易的区域平衡发展。如何引导和促成更多三角互惠关系的形成是区域合作需要关注的重点。中国作为域外国家，其重要贸易伙伴一直没有变化，局限在波兰、匈牙利、捷克和希腊四个国家，表明在数字贸易领域中国影响力相对有限，还有较大的扩展空间，要进一步加强与其他国家在数字经济和贸易领域的合作（见图5-26和图5-27）。

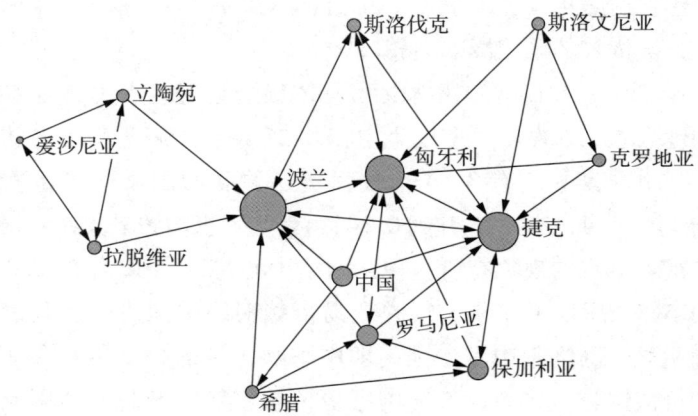

图 5-24　2012 年贸易依赖关系网络

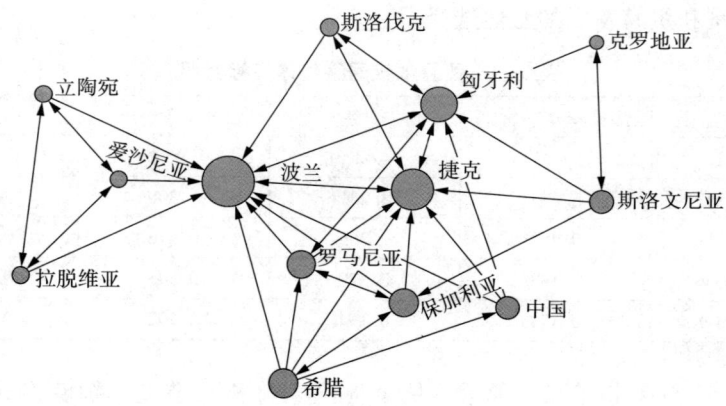

图 5-25　2018 年贸易依赖关系网络图

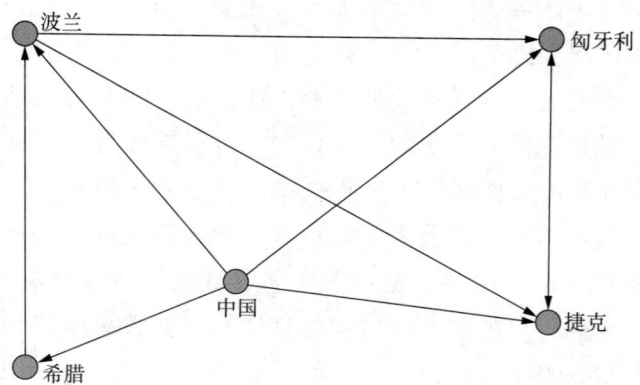

图 5-26　2012 年中国的贸易依赖关系网络

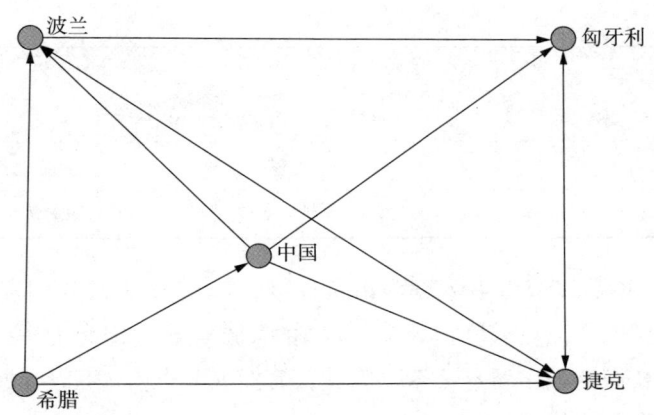

图 5-27　2018 年中国的贸易依赖关系网络

为了表现各国在数字贸易网络中影响力的变化，本书选取 Bonacich Power 指数测量（以下简称"BP 指数"）。BP 指数是一种综合评估网络中节点影响力和重要程度的方法，主要通过节点在网络中被指向的程度来衡量，不仅考虑被指向的数量，而且考虑指向节点的重要程度，BP 指数越高，意味着该点影响或控制网络其他节点的能力越强。表 5-10 为 2012—2018 年 "12+1" 国家 BP 指数的排序。

表 5-10　贸易依赖网络影响力对照

2012 年		2014 年		2016 年		2018 年	
国家	BP 指数	国家	BP 指数	国家	BP 指数	国家	BP 指数
捷克	1.791	捷克	1.812	波兰	1.828	波兰	1.939
匈牙利	1.791	匈牙利	1.812	捷克	1.784	捷克	1.938
波兰	1.710	波兰	1.627	匈牙利	1.784	匈牙利	1.858
斯洛伐克	1.435	斯洛伐克	1.439	斯洛伐克	1.467	斯洛伐克	1.213
保加利亚	0.835	保加利亚	0.864	罗马尼亚	0.742	罗马尼亚	0.699
罗马尼亚	0.835	罗马尼亚	0.864	保加利亚	0.741	保加利亚	0.249
希腊	0.453	希腊	0.474	希腊	0.202	希腊	0.080
爱沙尼亚	0.001	爱沙尼亚	0.001	爱沙尼亚	0.001	中国	0.026
拉脱维亚	0.001	拉脱维亚	0.001	拉脱维亚	0.001	爱沙尼亚	0.001
立陶宛	0.001	立陶宛	0.001	立陶宛	0.001	拉脱维亚	0.001
克罗地亚	0	中国	0	中国	0	立陶宛	0.001

续表

2012 年		2014 年		2016 年		2018 年	
国家	BP 指数	国家	BP 指数	国家	BP 指数	国家	BP 指数
斯洛文尼亚	0	克罗地亚	0	克罗地亚	0	克罗地亚	0
中国	0	斯洛文尼亚	0	斯洛文尼亚	0	斯洛文尼亚	0

由于 BP 指数以节点点入度为衡量标准，若从 A 国到 B 国存在贸易依赖关系，则 B 国的节点点入度记为 1，A 国的节点点出度记为 1，实际意义是 A 国依赖于和 B 国的数字贸易关系。因此，若国家节点点入度为 0，则 BP 指数值也为 0，BP 值大则节点点入度高，即网络中的影响力相应较大。从表 5-10 可知，波兰的 BP 值变化较快，从 2012 年的 1.710 上升到 2018 年的 1.939，影响力排名从第 3 跃居第 1；捷克和匈牙利自 2014 年后排名下滑 1 位，分居第 2 和第 3；其他国家排名基本没有变化。与中国建立互惠贸易关系或依赖于中国贸易关系的国家较少，2012—2016 年，中国 BP 值影响力排名居末位，直至 2018 年希中数字贸易占比较高，中国与其他国家开始建立更密切的贸易关系，中国的影响力逐步显现。

5.4.4 贸易流量网络整体分析

贸易流量为一国与另一国进出口的数量关系。该数量关系的变化也反映贸易发展及其演变过程。本书基于贸易数据构建 2012 年、2014 年、2016 年和 2018 年"12+1"国家之间的数字贸易流量网络，并进一步从网络规模、网络联系紧密程度和贸易集聚效应等方面对网络的整体结构特征进行阐述。

网络的整体结构特征指标主要包括网络的节点数、边数、密度、平均路径长度和集聚系数等，可用来刻画网络的规模、网络联系紧密程度和贸易集聚效应。在"12+1"数字贸易网络中，网络的边数表示网络中各国之间形成的有效贸易进出口关系数量。网络的密度是网络中实际存在的边数与具有相同节点数的完全网络边数之比，可用来衡量网络中各个国家之间数字贸易联系的紧密程度，当网络的密度值越接近于 1，则该网络越稠密；相反，密度值越接近于 0，则网络越稀疏。网络的平均路径长度指的是网络中节点对之间路径的平均值，可用来刻画网络中所有国家与网络中其他国家之间产生关联所需的最小中间贸易次数的平均值。网络的集聚系数反映了网络中某一节点的所有邻居节点之间相互联系的程度，可用来刻画数字贸易的集聚效应。"12+

1"国家数字贸易流量网络整体特征见表 5-11。

表 5-11 数字贸易流量网络整体特征

年份	边数	密度	平均路径长度	平均度	集聚系数
2012	56	0.359	1.885	4.308	0.764
2014	60	0.385	1.731	4.615	0.811
2016	64	0.410	1.692	4.923	0.832
2018	68	0.436	1.564	5.231	0.782

由表 5-11 可知，2012—2018 年，数字贸易流量网络总体呈增长趋势，边数、密度和平均度每年都有所增加，其中网络密度从 2012 年的 0.359，增加到 2018 年的 0.436，增长了 21%。将 2018 年网络密度与 2012 年网络密度进行 T 检验，t 统计量为 2.9434，p 值为 0.005，在 95% 的置信区间下该差异具有显著性，证明 6 年来"12+1"国家之间数字贸易发展迅速，有显著增长，是区域国家互动合作的结果。

平均路径长度是衡量网络中各国之间贸易往来通达性的指标，6 年间，平均路径从 1.885 下降至 1.564。平均路径下降意味着各国贸易需要更少的中间贸易次数，贸易通达性增强。网络集聚系数基本呈现增长势头，从 2012 年的 0.764 最高增长为 2016 年的 0.832；这表明随着时间的推移，"12+1"国数字贸易集聚效应越发明显，中东欧国家数字贸易在广度和深度上都有所加强，整体的蓬勃发展既有利于加深价值链的嵌入程度，也能推动贸易价值链条的延伸。

图 5-28 至图 5-31 为中东欧"12+1"国家 2021—2018 年贸易流量网络演变趋势图。

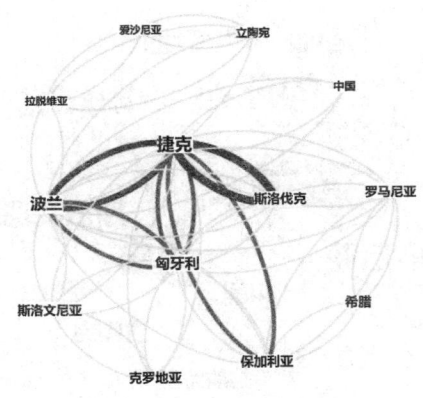

图 5-28 2012 年贸易流量网络

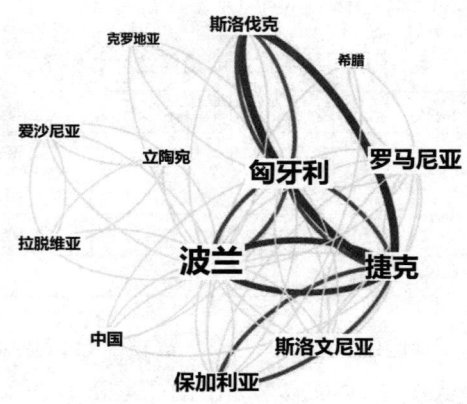

图 5-29　2014 年贸易流量网络

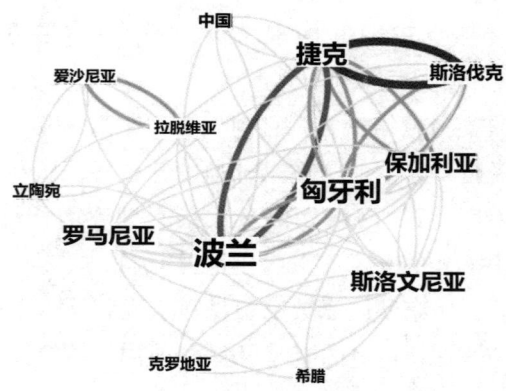

图 5-30　2016 年贸易流量网络

图 5-31　2018 年贸易流量网络

从图 5-28 至图 5-31 可观察到，捷克和斯洛伐克两国的数字贸易流量占比一直高居第一，地理区域接近、语言文化相似、经济互补性强促成两国非常活跃的数字贸易进出口；波兰与捷克的数字贸易流量占比也较高，2018 年波兰与捷克贸易流量占比达到最高流量的 75% 以上，而且还在呈现增长之势，未来的发展空间较大。若以贸易流量的 25%~50% 为标准，每年都有新增的贸易国家，2014 年新增斯洛伐克和匈牙利、波兰和匈牙利；2016 年新增爱沙尼亚和立陶宛；2018 年新增罗马尼亚和匈牙利、中国和捷克。这也预示着中东欧区域的数字贸易日渐活跃，更多国家从数字经济和贸易中获益，贸易流量规模不断增大，更多国家数字贸易联系紧密。如图 5-32 至图 5-35 所示，2012—2018 年中国贸易流量网络有以下几点变化。第一，存在贸易流量关系的国家数量有所增加。2012 年与中国存在贸易流量关系的国家只有波兰和捷克，2018 年增加了匈牙利和希腊。第二，贸易流量质量有所提升。2012 年与中国有贸易流量关系的国家，流量占比不到最大流量的 25%；2018 年中国与捷克的贸易流量超过或接近最大流量的 50%。随着"一带一路"倡议的持续推进，中国与中东欧国家的合作不仅有利于贸易均衡、优势互补，而且有利于各国家数字经济增长，数字贸易流量和规模必然会持续增长。

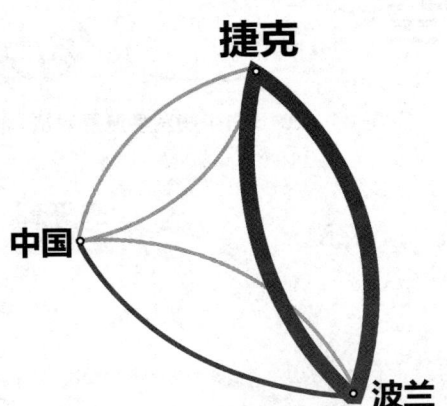

图 5-32　2012 年中国贸易流量网络

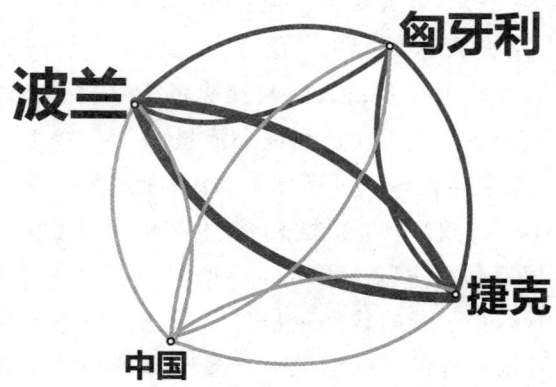

图 5-33　2014 年中国贸易流量网络

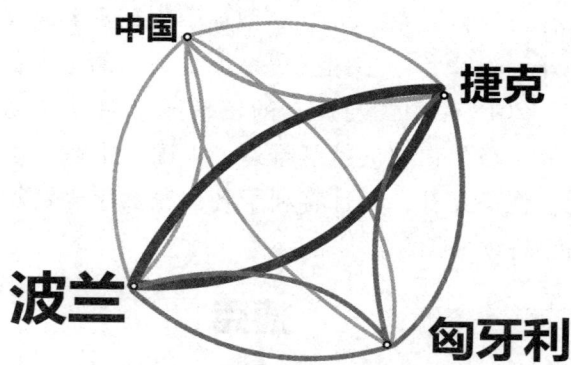

图 5-34　2016 年中国贸易流量网络

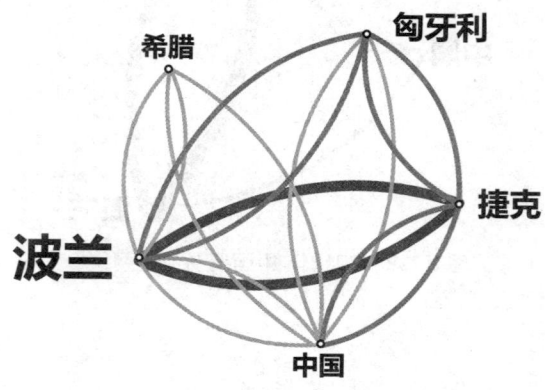

图 5-35　2018 年中国贸易流量网络

5.4.5 贸易流量网络中心性分析

网络密度与集聚系数能够体现网络结构的特征信息。为揭示"12+1"国家数字贸易的不同行为特征及网络中所处特定位置的信息,本书进行了三种网络中心性分析,即度数中心性、接近中心性、中介中心性。度数中心性是通过网络中的连接数来判断各成员国在网络中所处中心位置的程度,度数中心性越高,说明该国家在网络中与其他成员国之间的联系越多,该国家处于网络的中心位置;中介中心性具有衡量某个成员国作为媒介者的能力,中介中心性越高,表明该国家越能把控与其他成员国之间的出口贸易行动,该国家也就处于网络资源掌控地位;接近中心性描述了网络中某个国家在贸易过程中"独立"的程度,某个国家的接近中心性越高,则该国与其他成员国之间的直接关联就越多,在整个网络中越容易成为中心行动者,其潜在的贸易能力越强。2018年"12+1"国家的三种中心性见表5-12。

表5-12 2018年数字贸易流量网络中心性测量结果及排序

国家	度数中心性		接近中心性		中介中心性	
	数值	排序	数值	排序	数值	排序
波兰	1.333	1	1.000	1	54.470	1
匈牙利	1.000	3	0.750	2	10.745	3
捷克	1.333	1	0.706	3	10.833	2
保加利亚	0.583	5	0.667	4	5.528	8
罗马尼亚	0.583	5	0.667	4	5.086	9
斯洛文尼亚	0.500	7	0.632	6	9.027	7
中国	0.417	8	0.600	7	3.399	12
希腊	0.333	9	0.600	7	4.186	10
克罗地亚	0.333	9	0.571	10	3.702	11
爱沙尼亚	0.333	9	0.571	10	10.606	4
拉脱维亚	0.333	9	0.571	10	10.606	4
立陶宛	0.250	13	0.571	10	10.480	6
斯洛伐克	0.667	4	0.600	7	1.487	13

流量网络为加权有值网络,本书中心性测算的结果均为加权且标准化后的取值,以2018年贸易流量网络测算结果为例,波兰、捷克和匈牙利度数中心性和接近中心性均排名前三,这些国家DESI指数排名相对较高,数字经济

具备产业优势，能更快与其他国家发生数字贸易联系；排名较低的是"波罗的海三国"，均有相对独立的数字产业发展路径，地理区域接近构成了相对稳定的贸易集团，更倾向于在集团内部建立密切的贸易往来；中介中心性较高的国家仍然是波兰、捷克、匈牙利三国，表明其在贸易网络资源掌控和贸易能力方面一直处于领导地位，但"波罗的海三国"排名提升到第4，显示三国数字经济产业开始起飞，贸易流量逐年增长，贸易潜力开始释放，成长较快。中国的度数中心性和接近中心性排名一直稳定在第7或者第8，但中介中心性排名不高，对贸易流量的掌控能力仍有待加强，作为域外国家有这样的表现也算正常，但也反映出未来与其他国家加强合作，提升贸易流量和掌控数字商品资源的空间可期。

贸易流量网络具有较高的集聚系数，平均路径较短，存在"小世界"特征，在贸易规模和深度上呈现出密集化趋势，在区域贸易深度和广度上都有所体现。这有利于加深中东欧各国的数字产业价值链嵌入程度，推动价值链延伸。以波兰、捷克和匈牙利为代表的中东欧国家在网络中处于核心地位，对区域数字贸易具有重要的影响力和控制力。中国逐步实现了从贸易网络边缘向半边缘的迁移，但与波兰、捷克等区域强国相比仍具有一定的提升空间。中国需要继续加强与核心国家的合作，同时要与相对边缘但重视数字经济的国家，诸如"波罗的海三国"深化数字经济产业合作，力争在其中扮演更为重要的角色。

5.5 数字贸易网络竞争力比较结论

5.5.1 贸易竞争力综合测算与排名

本书进一步将国家数字贸易竞争力从三个方面分解为五项指标，即贸易核心度、贸易依赖度、贸易关联度、贸易通达度和贸易掌控度。贸易核心度是该国所处的圈层结构，圈层结构决定该国在贸易竞争中所属的位置，即核心、半边缘和边缘，用核心度指标描述；贸易依赖度是该国在贸易依赖关系中被依赖的程度，该值越大被依赖程度越高，依赖度用BP指数描述；贸易关联度是该国在贸易流量网络中拥有的权力和地位，包括度数中心性表征节点拥有的关系数量，该值越大意味着与之建立贸易关系的国家越多，并且围绕该国的贸易流量越大；贸易通达度表征贸易的通达性和便利性，通达度越高表明借助该节点能更迅速地与其他国家建立贸易关系，用接近中心性指标描述；贸易掌控度表征节点在贸易网络中能更好地获取或掌控资源的流动与分配，称为贸易掌控度，用中介中心性指标描述。这5个指标的综合得分越高，排名越靠前，即数字贸易竞争力越强。

本书采用上述方法计算竞争力的综合得分：每项指标中排名第1得10分，排名第2得9分，排名第3得8分，排名第4得7分，依此类推，排名第10得1分，排名11~13得0分。以2018年数字贸易网络为例，5个指标数据测算见表5-13、表5-14、表5-15和图5-36。

表5-13 2018年数字贸易竞争力数值与排名

国家	贸易核心度		贸易依赖度		贸易关联度		贸易通达度		贸易掌控度		总分
	数值	排序	数值	排序	数值	排序	数值	排序	数值	排序	
波兰	0.365	3	1.939	1	1.333	1	1.000	1	54.470	1	48
匈牙利	0.207	4	1.858	3	1.000	3	0.750	2	10.745	3	40
捷克	0.792	1	1.938	2	1.333	1	0.706	3	10.833	2	45
保加利亚	0.124	5	0.249	6	0.583	5	0.667	4	5.528	8	27
罗马尼亚	0.121	6	0.699	5	0.583	5	0.667	4	5.086	9	26
斯洛文尼亚	0.050	8	0	12	0.500	7	0.632	6	9.027	7	16
中国	0.120	7	0.026	8	0.417	8	0.600	7	3.399	12	14
希腊	0.034	10	0.080	7	0.333	9	0.600	7	4.186	10	12
克罗地亚	0.038	9	0	12	0.333	9	0.571	10	3.702	11	5
爱沙尼亚	0.029	11	0.001	9	0.333	9	0.571	10	10.606	4	12
拉脱维亚	0.028	12	0.001	9	0.333	9	0.571	10	10.606	4	12
立陶宛	0.027	13	0.001	9	0.250	13	0.571	10	10.480	6	10
斯洛伐克	0.381	2	1.231	4	0.667	4	0.600	7	1.487	13	27

表5-14 2018年数字贸易竞争力综合排名

国家	得分	排名
波兰	48	1
捷克	45	2

续表

国家	得分	排名
匈牙利	40	3
保加利亚	27	4
斯洛伐克	27	4
罗马尼亚	26	6
斯洛文尼亚	16	7
中国	14	8
希腊	12	9
爱沙尼亚	12	9
拉脱维亚	12	9
立陶宛	10	12
克罗地亚	5	13

表 5-15　2012—2018 年数字贸易竞争力综合排名

国家	2012 年排名	2014 年排名	2016 年排名	2018 年排名
保加利亚	4	5	5	4
中国	12	8	10	8
克罗地亚	10	13	13	13
捷克	1	1	2	2
爱沙尼亚	13	8	9	9
希腊	11	12	12	9
匈牙利	3	3	3	3
拉脱维亚	7	10	8	11
立陶宛	7	11	10	12
波兰	2	1	1	1
罗马尼亚	5	4	4	6
斯洛伐克	6	6	6	4
斯洛文尼亚	9	7	7	7

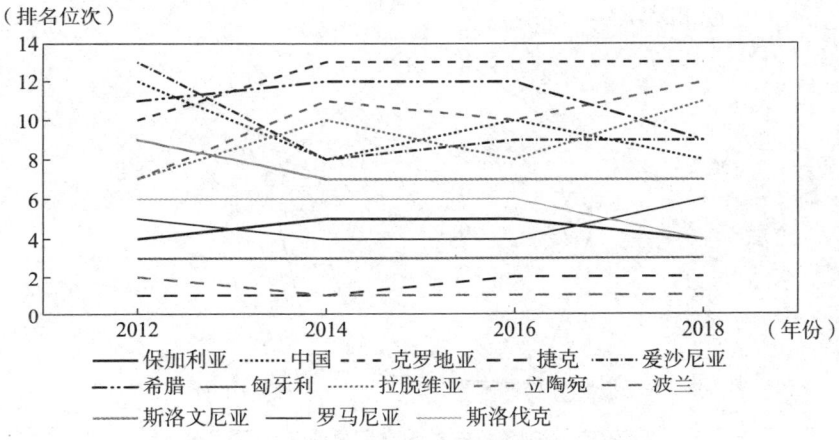

图 5-36　2012—2018 年数字贸易竞争力排名走势

5.5.2　数字贸易竞争力国别分析

为便于进行数字贸易竞争力国别分析，本书绘制了 2018 年"12+1"国家数字贸易竞争力五维度雷达图，从贸易关联度、贸易核心度、贸易通达度、贸易依赖度和贸易掌控度对相关国家进行对比分析（见图 5-37 至图 5-50）。

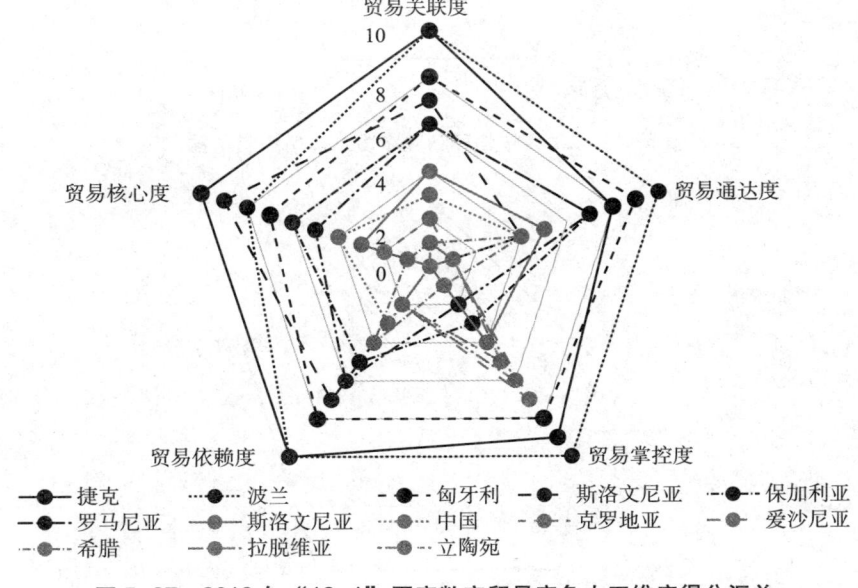

图 5-37　2018 年"12+1"国家数字贸易竞争力五维度得分汇总

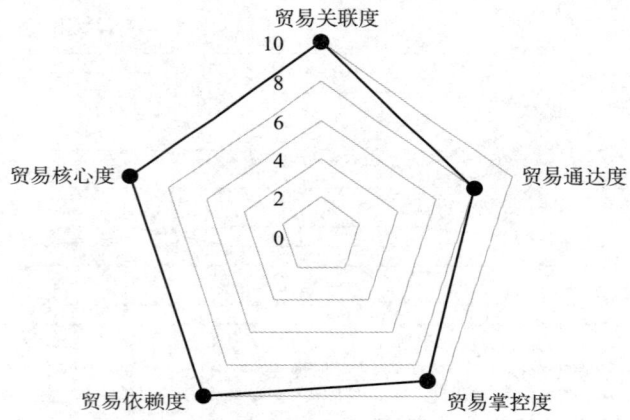

图 5-38　2018 年捷克数字贸易竞争力雷达图

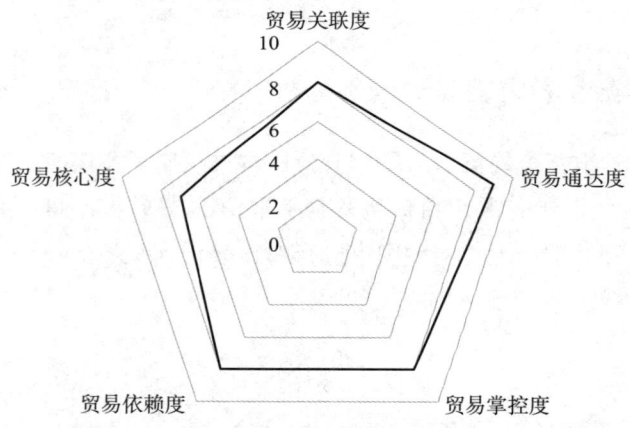

图 5-39　2018 年匈牙利数字贸易竞争力雷达图

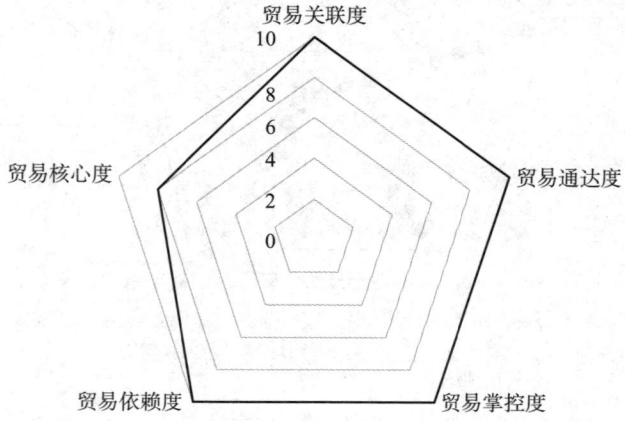

图 5-40　2018 年波兰数字贸易竞争力雷达图

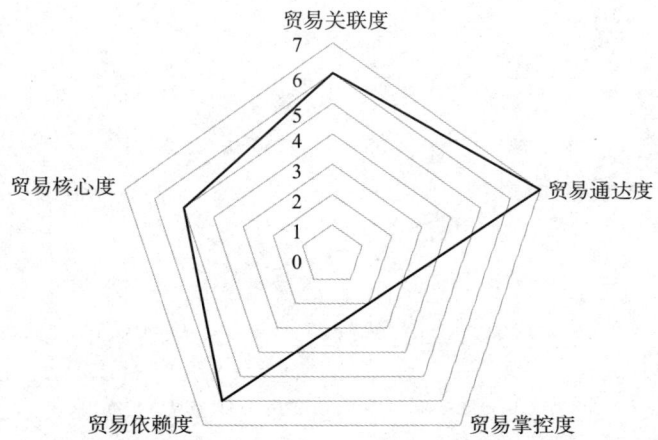

图 5-41　2018 年罗马尼亚数字贸易竞争力雷达图

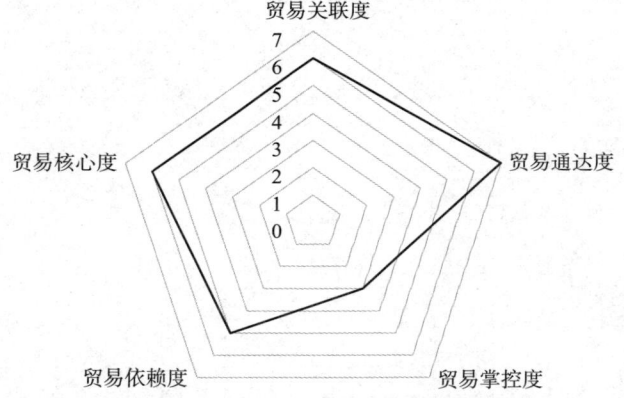

图 5-42　2018 年保加利亚数字贸易竞争力雷达图

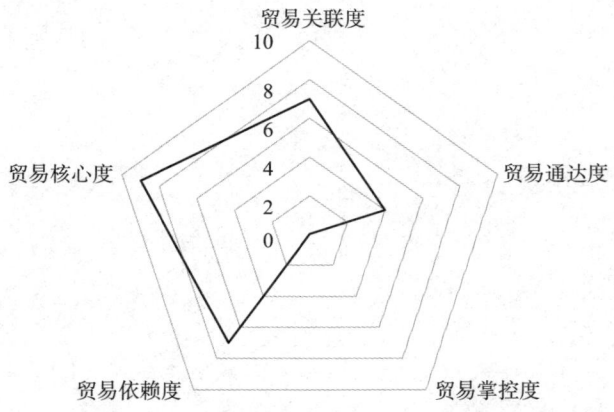

图 5-43　2018 年斯洛伐克数字贸易竞争力雷达图

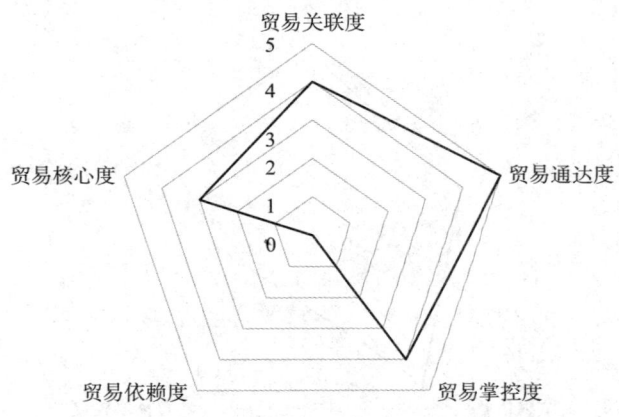

图 5-44　2018 年斯洛文尼亚数字贸易竞争力雷达图

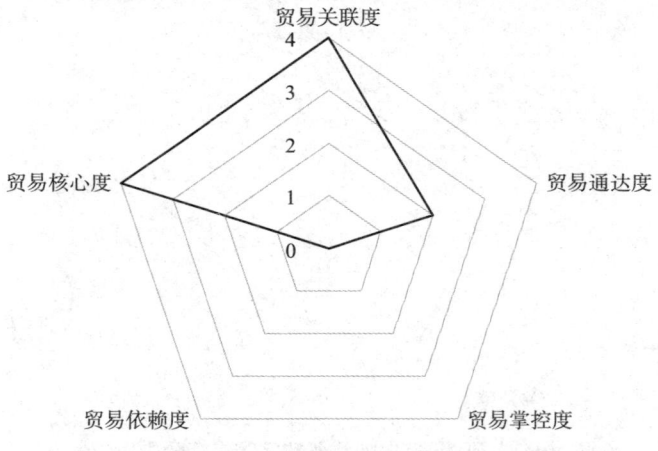

图 5-45　2018 年克罗地亚数字贸易竞争力雷达图

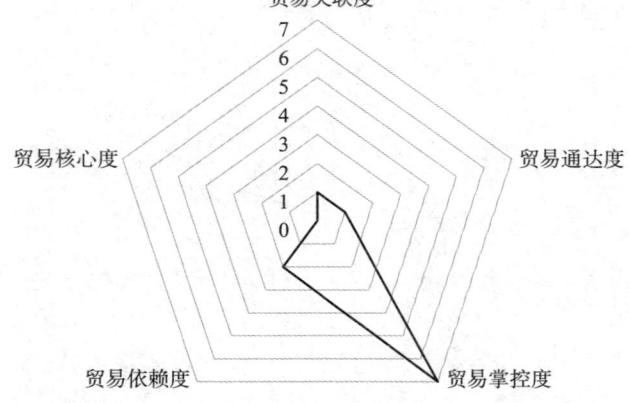

图 5-46　2018 年爱沙尼亚数字贸易竞争力雷达图

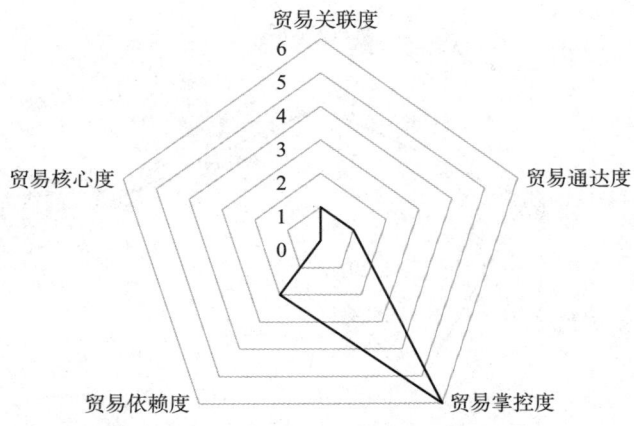

图 5-47　2018 年拉脱维亚数字贸易竞争力雷达图

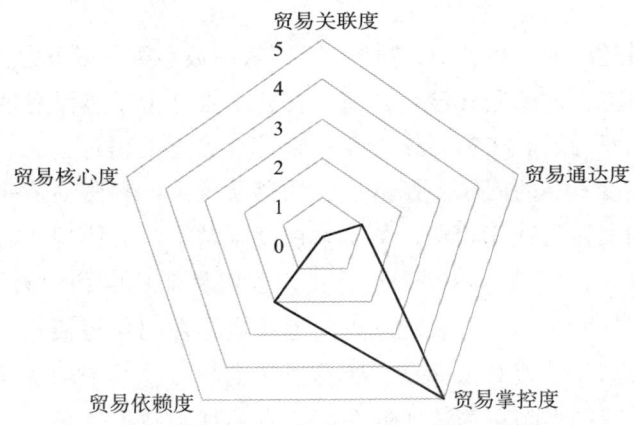

图 5-48　2018 年立陶宛数字贸易竞争力雷达图

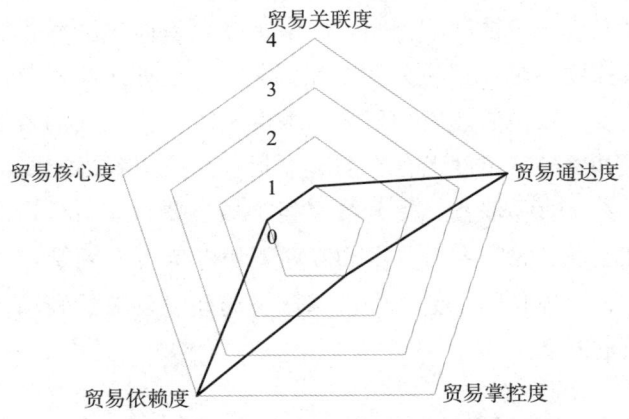

图 5-49　2018 年希腊数字贸易竞争力雷达图

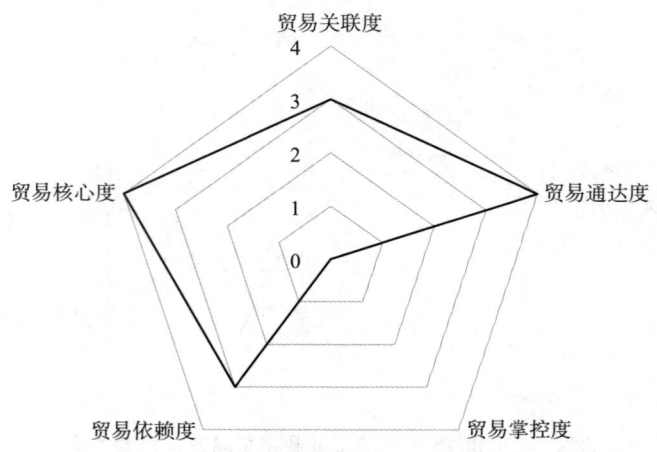

图 5-50 2018 年中国数字贸易竞争力雷达图

基于对雷达图的观察可知,"12+1"国家中数字贸易竞争力较为全面和均衡的国家有捷克、匈牙利和波兰,他们在五个维度上基本没有明显短板,优势较为明显。罗马尼亚在贸易核心度和贸易掌控度上相对偏弱。保加利亚也存在贸易掌控度不足的问题。斯洛伐克的贸易核心度和贸易依赖度较高,但贸易关联度和贸易通达度较弱,贸易掌控度则基本没有体现。斯洛文尼亚的贸易通达度领先,贸易掌控度表现不错,但贸易依赖度和贸易核心度偏弱,特别是贸易依赖度基本没有表现。克罗地亚也存在明显短板,贸易关联度和贸易核心度较高,但贸易依赖度、贸易通达度和贸易掌控度明显不足。爱沙尼亚、拉脱维亚和立陶宛等波罗的海国家有地理和技术优势,均有较高的贸易掌控度,但由于人口和 GDP 的关系,贸易体量较小,在其他领域表现欠佳,表明未来有进一步发展的空间。希腊则在贸易通达度和贸易依赖度上领先,但贸易掌控度不足,贸易关联度和贸易核心度处于相对落后位置。中国则在贸易核心度、贸易通达度和贸易依赖度上表现出较强的贸易竞争力,但在贸易关联度和贸易掌控度上存在明显短板。这表明我国需要进一步加强与中东欧国家的数字贸易联系,提升数字经济核心要素能力建设,在数字技术整合、网络联通性、数字人力资本和互联网服务等各个领域加强并深化与中东欧国家合作,发挥我国在数字经济基础设施建设领域的强项,实现区域数字经济与贸易的共赢。

第6章

中国与中东欧国家间的数字经济合作

6.1 文献综述

在第四届世界互联网大会上,中国与"一带一路"沿线国家包括中东欧在内的多国共同发起《"一带一路"数字经济国际合作倡议》,中东欧国家占了"一带一路"沿线国家数量近1/4,中国与中东欧国家数字经济合作对建设"数字丝绸之路"和促进各国数字经济发展都具有重大战略意义。

本节主要选取了近几年的一些国内外相关文献,探索中国和中东欧国家在数字经济合作方面的已有成就和对未来发展的展望,为后续的研究打下基础。

6.1.1 国内研究现状

关于中国数字经济发展的研究。潘妍和徐金海(2020)认为,在以电子商务为代表的数字货物贸易中,我国位居世界前列,具有较强的竞争力。而在以信息技术服务和数字内容服务为代表的数字服务贸易中,我国尚处于起步阶段,竞争力较弱。杨伊静(2020)指出中国数字经济规模不断扩张,贡献能力不断增强,结构持续优化,数据价值化加速推进,中国数字经济发展绝不是封闭式发展,而是与全球数字经济相结合形成循环演进的发展模式。

关于中东欧数字经济的研究。李波和陈康令(2020)提出,中东欧各国信息化发展水平整体较高,在信息与通信技术、应用和产业方面表现较好,并且因为高等教育入学率较高,该地区信息化发展有着扎实的人才和应用基础。中东欧国家希望利用中国先进的大数据和物联网等新技术推动本国的工业产业变革。

关于中国与中东欧国家数字经济合作的研究。余勤(2019)指出,在第四届中国—中东欧国家农业部长会议暨第十四届农业经贸合作论坛上，中国和中东欧17国通过《中国—中东欧国家农业部长会议杭州共同宣言》，提出要加强在创新和数字技术发展、贸易和投资及可持续农业生产领域，特别是农业数字化领域的合作，充分挖掘"数字红利"，为乡村振兴注入动力。刘若（2019）研究发现，中国与波兰、捷克、匈牙利、斯洛伐克和罗马尼亚的高新技术产品进出口中贸易往来最密切的产品是计算机与办公设备、电子通信设备和科学仪器。

6.1.2 国外研究现状

Hans Zon（2001）指出，匈牙利、波兰和立陶宛在电信接入、可用性、可负担性和接入指标方面普遍落后于欧盟其他国家。Jelena M. Andrić等（2019）指出，"一带一路"项目的主要风险是材料供应延迟、材料价格上涨、材料质量差、设备交付延迟、设备使用成本增加和经济风险。其中风险等级最高的地区是中亚和东欧，风险等级最低的地区是东亚。Cieślik（2020）认为中东欧国家在电子工业出口中，更加依赖的是中国的附加值，而不是欧盟国家的附加值。Grzegorz Górski 和 Joanna Górska-Szymczak（2018）指出，中国"一带一路"项目承担了中欧和东欧国家的角色，该地区各国正期待着通过与中国和亚洲国家合作，来加强基础设施投资，特别是在通信领域。

6.2 中国与波罗的海沿岸三国的数字经济合作

波罗的海三国指的是位于波罗的海沿岸的爱沙尼亚、拉脱维亚和立陶宛。爱沙尼亚在中东欧国家中，数字经济发展程度最高，在数字电子领域发展处于世界领先地位，位于麦肯锡咨询公司划分的"数字领跑者"行列；拉脱维亚和立陶宛数字经济发展相对落后，位于麦肯锡咨询公司划分的"数字挑战者"行列。根据欧盟委员会发布的2020年数字经济和社会指数（DESI）报告，中东欧国家中爱沙尼亚综合数字经济指标表现最好，排第7位，立陶宛排第14位、拉脱维亚排第18位。中国和波罗的海三国在数字经济方面的合作具有巨大潜力，尤其是中国和爱沙尼亚在数字身份、数字政务、金融、电商等多个领域具有广阔的合作空间。

本书主要根据中国电子信息产业发展研究院（赛迪研究院）对数字经济评估的分类，从基础型数字经济、资源型数字经济、技术型数字经济、融合型数字经济和服务型数字经济五个方面来衡量中国与波罗的海沿岸3个中东欧国家的数字经济合作状况，具体指标见表6-1。

表6-1 赛迪中国数字经济指数指标

一级指标	二级指标
基础型数字经济	电子信息制造业规模 信息传输业规模 软件和信息技术服务业规模 互联网普及率 固定宽带签约 宽带用户平均下载速率 移动电话普及率
资源型数字经济	上市大数据企业数 数据交易中心数量 政府数据开放水平 移动互联网接入流量 移动宽带用户数 固定互联网宽带接入时长 固定宽带用户数
技术型数字经济	高技术产业 R&D 人员折合全时当量 高技术产业 R&D 经费内部支出 高技术产业专利情况 高技术产业技术获取与技术改造支出
融合型数字经济	农业互联网平台数 有电子商务交易活动的企业占比 两化融合国家级示范企业数 数字化研发设计工具普及率 关键工序数控化率 智能制造就绪率
服务型数字经济	即时通信 旅游 生活服务 网上购物 互联网金融 娱乐 教育 互联网医疗 出行 政务

资料来源：国家统计局统计科学研究所。

6.2.1 中国与波罗的海沿岸三国基础型数字经济合作

基于数据的可获取性，本书选取 ICT 行业占 GDP 的比重、固定电话和移动电话订阅比例、个人移动互联网的接入比例、拥有宽带接入的家庭比例、家庭可用性计算机比例来度量波罗的海三国基础型数字经济发展状况，具体数据见表 6-2。

表 6-2 波罗的海三国基础型数字经济指标 （%）

指标	爱沙尼亚	拉脱维亚	立陶宛	中东欧国家均值
截至 2017 年 ICT 行业占 GDP 的比重	5.14	4.73	3.02	4.18
截至 2018 年每 100 位居民的固定电话订阅比例	26.13	13.80	15.25	22.48
截至 2018 年每 100 位居民的移动电话订阅比例	145.44	107.35	164.28	120.97
截至 2019 年个人移动互联网的接入比例	33	16	28	28.19
截至 2019 年拥有宽带接入的家庭比例	90	83	81	81.13
截至 2017 年家庭可用性计算机比例	87	77	73	72.27

资料来源：欧盟统计局、国际电信联盟。

2017 年，中国数字经济总量达到 27.2 万亿元，位居全球第 2，占 GDP 比重为 32.9%，中国数字经济规模优于波罗的海三国。截至 2018 年，中国每 100 位居民固定电话订阅比例为 12.77%，低于波罗的海三国；中国移动电话订阅比例为 114.96%，低于爱沙尼亚和立陶宛，但人均移动电话拥有率均大于 100%。由于截至 2019 年波罗的海三国的个人移动互联网的接入比例、拥有宽带接入家庭的比例和家庭可用性计算机比例数据来自欧盟统计局，无法获取中国数据，故将波罗的海三国这些指标与欧盟国家的平均水平进行对比，除爱沙尼亚个人移动互联网的接入、拥有宽带接入家庭和家庭可用性计算机比例接近甚至超过欧盟国家的平均水平外，拉脱维亚和立陶宛的数字基础设施水平低于欧盟国家的平均水平，需要加强数字基础建设。中国在数字经济基础设施领域的发展处于世界领先水平，而中东欧波罗的海沿岸国家除爱沙尼亚之外，该领域发展水平相对比较落后，中国和波罗的海三国合作共建"数字丝绸之路"，具有互惠互利、携手促进新一轮产业革命的重要战略意义。

由于基础型数字经济在贸易商品上主要体现为电子信息技术设备，本书选取中国和波罗的海三国的双边 ICT 商品贸易总额来衡量中国和波罗的海三国的合作情况。此处ICT商品总量包括电脑及周边设备、通信设备、消费电子设备、电子元器件和其他相关产品。

如图6-1所示，中国出口爱沙尼亚的信息通信产品在波罗的海三国中最多，拉脱维亚的最少，整体呈波动上升趋势。

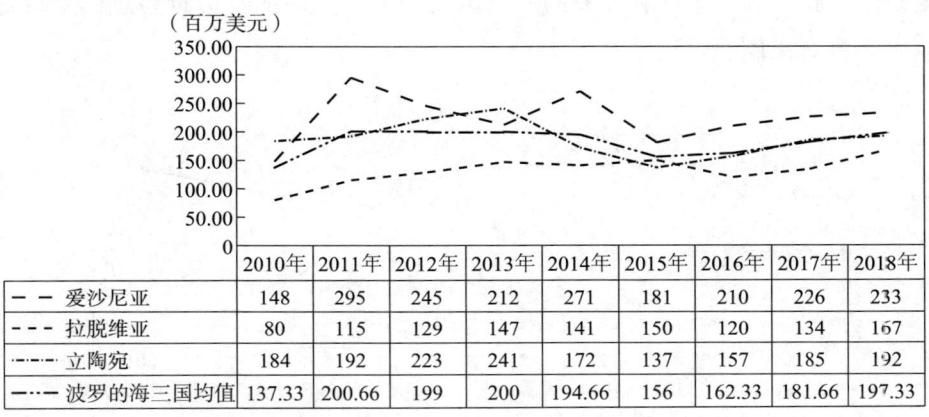

图6-1 2010—2018年中国出口波罗的海三国ICT商品总量

资料来源：UN Comtrade。

如图6-2所示，2010—2018年，拉脱维亚和立陶宛出口中国的ICT商品数量在不断增加，爱沙尼亚出口中国的ICT商品数量总体呈下降趋势，2015年中国与波罗的海三国的ICT产品贸易进出口额均有下滑，主要是和全球贸易在2015年遭遇了大幅下滑的国际背景相关。

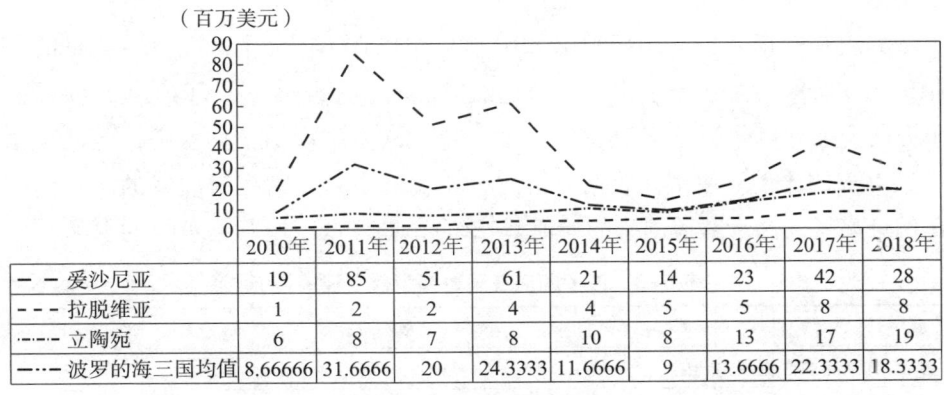

图6-2 2010—2018年中国进口波罗的海三国ICT商品总量

资料来源：UN Comtrade。

总体而言，2010 年中国出口至波罗的海三国的信息通信产品总额为 412 百万美元，波罗的海三国出口至中国的信息通信产品总额为 26 百万美元，截至 2018 年中国出口至波罗的海三国的信息通信产品总额为 592 百万美元，增长了 43.7%，波罗的海三国出口至中国的信息通信产品总额为 55 百万美元，增长了 100.12%，中国和波罗的海三国关于 ICT 产品的双边贸易总体呈良好增长态势（见图 6-3）。

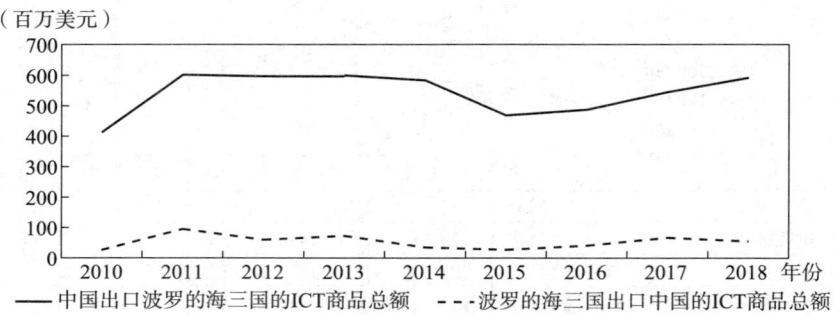

图 6-3　2010—2018 年中国和波罗的海三国 ICT 商品总额

资料来源：UN Comtrade。

6.2.2　中国与波罗的海沿岸三国资源型数字经济合作

基于数据的可获取性和可比较性，本节选取企业内部流程整合（拥有 ERP 软件包以在不同功能区间共享信息的企业）、大数据分析应用和云端数据使用三个指标进行分析。

如表 6-3 所示，立陶宛利用 ERP 软件包以在不同功能区间共享信息的企业比例在波罗的海三国中最高，超过欧盟国家的平均水平。2018 年，使用云服务的企业比例中爱沙尼亚比例最大，超过欧盟国家的平均水平，但低于中国近 40% 的比例。使用大数据分析的企业比例中，立陶宛为波罗的海三国中比例最高者，高于欧盟国家的均值（12%），同样低于中国近 40% 的水平。

表 6-3　波罗的海三国资源型数字经济指标　　（%）

指标	爱沙尼亚	拉脱维亚	立陶宛
截至 2019 年内部流程整合的企业比例	26	32	48
截至 2018 年使用云计算服务的企业比例	34	15	23
截至 2018 年使用大数据分析的企业比例	11	8	14

资料来源：欧盟统计局。

资源型数字贸易货物贸易产品主要为自动数据处理机及其装置；磁性或光学读数器，将数据转换成编码形式的数据媒介机器，以及处理这些数据的机器；自动数据处理机器、磁性或光学读卡器、数字处理装置的零件和附件等。

如表 6-4 所示，中国出口波罗的海三国资源型数字产品最多的国家是立陶宛，2018 年出口额达到 4925.33 万美元，约为爱沙尼亚出口额的 3 倍。

表 6-4　中国出口波罗的海三国资源型数字产品总额　　　　单位：万美元

国家	2015 年	2016 年	2017 年	2018 年
爱沙尼亚	702.84	588.04	885.18	1629.84
拉脱维亚	1405.24	1009.34	1396.62	1833.81
立陶宛	4187.28	2842.70	3924.12	4925.33

资料来源：UN Comtrade。

如表 6-5 所示，波罗的海三国中出口至中国的资源型数字产品最多的国家是爱沙尼亚，2018 年出口额为 27.59 万美元，出口额最少的是拉脱维亚，出口额为 0.69 万美元。由此可见，中国在和波罗的海三国的资源型数字产品贸易中有着绝对的贸易顺差，尤其是和立陶宛的双边贸易中贸易顺差达到 4914.74 万美元，说明中国和波罗的海三国在资源型数字经济合作中具有巨大的合作需求和互补空间。

表 6-5　波罗的海三国出口至中国资源型数字产品总额　　　　单位：万美元

国家	2015 年	2016 年	2017 年	2018 年
爱沙尼亚	4.43	6.97	27.85	27.59
拉脱维亚	0.18	0.24	0.17	0.69
立陶宛	0.21	3.77	0.06	10.59

资料来源：UN Comtrade。

波罗的海三国加强在《中欧海关合作与行政互助协定》《中欧海关知识产权保护合作行动计划》《中欧海关战略合作框架》框架下的互助合作，于展包括交换案件统计数据在内的知识产权执法合作、贸易统计合作、并将机制化合作延伸到 AEO 互认和打击瞒骗行为等领域。中国企业与波罗的海三国的电信营运商和数据企业加强云合作和大数据技术合作，帮助立陶宛 Teo 集团建设数据中心。中国阿里云和中东欧地区最大的 IT 硬件和消费电子分销商 ABC Data 达成了战略合作伙伴关系，为波罗的海三国数据网络、大数据应月和云计算等多个领域的数据共享提供强大支持。

6.2.3 中国与波罗的海沿岸三国技术型数字经济合作

本节选取高科技产品贸易出口额、高科技产品出口占总出口的比重、聘用 ICT 专家及其占总就业人数百分比、已执行 ICT 功能企业比例、研发支出占 GDP 的比重以及 ICT 人员占总就业人数的百分比来衡量波罗的海三国的技术型数字经济发展水平，具体数据见表6-6。

表6-6 波罗的海三国技术型数字经济指标

国家	爱沙尼亚	拉脱维亚	立陶宛	欧盟28国
截至2018年高科技产品贸易出口额（百万欧元）	872	766	1343	—
截至2018年高科技产品出口占总出口的比重（%）	11.5	11.2	7.9	17.9
截至2019年聘用ICT专家（千）	40.4	26.4	41.8	9382.2
截至2019年聘用ICT专家占总就业人数百分比（%）	6.0	2.9	3.0	4.0
截至2018年已执行ICT功能企业比例（*由外部供应商执行）	40	41	49	51
截至2018年已执行ICT功能企业比例（*由自己员工执行）	32	27	19	17
截至2018年研发支出占GDP的比重（%）	1.40	0.64	0.94	2.12
截至2017年ICT人员占总就业人数的百分比（%）	4.09	3.84	2.57	—

资料来源：欧盟统计局。

截至 2018 年，波罗的海三国高科技产品贸易出口占总出口的比例均低于欧盟国家的平均水平。截至 2019 年，爱沙尼亚聘用 ICT 专家的比例超过欧盟国家的平均水平，拉脱维亚和立陶宛 ICT 专家占总就业人数的比例还有待提高。截至 2018 年，波罗的海三国 ICT 功能由外部供应的企业比例低于欧盟国家的平均水平，但 ICT 功能由内部执行的企业比例均高于欧盟国家的平均水平，研发支出占 GDP 的比例远不及欧盟国家的平均水平，但总体来说爱沙尼亚数字经济技术型指标优于其他两国。2018 年，我国高科技产品出口占总出口的比例为 30.03%，研发费用占 GDP 比重为 2.18%，大体上与欧盟国家的平均水平相当。

技术型数字贸易的产品主要包括热电子、冷阴极或光电阴极阀和管（如真空管、蒸汽管、充气阀和管、汞弧整流阀和管、阴极射线管和电视摄像管），二极管、晶体管、类似半导体器件、组装或未组装在模块、面板、发光压电晶体上的光伏电池，电子集成电路和微组件，绝缘电导体、光纤电缆及其他导体。本节选取中国和波罗的海三国关于这四类商品的双边贸易额来探索双方在技术型数字贸易方面的合作情况。

中国出口至波罗的海三国的热电子、冷阴极或光电阴极阀和管产品总额如图 6-4 所示。中国出口热电子、冷阴极或光电阴极阀和管产品最多的国家是立陶宛。

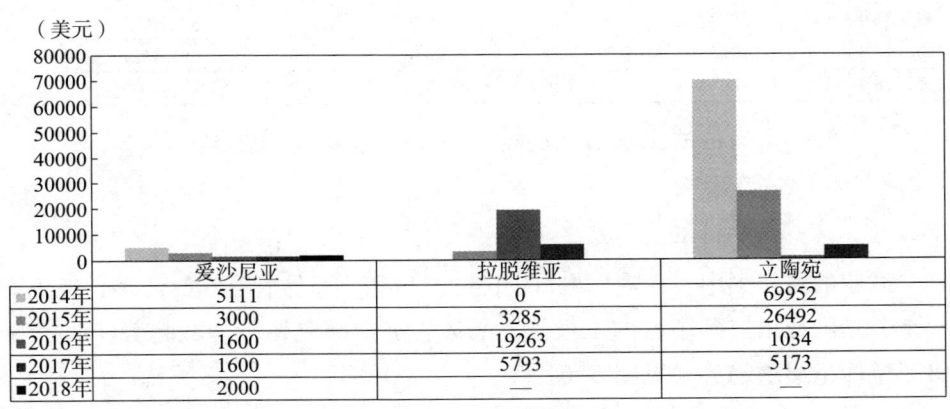

图 6-4　中国出口波罗的海三国的热电子类产品总额

注："—"代表数据缺失。

资料来源：UN Comtrade。

关于波罗的海三国出口至中国的热电子、冷阴极或光电阴极阀和管产品，拉脱维亚的相关数据缺失，爱沙尼亚 2017 年该类产品出口额为 589 美元；立陶宛 2014 年该类产品出口额为 3569 美元，2015 年为 322 美元，2016 年为 8397 美元，2016 年以后没有相关数据。从已有的数据来看，波罗的海三国出口至中国的热电子、冷阴极或光电阴极阀和管产品最多的国家是立陶宛。立陶宛和中国就热电子、冷阴极或光电阴极阀和管产品的双边贸易最多。

中国出口至波罗的海三国的二极管、晶体管、类似半导体器件、组装或未组装在模块、面板、发光压电晶体上的光伏电池产品总额如图 6-5 所示。立陶宛是中国在波罗的海三国中的第一大出口国。

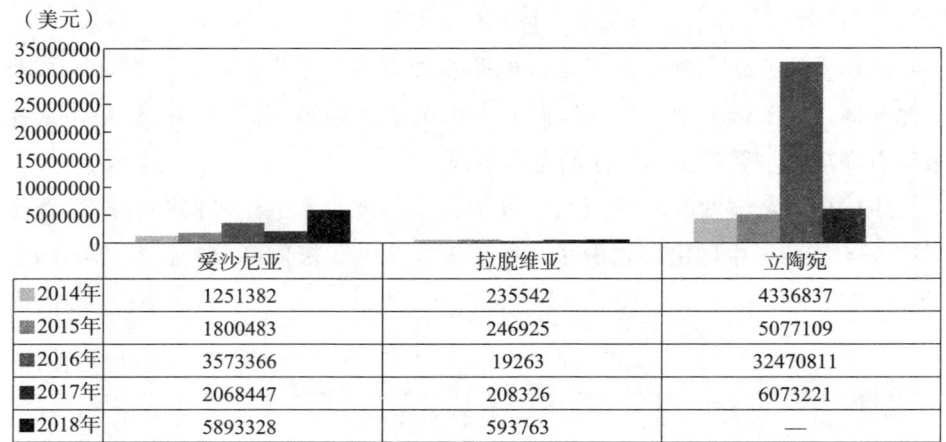

图 6-5　中国出口波罗的海三国的二极管类产品总额

注："—"代表数据缺失。

资料来源：UN Comtrade。

波罗的海三国中，立陶宛出口中国的二极管、晶体管类产品最多，但近 5 年来，立陶宛出口到中国的二极管、晶体管类产品整体呈递减趋势，而拉脱维亚整体呈递增趋势（见图 6-6）。

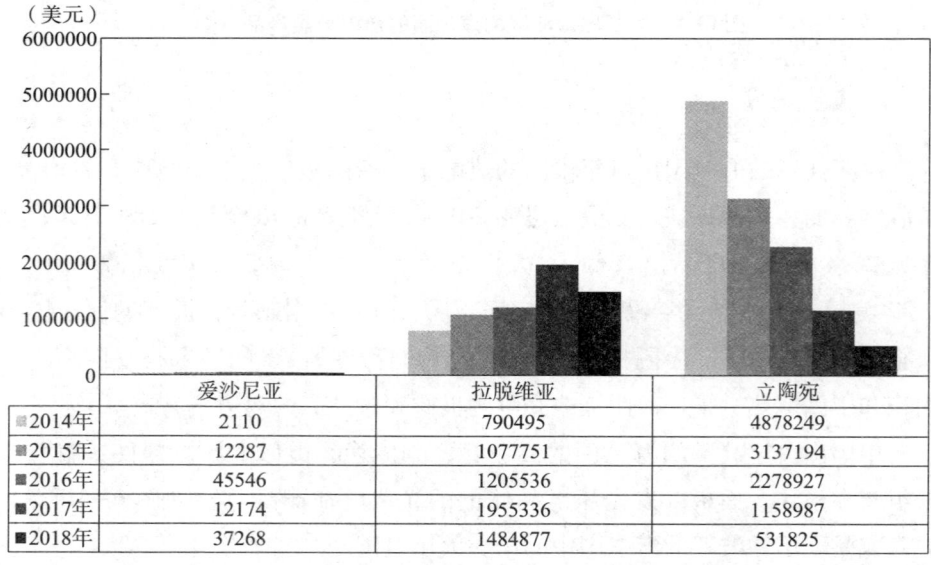

图 6-6　波罗的海三国出口至中国的二极管类产品总额

资料来源：UN Comtrade。

中国出口到波罗的海三国的电子集成电路和微组件类产品如图6-7所示。立陶宛是中国的第一大出口国。

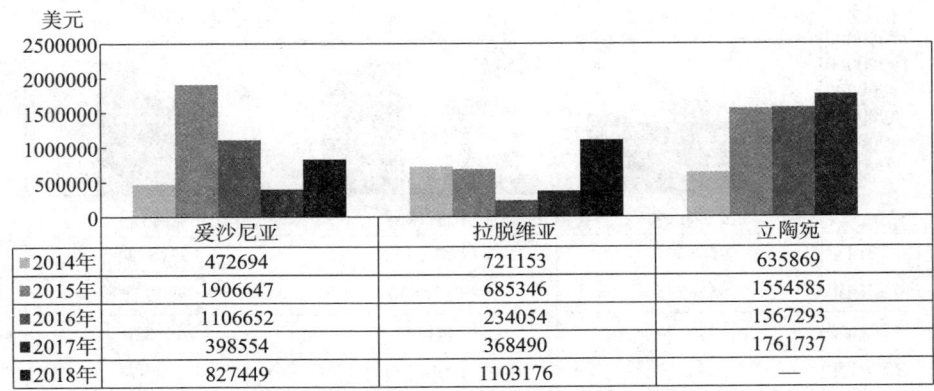

图6-7　中国出口至波罗的海三国的电子集成电路和微组件类产品总额

注："—"代表数据缺失。

资料来源：UN Comtrade。

波罗的海三国中出口到中国的电子集成电路和微组件产品最多的国家是立陶宛（见图6-8）。

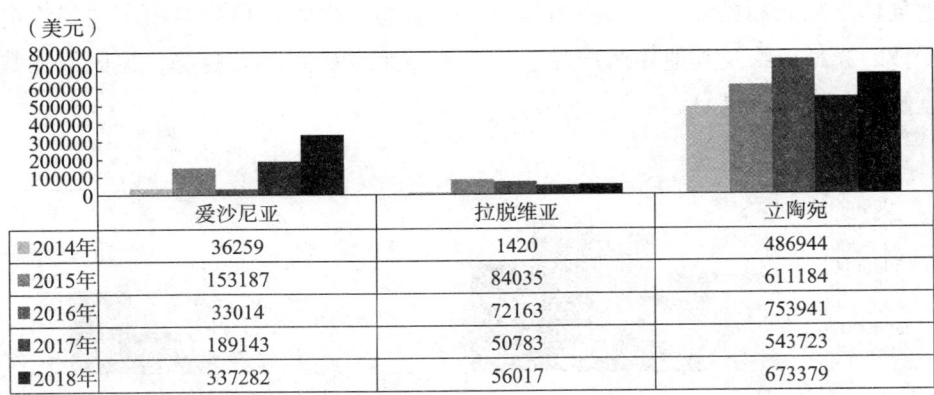

图6-8　波罗的海三国出口中国的电子集成电路和微组件类产品总额

资料来源：UN Comtrade。

中国出口到波罗的海三国的绝缘电导体、光纤电缆及其他导体产品总额如图6-9所示。2014—2018年，中国出口至爱沙尼亚的绝缘电导体、光纤电缆及其他导体产品总额整体呈下降趋势。中国出口至拉脱维亚的绝缘电导体、光纤电缆及其他导体产品总额除2016年外，其余四年的总额都较高。总体来看，中国出口到波罗的海三国的绝缘电导体、光纤电缆及其他导体产品总额相对其他三种产品的总额而言更加均衡。

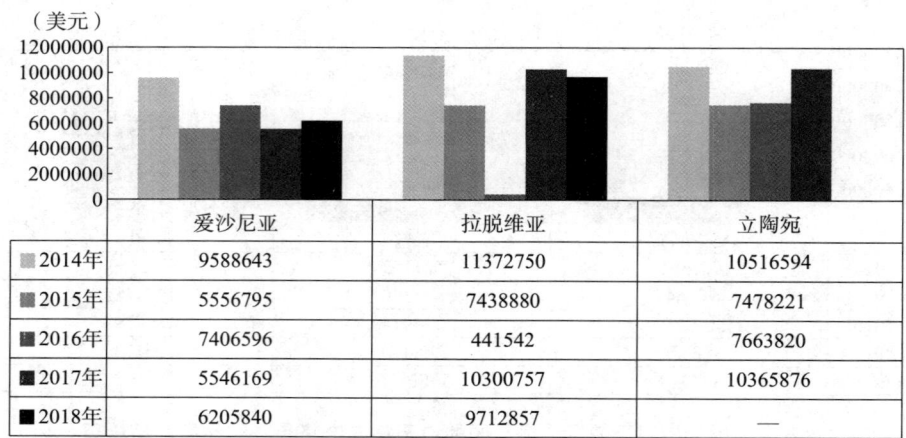

图6-9 中国出口至波罗的海三国的绝缘电导体、光纤电缆及其他导体产品总额

注："—"代表数据缺失。

资料来源：UN Comtrade。

在波罗的海三国中，爱沙尼亚出口至中国的绝缘电导体、光纤电缆及其他导体产品总额最多，立陶宛整体呈波动状态，立陶宛出口至中国的绝缘电导体、光纤电缆及其他导体产品总额近五年来呈稳定上升趋势，拉脱维亚数据缺失（见图6-10）。

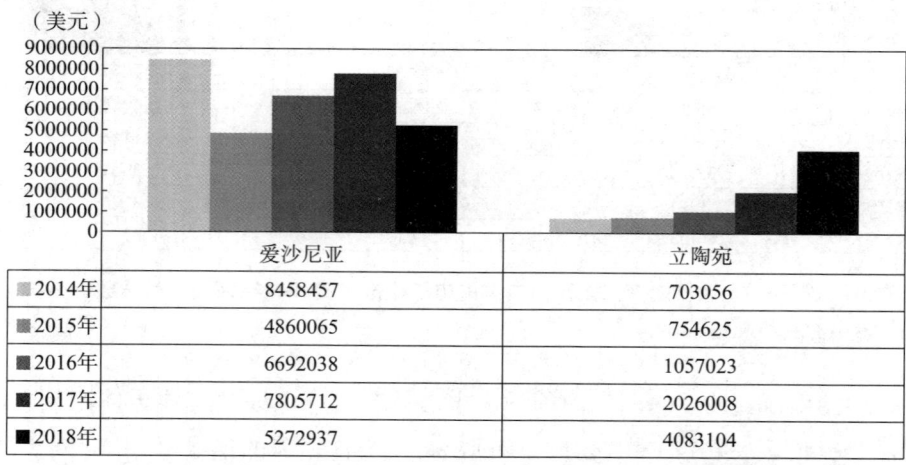

图6-10 波罗的海三国出口至中国的绝缘电导体、光纤电缆及其他导体产品总额

资料来源：UN Comtrade。

就总量而言，在 2017 年（因 2018 年部分国家数据缺失，故采用 2017 年数据进行对比）中国和波罗的海三国的技术型数字贸易四大类产品中，中国出口至立陶宛的产品总额最多，其次是拉脱维亚和爱沙尼亚。在波罗的海三国中，立陶宛出口至中国的技术型贸易产品最多，中立两国有着良好的技术型数字贸易发展前景。具体到产品，中国出口到波罗的海三国最多的产品首先是绝缘电导体、光纤电缆及其他导体类产品，其次是二极管、晶体管类产品，最后是热电子、冷阴极或光电阴极阀和管类产品。波罗的海三国出口到中国最多的产品首先是绝缘电导体、光纤电缆及其他导体类产品，其次是二极管、晶体管类产品，与中国出口至波罗的海的产品比重大小次序相同。

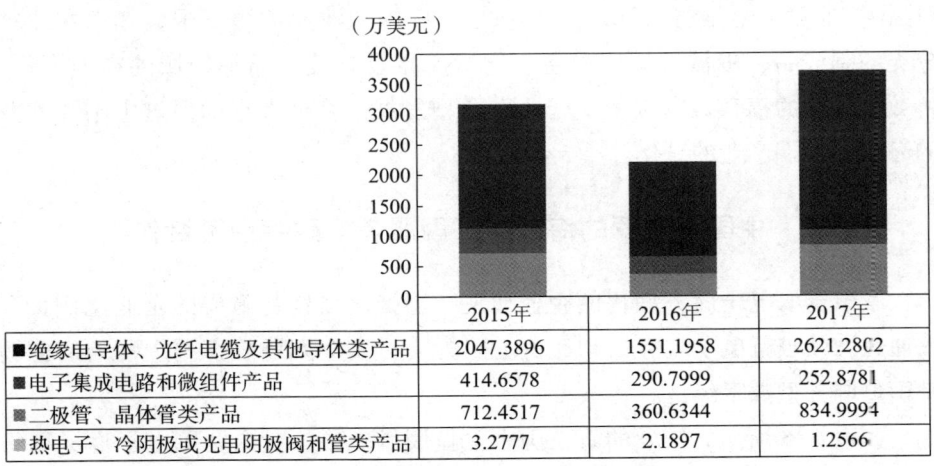

图 6-11　中国出口波罗的海三国的四类产品总额

资料来源：UN Comtrade。

6.2.4　中国与波罗的海沿岸三国融合型数字经济合作

本节选取工业数字经济、农业数字经济占数字经济整体的比重、产业数字化占 GDP 的比重来度量中东欧国家的融合型数字经济发展状况。

表 6-7　波罗的海三国融合型数字经济指标　　　　　　　　　　（%）

指标	爱沙尼亚	拉脱维亚	立陶宛	中国
截至 2018 年工业数字经济占数字经济的比重	11.6	6.6	8.9	18.3
截至 2018 年农业数字经济占数字经济的比重	7.6	5.8	6.4	7.3
截至 2018 年产业数字化占 GDP 的比重	2.8	2.1	2.0	4.6

资料来源：中国信通院。

2018 年，中国工业数字经济占数字经济整体的比重为 18.3%，大于波罗的海三国；农业数字经济占数字经济整体的比重为 7.3%，略低于爱沙尼亚；产业数字化占 GDP 的比重为 4.6%，高于波罗的海三国。2019 年，我国服务业、工业和农业数字经济渗透率分别为 37.8%、19.5% 和 8.2%，在我国数字经济的总体规模中，产业数字化规模达到 28.8 万亿元，占比约为 80%。

中国深化和波罗的海三国的融合型数字经济合作。中国和波罗的海三国在农业资源方面互补性强，农业合作前景广阔，农产品贸易趋势稳定增长。中国和波罗的海三国不断加强农产品贸易和农业科研合作。中国和爱沙尼亚、立陶宛、拉脱维亚在能源、航空、交通设施、汽车等多个工业领域展开合作。《中国产业竞争力报告（2016）》指出，中国和波罗的海三国应加强在原料分类的制成品、机械和运输设备、化学成品及有关产品等领域的产能合作，将数字经济的福利效应应用于产业融合型发展，将极大帮助促进中国和波罗的海三国高端产业的合作。

6.2.5 中国与波罗的海沿岸三国服务型数字经济合作

本节选取电子商务销售的企业比例、遭受网络销售障碍的企业比例、个人通过网站进行电子政务活动比例、因为支付安全问题放弃网上购物的比例来衡量服务型数字经济。

如表 6-8 所示，波罗的海三国中除拉脱维亚外，其余两国电子商务销售企业的比例均高于欧盟国家的平均水平。波罗的海三国个人进行电子政务活动比例均高于欧盟国家的平均水平。因遇到支付安全问题而放弃购物的比例，爱沙尼亚相对较低，其余两国的网络支付安全问题需要引起重视。《联合国电子政务调查》（2020 年版）显示，2019 年，爱沙尼亚电子政务排名第 3，中国排名第 45，中国电子政务需要学习爱沙尼亚的发展经验。

表 6-8 波罗的海三国服务型数字经济指标　　　　　　　　　　　　　　（%）

国家	爱沙尼亚	拉脱维亚	立陶宛	欧盟
截至 2019 年电子商务销售的企业比例	18	11	24	18
截至 2019 年遭受网络销售障碍的企业比例	3	1	3	3
截至 2019 年个人通过网站进行电子政务活动比例	80	70	55	55
截至 2019 年因为支付安全问题放弃网上购物的比例	1	5	5	6

注：网络销售障碍指销售到其他欧盟国家的困难，包括交付或退回产品的高成本、解决投诉和纠纷、调整产品标签、缺乏外语知识、商业伙伴的限制。

资料来源：欧盟统计局。

2017年，中国和爱沙尼亚签署了《"一带一路"数字合作协议》和《"一带一路"电子商务合作备忘录》，共同促进双方数字服务业的发展。2019年，成都交子金融梦工厂与爱沙尼亚工商会签署合作协议，共同推进成都和爱沙尼亚金融科技产业技术交流与合作。2014年，中国和拉脱维亚签署了中国（宁波）—拉脱维亚跨境电子商务港湾项目。2017年，阿里巴巴集团旗下飞猪国际（Alitrip）与拉脱维亚投资发展署签署了长期旅游合作协议。2018年，中国和立陶宛签署了《中华人民共和国国家邮政局与立陶宛共和国交通通信部关于加强邮政和快递领域合作的谅解备忘录》，为跨境电子商务和数字贸易便利化提供了良好的服务保障。据2020年拉通社报告，阿里巴巴集团的全球速卖通已经成为拉脱维亚和立陶宛最流行的网购平台。

6.3 中国与维谢格拉德集团四国的数字经济合作

1991年12月，维谢格拉德集团在匈牙利维谢格拉德城堡成立，成员国包括匈牙利、波兰、捷克和斯洛伐克，其宗旨是加强成员国之间的协调和配合、促进地区发展与合作。近年来，维谢格拉德集团逐渐成长为中东欧地区越来越重要的区域合作组织，其成员国的经济增长速度和平均政府负债率指标都优于欧盟国家的平均水平。维谢格拉德集团也是我国在中东欧地区主要的经贸和投资合作伙伴，加强与维谢格拉德集团四国的数字经济合作对于推动"数字丝绸之路"建设至关重要。

6.3.1 中国与维谢格拉德集团四国基础型数字经济合作

2017年，匈牙利ICT行业占GDP的比重为维谢格拉德集团四国中的最高值，且高于波罗的海三国。截至2018年，维谢格拉德集团四国每100位居民的固定电话订阅比例超过中国，波兰、捷克和斯洛伐克的移动电话订阅比例超过中国。与欧盟国家相比，维谢格拉德集团四国中除匈牙利外，其余三国2019年个人移动互联网接入比例均低于欧盟国家的平均水平，拥有宽带接入的家庭比例均低于欧盟国家的平均水平。截至2017年，家庭可用性计算机比例均低于欧盟国家的平均水平（84%），说明维谢格拉德集团四国数字经济基础设施还有待提高（见表6-9）。

表 6-9　维谢格拉德集团四国基础型数字经济合作指标　　　　　　单位:%

国家	匈牙利	波兰	捷克	斯洛伐克
截至 2017 年 ICT 行业占 GDP 的比重	6.04	3.33	4.36	4.3
截至 2018 年每 100 位居民的固定电话订阅比例	31.08	19.53	14.01	13.25
截至 2018 年每 100 位居民的移动电话订阅比例	103.45	134.75	119.17	132.8
截至 2019 年个人移动互联网的接入比例	47	34	31	40
截至 2019 年拥有宽带接入的家庭	86	83	87	80
截至 2017 年家庭可用性计算机比例	80	82	82	82

资料来源：欧盟统计局、国际电信联盟。

本节选取 ICT 商品的双边贸易额来探索中国和维谢格拉德集团四国的基础型数字经济贸易情况。

如图 6-12 所示，总体而言，2010—2018 年中国出口至维谢格拉德集团四国的 ICT 商品总额呈上升趋势，商品总额均值从 2010 年的 3002 百万美元，上升到 2018 年的 3777 百万美元，增长 26%。捷克是中国出口至维谢格拉德集团四国的第一大国，其次是波兰、匈牙利和斯洛伐克。

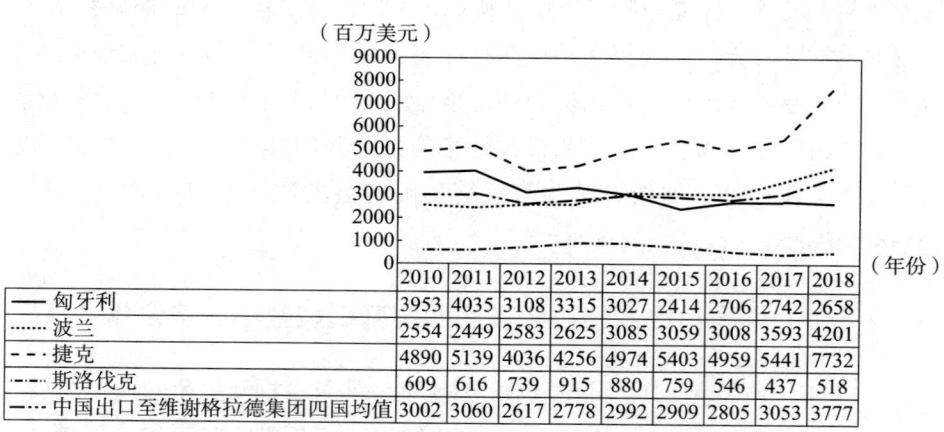

图 6-12　中国出口至维谢格拉德集团四国的 ICT 商品总额

资料来源：UN Comtrade。

如图 6-13 所示，维谢格拉德集团四国出口至中国的 ICT 商品总额总体呈上升趋势，从 2010 年的平均出口额 118.5 百万美元，到 2018 年的 203.5 百万美元，增长了约 72%。匈牙利是维谢格拉德集团四国中出口至中国的 ICT 商品最多的国家，其次是捷克、波兰和斯洛伐克。

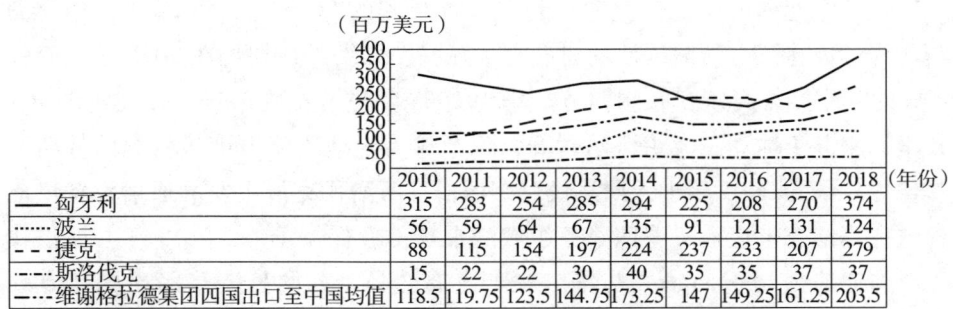

图 6-13 维谢格拉德集团四国出口至中国的 ICT 商品总额

资料来源：UN Comtrade。

如图 6-14 所示，2010 年，中国出口至维谢格拉德集团四国的 ICT 商品总额为 12006 百万美元；2018 年为 15109 百万美元，增长了 25.85%。维谢格拉德集团四国出口至中国的 ICT 商品总额 2010 年为 474 百万美元，2018 年为 814 百万美元，增长了 71.73%。中国和维谢格拉德集团四国的 ICT 商品贸易趋势发展良好。

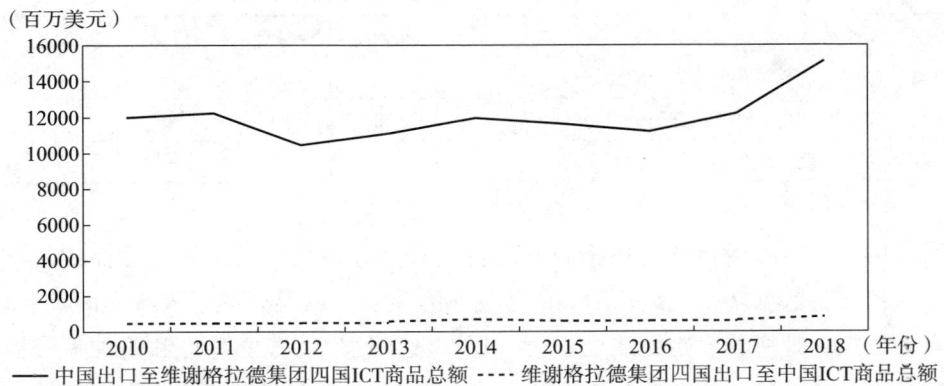

图 6-14 2010—2018 年中国和维谢格拉德集团 4 国 ICT 商品总量

资料来源：UN Comtrade。

中国重视与维谢格拉德集团四国在基础型数字经济领域的合作。截至 2020 年，中国和波兰在电信领域的合作堪称互利共赢的典范。华为进入波兰电信市场 16 年，华为波兰公司与本地主流运营商合作，提供全球领先的 ICT 产品和解决方案；与政府部门共同举办多场技术交流，积极参与波兰国家的宽带论坛，与同行业交流经验。匈牙利也视华为为自己的战略伙伴，华为将与沃达丰企业和德国电信企业一起建设匈牙利的 5G 网络。2020 年，匈牙利与华为达成协议，帮助匈牙利建设宽带互联网网络，计划将在 2025 年前确保 90%的家庭接入高速互联网服务。华为 2003 年进入捷克市场，以先进的 ICT 技术，服务于捷克三大主流运营商，逐渐成为当地主流电信运营商的战略合作伙伴。华为 2005 年进入斯洛伐克市场，是斯洛伐克最主要的通信设备供应商，在当地宽带接入、管理服务领域的市场份额保持第一。2019 年，斯洛伐克电力通信公司 Energotel 与华为联合宣布合作，共同打造高品质国际专线网络。

6.3.2 中国与维谢格拉德集团四国资源型数字经济合作

截至 2018 年，在维谢格拉德集团四国中，捷克的资源型数字经济指标最可观，是四国中内部流程整合的企业比例中唯一超过欧盟国家平均水平的国家。但维谢格拉德集团四国使用大数据分析的企业比例均低于欧盟国家平均水平，且远低于中国的发展水平，不及中国企业比例的 1/4（见表 6-10）。

表 6-10 维谢格拉德集团四国的资源型数字经济指标 （%）

国家	匈牙利	波兰	捷克	斯洛伐克
截至 2019 年内部流程整合的企业比例	14	21	38	31
截至 2018 年使用云计算服务的企业比例	18	11	26	21
截至 2018 年使用大数据分析的企业比例	6	8	8	9

资料来源：欧盟统计局。

中国出口维谢格拉德集团四国的自动数据处理机及其装置；磁性或光学读数器，将数据转换成编码形式的数据媒介机器，以及处理这些数据的机器；自动数据处理机器、磁性或光学读卡器、数字处理装置的零件和附件等资源型数字产品总额大体上呈上涨趋势。截至 2018 年，中国出口至维谢格拉德集团四国的资源型数字产品总额最多的国家是捷克，接近 19 亿美元，其次是波兰、匈牙利和斯洛伐克，中国和维谢格拉德集团四国之间资源型数字产品贸易差额较大（见表 6-11）。

表 6-11 中国出口至维谢格拉德集团四国的资源型数字产品总额

单位：万美元

国家	2015 年	2016 年	2017 年	2018 年
匈牙利	22563.89	29202.16	33002.12	31473.99
波兰	79222.42	56741.23	55579.20	60495.73

续表

国家	2015 年	2016 年	2017 年	2018 年
捷克	171714.59	136546.22	170757.04	189203.53
斯洛伐克	30951.61	5831.55	2158.34	2083.21

资料来源：UN Comtrade。

维谢格拉德集团四国出口至中国的资源型数字产品总额最多的国家是匈牙利，超过 1.3 亿美元，其次是捷克、波兰和斯洛伐克。中国和维谢格拉德集团四国在资源型数字产品贸易中实现了贸易顺差（见表 6-12）。

表 6-12　维谢格拉德集团出口至中国的资源型数字产品总额　单位：万美元

国家	2015 年	2016 年	2017 年	2018 年
匈牙利	10142.15	12548.81	12529.87	13502.16
波兰	1466.42	764.16	877.62	910.88
捷克	3634.32	3749.20	3026.74	7679.02
斯洛伐克	563.46	311.13	309.84	605.24

资料来源：UN Comtrade。

中国和维谢格拉德集团四国加强了数字共享，增强资源型数字经济合作。中国海关与波兰、匈牙利、捷克和斯洛伐克海关积极开展了中欧安全智能贸易航线试点、"经认证的经营者"（AEO）互认、知识产权保护、反欺骗行为等领域的合作。通过实时交换海关通关数据，相互承认海关监管结果，应用智能科技装备等合作，建立海关对中欧相关海运、空运、铁路运输贸易航线及货物的有效监管，并相互给予对方高资信企业通关便利优惠措施，切实提高通关效率。

6.3.3　中国与维谢格拉德集团四国技术型数字经济合作

如表 6-13 所示，截至 2018 年，维谢格拉德集团四国的高科技产品出口额占出口总额的比例低于欧盟国家的平均水平（17.9%），更低于中国的平均水平，其中波兰和斯洛伐克该比重都不到 10%。截至 2019 年，维谢格拉德集团四国聘用 ICT 专家占总就业人数的比例也低于欧盟国家的平均水平（4%）。但截至 2018 年，捷克和斯洛伐克由外部供应商执行 ICT 功能的企业比例超过欧盟国家的平均水平（51%）。匈牙利和捷克由自己员工执行 ICT 功能的企业比例超过欧盟国家的平均水平（17%）。但维谢格拉德集团四国研发支出占 GDP 的比重均低于欧盟国家的平均水平（2.21%）。这说明维谢格拉德集团四国仍需加大研发支出，加强技术和科技产品研发，提高高科技产品的出口份额。

表 6-13 维谢格拉德集团四国的技术型数字经济指标

国家	匈牙利	波兰	捷克	斯洛伐克
截至 2018 年高科技贸易出口额（百万欧元）	12978	13356	24779	6694
高科技产品出口额占总出口额的比重（%）	15.6	8.4	17.8	9.6
截至 2019 年聘用 ICT 专家数（千）	152.4	510.9	202.1	95.6
截至 2019 年聘用 ICT 专家占总就业人数比重（%）	3.4	3.1	3.8	3.7
截至 2018 年已执行 ICT 功能企业比例（*由外部供应商执行）（%）	43	45	60	56
截至 2018 年已执行 ICT 功能企业比例（*由自己员工执行）（%）	17	15	19	15
截至 2018 年研发支出占 GDP 的比重（%）	1.53	1.21	1.93	0.84
截至 2017 年 ICT 人员占总就业人数的比重（%）	3.56	2.47	3.07	3.18

资料来源：欧盟统计局贸易。

中国和维谢格拉德集团四国的技术型数字产品贸易同样选取热电子、冷阴极或光电阴极阀和管、二极管、晶体管、类似半导体器件、组装或未组装在模块、面板、发光压电晶体上的光伏电池，电子集成电路和微组件，绝缘电导体、光纤电缆及其他导体来探索合作情况。

截至 2018 年，中国出口至维谢格拉德集团四国的热电子、冷阴极或光电阴极阀和管产品总额最大的国家是匈牙利，其次是波兰、斯洛伐克和捷克。中国出口至匈牙利的热电子、冷阴极或光电阴极阀和管产品总额上涨最多（见图 6-15）。

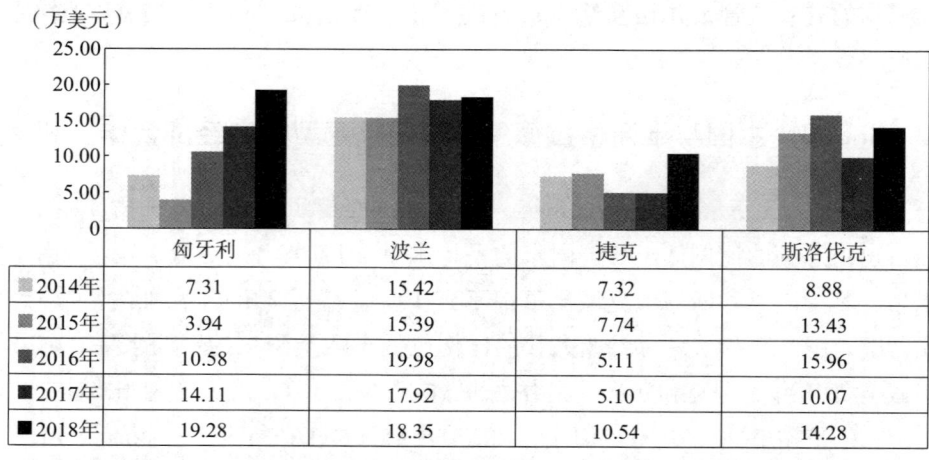

图 6-15 中国出口至维谢格拉德集团四国的热电子、冷阴极或光电阴极阀和管产品总额

资料来源：UN Comtrade。

截至 2018 年，维谢格拉德集团四国出口至中国的热电子、冷阴极或光电阴极阀和管产品总额最大的国家是斯洛伐克。斯洛伐克出口至中国的热电子、冷阴极或光电阴极阀和管产品总额大于中国出口至斯洛伐克的总额，但两国之间的贸易差额在逐渐缩小。维谢格拉德集团四国出口至中国的热电子、冷阴极或光电阴极阀和管产品总额最小的国家是匈牙利，不到 100 美元（见图 6-16）。

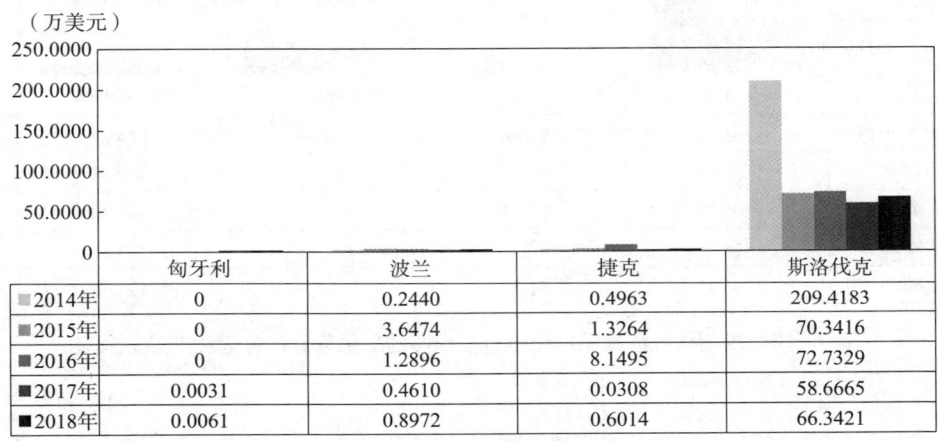

图 6-16　维谢格拉德集团四国出口至中国的热电子、冷阴极或光电阴极阀和管产品总额
资料来源：UN Comtrade。

截至 2018 年，中国出口至维谢格拉德集团四国的二极管、晶体管类产品总额最大的国家是匈牙利，且出口额从 2014—2018 年增加了将近 2 倍。其次是波兰、捷克、斯洛伐克（见图 6-17）。

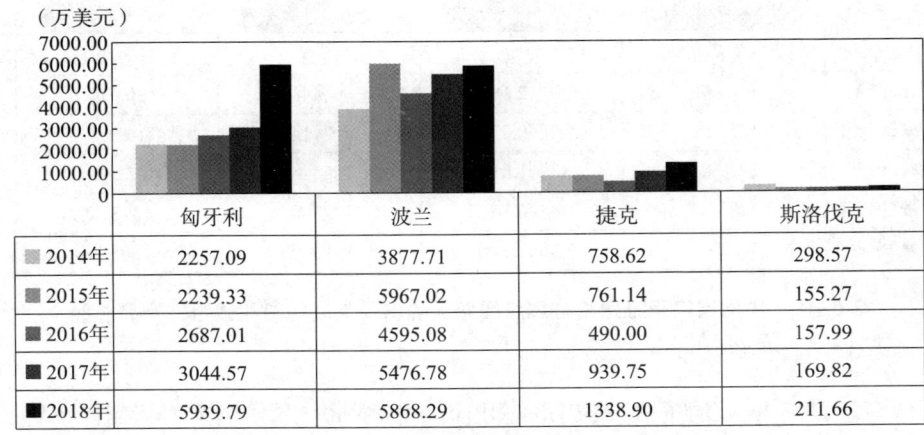

图 6-17　中国出口至维谢格拉德集团四国的二极管、晶体管类产品总额
资料来源：UN Comtrade。

截至2018年，维谢格拉德集团四国出口至中国的二极管、晶体管类产品总额最多的国家是匈牙利，其次是捷克、斯洛伐克和波兰（见图6-18）。

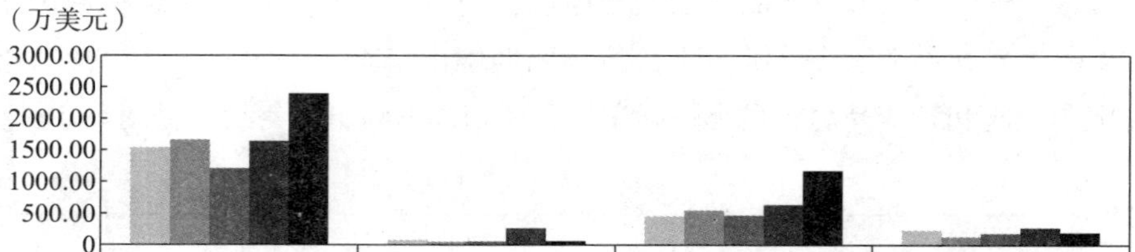

（万美元）	匈牙利	波兰	捷克	斯洛伐克
2014年	1535.58	36.80	457.99	234.42
2015年	1659.66	49.19	551.67	130.36
2016年	1205.83	55.85	472.13	183.46
2017年	1636.35	267.54	641.85	273.85
2018年	2395.47	61.70	1176.34	198.30

图6-18　维谢格拉德集团四国出口至中国的二极管、晶体管类产品总额

资料来源：UN Comtrade。

截至2018年，中国出口至维谢格拉德集团四国的电子集成电路和微组件产品总额最多的国家是波兰，其次是匈牙利、斯洛伐克和捷克（见图6-19）。

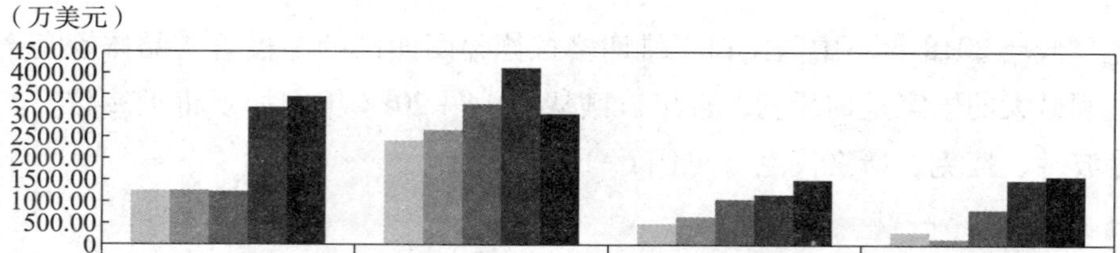

（万美元）	匈牙利	波兰	捷克	斯洛伐克
2014年	1249.06	2412.18	493.46	303.15
2015年	1252.62	2660.85	659.14	142.08
2016年	1229.84	3271.63	1064.40	827.05
2017年	3193.87	4126.76	1177.46	1513.38
2018年	3447.99	3042.94	1513.38	1603.10

图6-19　中国出口至维谢格拉德集团四国的电子集成电路和微组件产品总额

资料来源：UN Comtrade。

截至2018年，维谢格拉德集团四国出口至中国的电子集成电路和微组件产品总额最多的国家是匈牙利，除2016年外，其余四年均实现了贸易顺差（见图6-20）。

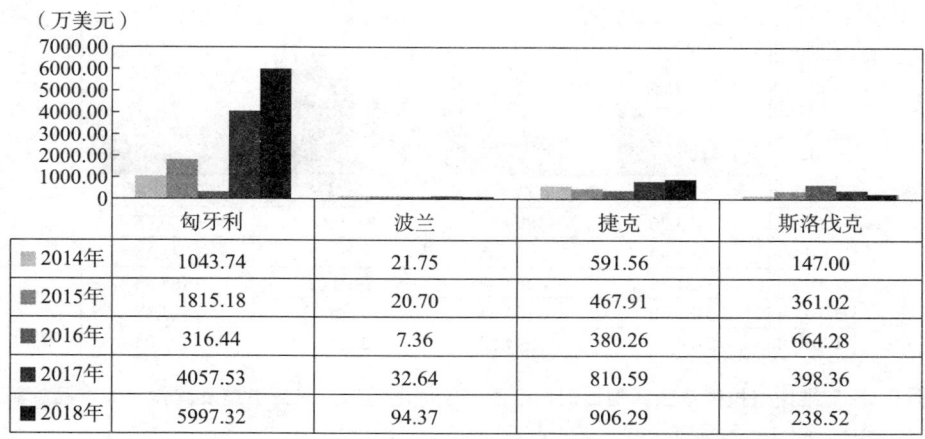

图 6-20　维谢格拉德集团四国出口至中国的电子集成电路和微组件产品总额

资料来源：UN Comtrade。

截至 2018 年，中国出口至维谢格拉德集团四国的绝缘电导体、光纤电缆及其他导体产品总额最多的国家是波兰，其次是匈牙利、捷克和斯洛伐克（见图 6-21）。

（万美元）	匈牙利	波兰	捷克	斯洛伐克
2014	11884.77	9539.51	6209.36	1910.52
2015	13132.93	9510.01	6857.45	1628.97
2016	12467.71	10206.43	6735.69	1907.64
2017	9848.40	12482.58	8162.60	2054.77
2018	9192.61	14549.58	10349.27	2283.63

图 6-21　中国出口至维谢格拉德集团四国的绝缘电导体、光纤电缆及其他导体产品总额

资料来源：UN Comtrade。

截至 2018 年，维谢格拉德集团四国出口至中国的绝缘电导体、光纤电缆及其他导体产品总额最多的国家是捷克，其次是波兰、匈牙利和斯洛伐克。2018 年，捷克和斯洛伐克均实现了与中国在绝缘电导体、光纤电缆及其他导体产品上的贸易顺差（见图 6-22）。

总的来说，中国和维谢格拉德集团四国就上述 4 类技术型数字贸易产品

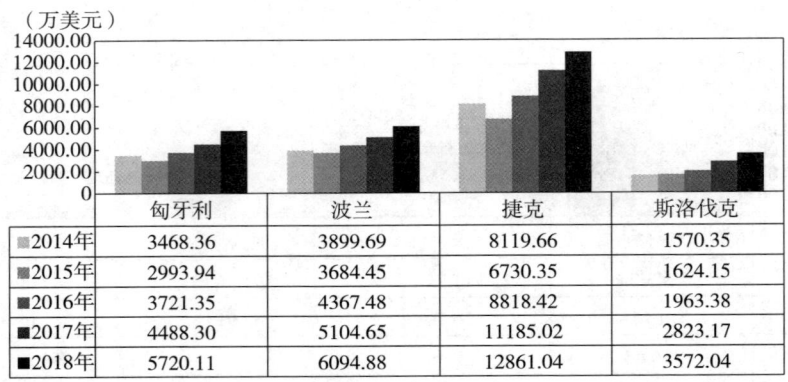

图 6-22　维谢格拉德集团四国出口至中国的绝缘电导体、光纤电缆及其他导体产品总额

资料来源：UN Comtrade。

贸易总额均呈稳定上升趋势。截至 2018 年，中国出口至维谢格拉德集团四国的 4 类产品除热电子类均实现了贸易顺差。除斯洛伐克外中国出口至维谢格拉德集团四国的其他国家的热电子、冷阴极或光电阴极阀和管产品均实现了贸易顺差。中国出口至维谢格拉德集团四国的二极管、晶体管类产品均实现了贸易顺差。除匈牙利外中国出口至维谢格拉德集团四国（不包括 2016 年）的其他国家的电子集成电路和微组件产品均实现了贸易顺差。2018 年，捷克和斯洛伐克均实现了与中国在电子集成电路和微组件产品上的贸易顺差。由此可见，中国和维谢格拉德集团四国的技术型数字贸易具有很好的互补性和较稳定的增长趋势（见图 6-23 和图 6-24）。

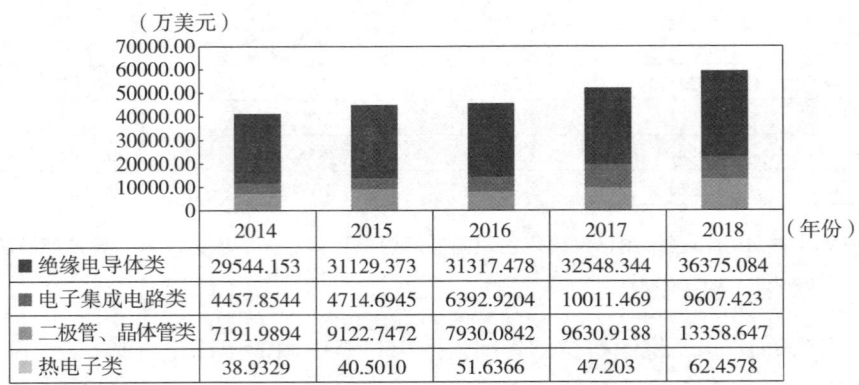

图 6-23　中国出口至维谢格拉德集团四国的 4 类产品总额

资料来源：UN Comtrade。

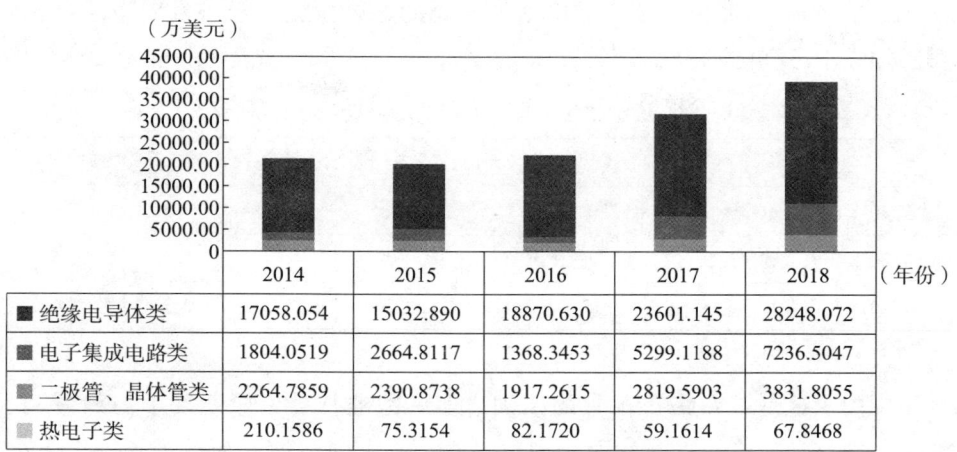

图 6-24　维谢格拉德集团四国出口至中国的 4 类产品总额

资料来源：UN Comtrade。

中国与维谢格拉德集团四国友好合作，共同推动双方在技术型数字经济领域的发展。2018 年，中国深圳太辰光通信股份有限公司与匈牙利 Konaset 公司签订技术合作协议，投资光通信器项目，应用于数据中心的建设。2019 年，中国中机公司与匈牙利创新与科技部就能源领域项目合作签署合作备忘录，两国还就智能网联汽车、5G 建设等领域展开合作。斯洛伐克广泛参加中国"一带一路"框架内各项活动，与中国开展在创新技术和跨国技术转让等领域的合作，中国在斯洛伐克建立了虚拟技术转让中心，为中国和中东欧国家建立了技术和专家数据库。中国同波兰、捷克也广泛展开了技术型数字经济领域内的合作。2019 年 5 月，斯洛伐克教育科学研究和体育部、斯洛伐克经济部分别发文授权 DECENT 区块链公司建立"中国—中东欧 16+1 区块链研究中心"（以下简称"中心"）。中心的主要目标是促进区块链研发合作、技术投资，并为研究提供必要的技术、经济和财政支持。该项目资金将主要由中国—中东欧 16+1 投资基金、中国政府及私有资金资源组成。

6.3.4　中国与维谢格拉德集团四国融合型数字经济合作

截至 2018 年，维谢格拉德集团四国中匈牙利的融合型数字经济指标最高，但仍不及中国的发展水平。如表 6-10 所示，匈牙利工业数字经济占数字经济整体的比重和农业数字经济占数字经济整体的比重约为斯洛伐克的 2 倍。斯洛伐克的产业数字化占 GDP 比重不足 2%，不及中国产业数字化比重的 1/4

（见表6-14）。维谢格拉德四国中斯洛伐克的融合型数字经济发展道阻且长，需要加强学习和国际合作。

表6-14　维谢格拉德集团四国的融合型数字经济指标　　　　　　（%）

国家	匈牙利	波兰	捷克	斯洛伐克
截至2018年工业数字经济占数字经济的比重	12.5	10.2	7.3	5.4
截至2018年农业数字经济占数字经济的比重	6.1	5	5.3	2.5
截至2018年产业数字化占GDP的比重	2.6	2.2	2.2	1.1

资料来源：中国信通院。

中国永远是维谢格拉德集团四国忠实的战略伙伴，愿意携手与匈牙利、波兰、捷克和斯洛伐克共建融合型数字经济。中国和匈牙利签署了关于中小企业合作谅解备忘录。中国通过产能合作参与波兰再工业化进程。中国加强和斯洛伐克的农业、汽车工业、能源、燃料产业的合作。

6.3.5　中国与维谢格拉德集团四国服务型数字经济合作

截至2019年，在维谢格拉德集团四国中，捷克的电子商务销售企业比例超过欧盟国家的平均水平，接近30%。捷克和斯洛伐克遭受网络销售障碍的企业比例较低，低于欧盟国家的平均水平。斯洛伐克个人通过网站进行电子政务活动的比例高于欧盟国家的平均水平，但捷克和匈牙利的比例接近欧盟国家的平均水平。匈牙利和波兰因支付安全问题而放弃网上购物的比例较大，远大于欧盟国家的平均水平，这说明两国的网络支付安全问题亟待改善。

表6-15　维谢格拉德集团四国的服务型数字经济指标　　　　　　（%）

国家	匈牙利	波兰	捷克	斯洛伐克
截至2019年电子商务销售的企业比例	13	14	29	12
截至2019年遭受网络销售障碍的企业比例	2	2	1	1
截至2019年个人通过网站进行电子政务活动比例	53	40	54	59
截至2019年因为支付安全问题放弃网上购物的比例	14	23	2	5

注：网络销售障碍指销售到其他欧盟国家的困难，包括交付或退回产品的高成本，解决投诉和纠纷，调整产品标签，缺乏外语知识，商业伙伴的限制。

资料来源：欧盟统计局。

中国和维谢格拉德集团四国在服务型数字经济领域开展多项合作。2015

年，中国和匈牙利签署了《中华人民共和国政府和匈牙利政府关于共同推进丝绸之路经济带和21世纪海上丝绸之路建设的谅解备忘录》，是中国同欧洲国家签署的第一个此类合作文件。2019年，中国工商银行和匈牙利签署了战略合作协议，在跨境支付和融资渠道等多个项目开展合作。中国和维谢格拉德集团四国以签署的《共建"一带一路"谅解备忘录》为基础，以双边"一带一路"工作组会议为重要平台，加强金融合作，推动在双边贸易和投资中使用本币结算，鼓励两国金融机构为贸易和投资合作提供融资支持和金融服务。此外，双方还在签署的数字贸易跨境电商平台合作协议基础上，致力开展跨境电商物流通道建设。中国华为企业与维谢格拉德集团四国共同探讨ICT教育，与匈牙利、波兰、捷克和斯洛伐克开展"未来种子"项目，培养ICT行业人才。华为RP-200高端视频会议迎合了斯洛伐克教育系统多样化教室的建设需求，助力斯洛伐克教育系统全面升级。

6.4 中国与东南欧五国的数字经济合作

东南欧五国是指位于欧洲东南部的罗马尼亚、克罗地亚、斯洛文尼亚、保加利亚和希腊。中国和东南欧五国从建交以来，不断加强经贸合作，大量中国投资商纷纷到东南欧五国投资，并且选择希腊比雷埃夫斯港口作为中国出口货物进入欧洲的起点。新时代加强中国和东南欧五国的数字经济合作，是双方合作共赢的战略选择。

6.4.1 中国与东南欧五国基础型数字经济合作

截至2018年，东南欧五国每100位居民的固定电话订阅比例均高于中国，每100位居民的移动电话订阅比例除克罗地亚外，均高于中国。截至2019年，东南欧五国个人移动互联网的接入比例均低于欧盟国家平均水平。除斯洛文尼亚外，其余四国拥有宽带接入的家庭比例也低于欧盟国家平均水平。截至2018年，东南欧五国中家庭可用性计算机比例也低于欧盟国家平均水平。希腊ICT行业占GDP的比重较低，不足2%（见表6-16）。由此可见，东南欧五国的基础型数字经济建设还有待加强。

表 6-16　东南欧五国的基础型数字经济指标　　　　　　　　　　　（%）

国家	斯洛文尼亚	保加利亚	罗马尼亚	克罗地亚	希腊
截至2017年ICT行业占GDP的比重	3.68	5.72	3.53	4.4	1.91
截至2018年每100位居民的固定电话订阅比例	33.43	15.89	18.76	32.62	47.03
截至2018年每100位居民的移动电话订阅比例	118.67	118.12	116.25	105.58	115.67
截至2019年个人移动互联网的接入比例	22	25	32	22	25
截至2019年拥有宽带接入的家庭比例	89	75	82	81	78
截至2017年家庭可用性计算机比例	80	63	73	74	71

资料来源：欧盟统计局、国际电信联盟。

中国和东南欧五国的 ICT 商品贸易额如图 6-25 所示。总体来说，中国出口至希腊和罗马尼亚的 ICT 商品额变化最大，希腊呈大幅增长态势，中国出口至罗马尼亚的 ICT 商品额在 2010—2012 年经历了大幅下降，而后相对稳定。中国出口至东南欧五国中 ICT 商品总额最多的国家是希腊，其次是罗马尼亚、斯洛文尼亚、保加利亚和克罗地亚。

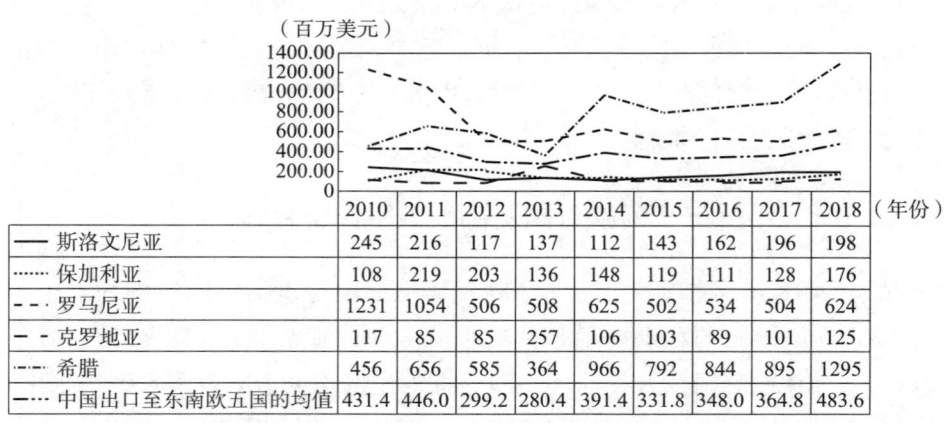

图 6-25　中国出口至东南欧五国的 ICT 商品总额

资料来源：UN Comtrade。

如图 6-26 所示，罗马尼亚是东南欧五国中 ICT 商品出口中国的第一大国，其出口额远大于其余四国之和。除保加利亚外，东南欧五国对中国出口整体都呈上升趋势。

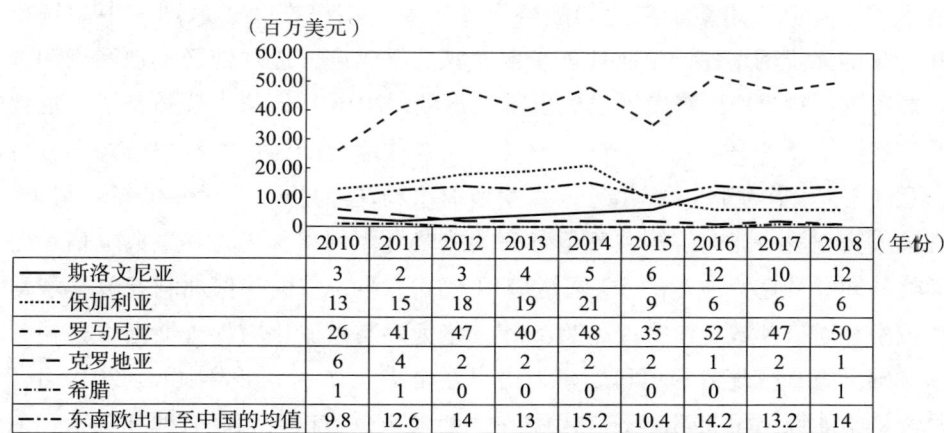

图 6-26　东南欧五国出口至中国的 ICT 商品总额

资料来源：UN Comtrade。

中国出口至东南欧五国的 ICT 商品从 2010 年的 2157 百万美元增长到 2018 年的 2418 百万美元，增长了约 12%，增幅相对较小。东南欧五国出口中国的 ICT 商品从 2010 年的 49 百万美元增长到 2018 年的 70 百万美元，增长了 42.9%。

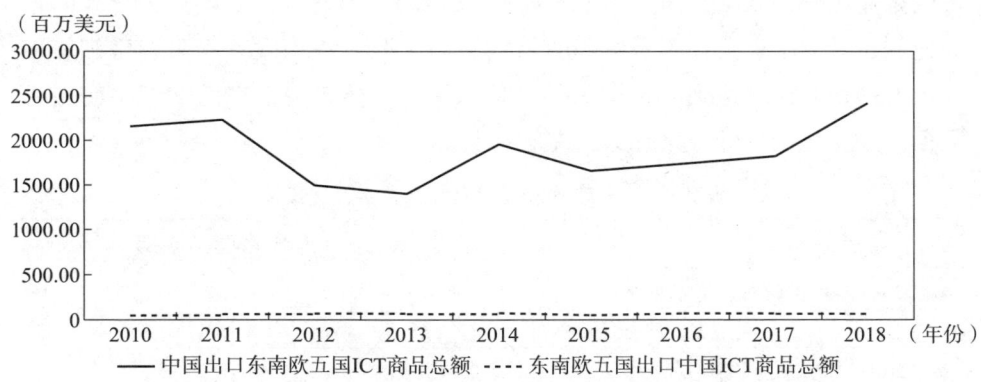

图 6-27　2010—2018 年中国和东南欧五国的 ICT 商品出口总额

资料来源：UN Comtrade。

虽然斯洛文尼亚的 5G 建设选择了和瑞典爱立信企业达成合作，但中国企业华为进入斯洛文尼亚市场多年，从电信公司业务扩展到包括网络设备、存储系统、服务器以及不间断电源等多个领域，为斯洛文尼亚基础型数字经济的建设做出了巨大贡献。华为罗马尼亚子公司建立于 2003 年，华为已经与该国各主流运营商建立了广泛的战略合作关系,不仅推动了该国大中型城市 3G/4G 的无线网络建设,而且正在帮助罗马尼亚广大边远地区实现网络和宽带的覆盖,对当地经济发展也做出重大贡献,2016 年,华为公司与罗马尼亚政府签订了《罗马尼亚通信部、罗马尼亚教育部与华为技术有限公司三方合作意向书》。华为于 2006 年进入克罗地亚市场,经过近 10 余年的持续努力,逐渐成为克罗地亚电信等主流运营商的战略合作伙伴。华为和瑞典电信运营商将共同开发克罗地亚的 5G 网络应用。2011 年,中国和保加利亚签署了信息技术和通信领域合作协议。2018 年,华为参与希腊比雷埃夫斯港口公司数字基础设施升级改造的项目。华为提出在希腊建立一个研发中心。2019 年 5 月,希腊能源公司 Mytilineos 和中国公司思源电气有限公司联合体获得了在伯罗奔尼撒半岛建设高压输电建设项目的机会,为希腊电网运营商 ADMIE 服务。

6.4.2 中国与东南欧五国资源型数字经济合作

截至 2019 年,在东南欧五国中只有希腊内部流程整合的企业比例超过欧盟国家的平均水平(34%)。截至 2018 年,斯洛文尼亚和克罗地亚使用云服务的企业比例达到欧盟国家的平均水平(26%),且克罗地亚使用云计算的企业比例超过 30%,但还不及中国的 40%。2018 年,东南欧五国只有希腊使用大数据的企业比例达到欧盟国家的平均水平。整体来说,东南欧五国使用大数据的企业比例较低,只有 10% 左右(见表 6-17)。

表 6-17　东南欧五国的资源型数字经济指标　　　　　　　　　　(%)

国家	斯洛文尼亚	保加利亚	罗马尼亚	克罗地亚	希腊
截至 2019 年内部流程整合的企业比例	33	23	23	26	38
截至 2018 年使用云计算服务的企业比例	26	8	10	31	13
截至 2018 年使用大数据分析的企业比例	10	7	11	10	13

资料来源:欧盟统计局。

中国出口东南欧五国的自动数据处理机及其装置;磁性或光学读数器,将数据转换成编码形式的数据媒介机器,以及处理这些数据的机器;自动数据处理机器、磁性或光学读卡器、数字处理装置的零件和附件等资源型数字产品总额较大。截至 2018 年，中国出口至东南欧五国的资源型数字产品总额最多的国家是希腊，接近 10 亿美元，其次是罗马尼亚、保加利亚、斯洛文尼亚和克罗地亚。2018 年，中国出口至希腊的贸易额约为斯洛文尼亚的 50 倍（见表 6-18）。

表 6-18　中国出口东南欧五国资源型数字产品总额　　　单位：万美元

国家	2015 年	2016 年	2017 年	2018 年
斯洛文尼亚	2212.67	1636.72	1777.94	2080.96
保加利亚	3753.13	2658.01	3223.61	3660.92
罗马尼亚	10314.41	8819.53	9952.91	9053.55
克罗地亚	2528.44	1670.81	2351.01	2172.43
希腊	52916.55	56272.03	61344.81	98423.35

资料来源：UN Comtrade。

2018 年，东南欧五国出口至中国的资源型数字产品总额最多的国家是保加利亚，约为 80 万美元，其次为罗马尼亚、保加利亚、希腊、斯洛文尼亚和克罗地亚（见表 6-19）。东南欧五国出口至中国的资源型数字产品总额相较于维谢格拉德集团四国要少很多，说明中东欧五国的资源型数字经济仍需投入更多的人力、物力、财力以及政策支持，来加速其发展。

表 6-19　东南欧五国出口中国资源型数字产品总额　　　单位：万美元

国家	2015 年	2016 年	2017 年	2018 年
斯洛文尼亚	7.86	9.89	19.37	25.90
保加利亚	45.64	55.32	83.53	79.90
罗马尼亚	135.19	66.12	101.65	51.74
克罗地亚	0.02	0	2.84	0.06
希腊	3.36	1.57	3.48	36.41

资料来源：UN Comtrade。

中国和东南欧五国在资源型数字经济领域的合作潜力巨大。中国海关与罗马尼亚海关积极开展了中欧安全智能贸易航线试点、"经认证的经营者"（AEO）互认、知识产权保护、反瞒骗等领域的合作。阿里云和中东欧地区最大的 IT 硬件和消费电子分销商 ABC Data 达成的战略合作，为罗马尼亚提供数据支撑。此外，中国科学院计算机网络信息中心与"欧洲开放科学云"核心机构欧洲网格基础设施（EGI）基金会启动"中国科技云"与"欧洲开放科学云"战略合作,将辐射东南欧五国,为东南欧五国数据资源的发展提供平台支持。EGI 是全球科研领域最大的分布式计算基础架构之一,已整合欧洲最大的研究云联盟等数百个数据中心,在欧洲拥有数十个云服务提供商,服务涵盖 IaaS 联邦云、海量存储、高通量数据分析、异构分布式基础设施联合运营等方面。

6.4.3 中国与东南欧五国技术型数字经济合作

截至 2018 年,东南欧五国高科技产品出口占总出口的比例均远低于欧盟平均水平(17.9%)。截至 2019 年,斯洛文尼亚聘用 ICT 专家占总就业人数的比例接近欧盟国家的平均水平(4.0%),其余四国均低于欧盟国家的平均水平。截至 2018 年,在东南欧五国中,克罗地亚和希腊由外部供应商执行 ICT 功能的企业比例高于欧盟国家的平均水平(51%)。斯洛文尼亚和克罗地亚由自己员工执行 ICT 功能的企业比例高于欧盟国家的平均水平(17%)。截至 2018 年,东南欧五国中研发支出占 GDP 的比重均低于欧盟国家的平均水平(2.12%)。东南欧五国在技术型数字经济方面的投入均有待加强(见表 6-20)。

表 6-20 东南欧五国的技术型数字经济指标

国家	斯洛文尼亚	保加利亚	罗马尼亚	克罗地亚	希腊
截至 2018 年高科技贸易出口额(百万欧元)	1349	1050	4653	792	117
高科技产品出口占总出口的份额(%)	5.8	5.9	8.4	8.1	4.5
截至 2019 年聘用 ICT 专家(千)	38.4	89.3	196.9	53.5	64.4
截至 2019 年聘用 ICT 专家占总就业人数百分比(%)	3.9	2.8	2.3	3.2	1.6
截至 2018 年已执行 ICT 功能企业比例(*由外部供应商执行)(%)	49	43	44	59	52
截至 2018 年已执行 ICT 功能企业比例(*由自己员工执行)(%)	19	14	15	20	10
截至 2018 年研发支出占 GDP 的比重(%)	1.95	0.76	0.5	0.97	1.18
截至 2017 年 ICT 人员在总就业的百分比(%)	2.66	2.71	2.36	2.45	1.54

资料来源:欧盟统计局。

中国和东南欧五国的技术型数字产品贸易同样选取热电子、冷阴极或光电阴极阀和管（如真空管、蒸汽管、充气阀和管、汞弧整流阀和管、阴极射线管和电视摄像管）；二极管、晶体管、类似半导体器件、包括组装或未组装在模块、面板、发光压电晶体上的光伏电池；电子集成电路和微组件；绝缘电导体、光纤电缆及其他导体来探索合作情况。

中国出口至东南欧五国的热电子、冷阴极或光电阴极阀和管产品总额波动最大的是希腊。2014—2018 年，出口值最大的国家是希腊。总体而言，中国出口到东南欧五国的热电子、冷阴极或光电阴极阀和管产品相对较少（见图6-28）。

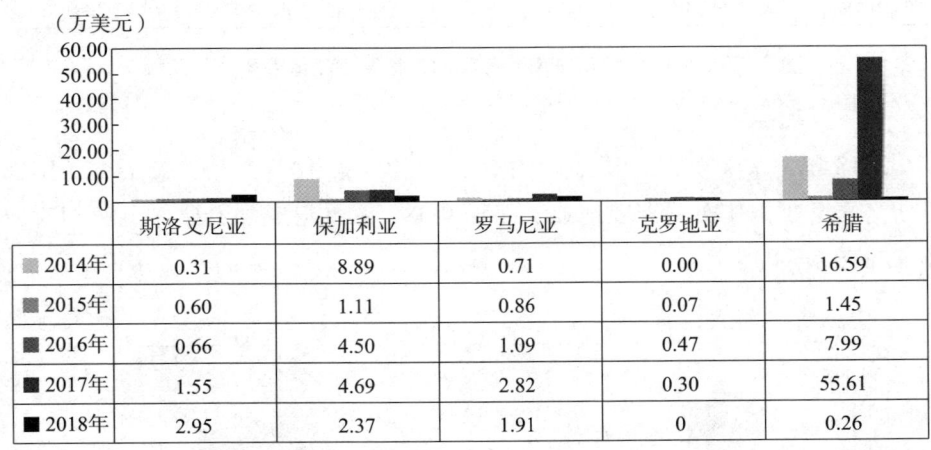

图6-28　中国出口至东南欧五国的热电子、冷阴极或光电阴极阀和管类产品总额
资料来源：UN Comtrade。

东南欧五国出口至中国的热电子、冷阴极或光电阴极阀和管产品总额相对较少。截至2018 年，罗马尼亚出口至中国的该类产品总额为5367 美元，其次是保加利亚为1230 美元。

截至2018 年，中国出口至东南欧五国的二极管、晶体管产品总额最多的国家是斯洛文尼亚，其次是希腊、罗马尼亚、保加利亚和克罗地亚。中国出口至东南欧五国的二极管、晶体管产品的贸易顺差巨大（见图6-29）。

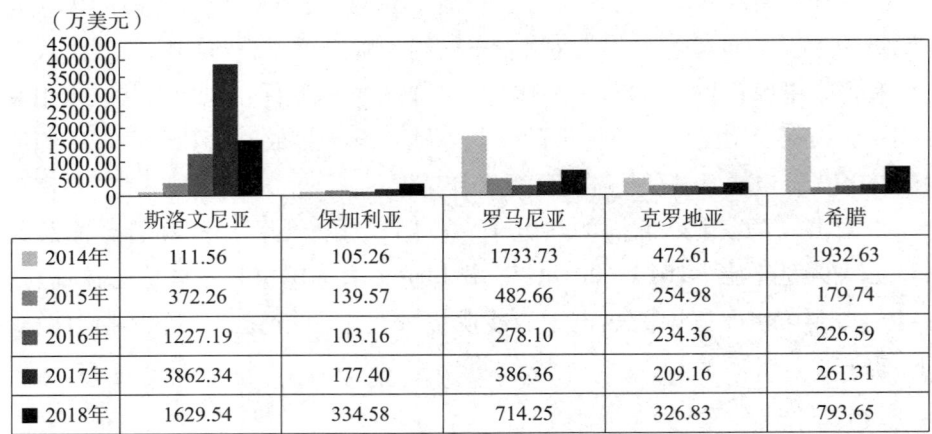

图 6-29　中国出口至东南欧五国的二极管、晶体管类产品总额

资料来源：UN Comtrade。

2018 年，东南欧五国出口至中国的二极管、晶体管产品总额最多的国家是斯洛文尼亚，其次是克罗地亚、保加利亚、罗马尼亚和希腊，总额相对较小（见图 6-30）。

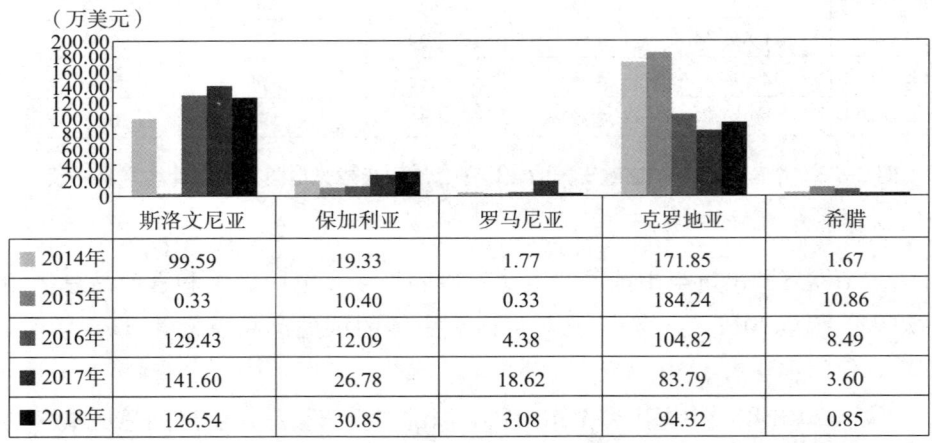

图 6-30　南欧五国出口至中国的二极管、晶体管类产品总额

资料来源：UN Comtrade。

中国出口至东南欧五国的电子集成电路和微组件产品总额也相对较小，出口额最多的国家是罗马尼亚，其次是斯洛文尼亚、保加利亚、希腊和克罗地亚（见图 6-31）。

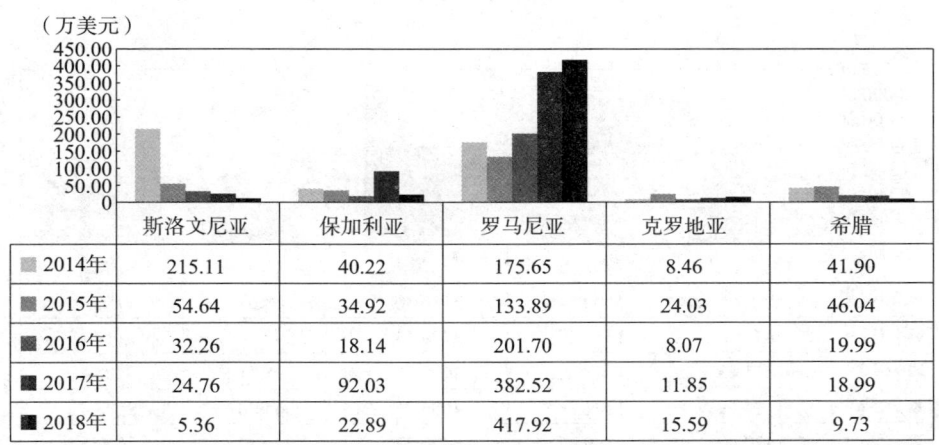

图 6-31　中国出口至东南欧五国的电子集成电路和微组件类产品总额

资料来源：UN Comtrade。

东南欧五国出口至中国的电子集成电路和微组件类产品总额也相对较小，出口额最多的国家是保加利亚，其次是斯洛文尼亚、罗马尼亚、克罗地亚和希腊。但 2018 年，斯洛文尼亚和保加利亚出口中国的电子集成电路和微组件类产品总额高于进口，实现了贸易顺差（见图 6-32）。

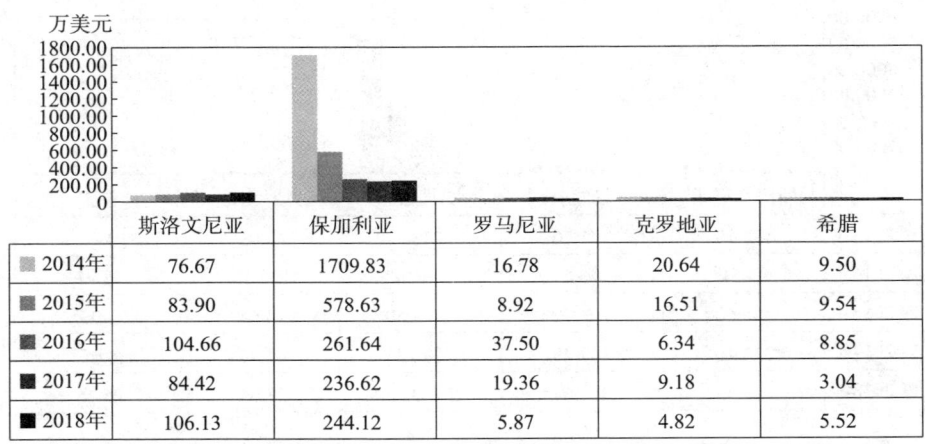

图 6-32　东南欧五国出口至中国的电子集成电路和微组件类产品总额

资料来源：UN Comtrade。

中国出口至东南欧五国的绝缘电导体、光纤电缆及其他导体类产品总额相对其他 3 类产品而言总值较高，出口额最多的是罗马尼亚，其次是希腊、斯洛文尼亚、保加利亚和克罗地亚（见图 6-33）。

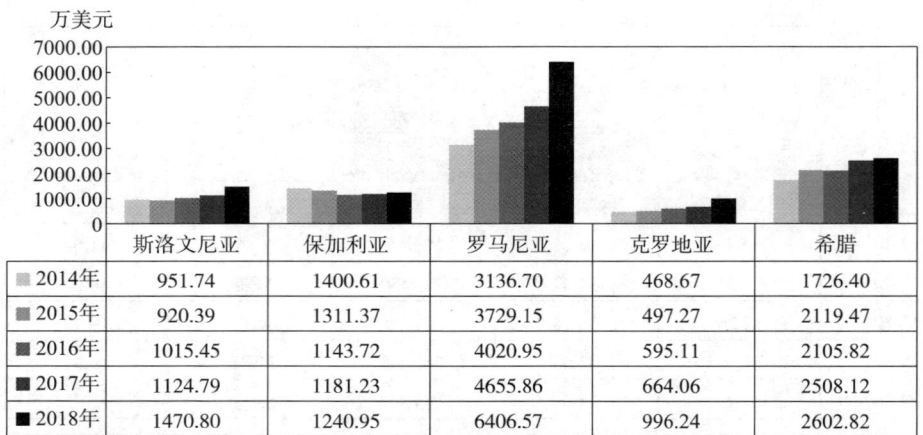

图6-33　中国出口至东南欧五国的绝缘电导体、光纤电缆及其他导体类产品总额

资料来源：UN Comtrade。

东南欧五国出口至中国的绝缘电导体、光纤电缆及其他导体产品总额相对其他3类产品数量可观，出口额最多的国家是罗马尼亚，其次是斯洛文尼亚和保加利亚。

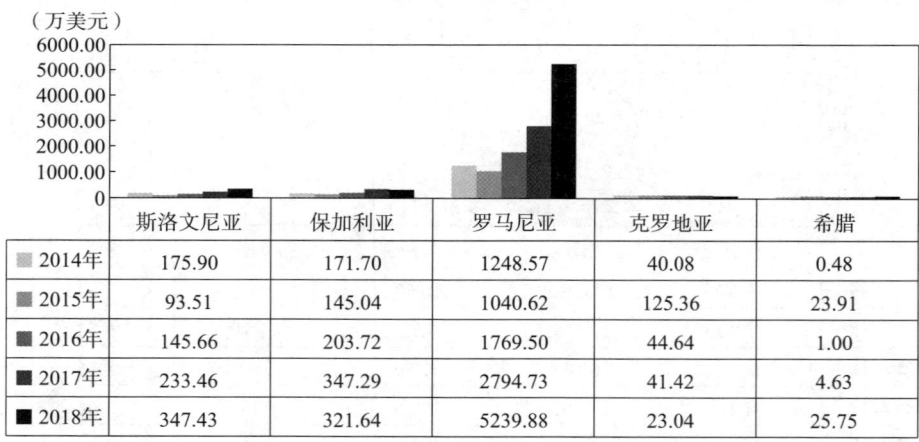

图6-34　东南欧五国出口至中国的绝缘电导体、光纤电缆及其他导体类产品总额

资料来源：UN Comtrade。

总体来说，中国出口至东南欧五国的绝缘电导体、光纤电缆及其他导体类产品和二极管、晶体管类产品较多，热电子、冷阴极或光电阴极阀和管类产品最少。东南欧五国出口至中国的4类产品总量都较少。2018年，斯洛文

尼亚和保加利亚出口至中国的电子集成电路和微组件产品总额高于进口，实现了贸易顺差。中国和东南欧五国应该加强技术型数字贸易合作。

中国中兴通信加强与罗马尼亚城市规划建设合作，共同推动智慧城市领域的发展。华为也携手罗马尼亚政府共同打造智慧城市未来之路。数字经济也成为中保合作的亮点。华为联手保加利亚电信公司宣布共建云中心。中国中科创达与保加利亚全球领先的图像视觉技术公司合作推动了保加利亚成为区域信息行业中心。紧随华为、中科创达的还有一大批中国高新技术企业纷纷进入东南欧市场，加强与东南欧国家的技术合作。随着"一带一路"合作的深化，中国和东南欧五国在数字经济方面的合作前景十分广阔。除此之外，中国和东南欧五国还加强教育领域的技术合作，如中国人工智能科技公司深兰科技（Deep Blue Technology）于2019年6月底宣布与希腊塞萨洛尼基的亚里士多德大学合作建立人工智能创新中心，深化技术交流。

6.4.4 中国与东南欧五国融合型数字经济合作

截至2018年，东南欧五国中只有克罗地亚工业数字经济占数字经济整体的比重超过10%。希腊工业数字经济占数字经济整体的比重不足5%，亟须加强数字经济与工业的融合型发展。农业数字经济占数字经济整体的比重中比例最高的还是克罗地亚，为6.5%，接近中国的比重（7.3%）。在东南欧五国产业数字化占GDP的比重中，保加利亚、罗马尼亚、克罗地亚的占比均超过2%，希腊仅为1.1%（见表6-21）。由此可见，东南欧五国中克罗地亚融合型数字经济相对发展较好，希腊则需要全力追赶，加快融合型数字经济的发展。

表6-21 东南欧五国的融合型数字经济指标 （%）

国家	斯洛文尼亚	保加利亚	罗马尼亚	克罗地亚	希腊
截至2018年工业数字经济占数字经济的比重	8.3	7.3	9.8	15.1	3.2
截至2018年农业数字经济占数字经济的比重	4.9	4.9	6.4	6.5	2
截至2018年产业数字化占GDP的比重	1.8	2.1	2.3	2.6	1.1

资料来源：中国信通院。

中国和东南欧五国的融合型数字经济合作对东南欧五国，尤其是希腊具有重要战略意义。中国外交部部长王毅指出，中欧在绿色、数字领域互补性强，合作前景广阔。中国华为帮助克罗地亚建立 5G 网络应用，协助奶农随时随地监测奶牛的健康、产奶等状态，传输速度高于之前 4G 网络的百倍以上。中国和保加利亚共同签署了《中国电子信息产业发展研究院和保加利亚经济部国家产业园区有限公司加强数字经济产业领域合作谅解备忘录》，并基于该谅解备忘录，在"数字丝绸之路"、国际产业合作公共服务体系建设和产业园区运营管理等多个领域展开紧密合作。中国和罗马尼亚不断加强产能合作，加强中小企业合作交流，共同推动能源、汽车和资源产能合作。自中国中远集团得到比雷埃夫斯港特许经营权后，中希两国不断拓宽合作领域，并签署了《中希重点领域 2020—2022 合作框架计划重点项目清单（第二轮）》，加强能源、制造业、交通基础设施和环保等 14 个领域的合作。

6.4.5 中国与东南欧五国服务型数字经济合作

截至 2019 年，在东南欧五国中，斯洛文尼亚和克罗地亚拥有电子商务销售的企业比例达到欧盟国家的平均水平（18%）。只有保加利亚遇到网络销售障碍的企业比例超过欧盟国家的平均水平，这说明保加利亚在电子商务、网络销售方面需要进一步控制物流成本，加强监管并处理好纠纷。截至 2019 年，在东南欧五国中个人通过网站进行电子政务活动的比例均低于欧盟国家的平均水平。保加利亚和克罗地亚因为支付安全问题放弃网上购物的比例较高，远高于欧盟国家的平均水平（见表 6-22）。总体来说，东南欧五国的服务型数字经济水平略低于欧盟国家的平均水平，需要加强内部规范和外部合作。

表 6-22 东南欧五国的服务型数字经济指标 （%）

国家	斯洛文尼亚	保加利亚	罗马尼亚	克罗地亚	希腊
截至 2019 年电子商务销售的企业比例	18	7	12	22	9
截至 2019 年遭受网络销售障碍的企业比例	2	6	2	2	1
截至 2019 年个人通过网站进行电子政务活动百分比	53	25	12	33	52
截至 2019 年因为支付安全问题放弃网上购物的比例	5	14	3	10	9

注：网络销售障碍指销售到其他欧盟国家的困难，包括交付或退回产品的高成本，解决投诉和纠纷，调整产品标签，缺乏外语知识，商业伙伴的限制。

资料来源：欧盟统计局。

中国愿与东南欧五国共建服务型数字经济。在电子商务方面，中国邮政局与罗马尼亚通信管理局签署了进一步加强两国邮政领域合作的谅解备忘录，就邮政普遍服务监管、跨境电子商务发展等领域加强合作。中国和希腊加强电商合作，通过中粮集团我买网进行"海外直采"，使希腊的橄榄油、葡萄酒和通心粉等商品销往世界。中国还和东南欧五国加强ICT技术人才培养合作。华为和东南欧五国中的克罗地亚、罗马尼亚和保加利亚先后落实"未来种子"项目。

6.5 中国与西巴尔干五国的数字经济合作

西巴尔干地区地处欧亚大陆的战略要冲，主要包括塞尔维亚、波黑、阿尔巴尼亚、北马其顿和黑山等国。伴随中国与中东欧各国友好合作的不断深入，西巴尔干五国正越来越广泛地参与到"一带一路"的建设中来。西巴尔干五国的基础设施和数字经济的发展都相对不足。中国和西巴尔干五国在数字经济领域进行合作，有助于西巴尔干五国追赶欧盟国家的平均水平和建设"数字丝绸之路"。

6.5.1 中国与西巴尔干五国基础型数字经济合作

截至2018年，阿尔巴尼亚的每100位居民的固定电话和移动电话订阅比例均低于中国，为西巴尔干五国乃至中东欧17国中指标最差的国家，亟须加强数字经济的基础建设。截至2019年，西巴尔干五国中除黑山外，其余四国的个人移动互联网的接入比例均低于欧盟国家的平均水平，拥有宽带接入的家庭比例均低于欧盟国家的平均水平。截至2017年，西巴尔干五国家庭可用性计算机的比例也均低于欧盟国家的平均水平。西巴尔干五国的数字经济发展水平比较落后，需要将发展数字经济提高到国家重要战略地位。

表6-23 西巴尔干五国的基础型数字经济指标 （%）

国家	阿尔巴尼亚	塞尔维亚	黑山	波黑	北马其顿
截至2017年ICT行业占GDP的比重	—	—	—	—	—
截至2018年每100位居民的固定电话订阅比例	8.58	27.61	27.54	19.63	18.02

续表

国家	阿尔巴尼亚	塞尔维亚	黑山	波黑	北马其顿
截至2018年每100位居民的移动电话订阅比例	94.18	97.58	180.69	104.13	98.46
截至2019年个人移动互联网的接入比例	—	9	45	12	30
截至2019年拥有宽带接入的家庭比例	—	79	72	72	80
截至2017年家庭可用性计算机比例	—	68	10	—	67

资料来源：欧盟统计局、中东欧16国经贸合作数据库。

中国和西巴尔干五国的ICT贸易额如图6-35所示。中国出口至西巴尔干五国的ICT商品具有较好的发展空间。塞尔维亚是西巴尔干五国中对中国第一大进口国，双边贸易发展趋势良好，近年来增速加快。

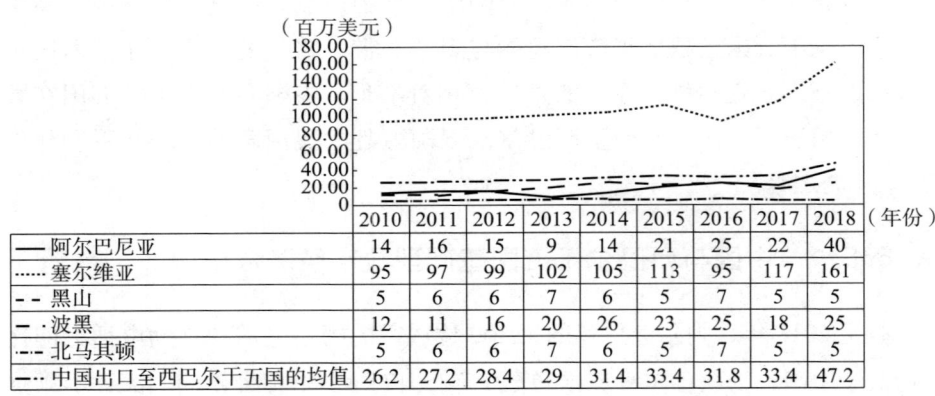

图6-35 中国出口至西巴尔干五国的ICT商品总额

资料来源：UN Comtrade。

西巴尔干五国相对中东欧其他国家出口至中国的ICT商品较少（见图6-36）。西巴尔干五国出口至中国的ICT商品均值波动与塞尔维亚出口至中国的曲线相似。2011—2018年，二者都经历了两个峰值和一个低谷。2015年西巴尔干五国出口至中国的ICT产品数量都跌到谷底。西巴尔干五国中，塞尔维亚是出口至中国ICT商品最多的国家，其次是波黑、阿尔巴尼亚和黑山。

总体来说，中国出口至西巴尔干五国的ICT商品额呈稳定增长趋势，从2010年的131百万美元上升至2018年的236百万美元，增长了约80%。西巴尔干五国出口至中国的ICT商品额呈波动状态，从2010年的1807美元降至

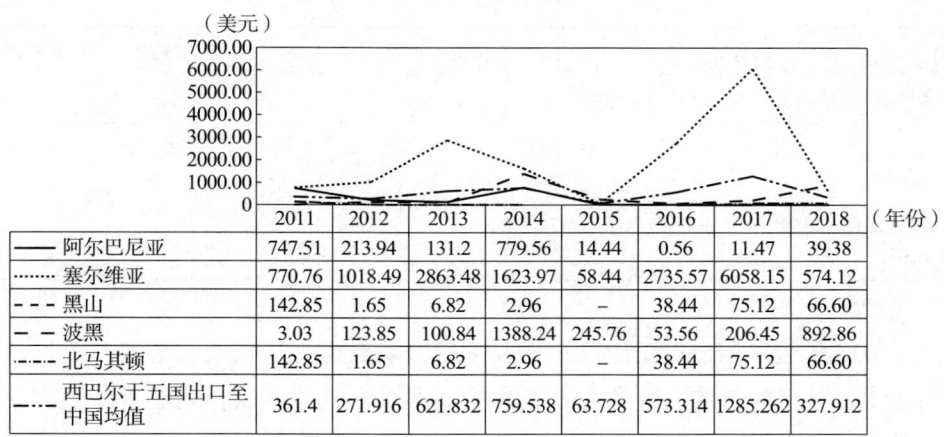

图 6-36 西巴尔干五国出口至中国的 ICT 商品总额

注："-"表示数据缺失。

资料来源：UN Comtrade。

2018 年的 1639.56 美元。中国和西巴尔干五国的 ICT 商品双边贸易互补性强。

中国提出的"数字丝绸之路"对西巴尔干五国具有重要意义，极大地助力了西巴尔干五国数字经济基础设施的建设。华为 2007 年进入阿尔巴尼亚市场，凭借过硬的产品质量、完善的技术支持和良好的售后服务，迅速成为当地主要通信设备供应商之一。目前，华为已与包括阿尔巴尼亚最大的三家电信运营商在内的众多互联网服务提供商、政府教育网、电力公司等建立了稳定合作，极大地帮助了阿尔巴尼亚基础数字设施的建设。中国中兴通信和华为进入塞尔维亚十几年来，成为塞尔维亚电信运营商忠实的战略伙伴，极大地开发了塞尔维亚通信市场。中国中兴通信同波黑电信运营商 Mtel 合作建设了该国首个 LTE 实验局，还为黑山建设了无线基站。中国企业还帮助波黑、北马其顿开展 ICT 领域的合作，助力其智慧城市的建设。

6.5.2 中国与西巴尔干五国资源型数字经济合作

截至 2019 年，西巴尔干五国拥有内部流程整合的企业比例均低于欧盟国家的平均水平，使用云计算服务和大数据分析的企业比例也较低（见表 6-24）。总体而言，西巴尔干五国资源型数字经济发展水平较低，且统计数据缺失，需要加强国内数字经济的发展和统计，从国家战略层面出发，大力发展数字经济。

表 6-24　西巴尔干五国的资源型数字经济指标　　　　　　　　　（%）

国家	阿尔巴尼亚	塞尔维亚	黑山	波黑	北马其顿
截至 2019 年内部流程整合的企业比例	—	19	24	—	—
截至 2018 年使用云计算服务的企业比例	—	15	8	18	—
截至 2018 年使用大数据分析的企业比例	—	—	—	—	—

资料来源：欧盟统计局。

2018 年，中国出口至西巴尔干五国的自动数据处理机及其装置；磁性或光学读数器，将数据转换成编码形式的数据媒介机器，以及处理这些数据的机器；自动数据处理机器、磁性或光学读卡器、数字处理装置的零件和附件等资源型数字产品总额最多的国家是波黑，为 606.77 万美元，其次为北马其顿为 494.55 万美元，阿尔巴尼亚最少，为 147.12 万美元（见表 6-25）。塞尔维亚和黑山的数据缺失。西巴尔干五国出口至中国的资源型数字产品总额较少，2018 年，阿尔巴尼亚为 0.0363 万美元。由此可见中国和西巴尔干五国的资源型数字产品贸易总额是中东欧国家中相对最少的，西巴尔干五国资源型数字经济还有非常大的发展空间。

表 6-25　中国出口至西巴尔干五国的资源型数字产品总额　　单位：万美元

国家	2015 年	2016 年	2017 年	2018 年
阿尔巴尼亚	195.90	244.99	187.28	147.12
塞尔维亚	—	—	—	—
黑山	—	—	—	—
波黑	148.98	213.54	204.78	606.77
北马其顿	562.27	398.49	280.69	494.55

数据来源：UN Comtrade。

西巴尔干五国作为丝绸之路沿岸国家的一分子，同中国积极开展资源型数字经济合作。尽管西巴尔干五国的资源型数字经济发展水平较低，但"中国科技云"与"欧洲开放科学云"战略合作的开展、中国—中东欧区块链中心的建设、中国和西巴尔干五国云端项目的对接合作，将深化西巴尔干五国的资源型数字经济建设。

6.5.3 中国与西巴尔干五国技术型数字经济合作

截至 2018 年,西巴尔干五国高科技产品出口占总出口的比例远低于欧盟国家的平均水平,阿尔巴尼亚和黑山该比例均不到 1%;研发支出占 GDP 的比例也低于欧盟国家的平均水平。西巴尔巴五国亟须加大对高科技的研发和产出,以提高科技和数字经济竞争能力。截至 2019 年,西巴尔干五国聘用 ICT 专家占总就业人数的比例也低于欧盟国家的平均水平。截至 2018 年,由外部供应商执行 ICT 功能的企业比例中,塞尔维亚和波黑超过欧盟国家的平均水平;由自己员工执行 ICT 功能的企业比例中,塞尔维亚和黑山超过欧盟国家的平均水平(见表 6-26)。总体来说,西巴尔巴五国高科技产品和 ICT 的发展都需要紧跟欧盟国家的步伐,加强自我研发和国际合作。

表 6-26　西巴尔干五国的技术型数字经济指标

国家	阿尔巴尼亚	塞尔维亚	黑山	波黑	北马其顿
截至 2018 年高科技贸易出口额(百万欧元)	16	125	2	—	175
高科技产品出口占总出口的比重(%)	0.8	1.9	0.9	—	3.4
截至 2019 年聘用 ICT 专家(千)	—	74.3	4.2	—	15.1
截至 2019 年聘用 ICT 专家占总就业人数比重(%)	—	2.6	1.7	—	1.9
截至 2018 年已执行 ICT 功能企业比重(*由外部供应商执行)(%)	—	63	50	63	—
截至 2018 年已执行 ICT 功能企业比重(*由自己员工执行)(%)	—	20	22	15	—
截至 2018 年研发支出占 GDP 的比重(%)	—	0.92	0.36	—	0.37
截至 2017 年 ICT 人员占总就业的比重(%)	—	—	—	—	—

资料来源:欧盟统计局。

中国和西巴尔干五国的技术型数字产品贸易同样选取热电子、冷阴极或光电阴极阀和管(如真空管、蒸汽管、充气阀和管、汞弧整流阀和管、阴极射线管和电视摄像管);二极管、晶体管、类似半导体器件、包括组装或未组装在模块、面板、发光压电晶体上的光伏电池;电子集成电路和微组件;绝缘电导体、光纤电缆及其他导体来探索合作情况。

中国和西巴尔干五国关于热电子、冷阴极或光电阴极阀和管产品的贸易较少。截至2018年，中国出口至塞尔维亚的热电子、冷阴极或光电阴极阀和管产品总额最多，为17.1万美元；其次是北马其顿，为3250美元；波黑为2600美元。中国几乎没有从西巴尔干五国进口热电子、冷阴极或光电阴极阀和管类产品。

2018年，中国出口至西巴尔干五国的二极管、晶体管类产品总额最多的国家是阿尔巴尼亚，其次是塞尔维亚、北马其顿、波黑和黑山（见图6-37）。中国从西巴尔干五国进口的二极管、晶体管类产品总额较少。2018年，中国从北马其顿进口的二极管、晶体管类产品总额最多，为9755美元。

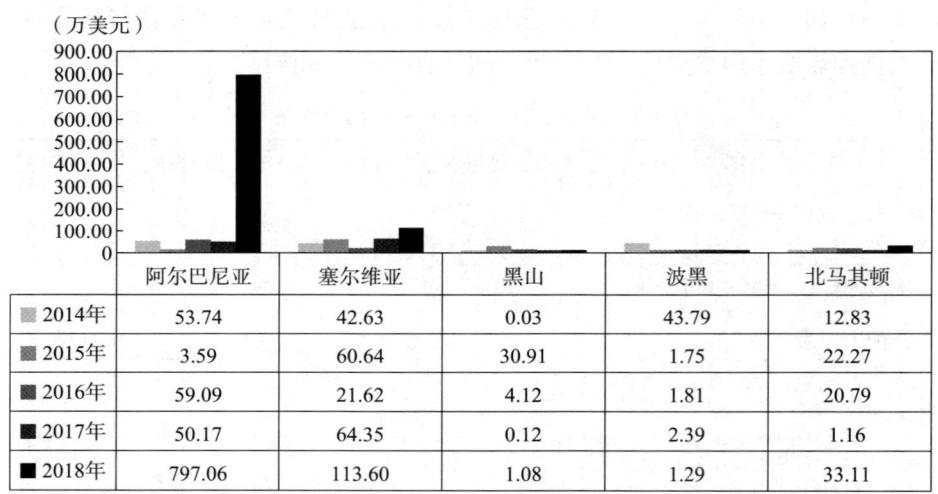

图6-37　中国出口至西巴尔干五国的二极管、晶体管类产品总额

资料来源：UN Comtrade。

中国出口至西巴尔干五国的电子集成电路和微组件类产品总额也相对较少。截至2018年，中国出口该类产品最多的国家是塞尔维亚，出口额为61.42万美元，其次是波黑，为1.36万美元，黑山为0.23万美元，北马其顿为0.16万美元，阿尔巴尼亚为0.11万美元（见表6-27）。2018年，中国从黑山进口电子集成电路和微组件类产品总额为0.42万美元，从北马其顿进口产品总额为5.12万美元，呈现为贸易逆差，其他国家进口数据缺失。

表 6-27　中国出口至西巴尔干五国的电子集成电路和微组件类产品总额

单位：万美元

国家	2014 年	2015 年	2016 年	2017 年	2018 年
阿尔巴尼亚	4.04	1.85	1.90	0.47	0.11
塞尔维亚	46.02	13.19	2.46	2.54	61.42
黑山	—	0.19	0.02	—	0.23
波黑	5.61	3.07	3.46	3.05	1.36
北马其顿	3.56	0.90	1.18	1.94	0.16

资料来源：UN Comtrade。

2018 年，中国出口至西巴尔干五国的绝缘电导体、光纤电缆及其他导体产品总额最多的国家是阿尔巴尼亚，其次是塞尔维亚、北马其顿、波黑和黑山。波黑波动较大。阿尔巴尼亚不仅为中国出口至西巴尔干五国绝缘电导体、光纤电缆及其他导体类产品最多的国家，而且近几年其贸易总额呈稳定增长趋势（见图 6-38）。

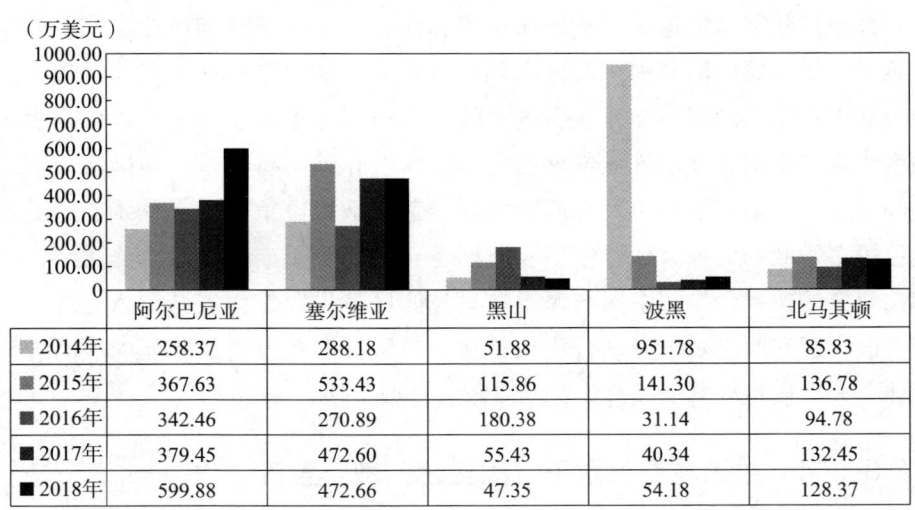

	阿尔巴尼亚	塞尔维亚	黑山	波黑	北马其顿
2014年	258.37	288.18	51.88	951.78	85.83
2015年	367.63	533.43	115.86	141.30	136.78
2016年	342.46	270.89	180.38	31.14	94.78
2017年	379.45	472.60	55.43	40.34	132.45
2018年	599.88	472.66	47.35	54.18	128.37

图 6-38　中国出口至西巴尔干五国的绝缘电导体、光纤电缆及其他导体类产品总额

资料来源：UN Comtrade。

截至 2018 年，西巴尔干五国出口至中国的绝缘电导体、光纤电缆及其他导体类产品总额，塞尔维亚为 152.37 万美元，波黑为 56.87 万美元，北马其顿为 128.48 万美元（见表 6-28）。

表 6-28　西巴尔干五国出口至中国的绝缘电导体、光纤电缆及其他导体类产品总额

单位：万美元

国家	2014 年	2015 年	2016 年	2017 年	2018 年
阿尔巴尼亚	—	0.25	0.67	1.55	2.92
塞尔维亚	9.29	18.43	42.81	94.08	152.371
黑山	5.44	—	—	—	0.04
波黑	0.81	0.24	0.65	23.572	56.87
北马其顿		2.21	25.77	53.35	128.48

资料来源：UN Comtrade。

总体来说，中国出口至西巴尔干五国的热电子、冷阴极或光电阴极阀和管（如真空管、蒸汽管、充气阀和管、汞弧整流阀和管、阴极射线管和电视摄像管）、电子集成电路和微组件产品较少，进口则更少。中国和西巴尔干五国的绝缘电导体、光纤电缆及其他导体类产品贸易往来相对密切，部分西巴尔干国家还实现了贸易顺差。中国和西巴尔干国家数字经济发展差距较大，有很大的合作空间。

技术型数字经济建设对于加强中国和西巴尔干国家高端产业合作具有重要意义。第四届中国—中东欧国家创新合作大会在塞尔维亚举行，波黑、黑山等众多中东欧国家参加，参会国家就加强中国与中东欧科学技术合作表示高度肯定。中国和塞尔维亚签署了空间技术合作谅解备忘录，两国将加强在空间技术、卫星系统，以及空间技术在智慧农业、电信、生态系统、遥感和定位等多领域的应用合作。中国和波黑也正式建立了航空技术合作关系，将加强双方的技术合作。中国与黑山在科技园区建设等方面展开深入合作。尽管目前中国和西巴尔干五国合作项目相对有限，但双方仍是重要的战略合作伙伴，未来还将继续加强合作，共建数字丝绸之路。

6.5.4　中国与西巴尔干五国融合型数字经济合作

中国和西巴尔干五国一直积极展开融合型数字经济合作。在中东欧国家中，西巴尔干五国融合型数字经济发展比较落后，相关统计数据缺失。但近年来，随着和中国数字经济合作的加强，西巴尔干五国数字经济建设也在不断发展，中国和西巴尔干五国的合作以塞尔维亚为辐射点。以塞尔维亚贝尔格莱德中国工业园为例，园区含有加工制造、商贸物流和高新科技三个园区，涉及食品加工、皮革、汽车零配件、家用电器、消费电子和

新能源等众多行业，其将与中国加强数字化技术合作，以塞尔维亚为起点，辐射西巴尔干五国。中国还加强与塞尔维亚的交通基础建设合作，借由塞尔维亚打通通往西巴尔干五国的交通网，通过"西巴尔干丝绸之路"，将中国与雅典（希腊）、贝尔格莱德（塞尔维亚）、萨拉热窝（波黑）、斯科普里（北马其顿）和地拉那（阿尔巴尼亚）等国家的大城市紧密连接，通过交通物流的通畅打通中国和西巴尔干五国的数字经济合作和产业合作，加强第一、第二产业产出品的网上数字建设，通关的数字报备等合作，共同发展融合型数字经济。

6.5.5 中国与西巴尔干五国服务型数字经济合作

截至2019年，在西巴尔干五国中，塞尔维亚和黑山电子商务销售的企业比例超过欧盟国家的平均水平。有数据统计的塞尔维亚和波黑两国遭受网络障碍的企业比例小于欧盟国家的平均水平。西巴尔干五国的个人通过网站进行电子政务活动的比例远低于欧盟国家的平均水平。西巴尔干五国政府在服务型数字经济领域相对落后（见表6-29）。

表6-29 西巴尔干五国的服务型数字经济指标 （%）

国家	阿尔巴尼亚	塞尔维亚	黑山	波黑	北马其顿
截至2019年电子商务销售的企业比例	—	29	12	21	—
截至2019年遭受网络销售障碍的企业比例	—	1	—	2	—
截至2019年个人通过网站进行电子政务活动百分比	—	29	23	18	25
截至2019年因为支付安全问题放弃网上购物的比例	—	—	—	—	—

注：网络销售障碍指销售到其他欧盟国家的困难，包括交付或退回产品的高成本，解决投诉和纠纷，调整产品标签，缺乏外语知识，商业伙伴的限制。

资料来源：欧盟统计局。

中国和西巴尔干五国积极加强服务型数字经济领域合作。中国与西巴尔干五国就智慧医疗、电子商务和金融等多方面展开互惠合作。中国和波黑签署了《中华人民共和国国家卫生健康委员会和波斯尼亚和黑塞哥维那民政部卫生和医学科学领域合作谅解备忘录》，加强医疗合作。中国银联与波黑多家银行开启合作业务，启动了银联卡受理业务，为线上支付提供了良好的平台支持。中国和阿尔巴尼亚的旅游合作和教育合作成为近年热点。塞尔维亚与中国阿里巴巴展开密切合作，提升电商领域的数字化能力。

第7章

中国与中东欧国家数字经济互补性分析

7.1 文献综述

国内外有较少文献对中国与中东欧国家数字经济互补性进行研究，现有文献仅强调中国与中东欧国家在数字产业方面各具优势，存在合作潜力，双方应发挥各自的优势，开拓共赢局面，促进自身数字产业发展。

程昊等（2016）研究"一带一路"信息化发展格局，发现包括中东欧国家在内的"丝绸之路经济带"国家在数据信息服务、互联网业务和国际通信业务等方面存在较大的"数字鸿沟"。因此，"一带一路"沿线国家信息通信企业在制定跨国投资组合及经营策略时，应发挥各自在技术储备、运营经验、产品性价比等方面的优势，中国可以起到统筹的作用，根据不同需求类型的中东欧国家，制定信息产业装备出口优惠政策，输出具有中国特色的中高端优质产品。而中东欧国家也应抓住这一数字经济发展契机，根据自身技术优势、投资实力和本地信息化建设的实际情况，将合作重点放在智能交通专项工程、物联网专项工程、云计算示范工程建设等薄弱方面。

张伯超、沈开艳（2018）研究发现，"一带一路"沿线国家在要素禀赋与基础设施、信息通信技术水平以及营商与创新环境方面存在巨大差异，因此，需要深挖中欧数字市场潜力，拓展东欧、南欧乃至整个欧洲的"互联网+产业贸易"网络。中国与中东欧国家要以信息化基础设施建设、电子商务和网络物流产业为合作重点。

波兰学者克日什托夫·科兹沃夫斯基认为，"数字丝绸之路"是中国电信企业"走出去"政策的自然延伸，可以满足数字连接需求，更大的联通性不仅可以为中国企业在电子商务和其他领域打开大门，而且可以为中东欧企业提供机会，将中东欧国家的数字产品销往中国或从中国吸取数字发展所需的投资，促进本地数字产业的发展。

7.2 数字经济互补性的内涵和类型

数字经济互补性指在数字经济发展中，某个经济行为在两个及两个以上的经济个体之间已有的或潜在的相互补充现象。互补性是奠定经济合作关系的基石，决定着两国或多国间的合作能否保持长久稳定。

数字经济互补性主要分为产业结构互补性、技术能力互补性、投资结构互补性和贸易互补性。数字经济互补性的强弱与层级同数字经济发展水平、数字市场容量、要素禀赋存量、经济结构、产业结构、技术结构、产品结构、地理环境、社会发展程度等因素息息相关。

本章按照产业结构的差异将数字产业分为五种类型，即基础型数字产业、技术型数字产业、资源型数字产业、融合型数字产业和服务型数字产业。本书从产业结构、技术能力、贸易往来和投资结构四个方面对各个产业展开分析。

7.3 中国与中东欧国家基础型数字经济互补性分析

7.3.1 基础型数字经济产业结构互补性

基础型数字经济的发展难点在于需要投入大量的资本、人力、土地等生产要素，对所在国的生产制造能力要求较高，考验一国制造业的综合水平。

中东欧国家在基础型数字经济的发展上只专精于个别产品，掌握的技术面较窄，整体发展局限性较强，如爱沙尼亚在电子通信产品、克罗地亚在电子差速器上占有优势，而中国作为世界制造业产能第一大国，拥有得天独厚的条件。从整体看，中国基础型数字经济在 GDP 中的占比稳定维持在 7% 左右，增长态势与经济发展趋势相近，中东欧国家该比例在 6% 左右，增速显著高于经济增速。

从产业角度来看，电子信息制造业主营业务是集成电路、新型元器件、通信产品、数字视听产品、电子专用仪器设备和应用电子产品等，除集成电路类等少数产品外，电子信息制造业总体对技术的要求不高，但对制造业规模要求较高，只有规模够大才能获得规模经济效益。由数据可知，中国的电子信息制造业每年以 30% 的速度上涨，远高于世界制造业年均增长速度（14.2%），其产出和销售总规模占中国工业比重的 8% 以上，盈利状况也位居前列，是中国工业经济的第一支柱产业。

电子信息制造业是数字经济的核心产业，2018 年，中国电子信息制造业增加值同比增长率保持在 13.1%，超过 2017 年工业增速 6.9 个百分点，并实现了出口交货值同比增长 9.8%，行业运行呈现总体平稳、稳中有进态势，生产和投资增速在工业中保持领先，在经济社会发展中的支撑引领作用进一步增强。同时，中国电子信息制造业正进入技术创新密集期，多技术融合的系统化、集成化创新成为主流模式，跨领域创新日益凸显。

中东欧的电子信息制造业以克罗地亚、爱沙尼亚、波兰和匈牙利四国为主，中东欧国家的电子信息制造业规模小、增速低，其电子信息制造业平均增长率仅为 5.3%。

ICT 产业包括信息传输业、软件和信息技术服务业。在 ICT 产业方面，中国同样具备成本和技术优势。在信息传输硬件生产端，中国出口、援建的 ICT 基础设施性价比最高，4G 基站与传输光缆行销北非与西亚地区，有着丰富的跨地区合作建设经验。2008 年至今，中国软件和信息技术服务业增速迅猛，在数字经济基础部分中占比显著提升。2016 年，中国信息通信服务业收入超过 2.1 万亿元，同比增长了 11.5%；基于互联网的业务收入突破 1.3 万亿元，同比增长了 28.7%，全面成为信息通信行业发展的主导力量；软件和数字技术服务业共完成软件业务收入 4.9 万亿元，同比增长了 16%。

中东欧国家的信息传输业、软件和信息技术服务业受制于地理区位的磁吸效应，发展后劲不足，面临着和西欧国家的 ICT 产业竞争的问题，发展受到极大限制。

自智能手机发明以来，移动端成为基础型数字经济发展的主要动力源，每日使用移动设备连入网络的人员比重，反映一国信息通信产业的发展水平。2019 年，中国个人每日使用移动设备联网率为 47%。在中东欧国家，2019 年匈牙利、黑山和斯洛伐克三国的个人每日移动设备联网率居于前三，波兰、爱沙尼亚和罗马尼亚等国的个人每日移动设备联网率紧随其后（见表 7-1）。

表 7-1　中东欧国家个人每日移动设备联网率　（%）

国家	2011年	2012年	2013年	2014年	2015年	2016年	2017年	2018年	2019年
保加利亚	6	11	14	15	21	18	23	11	25
捷克	13	15	18	21	24	29	32	31	31
爱沙尼亚	33	32	33	32	32	26	29	26	33
克罗地亚	9	25	22	28	21	17	14	10	22
拉脱维亚	15	17	16	16	16	17	22	13	16
立陶宛	5	9	9	14	15	17	22	17	28
匈牙利	14	13	16	24	32	28	33	35	47
波兰	18	17	20	23	30	18	22	19	34
罗马尼亚	5	5	7	13	18	16	21	13	32
斯洛文尼亚	7	20	19	25	27	25	30	20	22
斯洛伐克	31	30	27	29	34	31	36	20	40
黑山	22	26	29	35	37	41	43	46	45
北马其顿	10	13	12	13	17	11	30	22	30
阿尔巴尼亚	4	4	5	5	6	5	7	7	10
塞尔维亚	6	7	9	11	10	11	13	12	13
波黑	4	6	7	9	11	10	13	11	12
希腊	14	17	18	19	21	23	25	37	30

资料来源：Eurostat。

在家庭互联网普及率方面，中东欧国家相差不大，均在85%左右，平均网络接入速度在30Mbps，信息化水平属于较为发达。根据麦肯锡研究中心的报告，虽然中东欧互联网发展趋势整体向好，但巴尔干半岛国家的互联网普及进展缓慢，这些国家受"南斯拉夫内战"的影响，信息传输业基础薄弱、起步较晚，欧洲统计局对这些国家的互联网普及率数据的统计存在着部分缺失问题，据估算，2019年巴尔干半岛诸国的家庭互联网普及率应当低于60%。

截至2019年底，中国网民规模达8.54亿人，个人互联网普及率达61.2%，家庭互联网普及率为80%，超过全球平均水平，与中东欧国家极为相近，双方的"数字鸿沟"较小。在5G、工业互联网、人工智能等新型数字基础设施建设方面，中国处于世界平均水平，在个别领域处于世界领先地位。大多数中东欧国家在移动端建设方面困难重重，塞尔维亚和阿尔巴尼亚等国迫切地需要同掌握足够技术储备与产能的国家合作，以此突破本国移动数字端发展乏力的困境，与此同时，中国也需要找到一个能够承载过剩产能的庞大市场，帮助当地进行数字基础设施建设，双方有着广阔的合作空间。

7.3.2 基础型数字经济技术能力互补性

从技术层面来看，伴随着信息技术发展的日新月异，电子信息制造业、信息传输业、软件和信息技术服务业这三大产业正处于嬗变中，逐渐地改变其传统的产业结构，正由单一的制造业，转变为物质生产与知识生产、装备制造与系统集成、硬件制造与软件制造、工业生产与信息服务相结合的现代电子信息产业。

中国受益于完整的工业体系，基础信息技术发展广泛，建设布局全面到位，而中东欧国家是集中发展单个领域。信息新技术研发的特点在于，对原有技术和制造业规模要求更高，在一些前沿领域需要各技术部门跨界合作。因此，如中东欧国家那样专精某一领域中局部的发展战略，将越来越难跟上技术前沿的推进步伐。这也解释了中东欧国家在数字技术发展上始终不尽如人意的原因。早在4G诞生之初，这一困境便初现端倪。中国本着稳扎稳打的发展战略，近些年在技术前沿的发展上颇有斩获，华为率先在5G领域实现突破性进展，中国人工智能企业的专利申请数占到全球30%，与美国并列第一。中国的区块链技术是世界第一。中国集成电路企业，也迎来了光刻胶国产化的曙光，随着中芯国际等后起之秀逐步摆脱对台积电或AMSL的依赖，预计到2025年，中芯国际能做到在芯片的技术精度上赶超台积电。与此相比，中东欧国家的数字新技术发展就要落后许多。

中国与中东欧国家在基础型数字技术上有着很大的互补性，中东欧国家需要中国的区块链技术和5G技术来推动自身的数字经济发展，而中国也需要中东欧国家的优势技术，如爱沙尼亚的信息通信技术、克罗地亚的电子差速器技术等，以促进自身基础型数字经济结构软化，即非物质投入占比越来越高，有助于形成集约型优质化发展模式，并反哺数字技术在融合应用与前沿技术开拓上的创新能力。

第一，双方技术层级的差异。

2016年《全球信息技术报告》综合评价了世界139个国家和地区通信基础建设、国民数字技能、国民或企业使用信息技术频率、经济和社会影响力等十个维度的发展水平，并计算得出其网络就绪度评价指数，网络就绪度即一国有效信息通信技术的成熟度，该指标及子指标均可反映一国基础型数字技术的发展层次。中国与中东欧国家的网络就绪度排名见图7-1。

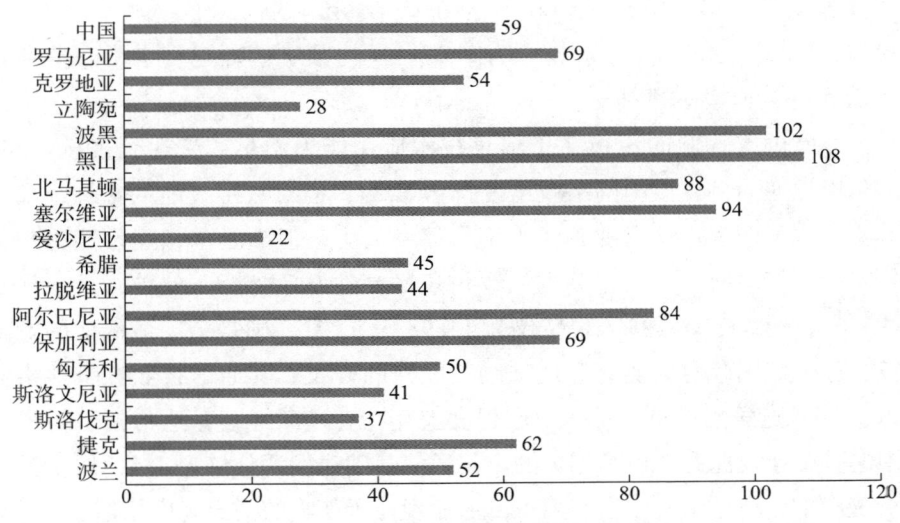

图 7-1　中国与中东欧国家的网络就绪度排名

资料来源:《2016 全球信息技术报告》。

网络就绪度排名数值越低,代表其网络就绪度指数越高,从图 7-1 可以看出,排名最高的是爱沙尼亚,其就绪度指数高达 5.4,世界排名为第 22,其数字化发展环境在中东欧国家中最为优越,仅移动互联网覆盖率这一项子指数,就达到了 100%,位列世界第一。根据《2016 全球信息技术报告》,17 个中东欧国家平均的网络就绪度指数为 4.5,大致排在全球第 50 位,中国网络就绪度指数为 4.2,排在全球第 59 位,有 9 个中东欧国家的网络就绪度排名高于中国。因为中国在互联网覆盖率、通信基础设施两个子指标上的得分较低,中国的通信基础设施评分排在全球第 90 位,落后于世界平均水平。在互联网覆盖率方面,由于中国的网速和安全服务器拥有数量较低,而网络就绪度的测算体系对每百万人口所拥有的安全网络服务器数量一项尤为关注,该数量在中东欧国家平均为 927.2 个/百万人,世界范围内可以排到第 19 位,位居世界前列,而在中国仅为 20.5 个/百万人,远低于世界平均水平。总体来看,双方基础型数字技术的层级相差较大。

第二,双方技术成本的差异。

在以成本考察的数字化可负担性这一指标上,中东欧国家的平均得分为 3.9,相当于第 60 名的塞浦路斯。综合来看,中东欧国家在发展 ICT 产业上不具备技术优势,人们消费和使用数字化技术的成本较高。这与中东欧国家的要素价格偏高有关。同时,中东欧国家的税收过高也是重要因素,中东欧国家平均移动电话预付税额为 0.45 美元/分钟，固定贷款互联网接入税费 38.27 美元/月，对应排名为第 77，平均数字基础建设水平和信息化覆盖面尚可，但成本过高。

中东欧国家普遍的短板在于信息技术应用能力不足，未达到规模经济。以阿尔巴尼亚为例，该国网络就绪度排名第 84，但对数字技能的掌握，高于同等收入水平国家，这反映其人力资本储备尚可，但缺乏基础建设能力与信息技术的加持。同时，其移动电话预付税额高达 0.71 美元/分钟，是全球最贵的一档，而固定宽带接入税费仅为 14.98 美元/月，则是全球最低廉的宽带税额，反映该国政府确实有意地鼓励互联网的普及。其通信行业竞争性指数仅为 1.86，竞争性严重不足，一定程度上存在着垄断经营，这与阿尔巴尼亚本国的基础建设能力滞后是相关的，其通信基础建设评分仅为 4.1，居于世界中下游水平，环地中海国家与阿尔巴尼亚现在所面临的情况高度相似。

自 2014 年以来，中国的电信业改革通过政企分开，走向市场，打破垄断，引入竞争，降低了运行成本，提高了运行效率，使中国信息通信基础设施从极端落后成为世界上最发达的电信网络。全面建设带来的规模经济控制住了成本，中国的可负担性指数为 5.5，全球排名第 63，移动电话预付税额为 0.06 美元（购买力平价计算）/分钟，廉价程度排在全球第 6，比所有中东欧国家都便宜，固定宽带互联网税费为 33.99 美元（购买力平价计算）/月，全球排名第 68，比中东欧国家高许多。可见，在不同的技术层面，双方的技术成本有着巨大的差别。因此，若能实现合作，中东欧国家高昂的技术成本问题与缺乏基础建设能力的问题可以得到解决，而中国也能够由此改善自身的结构性问题。可见，中国与中东欧国家在数字技术能力方面互补性较强。

7.3.3 基础型数字经济投资结构互补性

从投资角度来看，通信设备及通信服务产业是中国优势产业，而目前中东欧国家正亟须升级其通信产业。以波兰为例，波兰近年来始终保持经济的正增长，2014—2020 年获得超过 800 亿欧元的欧盟资金，用于保持对基础设施建设的长期投资。随着移动终端用户数的大幅增长及数据需求量的不断增加，中东欧国家对于电信基础设施的要求越来越高。

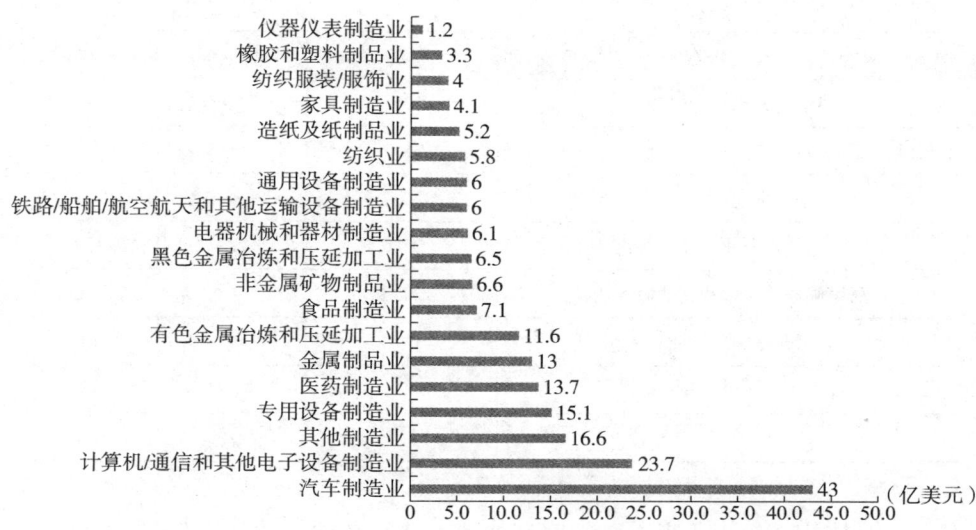

图 7-2　2018 年中国制造业对外投资流向行业分类

资料来源：2018 年度中国对外直接投资统计公报。

从图 7-2 可以看出，2018 年中国直接对外制造业投资总金额为 198.6 亿美元，其中对外计算机/通信和其他电子设备制造业的投资达到了 23.7 亿美元，在数额上排到了第 2 的高位，表明中国相当重视这一领域的对外投资，从投资流向来看，该项投资主要面向北非、西亚、东南亚以及中东欧地区。

表 7-2　2018 年中国对外投资行业分布情况

行业分类	投资额（亿美元）	同比（%）	占比（%）
合计	1430.4	-9.6	100
租赁和商务服务业	507.8	-6.4	35.5
金融业	217.2	15.6	15.2
制造业	198.6	-35.2	13.4
批发和零售业	122.4	-53.5	8.6
信息传输、软件和信息技术服务业	56.3	27.1	3.9
交通运输、仓储、邮政业	51.6	-5.6	3.6
电力、热力、燃气及水的生产和供应业	47	100.6	3.3
采矿业	46.3	0	3.2

续表

行业分类	投资额（亿美元）	同比（%）	占比（%）
科学研究和技术服务业	38	59	2.7
建筑业	36.2	-59.9	2.5
房地产业	30.7	-54.9	2.1
农林牧渔业	25.6	2.2	1.8
居民服务、修理和其他服务业	22.3	19.5	1.6
住宿和餐饮业	13.5	0	0.9
文化、体育、娱乐业	11.7	341.1	0.8
教育	5.7	328.5	0.4

资料来源：2018年度中国对外直接投资统计公报。

从具体流入的行业来看，针对制造业，信息传输、软件和信息技术服务业的投资总额分别为198.6亿美元、56.3亿美元，排在了第3位和第5位，信息传输、软件和信息技术服务业同比上年增长了27.1%（见表7-2），制造业的对外投资中以电子信息制造业为主，其投资存量也超过了100亿美元，这表明中国正积极扩大对外基础型数字产业的投资。

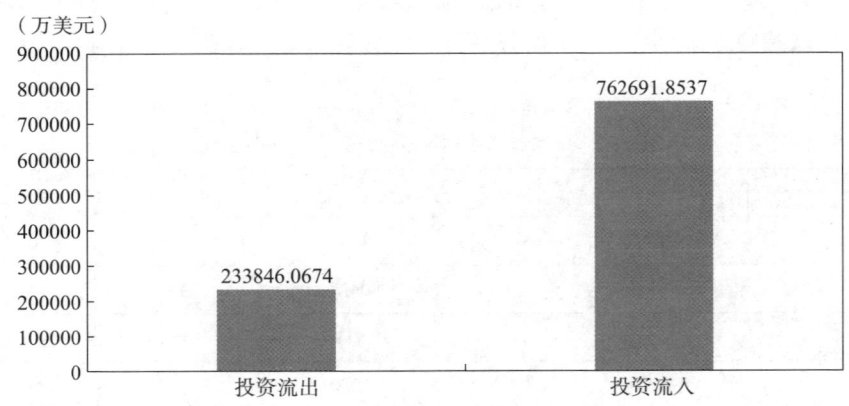

图7-3　2018年中东欧国家投资流向

资料来源：Eurostat。

中东欧方面，2018年对外直接投资总额为23.3846亿美元，同时外国流入投资规模为76.2692亿美元，存在着52.8846亿美元的净投资流入，这与中东欧国家将促进投资作为刺激经济增长的重要手段紧密相关。受中东欧国家投资利好政策的影响,越来越多的外国投资者、跨国公司对该地区表现出投资兴趣。2012年联合国贸发会议的一项调查显示,中东欧国家已经成为世界顶级的投资目的地之一。受债务危机波及,希腊、意大利等欧元区国家难以维持对中东欧国家的投资,导致大量资产管理不善,这也为欧盟国家以外的投资者进入提供了绝佳的机会。

欧元区危机外溢,严重影响了中东欧国家的经济增长和社会稳定,中东欧国家过去主要寄希望于"西进"投资,现在则处于"东西相顾",寻求与中国、俄罗斯等国加强合作。中东欧国家在发展信息通信技术等方面采取了优惠政策,吸引了不少投资流入。中国在中东欧国家投资基础好,投资起步较早,外汇储备极为充裕,也有着极大的投资意向,而中东欧国家目前也竞相吸引中国投资进入,双方为此举办了各类投资论坛和招商引资活动,可以说,中国与中东欧国家的投资结构互补性是比较强的。

7.3.4 基础型数字经济贸易互补性

本节参考 Finger 和 Kreinin(1979)提出的出口相似度指数,构建出口匹配指数(Exports Matching Index,EMI)测算中国与中东欧国家基础型数字产品进出口的匹配度,以此评价中国与中东欧国家的贸易互补性。该指数指任意两国或两组国家在第三市场或世界市场进出口产品的匹配程度,双向匹配度越高,表明两国或两组国家的贸易互补关系越强,反之则越弱,其公式为:

$$\text{EMI}_{ij} = \sum_{k} \min\{x_i^k, m_j^k\}$$

其中 i 和 j 代表两国或两组国家,k 表示所研究的贸易产品,x_i^k 即中国出口的 k 产品占除中东欧国家以外世界的比重,m_j^k 即中东欧国家进口的 k 产品占除中国以外世界的比重,该指标介于 0 和 1 之间,0 代表双方不存在贸易互补关系,1 代表双方完全互补,即数值越大,互补性越强。指标计算过程中所用到的贸易数据来自联合国商品贸易统计数据库(UN Comtrade),分类采用《商品名称及编码协调制度的国际公约》(HS.rev),细分至四位编码,此处涵盖的商品种类为数字通信设备、计算机输入输出设备、广播电视设备、家用电子电器等。

表 7-3　中国出口—中东欧国家进口基础型数字产品的进出口匹配指数

商品种类	2016 年	2017 年	2018 年
数字通信设备	0.0990	0.1020	0.1341
计算机输入输出设备	0.0268	0.0255	0.025
广播电视设备	0.0330	0.0326	0.033
家用电子电器	0.0210	0.0283	0.029
合计	0.1798	0.1884	0.2211

资料来源：UN Comtrade。

表 7-4　中东欧国家出口—中国进口基础型数字产品的进出口匹配指数

商品种类	2016 年	2017 年	2018 年
数字通信设备	0.0321	0.0397	0.0489
计算机输入输出设备	0.017	0.014	0.024
广播电视设备	0.02	0.025	0.026
家用电子电器	0.033	0.037	0.039
合计	0.1021	0.1157	0.1379

资料来源：UN Comtrade。

从表 7-3 和表 7-4 可以看到，2016—2018 年，在数字通信设备上，中国对中东欧国家的出口匹配指数上涨了 0.0351，而中东欧国家对中国的出口匹配指数也在上升，增加值为 0.0168，表明双向互补性在提升，这与此类产品日趋多样化的发展模式有关，即双方数字通信设备越发能满足彼此的差异化需求。在计算机输入输出设备方面，中国对中东欧国家的出口匹配指数从 0.0268 下降至 0.025，中东欧国家对中国的出口匹配指数从 0.017 上升至 0.024，与广播电视设备、家用电子电器一样，这三类产品的互补性整体上没有太大变化。

总体来看，2018 年中东欧国家出口—中国进口的基础型数字产品出口匹配指数为 0.1379，中国对中东欧国家出口的匹配指数为 0.2211，较 2016 年分别增加了 0.0358 和 0.0413，涨幅分别为 35.06%和 22.97%，表明双方基础型数字产品的双向互补性有较为显著的提升，其中，数字通信设备一项的互补性增长较为明显，从整体而言，双方的互补合作优势也呈现中长期向好的趋势。

7.4 中国与中东欧国家资源型数字经济互补性分析

7.4.1 资源型数字经济产业结构互补性

本节将从政府数据开放平台建设、大数据分析应用、云端数据使用三个维度进行分析。

（1）政府数据开放平台建设领域的互补性

表 7-5 个人政府信息平台使用率 （%）

国家	2010年	2011年	2012年	2013年	2014年	2015年	2016年	2017年	2018年	2019年
保加利亚	24	25	27	23	21	18	19	21	22	25
捷克	23	42	31	29	37	32	36	46	53	54
爱沙尼亚	50	53	54	48	51	81	77	78	79	80
克罗地亚	19	17	26	25	32	35	36	32	36	33
拉脱维亚	40	41	47	35	54	52	69	69	66	70
立陶宛	24	29	36	34	41	44	45	48	51	55
匈牙利	34	38	42	37	49	42	48	47	53	53
波兰	28	28	32	23	27	27	30	31	35	40
罗马尼亚	8	7	31	5	10	11	9	9	9	12
斯洛文尼亚	44	46	48	52	53	45	45	50	54	53
斯洛伐克	50	48	42	33	57	51	48	47	51	59
黑山	—	—	7	—	—	—	—	22	24	23
北马其顿	14	17	20	7	27	23	17	17	21	25
阿尔巴尼亚	—	—	—	—	—	—	—	—	13	17
塞尔维亚	—	—	—	—	—	28	—	24	28	29
波黑	—	—	—	—	—	—	—	—	13	18
希腊	28	30	32	33	35	34	39	42	44	41
中东欧平均	29.69	33.66	33.93	29.54	38	37.36	39.85	38.87	38.35	41.88
中国	19.12	22.03	24.96	25.15	22.59	26.88	26.63	27.71	29.01	32.95

资料来源：Eurostat、中国信通院。

表 7-5 统计公民每年访问、下载、查阅政府信息平台的频率，反映该国政府及公权力与公民通过数字技术互动的程度，即电子政务普及度。电子政

务起到润滑公民与公权力信息传递的作用，同时也体现一国数据传输效率、数据资源利用能力以及数据平台构建水平。中东欧国家的政府信息平台使用率数据来自欧洲统计局，中国政府信息平台使用率数据则选取自北京、上海、浙江、武汉、青岛、无锡以及佛山市南海区这7个具有典型性和代表性的数据开放平台，再由加总平均计算得到。

中东欧国家政府信息平台使用率存在着较大差异，2019年，爱沙尼亚和拉脱维亚两国分别达到了80%和70%，属于中东欧国家第一档的水平，其政府信息平台的建设卓有成效；捷克、立陶宛、匈牙利、斯洛文尼亚和斯洛伐克的政府信息平台使用率很接近，发展轨迹也很相似，属于中东欧国家第二档的水平；波兰、克罗地亚、希腊则属于中东欧国家第三档的水平；剩下的保加利亚、罗马尼亚以及巴尔干半岛国家排在中东欧国家第四档，第四档的国家在政府服务平台的建设和普及方面，处于中东欧国家落后水平。波罗的海沿岸三国在电子政务上的表现显著优于其他中东欧国家，中欧、中南欧国家间差距极大。

图7-4反映了中东欧国家信息化平均变化趋势，2010—2019年，中东欧国家的信息平台平均使用率总体保持上升趋势，而中国的政府信息平台使用率大致处在中东欧国家第三档与第四档之间，与中东欧国家信息平台平均使用率的差距始终保持着10个百分点左右，因此，中国在电子政务发展方面不如中东欧国家的平均水平，之所以如此，是因为中国政府信息平台建设水平低、数据少、维护差，同时也造成了人们的使用意愿低。

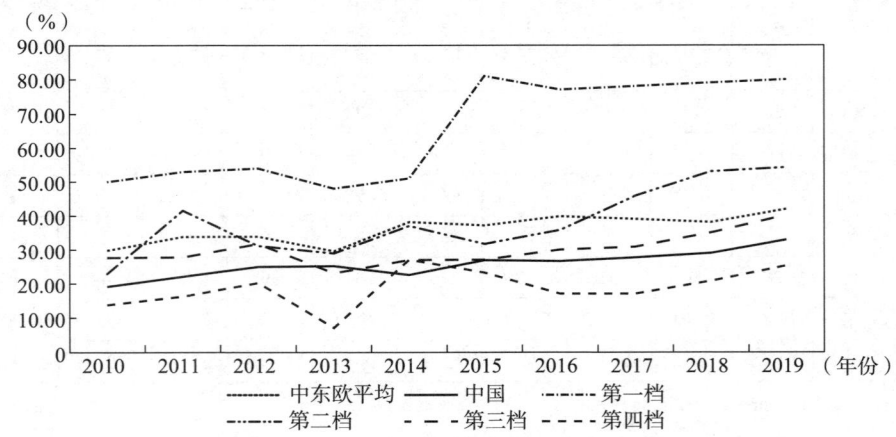

图7-4　中国与中东欧国家政府信息平台使用率折线趋势

资料来源：Eurostat、中国政务平台。

中国官方对数据开放的重要性认识滞后，公共部门对以数字加工分析、交易运营等为主的数据资源的应用技术掌握不足，尤其在数据开放的安全性甄别技术上，难以判断某类数据是否具有开放风险。对公共部门来说，安全性始终是第一位的，公共部门因此倾向于收缩数据开放面，只公布在安全性上稳妥可靠的数据，反映的正是中层数字软实力的缺失，造成了中国在电子政务普及方面总体上落后于中东欧国家的局面。

在数据开放的部门组织协调上，中国也存在很多问题，比如，缺少足够的统筹调度，各部门各地方对公共数据开放的概念上认识未能统一，导致开放数据内容也不尽相同，当然，这不属于技术范畴内的问题。

例如，交通部的"出行云"平台数据既包含了全国100余个交通数据集，也包括了交通行业企业所提供的20余个数据集，而国家林业局的"中国林业数据开放共享平台"数据形式则主要为了论文报告、分析数据、统计数据等，地方政府提供的数据内容则多以本级政府所管辖的政务数据为主。各开放平台提供的可机读格式数据包的情况也有很大差别，比如，上海、广州等平台提供可机读格式数据包下载率达到100%，但在武汉、浙江各城市等平台仅为50%~60%。

目前，中国各地方政府开放的数据内容主要包括公共安全、交通服务、教育科技、金融服务、健康卫生、文化娱乐等领域，其中北京涉及的领域最广，共分为17个主题，其他网站涉及的主题内容都不够全面。各政府开放平台中，开放数据最多的是无锡，共有752个数据集；最少的是南海区，仅有270个。全国总共开放的数据集不到3000个，多数网站的数据无人问津，成为睡眠数据。综上可见，中国政府信息平台在数据数量与实用性方面有较大欠缺。

与中国相比，中东欧国家对公共部门数据利用的职能早有清晰的规划，以爱沙尼亚为例，2014年颁布的《公共信息法案》，彰显其开放国家机构数据的积极态度，并对数据循环和再利用提出了使用规范，爱沙尼亚的数据门户网站opendata.riik.ee是提供开放数据的平台，并且所有的数据都以最优兼容性可读格式下存储，方便公民查询与下载，其开放之初数据量很小，仅300余个数据集，用户也很少，但是到了2012年，该数据库已有20000个数据集，蓬勃发展的背后离不开爱沙尼亚政府建设数据门户与统筹各部门的数据开放进展的努力，信息技术与电信协会提供了大量的技术支持，其中包括数据清洗、安全甄别、可用性处理等技术，都已在实践中发展得极为成熟。

中东欧部分国家官方还经常组织黑客马拉松比赛、培训等公共活动，支持政府机构发布数据的同时,推动非政府参与者和企业对数据进行加工和再利用,一方面能减少政府机构的工作量,另一方面减少官僚主义习气。爱沙尼亚、拉脱维亚、立陶宛三国正谋求达成波罗的海沿岸国家的跨境数据互通项目,进一步提升其公共政府信息与数据的披露程度。这些举措非常有效地提升了中东欧国家数字资源的利用效率,所带来的社会效益极为可观,而中国在这一领域尚处在起步阶段,技术储备、管理能力较低,应用程度也不高,亟须参考中东欧国家政务平台的建设经验和发展模式,学习其相关的数据管理技术。因此,双方在这一领域有着高度的互补性。

(2)大数据分析运用领域的互补性

大数据业务是资源型数字经济的核心业态,集中体现了一国数据处理与应用的前沿技术水平。欧洲统计局自2016年开始,每两年进行一次数据统计。斯洛文尼亚在大数据应用上走在最前沿,大数据分析技术使用率达到了65%,而后是捷克、立陶宛、爱沙尼亚三国,平均使用率在42%左右(见图7-5)。

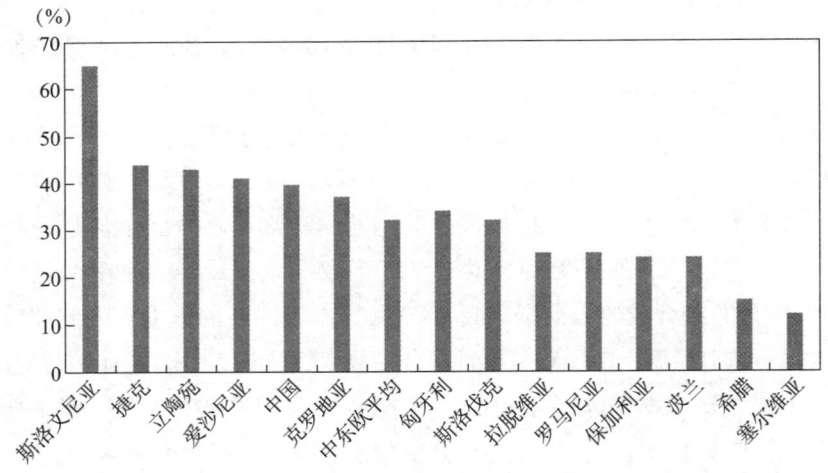

图7-5 2018年中东欧国家企业大数据分析技术使用率

资料来源:Eurostat、中国信通院。

根据中国信通院发布的《中国大数据发展报告》,中国已有近四成的企业应用了大数据分析技术。在抽样调查的1572家企业中,已经应用大数据的企业有623家,占比为39.6%,与2016年相比上升4.5%,尤其在金融等领域中,大数据应用增加趋势较为明显。中东欧国家的大数据平均使用率为32%,稍低于中国,大多数中东欧国家的大数据使用率在25%左右,差距不大,总体来讲，中国与中东欧国家的企业都越来越重视数据处理、数据分析对于市场判断和决策的作用，因此日后在大数据分析方法的经济应用和推广上，中国与中东欧国家的发展方向是高度趋同的。

(3) 云计算领域的互补性

云计算是以互联网为中心，在网站上提供便捷安全的计算服务与数据存储服务，让每一个使用互联网的人都可以使用网络上的庞大计算资源与数据中心。云计算还可根据数据中心的来源分为公有云、私有云与混合云三种。

表7-6显示，2018年，中国企业云计算使用率达到40.3%，其中公有云占22.4%，私有云占15.3%，混合云占2.6%。从需求上看，中国的大型企业更倾向部署私有云平台，29.7%的大型企业使用私有云平台，而中小微企业更侧重使用公有云平台。中东欧国家企业2018年云计算平均使用率仅为18.38%，落后中国14.08个百分点，并且公有云占了绝大多数，这表明了中国与中东欧国家在云计算应用水平上存在较大差距。

表7-6 企业云计算技术使用率 (%)

国家	2014年	2015年	2016年	2017年	2018年
爱沙尼亚	15	17	23	29	34
克罗地亚	22	22	23	31	31
捷克	15	16	18	22	26
斯洛文尼亚	15	17	22	22	26
立陶宛	13	16	17	23	23
斯洛伐克	19	20	18	22	21
匈牙利	8	11	12	16	18
黑山	9	10	12	15	18
北马其顿	12	10	7	15	17
拉脱维亚	6	8	8	12	15
塞尔维亚	4	5	6	9	15
希腊	8	9	9	11	13
波兰	6	7	7	10	11
罗马尼亚	5	8	7	11	10
中东欧平均	10.44	11.56	12.69	16.44	18.38
中国	12.03	22.38	29.77	34.55	40.3

资料来源：BSA软件联盟、中国信通院。

图7-6依据云计算使用率差异，将中东欧国家分为四档，与中国进行动

态比较。可以发现，中国在云计算应用层面的发展极为迅猛，2014 年仅相当于中东欧国家第二档的水平，到了 2018 年，反倒领先了中东欧第一档国家约 10 个百分点，反映了中国云计算使用上取得了令人瞩目的成就，中国的经验和技术均值得中东欧国家借鉴学习。

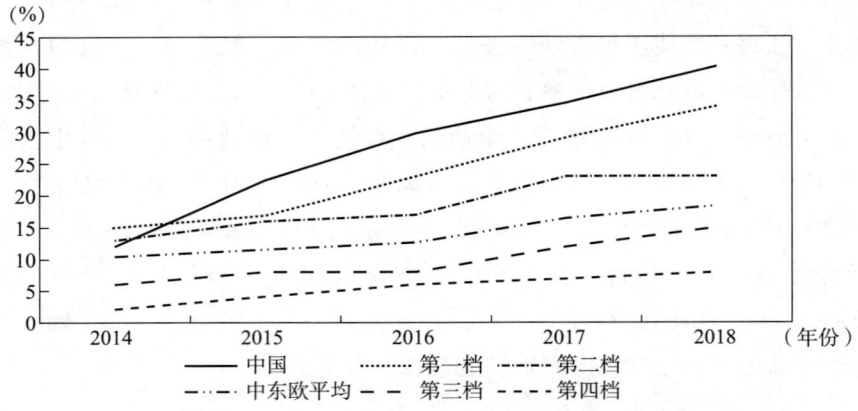

图 7-6　中国与中东欧国家企业云计算使用率折线趋势

资料来源：BSA 软件联盟、中国信通院。

中国在公用数据资源的开发与利用上不如中东欧国家，而中东欧国家对数据生产要素的价值的认识水平、数据的收集处理和交易的能力还有待提升，说明双方在资源型数字经济发展上，存在着许多不尽相同的问题和难点。中国与中东欧国家在资源型数字产业间有着较强的差异性、互补性，也应充分利用这一互补的特性，加强彼此资源型数字经济的联系和交往。

7.4.2　资源型数字经济投资结构互补性

发展资源型数字经济的目的是挖掘数据资源的无穷潜力。数据是一种新型的生产要素，有着透过现象直达本质的效用，过去人们获取数据的手段与种类都受到极大的限制，数据所能发挥的作用也有限，互联网诞生后，基于海量数据的大数据分析成为可能，而资本的作用，就是"生产"数据或增进"捕捉"数据的手段，通过支持数据梳理、数据挖掘、深度学习等技术的研发，建造越来越多的数据资源基础设施如数据中心，来提升数据传输效率。资本使人们生产、生活、消费各环节的数据可视化、简易化。对数据进行交叉复现式的分析总结，能更精确地使资本、劳动力、技术等要素流入最需要的地方，从而提升社会经济的整体效率。

围绕数据资源的开发和应用，一批中国互联网企业和投资机构进行了大量的布局和投入。赛迪顾问的数据显示，近年来大数据领域获得融资的企业数量逐年增加，2016 年获得融资的企业有 400 多家，2017 年仅前三个月就有 150 多家企业获得融资。而且大数据企业的发展极为迅速，2016 年 A 轮融资的数量在千万元以上的大数据企业占比高于 70%，2017 年占比迅速下降到 42%。大数据领域，已经有一批商业模式逐步完善的大数据企业陆续进入 B 轮、C 轮融资阶段，中国正处在资源型数字经济发展的风口，大数据已经形成产业规模，并上升到国家战略层面，大数据技术和应用呈现纵深发展，绝大多数的投资应用于数据的分析环节，投资呈现出实体产业导向型特征，重点挖掘数据的目的性。营销、政务、电信以及金融四个领域的大数据市场的认可度最高，发展前景和技术良好，也是当前最具投资价值的项目。

健康医疗大数据与工业大数据是投资者关注最多的两个数据资源应用新兴部门，而云计算平台并非投资关注的焦点，数据安全和基础数据技术方面的项目，资本仍处在观望阶段。

凡是欧盟成员国，都参与了"欧洲数据战略"，所有以数据资源为驱动的产品、服务都必须遵守欧盟统一的市场相关规范，包括外来直接投资。中东欧国家投资的重点聚焦在那些由欧盟层面支持的具备明显附加值的领域，即如何强化数据资源的基础利用率。

为了迅速推动中东欧国家战略领域的数据驱动型创新，保加利亚、克罗地亚、捷克、爱沙尼亚、希腊、匈牙利、拉脱维亚、立陶宛、波兰、罗马尼亚、斯洛伐克、斯洛文尼亚 12 国均加入了欧盟资助计划以获取公共部门的技术融资，与中国偏向应用的投资不同，这 12 国将大部分的投资用于开发下一代数据处理基础设施。

2021—2027 年，欧盟委员会将投资一个与欧盟数据空间和云基础设施整合有关的具有重大影响力的项目，12 国均参与其中，该项目为基础设施以及数据共享的工具、架构和治理机制提供资金，促进数据共享系统蓬勃发展，欧洲所有数据密集型企业，都将参与到这个项目中，预计总投资规模在 50 亿欧元左右，欧盟拨款 20 亿欧元。中东欧国家还加入了打造泛欧盟共同数据空间的队伍，陆续在一些战略领域进行政府投资，帮助开发数据共享工具和平台；制定数据治理框架；提升数据的可用性、质量和互操作性。

中东欧国家各自开展的投资项目都与欧盟投资项目保持协同，避免分散化投资，集中优势增加数据资源共享项目的研发力度。"数字欧洲计划"专门罗列了技能专项资金，用于缩小大数据和分析能力方面的差距，扩大数字人才库。"欧洲地平线计划"成立了投资基金，数据经济中为中小企业保障资金来源，不过规模有限。

接受了欧盟援助的中东欧国家，也必须对第三国投资、运营的企业维持不公正的欧盟数据壁垒和数字化限制，并且欧盟有权力根据其价值观（如政府过度访问数据问题）和战略利益决定是否对第三国使用开放和积极的国际数据方法，这一"欧盟模式"极大地削弱了中国与中东欧国家在数据资源领域开展投资合作的互补性。

7.4.3 资源型数字经济贸易互补性

本节所指资源型数字产品，主要涵盖自动数据处理设备以及电子元器件等，数据是数字经济中最具活力的生产要素，但这一生产要素发挥作用的前提，需要拥有先进数据处理设备在硬件上的支持，这也直接决定了数据的存储、转录、读写、挖掘等职能的实际效率。伴随着中国与中东欧国家"17+1合作"的不断加快，原本产业的进出口竞争互补态势将逐步产生变化。

依据硬件对信息资源传输的基本职能，本书将资源型数字产品分为四类，自动数据处理设备是利用数据资源的核心硬件，目前主流的设备能够对数据元执行采集、加工、运算以及通过各类程序进行自动化处理，依据其能耗差异，适配的电路板元器件和固定电子元器件不同，虽然这两类产品并不直接影响数据资源的使用，但与数据处理设备的运行效率高度相关，间接地影响到设备对数据资源的利用，半导体电子元器件承担的是数据资源的存储、读取、写入等职能。

表7-7和表7-8显示，2016—2018年，中国对中东欧国家电路板元器件、自动数据处理设备出口匹配指数增长了0.0802和0.0101，涨幅分别为156%和6.48%，而中东欧国家对中国出口的匹配指数均略有下降，表明在这两类商品贸易中，中国对中东欧国家的单向匹配性在增强。

在固定电子元器件和半导体电子元器件方面，中国对中东欧国家的单向匹配性在减弱，中东欧国家对中国出口匹配指数在上升，分别增长了0.0223和0.0353，涨幅为38.65%和13.34%，反映出中东欧国家对中国单向匹配性的平稳增长。

2018 年，中国对中东欧国家资源型数字产品出口匹配指数为 0.5093，比 2016 年增加了 0.0726，涨幅达到 16.62%，同时，中东欧国家对中国的资源型数字产品出口匹配指数为 0.4879，上涨了 0.0464，涨幅为 10.51%，两个指数都有一定程度的提升，表明双方资源型数字产品的双向互补性整体向上发展，中国在电路板元器件和自动数据处理设备上越来越适应中东欧国家市场的需要，而中东欧国家则在固定电子元器件和半导体电子元器件上越发匹配中国消费者的需求，双方拓展此领域经贸合作的前景良好。

表 7-7 中国出口至中东欧国家的互补性指数

类别	2016 年	2017 年	2018 年
电路板元器件	0.0513	0.107	0.1315
自动数据处理设备	0.1558	0.1677	0.1659
固定电子元器件	0.1321	0.1245	0.1237
半导体电子元器件	0.0975	0.0879	0.0882
合计	0.4367	0.4871	0.5093

资料来源：UN Comtrade。

表 7-8 中东欧国家出口至中国的互补性指数

类别	2016 年	2017 年	2018 年
电路板元器件	0.0117	0.0105	0.0083
自动数据处理设备	0.1075	0.0992	0.0997
固定电子元器件	0.0577	0.0632	0.08
半导体电子元器件	0.2646	0.3048	0.2999
合计	0.4415	0.4777	0.4879

资料来源：UN Comtrade。

7.5 中国与中东欧国家技术型数字经济的互补性分析

7.5.1 技术型数字经济产业结构互补性

技术型数字经济覆盖数字技术产品制造、信息技术服务、网络通信服务、新兴数字技术等方面的技术布局与升级。前沿创新与跨界研发成为引领数字经济发展最根本的力量，前沿技术的每一次突破，都将给数字经济的发展带来天翻地覆的变革。

根据《2017中国数字经济指数》的定义，半导体产业、计算机产业、通信产业、软件产业、大数据产业、生物技术产业都属于技术型数字经济的经典产业，5G通信、基因编程、AI智能、虚拟现实、量子计算、人机交互、区块链等均属新兴技术型数字产业。以上产业均属于知识和技术密集型产业，在研发创新与业务运营环节都与数字技术广泛结合。

由于缺少中东欧国家高科技产业产值方面的数据，本节只能选择高科技企业占制造业企业总数比重这一数据进行替代。在此说明这一替代的可行性，由于高科技行业的竞争性与可替代性极强，当其他条件不变，技术上又无法取得突破时，一国高科技产业将会面临整体收缩的严峻前景，此时，高科技企业占制造业企业总数的比重只会下降而不会上升，换言之，当一国高科技产业的技术不断地取得突破，才能使高科技产业整体呈现扩张态势，进而使企业数量增加，因此，本节选取高科技企业占整个制造业企业数量的比重进行分析。技术型数字经济测度指标见表7-9。

表7-9 赛迪中国数字经济指数指标测度体系

技术型数字经济测度指标	高技术产业R&D人员折合全时当量
	高技术产业R&D经费内部支出
	高技术产业专利情况
	高技术产业技术获取与技术改造支出

资料来源：《2017中国数字经济指数》。

表7-10和图7-7直观地反映了2000—2016年中国与中东欧国家高科技企业占比的发展趋势。总体来看，双方高科技企业占比都呈现出了缓步提升的趋势，中国由2.58%上涨至8.66%，高科技企业比重增加了6.08个百分点；中东欧国家由5.20%上涨至8.80%，增加了3.6个百分点，表明中国与中东欧国家都在高科技领域取得了一些进展，技术上取得了新的成果，而中国比重上涨的幅度高出中东欧国家2.48个百分点，中国所取得的高技术突破要胜于中东欧国家。

从双方发展脉络来看，中国基本保持了平稳上升的趋势，除了2010年有较大增幅，单年上涨了2.34个百分点以外，高科技企业占比没有一年下降，而中东欧国家在2001年与2007年都有过较大的滑坡，分别下降了2.06个百分点与0.98个百分点，这反映中东欧高科技产业在这两年中遇到了某些较大的冲击，许多企业承受不住冲击纷纷破产倒闭，从而使比重骤减，2008年开始,中东欧国家高科技产业迈入了同中国一样平稳发展的道路,双方产业结构上较为接近。

表 7-10 高科技企业占制造业企业总数比重 单位:%

国家/地区	2000 年	2001 年	2002 年	2003 年	2004 年
中东欧国家	5.19549241	3.139261487	6.096663241	5.458694126	5.676808394
中国	2.580837475	2.791595752	2.800746195	2.900460339	2.969013793
国家/地区	2005 年	2006 年	2007 年	2008 年	2009 年
中东欧国家	5.843549604	5.288019006	4.307971386	5.956849152	6.010296952
中国	3.860807356	3.873430742	4.503841794	4.508880212	4.325699746
国家/地区	2010 年	2011 年	2012 年	2013 年	2014 年
中东欧国家	6.876550062	6.835840699	7.401559784	7.585829948	8.421092212
中国	6.67144737	7.191638833	7.728407765	7.827489057	7.928994083
国家/地区	2015 年	2016 年			
中东欧国家	8.654114906	8.804833367			
中国	8.261469616	8.662852514			

资料来源:Eurostat、《中国高技术产业统计年鉴 2001—2017》。

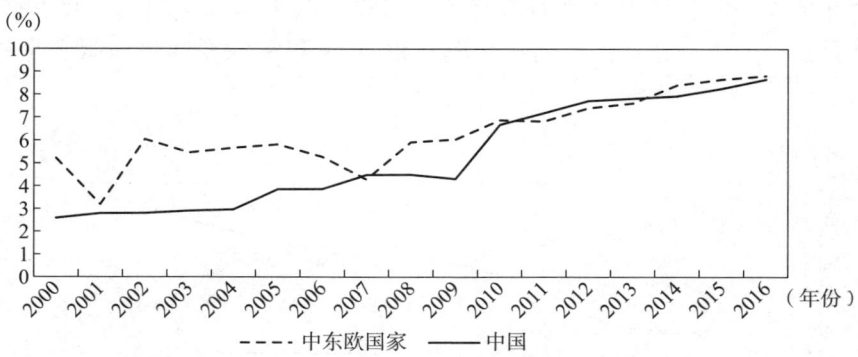

图 7-7 高科技企业占制造业企业总数比重

资料来源:Eurostat、《中国高技术产业统计年鉴 2001—2017》。

7.5.2 技术型数字经济技术能力互补性

表 7-11 是关于权威部门于该年批准专利申请的件数,而不是企业提出专利申请的数量,2008 年中国与中东欧国家高科技企业平均发明专利数分别为

1.06个与1.61个,中国比中东欧国家专利数低了0.55个,这表明在2008年,中国高科技企业的研发创新能力比中东欧国家要弱,高技术发展的绝对水平也低于中东欧国家的平均水平,而到2016年,中国的平均专利数为3.31个,中东欧国家为1.04个,中国反超了中东欧国家2.27个专利数。

表7-11 高科技企业平均发明专利数　　　　　　　　　　单位:个

国家/地区	2008年	2009年	2010年	2011年	2012年
中东欧国家合计	1.612606162	1.43714596	1.414492481	1.434351131	1.164585342
中国	1.058682264	1.422367551	1.518819398	2.145235679	2.44305082
国家/地区	2013年	2014年	2015年	2016年	
中东欧国家合计	1.128579834	1.142173826	1.103718905	1.04054567	
中国	2.48877073	2.683417445	2.982383315	3.30654588	

资料来源:Eurostat、《中国高技术产业统计年鉴2008—2016》。

如图7-8所示,2008年是双方技术研发能力出现转折的关键节点,为抵御世界金融危机的不利影响,中国方面实行了俗称"四万亿"的一揽子计划,推出一系列扩大内需、促进经济平稳较快增长的措施,其中3700亿元人民币重点投入到推动中国自主创新步伐和经济结构调整的项目中,有针对性地支撑起高技术产业的大发展、大建设及尖端技术研发,这与2010年高科技企业占制造业比重的显著提升和2011年平均专利数的飙涨是相一致的。

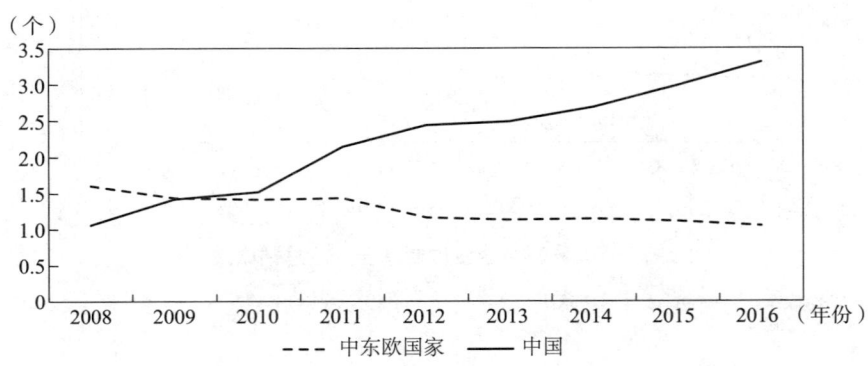

图7-8 高科技企业平均发明专利数

资料来源:Eurostat、《中国高技术产业统计年鉴2008—2016》。

中东欧国家数字专利的发展呈现出曲折的特点，图7-9呈现了1980—2018年中国与中东欧国家每百万人的数字专利申请数的相对水平变化趋势，可以看到，20世纪80年代的中东欧国家由于"苏东剧变"的冲击，分别在1984—1986年和1988—1990年，在数字专利创新上发生了两次"暴跌"，最低的1990年每百万人信息技术相关的PCT专利申请数仅为470余个，缩水为1980年的一半，此后1992—1994年伴随着IT产业风靡全球，数字专利创新水平回升到了912个/百万人，此后十多年中东欧国家的数字创新处于平稳发展阶段。

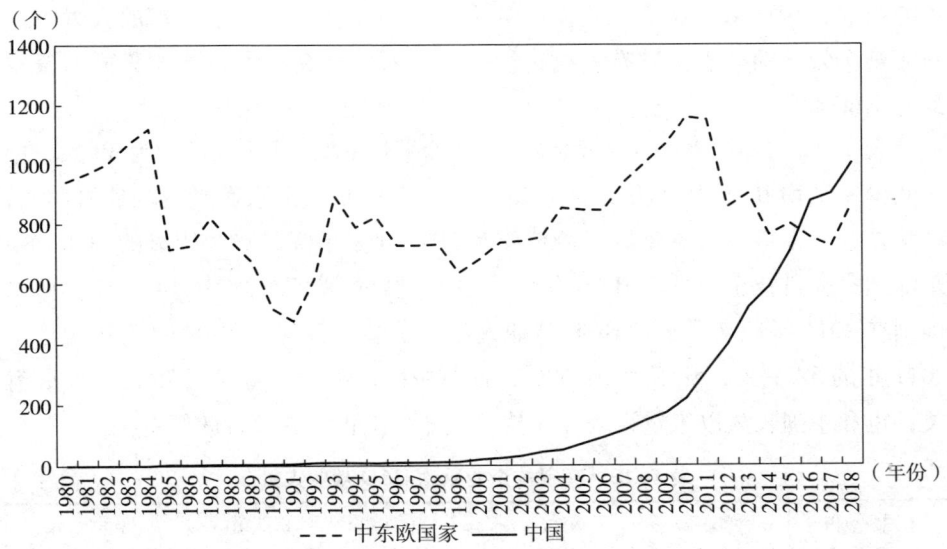

图7-9　数字专利水平（每百万人信息技术相关的PCT专利申请数）

资料来源：世界知识产权组织数据库（WIPO）。

好景不长，在2010年达到历史最高峰后，中东欧国家高科技产业接连遭受金融危机和欧债危机的猛烈冲击，国民经济整体陷入困境，一部分国家甚至不得不寻求国际金融组织和欧盟的援助，这两场危机对中东欧国家最直接的影响，就是大大提高了当地高科技企业的融资成本，即便有着国际货币基金组织的援助，也依旧是杯水车薪，庞大的资金缺口难以弥补；即使企业获得了资本，但过于高昂的融资成本迫使企业重新制订或终止研发计划，许多项目因此搁置停摆，前期投入全部作废，个别中东欧国家还出现了政局动荡、政府频繁更替等情况，这些因素共同造成之后中东欧国家数字技术研发能力的"断崖式"下跌，而中国则正以稳定且高效的增长速度，在技术研发和专利申请方面大大超越了中东欧国家,截至 2018 年,中国的数字专利数量近 1000 个/百万人,而中东欧国家仅为 815 个/百万人,若比较专利总数,则差距更明显。显然,单从技术能力来看,中国与中东欧国家之间有着极强的互补性。

7.5.3 技术型数字经济投资结构互补性

考虑人力资本在技术型数字产业发展中的特殊性,本节从高科技企业平均研发人员数、高科技企业平均研发支出两方面出发,以人力资本和一般资本分析双方在技术型数字产业投资结构方面的互补性,其中特定的人力资本对于某个领域的技术突破有着决定性作用,所以,高技术人才作为人力资本的跨国流动需要纳入分析。

表 7-12 显示,2007 年中国高科技企业平均 R&D 从业人员约为 39 人,中东欧国家平均 R&D 从业人员约为 50 人,而后中东欧国家遭受金融危机冲击,高科技企业不得不裁减雇员,2009 年和 2012 年是下降趋势最明显的两年,中东欧国家高科技企业平均 R&D 从业人员数量跌幅为 7.17% 与 14.75%,而中国则在 2011 年迎来了平均 R&D 从业人数的暴增,由 2010 年的 38.7 人上涨至 2011 年的 52.9 人,涨幅为 36.69%,这与中国高科技产业"井喷式"发展有关,也和中国长久以来重视培养高技术人才、工程师的教育政策有关。

表 7-12 高科技企业平均 R&D 从业人员   单位:人

国家/地区	2007 年	2008 年	2009 年	2010 年	2011 年
中东欧国家	50.00711288	50.23477397	46.64770294	46.71052632	48.88115517
中国	39.17638147	36.59487934	35.1804982	38.73851502	52.90102389
国家/地区	2012 年	2013 年	2014 年	2015 年	2016 年
中东欧国家	41.66519401	42.47944464	44.1982858	44.15525224	45.41447231
中国	51.49667966	48.10318287	47.42474677	45.69538659	43.56836483

资料来源:欧洲统计局、中国统计局。

如图 7-10 所示,中国高科技企业平均 R&D 从业人员数在 2011 年后有一个缓慢下降的趋势,同期中东欧国家呈现出缓慢回升的趋势,这与中东欧国家整体经济从危机中复苏有关,中东欧国家高科技企业数量从暴跌中逐渐恢复,因而原本失业或专业的研发人员重新上岗。同时期,中国进入了信息化大发展时期,中国高科技企业数量大涨,研发人员数量的增加反倒赶不上企业数量的增加，到 2016 年，中国的平均研发人员被中东欧国家反超，双方差距缩小在一定程度上表明了，中国与中东欧国家高科技人才的储备水平极其相近，双方对于高素质人力资本的需求都很大，因此在跨国人力资本的流动上，双方的互补性较弱。

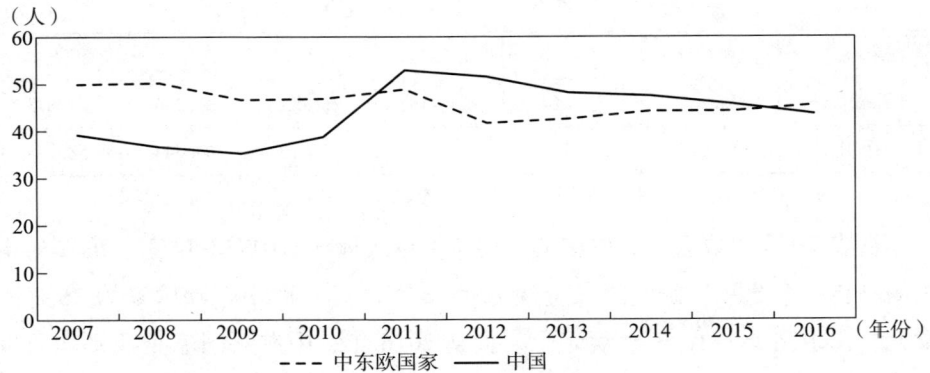

图 7-10　高科技企业平均 R&D 从业人员

资料来源：欧洲统计局、中国统计局。

图 7-11 描绘的是 2011—2016 年高科技企业平均研发投入的水平变化趋势，其中虽不包括对雇员的支付费用，但由于中国与中东欧国家平均高科技研发人员数量相近，因此图中显现的差距与变化趋势，可直接反映双方在研发投入中所消耗的有形资产与无形资产的价值之和。

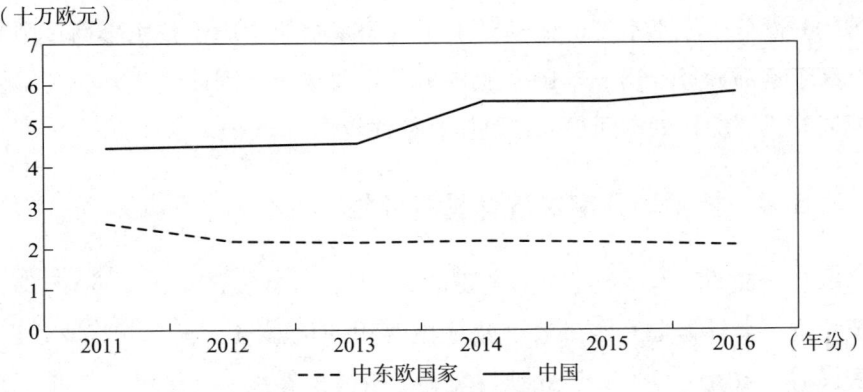

图 7-11　2011—2016 年高科技企业平均研发投入

资料来源：欧洲统计局、《中国高技术产业统计年鉴 2008—2016》。

高科技产业既是知识密集型产业，又是资本密集型产业，越是前沿的研究，越是要耗费高昂的资本投入，研发周期也就越长。一般而言，研发的整个流程，是一个资本不断增加的过程，这对企业的资金储备与融资能力都是巨大的考验。

表7-13　2011—2016年高科技企业平均研发投入　　　　单位：万欧元

国家/地区	2011年	2012年	2013年	2014年	2015年	2016年
中东欧国家	26.263	21.824	21.418	21.953	21.236	20.873
中国	44.625	45.121	45.7	55.851	55.744	58.139

资料来源：欧洲统计局、《中国高技术产业统计年鉴2008—2016》。

从表7-13可以看出，中国的平均研发投入远高于中东欧国家，2011年中国的高科技企业平均研发投入金额为44.6万欧元，而中东欧国家为26.3万欧元，比中国少了18.3万欧元。一直到2016年，中东欧国家企业平均研发投入都处于平稳下降的趋势，每个高科技企业仅能投入20.8万欧元用于革新技术，而这一数字在中国则为58.1万欧元，高出中东欧国家37.3万欧元，投入金额将直接影响前沿技术的进展。

可以预见，未来中国高科技的发展会显著优于中东欧国家，其中的一个重要原因就在于中国拥有充裕的研发资本，而研发资本在中东欧国家则极为匮乏，中国企业的研发融资条件都大大优于中东欧国家企业，双方有着较大的差距，然而研发也有着边际技术替代率递减规律，当资本能够自由流动，中国的一部分研发资本若能流动到中东欧国家企业中用于技术创新，则其收益将高于这部分资本用于本国企业技术研发的报酬，因此，双方在技术研发领域展开投资合作的空间很大，整体互补性较强。

7.5.4　技术型数字经济贸易互补性

本节涉及的技术型数字产品主要指数字化的高科技产品，按照HS编码细分至六位。半导体晶片与器件、集成电路用的机器与装置、电路蚀刻设备、精密仪器、微电子组件、热处理设备、平板显示器类、绝缘电导体类、光纤电缆类、信号发生器，都是高度信息化、数字化社会的产物，是一国制造业水平的综合体现。

表 7-14　中国出口至中东欧国家的技术型数字产品的匹配指数

类别	2016 年	2017 年	2018 年
半导体晶片与器件	0.0229	0.0237	0.0232
集成电路用的机器与装置	0.0409	0.0411	0.0409
电路蚀刻设备	0.0217	0.0216	0.0322
精密仪器	0.0014	0.001	0.0017
微电子组件	0.0072	0.0073	0.0077
热处理设备	0.0092	0.012	0.0097
平板显示器类	0.0103	0.0116	0.0117
绝缘电导体类	0.029	0.027	0.046
光纤电缆类	0.0616	0.063	0.0846
信号发生器	0.035	0.042	0.033
合计	0.2392	0.2503	0.2907

资料来源：UN Comtrade。

表 7-15　中东欧国家出口至中国的技术型数字产品的出口匹配指数

类别	2016 年	2017 年	2018 年
半导体晶片与器件	0.002	0.001	0.001
集成电路用的机器与装置	0.0229	0.0217	0.0213
电路蚀刻设备	0.0002	0.0001	0.0001
精密仪器	0.0017	0.0011	0.0019
微电子组件	0.1021	0.1034	0.1035
热处理设备	0.1029	0.1035	0.1048
平板显示器类	0.0117	0.0116	0.0219
绝缘电导体类	0.0179	0.0179	0.0189
光纤电缆类	0.0376	0.0399	0.0415
信号发生器	0.0983	0.0773	0.0903
合计	0.3973	0.3775	0.4057

资料来源：UN Comtrade。

表 7-14 和表 7-15 显示了 2016—2018 年的两组技术型数字产品的出口匹配指数，在中国对中东欧国家出口匹配指数中，除了电路蚀刻设备、绝缘电

导体类和光纤电缆类三者指数有所提升,其余均保持不变。中国的技术型数字产品对中东欧国家的单向匹配指数从 0.2392 上升为 0.2907,涨幅为 21.53%。在中东欧国家对中国的出口匹配指数中,平板显示器类和光纤电缆类指数有较为显著的增加,信号发生器的出口匹配指数有所下降,其余均未有明显波动,并且整体对华出口匹配指数在 2016 年为 0.3973,2017 年下跌至 0.3775,2018 年再回升至 0.4057,主要的原因是平板显示器类的出口匹配指数上涨了 22.35%。

从整体来看,两组出口匹配指数都有一定的提升,相较而言,中国对中东欧国家的单向匹配性增强更多,而在电路蚀刻装备与绝缘电导体类方面,中国对中东欧国家的单向匹配性显著提升,在平板显示器类上,中东欧国家对中国的单向匹配性显著提升,双方在光纤电缆类产品上互补性明显增强。

7.6 中国与中东欧国家融合型数字经济互补性分析

7.6.1 融合型数字经济产业结构互补性

本节采用农业数字经济占比和工业数字经济占比作为传统第一产业、第二产业数字化发展水平的衡量指标,以概括一国智慧农业和智能制造的发展情况,并使用 2018 年产业数字化规模及其占 GDP 的比重,对中国与中东欧各国的融合型数字经济发展水平整体上进行描述,进而分析中国与中东欧国家融合型数字经济产业结构的互补性。

一直以来,中国高度重视推动传统产业的数字化发展,农业和工业中的制造业领域的数字化发展尤为迅速,企业的发展意愿高。但从技术上来看,中国仍处于追赶全球领先水平的阶段,工业、农业的数字化能力仍待加强。

首先,从农业数字化水平看,早在 2010 年,数字化就已开始融合进中国农业生产、加工、运输的各个环节,通过近十年的发展,衍生出了中国智慧农业的生产模式。具体而言,有使用以传感器为主要枢纽的数据平台服务,对作物进行精准管理,其中运用到了云计算和大数据技术,还有无人机植保,采用数字实时共享技术以及 AI 技术以自动评估农机作业进度。此外,还有精细化养殖等智慧农业的经典生产模式正不断地被开发出来,用以提升农产品的质量与产量。

图7-12显示，爱沙尼亚的农业数字经济占比最高，为7.6%，表明其智慧农业的规模已经进入全球第一梯队，希腊处于末位，农业数字经济仅占2%，大多数中东欧国家农业数字经济占比在5%~6%，中国为7.3%。总体来讲，中国与中东欧国家农业数字经济占比差距不大。从整体上来看，整个世界的农业数字经济发展速度较为迟缓，部分国家受制于自然资源与生产方式，数字化融合的门槛较高，因而造成了绝大部分国家农业数字经济占行业增加值比重低于10%。

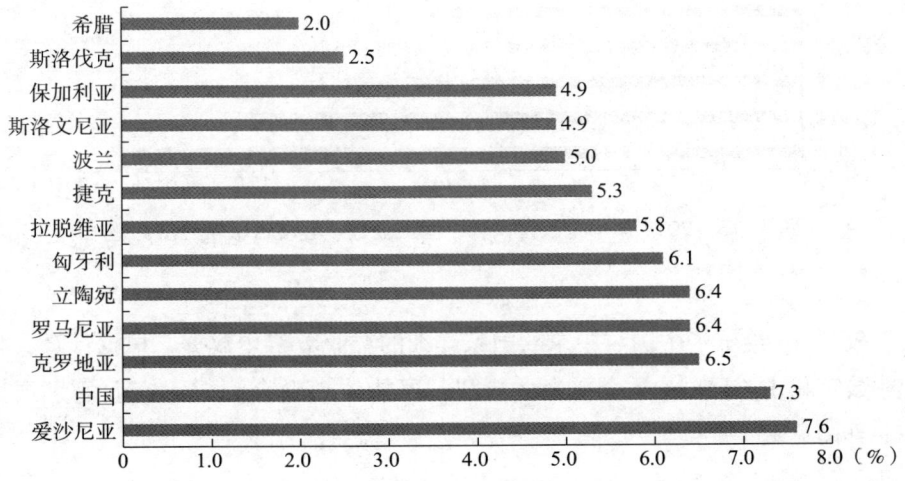

图7-12 2018年中东欧国家和中国农业数字经济占数字经济比重
资料来源：中国信通院。

其次，从工业数字化水平看，如图7-13所示，中国的工业数字经济占比为18.3%，高于所有的中东欧国家，希腊的工业数字经济占比仅为3.2%，表明该国在推动工业数字化融合方面较为消极或收效甚微。中东欧国家中占比最高的为克罗地亚，占比为15.1%，与该国近些年来大力推动"工业4.0"的一系列积极措施相一致。例如，2017年中科曙光在克罗地亚YAC公司的邀请下，双方达成了合作协议，克罗地亚的制造企业得以应用中科曙光的HPC产品及相关服务，为克罗地亚智能制造业的发展提供强力助力。从整体来看，与韩国的44.5%、德国的42.5%和美国的37.7%相比，中国与中东欧国家的工业数字经济占比都不高。除去克罗地亚、匈牙利、爱沙尼亚等国，大多数中东欧国家数字经济占比集中在7%~10%，与中国的工业数字经济占比有着较大差距，这反映了双方在数字经济方面的战略侧重不同，中东欧国家更重视数字产业化的发展。

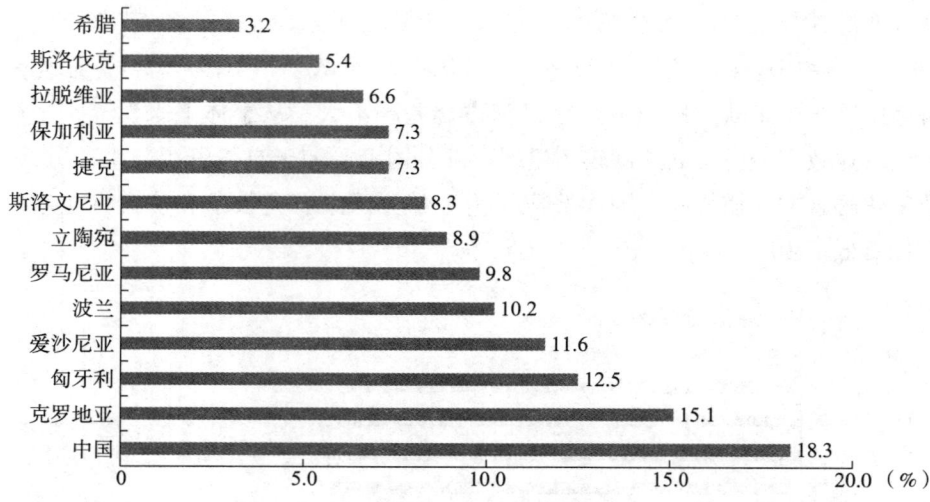

图 7-13　2018 年中东欧国家和中国工业数字经济占数字经济比重

资料来源：中国信通院。

表 7-16 给出了中国与中东欧国家详细的产业数字化数据，根据计算，将产业数字化占 GDP 比重绘制为柱状图，更能体现融合型数字产业的发展水平，具体见图 7-14。

表 7-16　2018 年中东欧国家和中国产业数字化规模及占 GDP 比重

国家	产业数字化规模（亿元）	GDP（亿元）	产业数字化占比（%）
中国	37600	816486	4.605100394
爱沙尼亚	50	1817.04	2.751728085
匈牙利	247	9472.98	2.60741604
克罗地亚	96	3658.32	2.62415535
罗马尼亚	337	14373.18	2.344644678
捷克	325	14713.56	2.208846805
波兰	789	35139.84	2.24531472
保加利亚	81	3907.98	2.072682051
拉脱维亚	44	2064.54	2.131225358
立陶宛	65	3205.74	2.027612969

续表

国家	产业数字化规模（亿元）	GDP（亿元）	产业数字化占比（%）
斯洛文尼亚	58	3240.48	1.789858293
斯洛伐克	73	6354.3	1.148828352
希腊	141	13081.92	1.077823439

资料来源：中国信通院。

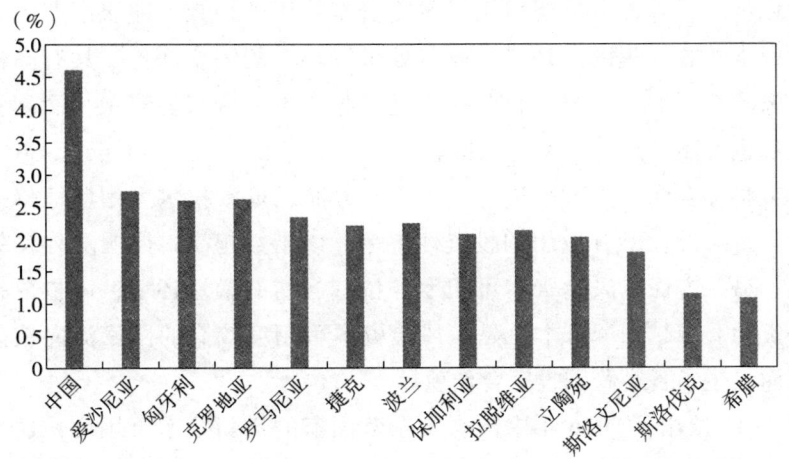

图7-14　2018年中东欧国家和中国产业数字化占GDP比重

资料来源：中国信通院数据计算所得。

图7-15显示，中国的产业数字化占GDP比重达到了4.6%，而中东欧国家中占比最高的爱沙尼亚也仅为2.75%，其余国家集中在1.75%~2.5%的水平，由此可以推断，中国在融合型数字产业的发展上领先，这主要体现在工业数字经济领域，中国的龙头企业和初创企业已经形成良性互动、协同并驱的发展模式，中国的工业互联网初创企业越来越受资本青睐。

与此同时，中东欧国家的智慧农业发展水平不在中国之下，如爱沙尼亚与克罗地亚等国，在农业数字化的发展上颇有建树，大多数中东欧国家对于推进本国"工业4.0"与智慧农业的转型积极性较高，迫切地希望实现传统产业的数字化转型，中国也希望对外进行数字产能合作，实现智能要素在全球第一、第二产业中的有效配置，这就为双方在融合型数字产业方面留下了较大的合作空间。

7.6.2 融合型数字经济投资结构互补性

推动融合型数字经济的发展,尤其要重视加快前沿数字技术的转化速率。根据《全球数字创新发展报告》,前沿数字技术应用转化能力可由最新技术可用度指数进行衡量,最新技术可用度指前沿技术在商业实践中得到应用的程度。这一指数越高,意味着技术研发的投入产出比越高,这将成为吸纳投资的重要优势。另外,本节还引用了风险资本可用度指数,即该产业的企业获取风险资本的容易程度,是对产业所处融资环境的综合评价,具有高额回报率、高风险特征的高新技术企业往往是风险资本最青睐的对象,而高科技产业的发展也离不开风险资本的扶持。

本节将综合两个指数来进行分析,一方面以最新技术可用度评价一国数字技术与传统产业融合应用的投资回报率,该指数越高,说明对外资的吸引力越强;另一方面以风险资本可用度评价其当前的融资环境,该指数越低代表对外资的需求越强。资本总是从风险资本可用度较高的国家流向较低的国家,从而诞生了各类跨国投资合作项目。

图7-15给出了2016年中国与中东欧国家的最新技术可用度,这一指标主要刻画各国最新技术的转化速率,即一种新技术自研发以后,到应用于实践经济生活的速度,这一可用度或转化速率越高,则代表该国新技术的应用转化越容易。数据显示,中国在这方面低于中东欧绝大多数国家,仅高于阿尔巴尼亚、波黑、塞尔维亚三国。

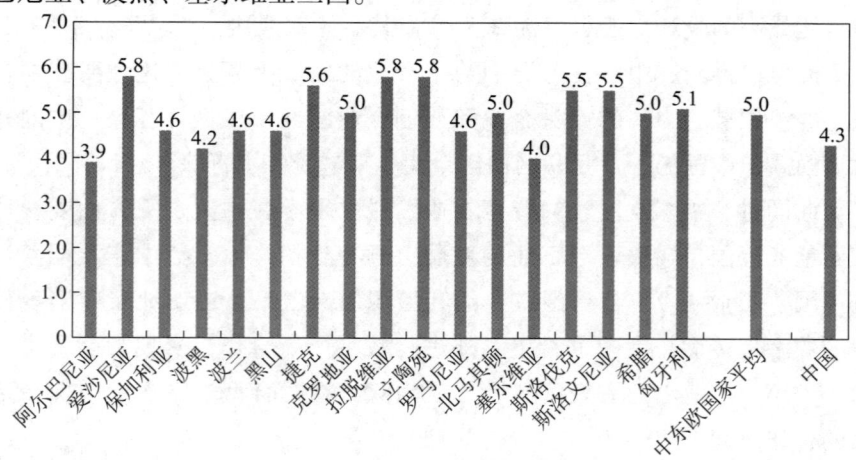

图7-15 2016年中国和中东欧国家最新技术可用度

资料来源:《2016全球信息技术报告》。

风险资本可用度描绘的是一国能用于新技术的商业转化、应用创新资源的容易程度，由于试图转化新技术的商业行为大多呈现出高风险、高收益的特点，因此，投入新技术转化工程的资本、人力、土地等资源都可称作为广义上的风险资本，其可用度包含了可得性与易得性两重概念。如图7-16所示，中国的风险资本可用度评分为3.8，世界排名第16，而在中东欧国家中，仅爱沙尼亚、捷克、立陶宛三国的评分超过了3，绝大多数国家的评分都在2.5左右，因此，中国风险资本可用度显著优于中东欧国家，说明中国的技术转化环境较好。

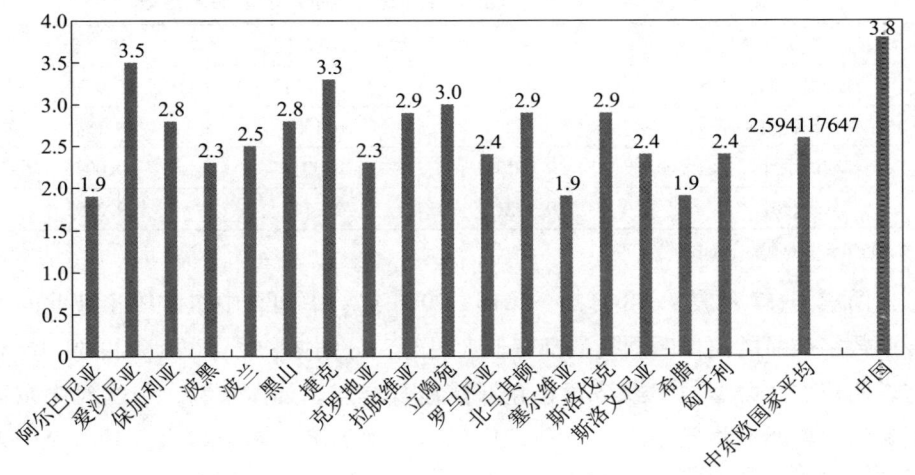

图7-16　2016年中国和中东欧国家风险资本可用度

资料来源：《2016全球信息技术报告》。

中东欧国家的最新技术可用度显著优于中国，意味着其新技术应用转化更为容易，商业实用性更强，综合来说，中东欧国家技术转化的资本回报率更高。而在风险资本可用度上，中国显著优于中东欧国家，意味着中国有更充足的技术转化资源与能力，这部分资源与能力可以用于本国，同样也可以用于支持外国的新技术商业转化、应用，而投入到中东欧国家的风险资本回报率更高，双方资本的流动将是有利可图的，显然，在投资上，双方有着较大的互补性。

7.6.3　融合型数字经济贸易互补性

本节所涉及的融合型数字产品主要包括用于第一、第二产业生产用途的器械，如自动加工制造装备、自动销售机器、辅助设计设备。

表 7-17　中国出口至中东欧国家融合型数字产品的匹配指数

类别	2016 年	2017 年	2018 年
自动加工制造装备	0.093	0.1145	0.1225
自动销售机器	0.0047	0.0033	0.0035
辅助设计设备	0.0291	0.0369	0.0676
合计	0.1268	0.1547	0.1936

资料来源：UN Comtrade。

表 7-18　中东欧国家出口至中国融合型数字产品的匹配指数

类别	2016 年	2017 年	2018 年
自动加工制造装备	0.0573	0.0721	0.0779
自动销售机器	0.1129	0.1394	0.1541
辅助设计设备	0.0019	0.0032	0.0075
合计	0.1721	0.2147	0.2395

资料来源：UN Comtrade。

由表 7-17 和表 7-18 可知，2016—2018 年，中国与中东欧国家彼此间融合型数字产品的出口匹配指数都有较大提升，分别增长了 52.68% 和 39.16%，这表明双方融合型数字经济贸易互补性显著增强。具体来看，中国对中东欧国家的出口匹配指数中，仅自动销售机器一项下降，其余均为上升，而中东欧国家对中国的出口匹配指数三大类商品都有较大提升，自动加工制造装备与辅助设计设备的贸易互补性极具发展潜力，但两组指数的绝对大小依旧没有超过 0.25，表明双方融合型数字产品双边贸易的基础薄弱，考虑到双方融合型数字经济的发展水平，这种贸易基础的薄弱性是显而易见的。

7.7　中国与中东欧国家服务型数字经济互补性分析

7.7.1　服务型数字经济产业结构互补性

本节选取 3 个月内使用过网络零售服务的个人比重、网上进行金融活动（包含网购旅行险）比例、企业开展网络销售服务的比例三个指标来分析中国与中东欧国家服务型数字产业结构的互补性。

(1) 网络零售服务业的互补性

图 7-17 给出了 2010—2019 年的互联网零售个人使用率变化曲线，可以看到，2019 年中国的比重达到 73% 左右；爱沙尼亚为 56%，是中东欧国家网络零售比重最高的；保加利亚为 14.5%，是中东欧最低的国家；其余中东欧国家比重均介于二者之间，都同中国有着不小的差距。可以认为，在互联网零售方面，中国领先于中东欧国家，这一差距的形成，不仅有中国互联网零售服务快速发展的因素，而且有中东欧大部分国家消费观念较为传统和保守的原因。

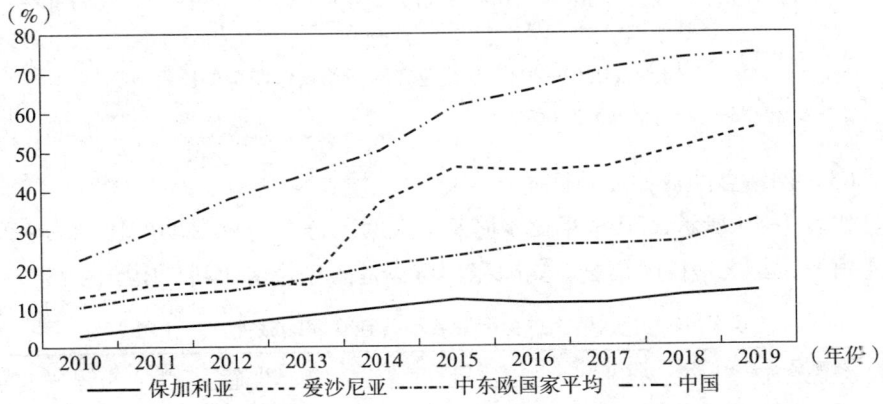

图 7-17　2010—2019 年 3 个月内使用过网络零售服务的个人比重

资料来源：Eurostat、《中国互联网络发展状况统计报告》。

(2) 网络销售服务业的互补性

截至 2019 年，保加利亚与捷克分别是中东欧国家中企业开展网络销售服务比重最高与最低的国家。如图 7-18 所示，在 2010 年，中国企业提供网络销售服务的比重不到 20%，而 2012—2013 年，中国超过了捷克，此后两国差距越拉越大，到 2019 年，中国已经有近 50% 的企业（绝大部分是中小企业）开展网络销售服务，比捷克高出约 20 个百分点，比中东欧国家平均比重高出约 36.7 个百分点，比保加利亚高 41.2 个百分点，显然，中国在互联网销售服务上，走在了中东欧国家的前面。

中国近十年网络销售服务业都保持着高速增长，尤其在 2013 年之后，迎来了电商大发展时期，以淘宝、京东为主的电商平台成为中国经济最具活力的创新者。反观中东欧国家，其平均比例仅仅是略有抬升，保加利亚的发展趋势很具有代表性，因为许多中东欧国家的电商发展，都有着一样的变化趋势，线上服务始终处在萌芽状态，网络零售服务整体表现脆弱，显然，这些国家电商的发展遇到了瓶颈。

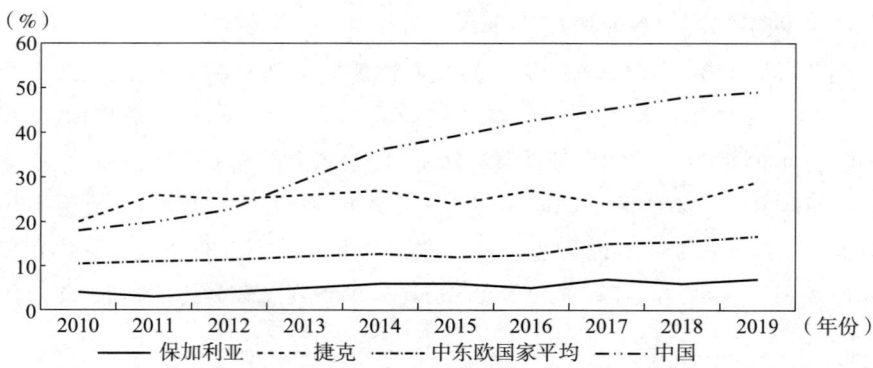

图 7-18　2010—2019 年企业开展网络销售服务的比例

资料来源：Eurostat、《中国信息年鉴》。

（3）网络金融业的互补性

如表 7-19 所示，2019 年爱沙尼亚个人网上进行金融活动的比例为 45%，遥遥领先，其次是拉脱维亚、立陶宛，再次是捷克、匈牙利，中国为 19.9%。

表 7-19　个人网上进行金融活动（包含网购旅行险）比例　　　　（%）

国家	2016 年	2017 年	2018 年	2019 年
保加利亚	1	2	2	3
捷克	10	11	15	15
爱沙尼亚	30	29	40	45
希腊	3	3	3	0
克罗地亚	2	2	2	1
拉脱维亚	21	18	28	28
立陶宛	10	12	15	18
匈牙利	3	4	6	11
波兰	3	3	3	5
罗马尼亚	1	1	2	1
斯洛文尼亚	2	3	6	5
斯洛伐克	7	5	6	7
黑山	0	0	1	0
北马其顿	2	1	1	0
阿尔巴尼亚	0	0	0	0
塞尔维亚	0	1	1	1
波黑	0	0	0	1
中东欧国家平均	5.94	5.59	7.71	8.29
中国	14.3	16.06	18.42	19.9

资料来源：欧洲统计局、《中国互联网络发展状况统计报告》。

从数据上来看，希腊、克罗地亚、北马其顿个人网上进行金融活动的比例不但没有稳定的增长，甚至略有下降，这是因为他们受制于制度不完善的弊端，无法形成良性循环的互联网金融生态，黑山、波黑、塞尔维亚、希腊、克罗地亚等国目前网上金融业处在完全停滞状态，互联网金融在这些国家是一块值得开垦的土地，互联网金融正在高速发展的中国就是最合适的合作对象。

7.7.2 服务型数字经济技术能力互补性

服务型数字经济本质上是信息技术与数字化管理同服务业的融合。本节以服务业数字经济占比和云计算技术在服务业中的发展为主，来介绍中国与中东欧国家服务型数字技术的应用现状，并评析其互补性。

图7-19显示，2018年中国服务业数字经济占比达到35.9%，而中东欧国家中该占比最高的国家是爱沙尼亚，仅为18%，希腊最低为7.1%，由此可见，在服务型数字经济的发展上，中国大大领先于中东欧国家。

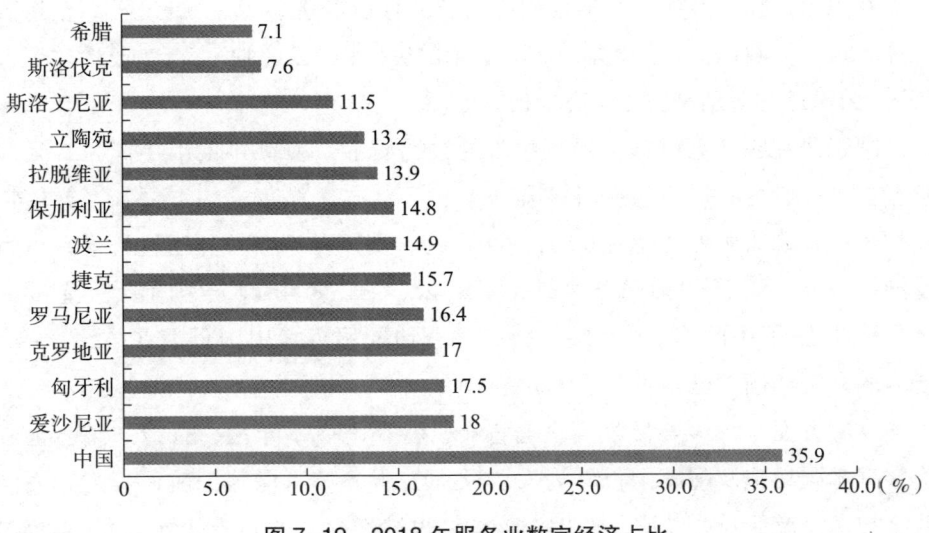

图7-19　2018年服务业数字经济占比

资料来源：中国信通院。

近年来，中国在云原生技术端取得了长足的进步，改变了原本IT运维的方式和商业程序开发机制，通过推进云形态的不断演变，率先在互联网行业中释放了强大的云端服务红利，促使越来越多的企业将云原生理念落实于自身平台。据中国信通院披露的信息，日益成熟的云原生技术，正由首先试水的互联网行业向传统能源、制造业及政务等领域扩散，技术得以在多领域开展分布形式多样化的应用转化，并同区块链、深度学习等场景紧密结合，推动智能云技术体系架构的完善成型。云计算技术的发展已深植于中国各服务领域，目前以"政务云""金融云""能源云"为主。

政务云方面，中国已实现省级行政区全覆盖，并覆盖了2/3的地市级行政区，逐渐脱离高速增长阶段。目前以扩容增大云介入层次为主，最大程度上保障了政务的便利性，提升了城市公共服务的精准数字化水平；云计算在互联网金融领域得到广泛运用，中国的各大商业银行同中国ICT服务提供商建立了紧密合作，为客户提供更便捷的直接支付和理财手段。阿里云、百度云等云计算公司构建了各自的"云上"方案，加速保险业系统性迭代；中国在能源云领域仍处于攻坚期，受制于能源企业的"烟囱式"业务系统布局，数据互通难度大大加深，服务对象众多，系统信息量超载问题目前未有理想的解决方案。

在中国，服务型数字经济也被称为"非接触经济"或"云经济"，借助云计算、5G、大数据、人工智能等ICT技术的突破，"云课堂""云办公""云开市""云医疗"等新型服务业态也相继出现。

阿里研究院"新服务"系列报告的数据显示，2020年上半年作为"云课堂"主要平台之一的钉钉服务覆盖了全国300多个城市，约1万家家教培训机构进行了购买服务，超过60万的小、初、高以及高校教师通过该平台进行了网络授课，约5000万名学生进行了"云学习"，同时，全国上千万企业共计2亿员工使用了钉钉的在线办公、远程协同服务，中国目前在"云服务"技术的开发利用上已经走到了世界最前沿。

欧洲方面，2014年欧洲委员会宣布，将在之后5年内，打造一整套世界级数据基础设施及配套硬件，为发展欧洲云服务技术保驾护航，其主要面向数字技术、商业及公共服务应用，该计划也被称为"欧洲云计划"，覆盖范围是除俄罗斯之外的整个欧洲，中东欧地区自然也在名单之中。欧洲各领域的云服务发展并非齐头并进，而是存在着地区和行业上的不平衡，是以"科学云"为先导，为全欧洲的科研工作者创造开放自由的数据环境。

中东欧的"政务云"发展水平同中国相近，但各类私有云计算服务以及商业化应用尚处于起步阶段。中东欧国家出于对商业安全的考虑，在公共政务之外的IT模式应用革新方面越发趋于保守,云计算方面的IT预算支出多年维持在较低的水平,导致在弹性计算、数据存储、网络、IoT物联网、六数据、人工智能等技术的发展与运用上远远落后于中国。

中东欧国家目前正在推进"工业4.0"战略,亟须云计算等新技术服务,渴望外国企业为当地的产业变革提供高新技术,因此,中国与中东欧国家也展开了服务合作,2019年匈牙利裕信银行和支付宝达成了合作,为支付宝用户提供网上支付服务、游客出境支付以及数字普惠金融服务。

如表7-20所示,除物联网服务技术水平一项,爱沙尼亚的评分高于中国外,在云计算服务、数据基础服务以及人工智能服务方面,中国的发展水平都远高于中东欧国家。

表7-20 GCI数字服务技术的发展评分

国家	数据基础服务	云计算服务	人工智能服务	物联网服务
捷克	69	57	30	33
波兰	69	48	21	33
匈牙利	69	60	18	33
克罗地亚	66	48	18	36
罗马尼亚	72	54	24	27
爱沙尼亚	84	48	27	42
立陶宛	84	54	18	33
希腊	72	51	24	36
塞尔维亚	48	45	21	27
斯洛伐克	75	51	21	33
斯洛文尼亚	72	51	24	36
保加利亚	66	54	18	24
中国	84	60	42	39

资料来源:《全球联接指数2019白皮书》。

如图7-20所示,中国的评分在四个维度上都高于世界平均水平,中东欧国家物联网服务与人工智能服务的平均分分别为32.75分和22.00分,不仅低于中国,而且低于世界平均水平,这表明中东欧国家在这两个技术服务领域的发展已经落后于世界平均水平。中东欧国家云计算服务技术评分只比世界平均水平高出0.75分。

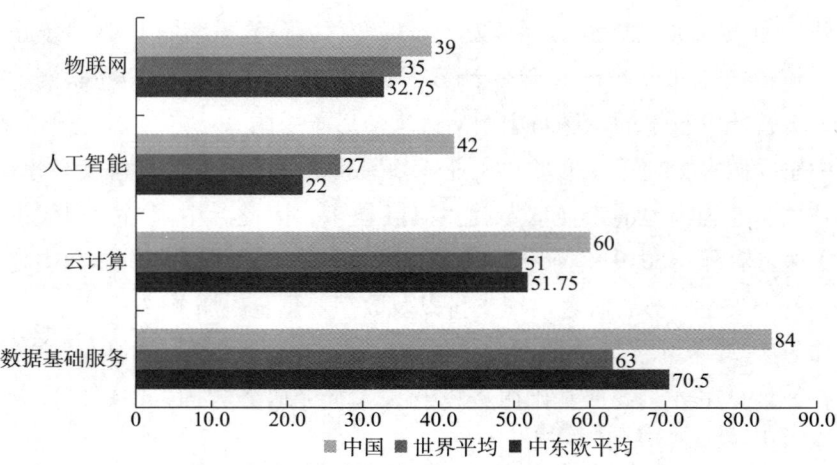

图 7-20　GCI 数字服务技术的发展评分

资料来源:《全球联接指数 2019 白皮书》。

具体来看,在所有欧盟国家中,保加利亚的云计算服务使用率最低,这导致该国的高新技术使用滞后;克罗地亚在云计算和物联网领域投入不足;捷克公民数字技能水平较高,孕育了丰富多样的网络服务,捷克的互联网用户热衷于使用网上银行及进行网上购物;爱沙尼亚的税务系统等公共服务数字化程度很高,但其数字技术在商业服务应用端发展不足;斯洛伐克与斯洛文尼亚两国已进入云服务开发阶段。大中型企业对云计算服务有较深入地了解,因此它们大多因安全问题以及数据位置、适用法律、管辖权和争议解决机制的不确定性而不使用云服务。而中小企业则更倾向于将系统部署到云上,这一特点在中东欧地区较为常见。

虽然企业发展云技术的热情不断提高,但中东欧国家的很多企业还不太愿意开放自己的数据,导致云解决方案在中东欧国家的部署进程相对缓慢。总体而言,中东欧国家在使用新技术方面相对保守,愿意使用云服务的通常是一些小型制造企业。因此,中东欧国家目前迫切地需要吸引更安全和更成熟的云服务提供商进入本国市场来消除本国企业的担忧。

中国目前大力发展人工智能、云计算和物联网等高科技,着眼于将这些数字技术转化为经济增长动力,数字技术将广泛嵌入国民经济生活中,许多技术和应用转化的经验日趋成熟,亟待同中东欧国家建立数字服务合作。

7.7.3　服务型数字经济贸易互补性

贸易互补性指标计算所用贸易数据均来自 UNCTAD 数据库,服务型数字贸易的子分类为 ICT 服务、金融服务、数字文娱服务等，其中，ICT 服务覆盖了通信服务或软件服务以及大部分与信息技术相关的服务、与办公相结合的视频会议服务、与教育相结合就形成远程教学服务等。基于 ICT 服务之上的跨国金融服务更是自成一脉，由于金融服务的各项操作极为复杂，因此将其单独列出，而数字文娱服务则是指借用信息化手段提供的文化娱乐服务，比如直播平台、移动游戏等。

表 7-21　中国出口至中东欧国家服务型数字产品的匹配指数

类别	2016 年	2017 年	2018 年
ICT 服务	0.0131	0.0140	0.0138
金融服务	0.0070	0.0060	0.0070
数字文娱服务	0.0253	0.0271	0.0331
合计	0.0454	0.0471	0.0539

资料来源：UNCTAD。

表 7-22　中东欧国家出口中国服务型数字产品的匹配指数

类别	2016 年	2017 年	2018 年
ICT 服务	0.0473	0.0477	0.0481
金融服务	0.0039	0.0041	0.0037
数字文娱服务	0.0219	0.038	0.043
合计	0.0731	0.0898	0.0948

资料来源：UNCTAD。

从表 7-21 和表 7-22 可以看出，ICT 服务与金融服务的两组指数没有太大的波动，而在数字文娱服务上，增长较为明显，中国对中东欧国家的出口匹配度指数从 0.0253 上升为 0.0331，中东欧国家对中国的出口匹配指数则从 0.0219 上升为 0.043，双方在数字文娱服务贸易上的互补性显著增强。

整体来看，2018 年中东欧国家对中国服务型数字贸易的出口匹配指数为 0.0948，中国对中东欧国家的出口匹配度指数为 0.0539，整体的双向互补性呈现上升趋势，而从绝对数字上可以体现出双方的互补性基础较差，这主要是由于服务型数字贸易带有天然的地区局限性，如语言、文化、生活习惯之类的地区天然隔阂会阻碍双方的服务贸易往来，因此中国与中东欧国家的服务型数字贸易互补性极弱，近年来有所上升，表明这种"数字鸿沟"在"17+1 合作"中有了一定的弥合。

第8章

中国与中东欧国家数字经济贸易规模、类型和特征

8.1 文献综述

从类型看,诸云强(2015)认为数字经济贸易主要包括信息化基础设施、数据集成共享、数据挖掘分析等。他建议有计划地分批支持重点项目的实施,更好地发展中国的数字贸易与"数字一带一路",特别要重视"北斗"卫星导航、智能传感装置等技术的应用。从规模看,曹晶晶(2018)认为当前数字贸易获得飞跃式发展;李海英(2019)认为伴随着数字化技术进展,跨境数据传输总量激增。从特征看,赵天宇(2018)认为,作为数字贸易发展平台的跨境电商引领贸易新业态的发展趋势。

8.2 中国与中东欧国家基础型数字经济贸易规模、类型和特征

8.2.1 双方基础型数字经济贸易规模

基础型数字经济所涉及的范围比较广,货物种类较为宽泛,具体而言,包含信息数字传输的基础设备、装置,具体分类包括通信基础设施零部件、局域网络或其他无线网络的发信器、固定宽带及移动网络基站及设备;其他用于传输或接收语音、图像或其他数据(包括有线/无线网络)的设备;录音设备;磁带录音机;装有数字音频类型的放音设备;无线电话、无线电报、无线电广播或电视的传输装置,运行接收/录音/重放设备;电视和静止图像摄像机;其他摄像机;数码相机;无线电广播用接收装置;电视接收机(包

括视频监视器和投影机);与无线电广播接收机、声音或视频录制或重放设备及传动装置。

2018年全球基础型数字经济出口贸易规模达到了8914亿美元,比2014年的8549亿美元上涨了4.27%,其中,中国的基础型数字产品出口占到总体规模的33.83%,出口总额达到了3016亿美元,比2014年的2552亿美元增长了18.18%(见表8-1)。这反映出中国基础型数字产品在国际市场上的影响力越来越强,出口暴增,在客观上是国际分工进一步深化的结果,主观上是中国数字经济结构持续性优化的具体表现。

表8-1 基础型数字产品进出口规模 单位:亿美元

指标	2014年	2018年
全球出口总额	8549.00	8914.00
中国出口总额	2552.00	3016.00
中国进口总额	632.84	665.80
中东欧国家出口总额	408.40	428.81
中东欧国家进口总额	480.73	495.89

资料来源:UN Comtrade。

在基础型数字产品进口方面,2018年中国进口总额为665.8亿美元,在这一项上的出超额为2350.2亿美元,而2014年中国进口总额为632.84亿美元,增长幅度极低,仅上升了5.02%,但2014年在这一项上的进出口差额为1919.16亿美元,四年间进出口差额增加了431.04亿美元,大约上涨22.46%,可见中国在基础型数字经济贸易中总体处于较为有利的地位。可预见到,在未来几年内中国在此类产品贸易中的优势地位难以撼动。

中东欧国家方面,2018年基础型数字产品出口总额为428.81亿美元,仅占世界贸易额的4.81%,而2014年中东欧国家此类产品的出口额为408.4亿美元,增加了20.41亿美元,即上涨了4.99%。这一上涨幅度与四年间世界基础型数字产品总出口额的上升幅度基本一致,可以反映出2014—2018年中东欧国家在基础型数字产品世界市场上的竞争力不变,基本保持了其相对地位。

进口方面,2018年中东欧国家基础型数字产品进口额为495.89亿美元,占世界总进口额的5.56%,2014年中东欧国家基础型数字产品进口额为480.73亿美元,四年间进口额增加了15.16亿美元,上涨了3.15%,明显低于世界总体进口额增长率,表明中东欧国家对此种类产品的需求量相对下降。

再比较同期进出口的情况,2018年中东欧国家基础型数字贸易存在着较大的入超现象，进出口差额为 67.08 亿美元。2014 年同样存在着较大的入超现象，进出口差额为 72.33 亿美元，比 2018 年进出口差额还要多 5.25 亿美元。入超额的绝对比重有所下降，说明中东欧国家在这一时期是基础型数字产品的净输入国，其对基础型数字产品贸易依赖性下降。

8.2.2 双方基础型数字经济贸易类型

从商品流向对贸易类型进行划分，双方贸易的类型主要为出口贸易和进口贸易，基本不涉及过境贸易、转口贸易以及复出口和复加工。

按商品形态来讲，中国与中东欧国家的基础型数字产品贸易属于有形贸易，都是以实物形态的商品进行交易。按生产国和消费国在贸易中的关系来讲，中国与中东欧国家的基础型数字产品贸易基本不涉及第三方国家，因此间接贸易与转口贸易的情况较少发生，基本上都是直接贸易。按贸易国数目划分，由于中国与中东欧国家都是世界贸易组织成员方，因此属于多边贸易。从清偿工具来看，双方的贸易主要以美元作为支付交易的手段。从经济发展水平角度出发，由于中东欧国家内部发展差距较大，因此中国与中东欧国家的基础型数字产品贸易既存在着水平贸易也存在着垂直贸易。

2018 年中国向中东欧国家出口的基础型数字产品总额为 100.2 亿美元。这一数字在 2014 年为 70.5 亿美元，四年间增加了 29.7 亿美元，上涨幅度为 42.12%（见图 8-1）。结合上文中东欧国家基础型数字产品的进口增长率可知，同期中东欧国家的进口增长幅度甚至明显低于世界总体增长幅度，从侧面反映了中国的基础型数字产品已成为中东欧国家进口的主要来源。

2018 年中国向中东欧国家进口了价值 4.27 亿美元的基础型数字产品。2014 年中国自中东欧国家进口 4.55 亿美元的基础型数字产品，进口额下跌了 6.56%（见图 8-1）。这可能是中东欧国家对基础型数字产品进口依赖性增强的反映，但也可能源于中国基础性数字产品产能的扩张，将原本属于中东欧国家的进口份额转给了第三方国家。

综合进出口情况，2014 年中国向中东欧国家净出口基础型数字产品总计为 65.95 亿美元，而到了 2018 年，这一数字扩大到了 95.93 亿美元。这表明中国流向中东欧国家的基础型数字产品大大增加，增幅达到了 45.46%。因此，从总体上来讲，中国与中东欧国家的基础型数字经济贸易规模保持着高速增长。从结构上看，中国加大对中东欧国家的出口，中东欧国家本身的基础型数字产品出口越来越不具备竞争力。

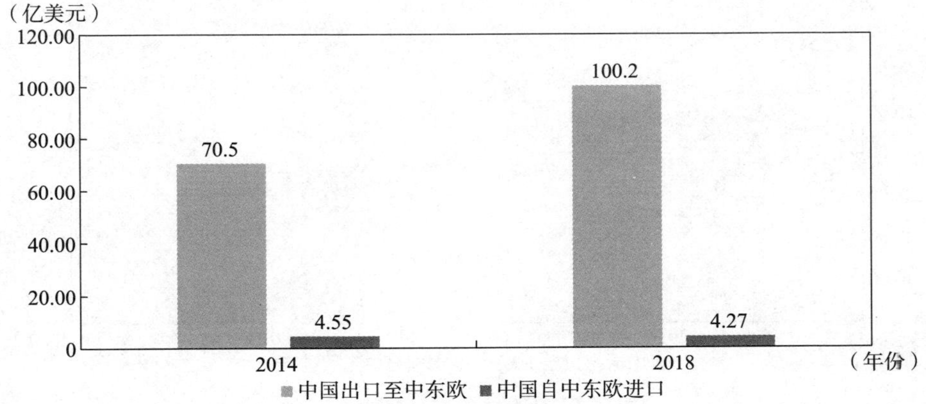

(亿美元)

图 8-1 中国与中东欧国家基础型数字产品贸易情况

资料来源：UN Comtrade。

8.2.3 双方基础型数字经济贸易特征

双方基础型数字产品贸易的发展总体上呈现出不平衡的特征。这在基础型数字产品的六个主要子产品分类中都有所体现。每一类产品贸易，中国都处于顺差地位，中东欧国家处于逆差地位。这主要与中国和中东欧国家市场规模和生产此类产品所需的本地要素有关。但生产使用到的技术要求并不高，也无须高质量人力资本的投入，因为这些产品大多属于劳动密集型产品或资本密集型产品。

信息通信类设备的贸易表现最为突出。如图 8-2 所示，这类商品是 2018 年中国出口到中东欧国家基础型数字产品的主要组成部分，总共 100.2 亿美元的商品中，有 67.46 亿美元的货物是信息通信类产品与设备。而 2014 年中国对中东欧国家信息通信类设备的出口额为 51.82 亿美元。纵向来看，信息通信类设备出口上涨了 30.18%。这是一个较大的增长幅度，再结合中东欧国家对信息通信类设备总体需求并未有明显上升的情况来看，这反映出中国在此类产品的生产和贸易上越来越具有优势地位，由此导致了中东欧国家不约而同地选择从中国进口这类产品。

反观中东欧国家对中国出口信息通信类设备的数额，相比之下低了许多，2018 年总计仅为 2.09 亿美元，这一数字在 2014 年为 2.48 亿美元（见图 8-2）。

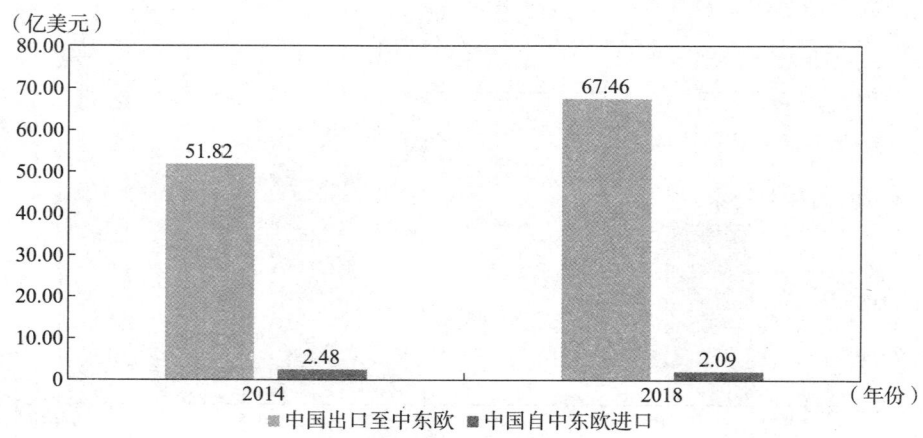

图 8-2 信息通信类设备贸易情况

资料来源：UN Comtrade。

同期中国对信息通信类产品的进口总额在增加，反映中东欧国家的此类产品贸易竞争力相对下降。从地区分布来看，信息通信类产品的出口地以中欧国家为主，南欧国家比重极低。四年间，中东欧国家在这类产品对中国的出口不升反降，降幅达到18.66%。这反映了中国与中东欧国家不断通过贸易合作改善彼此经济产业结构的结果。

根据数字音频放音设备及摄像机器类产品（以下简称"数字影音设备"）的贸易数据，中东欧国家在基础型数字产品上存在一个局部扩张和局部收缩的态势。如图8-3所示，2014年，中国对中东欧国家的出口额为2.18亿美元，自中东欧国家的进口额为0.3亿美元，尽管存在着2.5亿美元的贸易顺差，但这已是基础型数字产品中双方差距最小的一类产品。到了2018年，中国对其出口额为3.41亿美元，较2014年上涨了56.42%，这是一个相当大的涨幅。而2018年中国进口总额为0.88亿美元，上涨幅度为193.33%，贸易顺差为2.53亿美元，与2014年基本持平。这反映中东欧国家此类产品的相对竞争力正在增强。这与数字影音设备的高技术要求以及国际需求多样化有关，生产这类产品对生产者的技术基础、人力资本要求较高，中东欧国家在这一点上拥有一定优势，且同类商品价位相差较大，面向的消费群体跨度较大，中东欧国家更擅长生产此类中、高层次需求的产品，因而在整个大类中，只有数字影音设备的上升幅度最为突出。

如图8-4所示，无线电广播设施与配件（以下简称"无线电广播设备"）

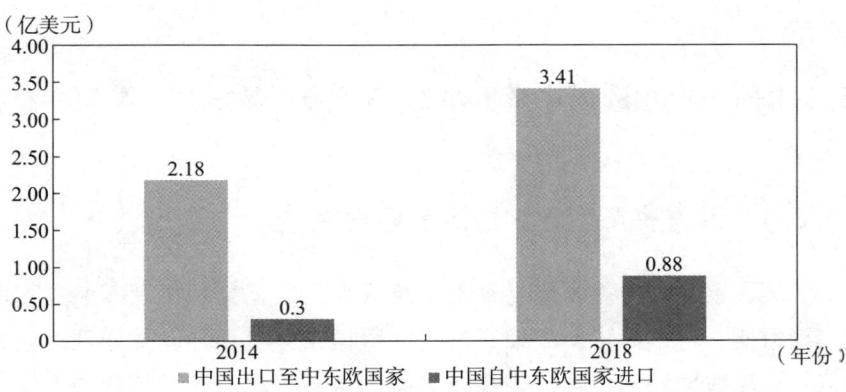

图 8-3　数字影音设备贸易情况

资料来源：UN Comtrade。

占到了最小的贸易份额，2014年中国对中东欧国家出口总额为0.75亿美元，进口额为1.36亿美元，总贸易额为2.11亿美元，中国的贸易逆差为0.61亿美元，到了2018年，中国对中东欧国家出口总额为0.89亿美元，进口额为0.29亿美元，总贸易额为1.18亿美元，中国拥有0.6亿美元的顺差。显然，中东欧国家对中国出口无线电广播设备的规模大大缩减了，缩小21.32%。而中国对中东欧国家出口额扩大了18.67%，双方此类产品贸易规模下降了78.81%，是所有基础型数字产品中缩减趋势最为明显的。2014—2018年，中国不断扩大对中东欧国家的出口，变逆差为顺差，反映了中国此类产品竞争力迅速提升。

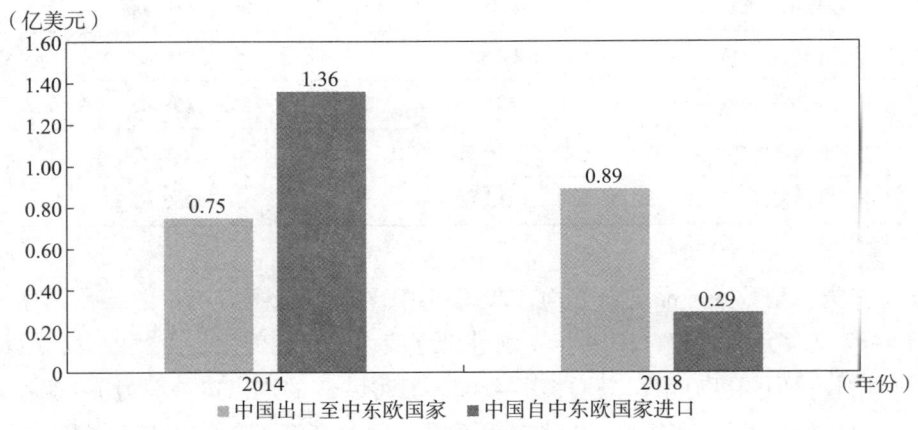

图 8-4　无线电广播设备贸易情况

资料来源：UN Comtrade。

8.3 中国与中东欧国家资源型数字经济贸易规模、类型和特征

8.3.1 双方资源型数字经济贸易规模

资源型数字经济的货物贸易种类主要为自动数据处理机及其装置；磁性或光学读数器，将数据转换成编码形式的数据媒介机器，以及处理这些数据的机器；自动数据处理机器、磁性或光学读卡器、数字处理装置的零件和附件等。

2018年资源型数字产品全球出口总额为5030亿美元，比2014年增长了6.16%，其中2018年中国出口总额达到了1985亿美元，占全球总体的39.46%。2014年中国资源型数字产品出口总额为1938亿美元，2018年比2014年增长了2.43%（见表8-2）。总体上，中国的出口额增长率低于世界平均水平。但凭借着占世界近四成的出口额，中国依旧是资源型数字产品的主要生产者。之所以出口显现放缓趋势，是因为中国资源型数字企业正在进行内部调整，重新调整产业布局。

表8-2 资源型数字产品进出口规模　　　　　　　　单位：亿美元

指标	2014年	2018年
全球出口总额	4738.00	5030.00
中国出口总额	1938.00	1985.00
中国进口进额	476.00	498.00
中东欧国家出口总额	216.90	271.47
中东欧国家进口总额	216.09	252.62

资料来源：UN Comtrade。

在资源型数字产品进口方面，2018年中国进口总额为498亿美元，存在着1487亿美元的出超，2014年中国进口总额为476亿美元。由此可见，虽然进口增长，但幅度有限，只增长了4.62%。2014年的进出口差额为1462亿美元，出超额增长了1.71%。从绝对数看，中国的资源型数字贸易依旧处于优势地位，但增长的速度已经逐步放缓，未来也许会发展到持平或下降的趋势，但总体出超的情形短期内不会改变。

再看中东欧国家，2014 年中东欧国家的资源型数字产品出口总额为 216.9 亿美元，占此类产品全球贸易额的 4.31%。2018 年中东欧国家资源型数字产品出口总额为 271.47 亿美元，增加了 54.57 亿美元，增幅为 25.16%，显著地高于世界平均增长速度。这表明中东欧国家资源型数字产品出口竞争力上上升较快。

在进口方面，2014 年中东欧国家资源型数字产品进口额为 216.09 亿美元，占世界贸易额的 4.3%，与同年的出口额接近，表明其贸易均衡的态势。2018 年中东欧国家资源型数字产品进口总额为 252.62 亿美元，增加了 36.53 亿美元，增幅为 16.9%，也显著高于世界总体贸易额的增长速度，表明资源型数字产品属于中东欧国家贸易往来中较为活跃的类别。

综合来看，2014 年中东欧国家保持了进出口平衡，仅出超 0.81 亿美元，而 2018 年，出超为 18.85 亿美元，出超增加了近 18 亿美元，增幅为原来的 22 倍左右。这说明中东欧国家在这几年内扩大了资源型数字产品的出口规模，其进口需求虽然也有增长，但与出口相比不值一提。总体上，中东欧国家在这一块的贸易优势地位正变得越来越高。

8.3.2 双方资源型数字经济贸易类型

中国与中东欧国家的资源型数字贸易主要分为出口贸易和进口贸易，其中少量涉及复加工，但数额很少。

如图 8-5 所示，2018 年中国向中东欧国家出口的资源型数字产品总额为 65.53 亿美元，2014 年的出口额为 63.81 亿美元，即增加了 1.72 亿美元，涨幅为 2.7%。结合中东欧资源型数字产品的总进口增长率来看，中东欧国家主要增加的进口份额并未给到中国。从占比来看，2018 年中国对中东欧国家的出口额占到其总进口额的 25.94%，而在 2014 年，这一数字为 29.53%。这反映出中东欧国家对中国在资源型数字产品的进口依赖性正在缓慢减弱，虽然目前总体份额较高，但已在不断下降中。

2018 年中国向中东欧国家进口了总额为 2.34 亿美元的资源型数字产品，2014 年这一数字为 2.53 亿美元，减少了 0.19 亿美元，缩小幅度为 8.12%。但考虑到中国总进口额一直在增长，因此推测中国正在降低中东欧国家作为资源型数字产品进口来源地的比重，这一趋势将持续下去，中国增长的进口份额将更多地倾向于欧美国家。这是中国经济的快速发展导致人民消费水平

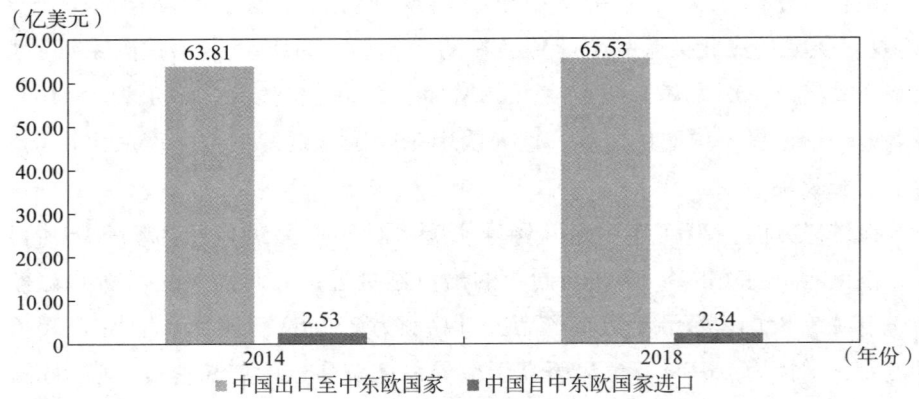

图 8-5　中国与中东欧国家基础型数字产品贸易情况

资料来源：UN Comtrade。

提高的结果。欧美国家的资源型数字产品更为成熟，技术水平更高、性能更优，并且西欧与北美企业的售后服务也首屈一指，因而成为中国扩大进口贸易额的主要来源地。

2014—2018 年，中国向中东欧国家出口的资源型数字产品分别占其总进口的 30% 和 25%，中国是中东欧国家相关产品的重要来源地。而中东欧国家在中国的进口合作方中，却仅占 0.5% 左右的份额。因此在资源型数字产品的贸易中，中国是净输出方，中东欧国家是净输入方。

8.3.3　双方资源型数字经济贸易特征

双方资源型数字经济贸易极不平衡，而且这种不平衡性仍在不断地增强。具体而言，自动数据处理机与数字处理设备零部件的进出口贸易都体现出不平衡性的加强，中国的顺差不断扩大，但扩大的比例不及中国出口增幅，这反映出中东欧国家在资源型数字产品上的竞争力增强。

中国与中东欧国家技术水平相近，但中国拥有更廉价的劳动力与更大的产能。近年来，中国以计算机、智能手机为代表的自动数据处理设备领域的技术突飞猛进，已经拥有了与产业链最顶端的欧美国家竞争的实力。

自动数据处理设备的贸易数据显示，2018 年，该类产品出口额占中国资源型数字产品总出口额的 77.68%，在总价值 1985 亿美元的商品中，大约 1542 亿美元的货物属于自动数据处理机。细分产品包含了磁性或光学读数器，将数据转换成编码形式的数据媒介机器，以及处理这些数据的机器，普通家用与办公用计算机以及智能手机。在 2014 年,中国对中东欧国家出口的自动数据处理设备总额为 43.26 亿美元,占总出口额的 2.65%。2018 年,自动数据处理设备出口至中东欧国家总额为 41.01 亿美元,所占比重为 2.66%(见图 8-6)。这表明中东欧地区在中国的自动数据处理设备出口方面的地位保持不变,到了 2018 年,出口下降了 2.25 亿美元,降幅为 5.49%。这也反映了中东欧国家在这一产品上存在着明显的进口替代现象。

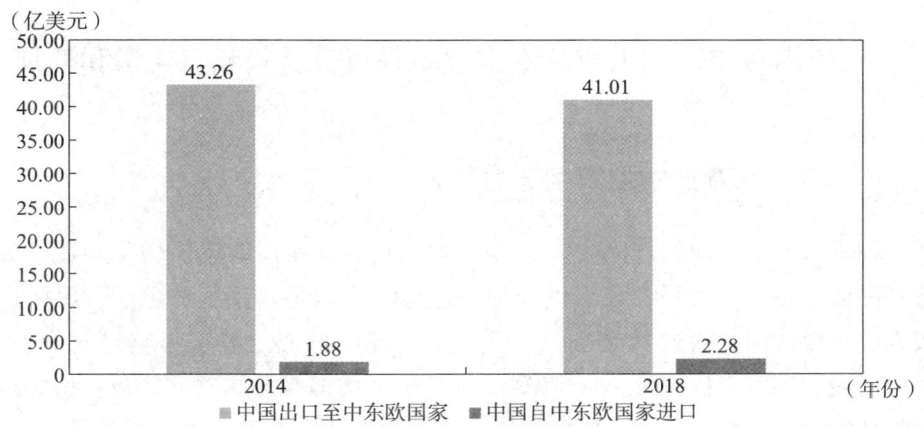

图 8-6　自动数据处理设备贸易情况

资料来源:UN Comtrade。

中东欧国家对中国出口的自动数据处理设备占中国进口额仅小于 0.1%,2014 年中东欧国家对中国出口的自动数据处理设备价值为 1.88 亿美元,而到了 2018 年,出口上升为 2.28 亿美元,增加了 0.4 亿美元,涨幅达到 21.28%(见图 8-6)。这是因为我国国民消费力不断增强、需求增加,使原先难以承担中东欧国家产品消费的个体,从潜在需求逐渐转变为现实需求。

如表可 8-3 所示,2014 年,中国向中东欧国家的出口数字处理设备零部件贸易总额为 20.55 亿美元,占总出口额的 6.76%。而同期中东欧国家的进口额为 0.65 亿美元,顺差为 19.90 亿美元。2018 年,中国向中东欧国家出口总额为 24.43 亿美元,占同年总出口额的 5.51%,可见中东欧国家作为中国数字处理设备零部件出口市场的相对地位正在下滑。

从中国进口中东欧国家的角度来看,占比从 2014 年的 0.65 亿美元下降为 2018 年的 0.06 亿美元。这表明中东欧国家的数字处理设备零部件产品在中国市场的需求与竞争力快速下降。

表 8-3　数字处理设备贸易情况　　　　　单位：亿美元

指标	2014 年	2018 年
中国出口至中东欧国家	20.55	24.43
中国自中东欧国家进口	0.65	0.06

资料来源：UN Comtrade。

8.4　中国与中东欧国家技术型数字经济贸易规模、类型和特征

8.4.1　双方技术型数字贸易规模

技术型数字产业的产品主要由以下类别构成：专门或主要用于制造半导体圆晶的器材、半导体器件、电子集成电路或平板显示器；热电子、冷阴极或光电阴极阀门和管（如真空管、蒸汽管、充气阀和管、汞弧整流阀和管、阴极射线管和电视摄像管）；二极管、晶体管、类似半导体器件、包括组装或未组装在模块、面板、发光压电晶体上的光伏电池、电子集成电路和微组件；绝缘电导体、光纤电缆、具有独立功能的电机及电器；信号发生器。

表 8-4　技术型数字产品进出口规模　　　　　单位：亿美元

指标	2014 年	2018 年
全球出口总额	6719.00	9143.00
中国出口总额	984.00	1183.00
中国进口总额	2616.00	3725.00
中东欧国家出口总额	44.01	45.62
中东欧国家进口总额	135.77	164.83

资料来源：UN Comtrade。

由表 8-4 可知，2018 年，全球技术型数字经济出口额达到了 9143 亿美元，比 2014 年的 6719 亿美元增加了 2424 亿美元，涨幅为 36.08%。这表明技术型数字产品贸易正处于快速发展阶段。2014 年，中国的技术型数字产品出口额为 984 亿美元，占当年度全球总出口额的 14.65%。2018 年，中国出口的技术型数字产品总额为 1183 亿美元，增加了 199 亿美元，增幅为 20.22%，占到了 2018 年全球总出口额的 12.94%。在出口显著增速的背景下，中国的

市场份额略有下降。

在进口方面，2014 年中国进口的技术型数字产品总额为 2616 亿美元，占全球总进口额的 38.93%，是世界技术型数字产品的第一大进口国。2018 年进口额为 3725 亿美元，占全球总进口额的 40.74%，比 2014 年增加了 1109 亿美元，增幅为 42.39%。2014 年，中国技术型数字产品逆差为 1668 亿美元，2018 年逆差为 2542 亿美元，逆差增加了 874 亿美元，增幅为 52.4%。进口增长速度与逆差增长速度超过了全球贸易总额的增速，表明中国作为技术产品净输入国的地位仍在不断加强中。

在中东欧国家方面，2018 年中东欧国家技术型数字产品出口额为 45.62 亿美元，占全球总出口额的 0.5% 左右，2014 年中东欧国家出口额为 44.01 亿美元，占当年全球总出口额的 0.65%。中东欧国家出口的技术型数字产品虽有增长，约为 1.61 亿美元，但涨幅仅为 3.66%。与全球出口总额表现出的"暴涨"相比，中东欧国家在技术型数字产品出口方面的增长相对缓慢，其出口占全球出口的份额也下降了 3 成左右。

2018 年，中东欧国家技术型数字产品进口额为 164.83 亿美元，全球占比为 1.8%。2014 年，中东欧国家技术型数字产品进口额为 135.77 亿美元，进口增加了 29.06 亿美元，涨幅为 21.4%。这反映中东欧国家与中国类似，都大力强化了对技术型数字产品的进口。

综合来看，2018 年中东欧国家的技术型数字贸易逆差额为 119.21 亿美元，2014 年的逆差为 91.76 亿美元，逆差额在四年间增加了 27.45 亿美元，涨幅为 29.91%，逆差以显著速度扩大。这表明中东欧国家对技术型数字产品的需求越来越大。

8.4.2 双方技术型数字贸易类型

中国与中东欧国家的技术型数字贸易，同样也不涉及转口贸易与复加工，仅简单分为出口贸易与进口贸易进行考察。

数据显示，2014 年，中国向中东欧国家出口的技术型数字产品总额为 2.18 亿美元，占中东欧国家进口该类产品总额的 1.61%。2018 年，中国对其出口的技术型数字产品总额为 3.57 亿美元，占到了中东欧国家同年总进口额的 2.17%，增加了 1.39 亿美元，涨幅为 63.76%（见图 8-7）。如此高的涨幅，主要是中国与中东欧国家本身在技术型数字产品的贸易联系较弱。而近些年伴随着"17+1合作"与"一带一路"倡议的推行,双方加强了在这一领域的交往与合作。中国生产的技术型数字产品在中东欧国家的进口选择中占到的比重虽然很低,但也保持着稳定的增长率。

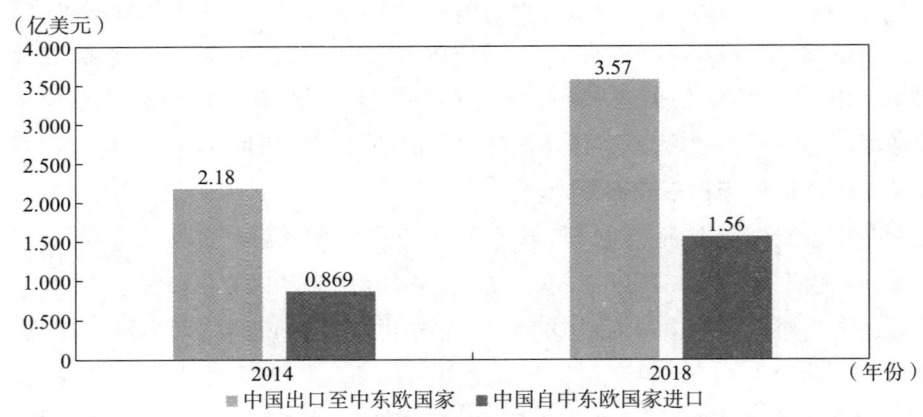

图 8-7　中国与中东欧国家技术型数字产品贸易情况

资料来源：UN Comtrade。

2014 年,中国从中东欧国家进口的技术型数字产品总额为 0.869 亿美元,2018 年中国进口额为 1.56 亿美元,增加了 0.691 亿美元,涨幅为 79.52%(见图 8-7)。这高于中国对此类产品进口平均增速,表明中东欧国家作为出口方在中国的贸易相对地位有所上升。中国对中东欧国家的技术型数字产品进口比均不足 0.1%。这与双方生产和出口商品的质量与结构相似有关,双方在此类产品上的竞争性强于互补性。

综合来看,2014 年,中国对中东欧国家的顺差为 1.311 亿美元,2018 年的顺差为 2.01 亿美元,比 2014 年的顺差增加了 0.699 亿美元,涨幅为 53.32%。中国技术型数字产品出口竞争力增长率高于中东欧国家,但中东欧国家对中国的出口也同样有着可观的涨幅。这说明双方此类产品的贸易虽然较低,但在缓慢地增加。

8.4.3　双方技术型数字贸易特征

与之前两类数字产品贸易不同,中国与中东欧国家的技术型数字产品贸易显得更为平衡,不存在任何一方碾压另一方的现象,所有子类别的产品贸易都较为均衡,大多是中国处于顺差地位,但并不明显。

以半导体及电子元器件贸易为例，2014年，中国出口总额为285万美元，中东欧国家出口至中国的贸易额约831万美元，即中国有着近546万美元的贸易逆差。这表明中东欧国家在半导体及电子元器件领域拥有着更强的竞争力，中东欧国家的高人力资本同时掌握部分产业高新技术，因此拥有更强的出口竞争力。2018年，中国对中东欧国家的半导体及电子元器件出口额为521万美元，比2014年增加了约236万美元，涨幅达到了82.81%（见图8-8）。

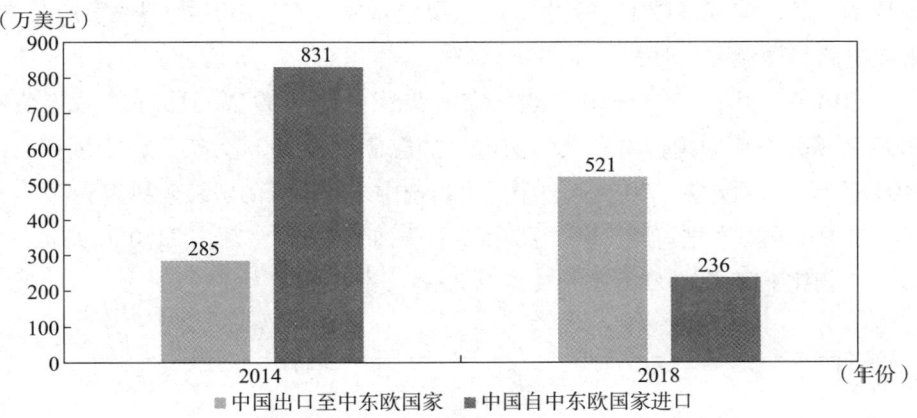

图8-8　中国与中东欧国家半导体及电子元器件贸易情况

资料来源：UN Comtrade。

值得注意的是，2018年，中国从中东欧国家进口此类产品总额下降为236万美元，中国从拥有546万美元的逆差额转变为拥有285万美元的顺差额。这反映出双方四年间在半导体及电子元器件行业的发展以及相关产品竞争力提升上的差别，导致中国对中东欧国家的半导体类产品进口依赖减弱，并且能够转进为出。这和中国对半导体及电子元器件行业的大力扶持，人力资本与半导体技术得到提升有关。

中东欧国家对中国出口半导体及电子元器件的总额从831万美元下降到236万美元，缩减了595万美元，下跌了71.6%，几乎所有出口半导体及电子元器件的中东欧国家都有不同程度的下降，只有克罗地亚一国与过去持平。

2014年，世界半导体及电子元器件贸易规模为474亿美元，2018年为874亿美元，增加了整整400亿美元，涨幅为84.39%。这表明该产业已处于超高速发展阶段，其技术前沿的突破可谓是日新月异。而中国在这一领域的发展仍旧处于追随阶段。2014年，中国出口总额为15亿美元，进口额为111

亿美元，逆差为96亿美元。2018年，中国出口额为25亿美元，进口额为306亿美元，逆差额增长为281亿美元，整整扩大了192.71%。中东欧国家的情况类似于中国，但贸易总额低了许多，处于追随世界前沿的阶段；塞尔维亚、黑山、波黑和阿尔巴尼亚等国处于较为落后的水平，总量和增量都落后于中东欧国家的平均水平。

集成电路与微型元器件可视作与半导体及电子元器件产品同样重要的核心技术产品，构成了数字经济发展的重要技术突破点。在技术型数字产品中，集成电路与微型元器件占了世界贸易额的一半以上。

2014年，中国出口至中东欧国家的集成电路与微型元器件产品价值约5000万美元，而中国自中东欧国家进口的总额约为1900万美元，中国拥有约3100万美元的顺差额。2018年，中国出口至中东欧国家的贸易额约为9400万美元，自中东欧国家进口约7300万美元，中国拥有的顺差额为2100万美元，与2014年相比下降了1000万美元（见图8-9）。

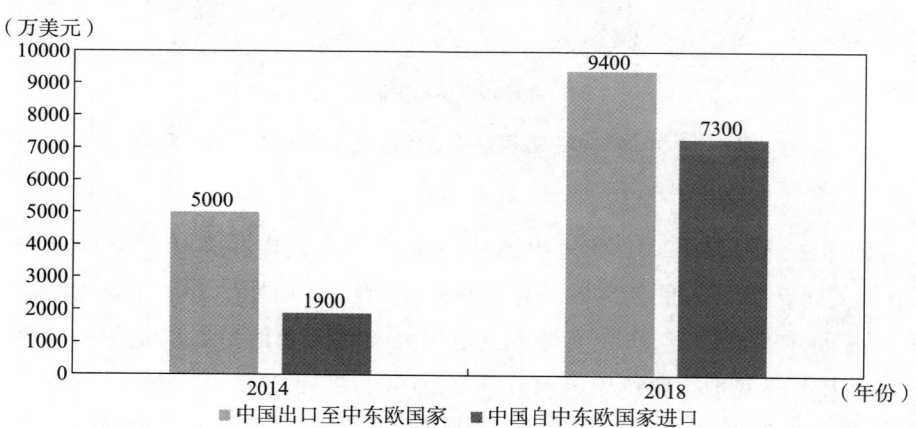

图8-9　中国与中东欧国家集成电路与微型元器件贸易情况

资料来源：UN Comtrade。

另一类主要的技术型数字产品是光纤电缆类产品，指的是由特殊电导线制成的光纤电缆以及绝缘电导体。与前两种不同，这一种产品的技术要求相对较低，更接近于基础型数字产品的要素配比，生产对于资本的要求更高。2014年此类产品的全球贸易额为57亿美元，2018年为76亿美元。2014年中国向世界出口此类产品的总额为12.24亿美元，进口额为1.94亿美元，顺差为10.3亿美元。2018年，中国出口此类产品的总额为19.23亿美元，进口额为1.75亿美元，顺差额扩大为17.48亿美元。中东欧国家出口到中国的此类产品由 2014 年的 621 万美元上升至 2018 年的 1184 万美元，同样中国对其出口额也由 2512 万美元上升至 4732 万美元（见图 8-10）。这反映出双方贸易往来频繁，彼此的贸易依存度提升，出口与进口的规模上也更加平衡。

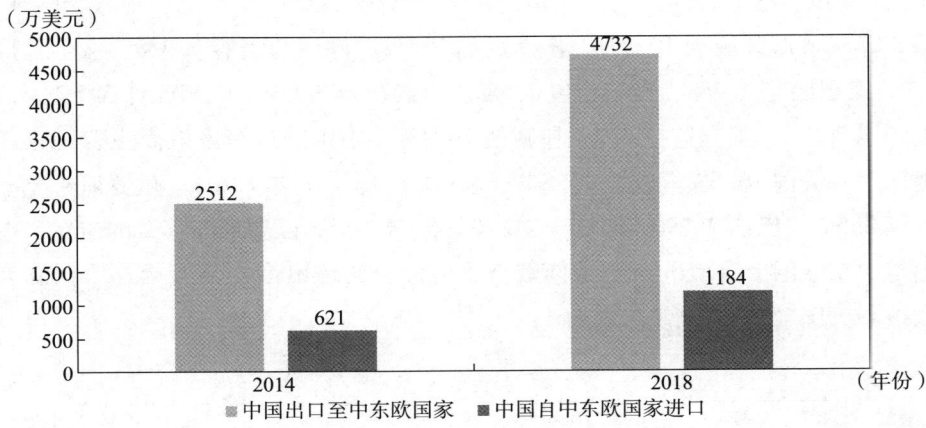

图 8-10　光纤电缆类产品贸易情况

资料来源：UN Comtrade。

8.5　中国与中东欧国家融合型数字经济贸易规模、类型和特征

8.5.1　双方融合型数字贸易规模

融合型数字经济主要体现为通信技术、网络技术等与传统产业融合带来的规模增长。融合型数字经济的发展与基础型数字经济的发展是相辅相成的，是数字技术和设施在传统产业中的应用，跨境电子商务就是最为典型的融合型数字经济贸易。

截至 2015 年，中国在跨境电商发展方面已经卓有成效。中国跨境电商交易的总规模达到了 54000 万亿元，同比增长 28.26%，其中跨境进口规模达到 9073 亿元，出口规模达到了 44800 万亿元，由此产生了巨大的跨境顺差。

中国跨境电商出口 B2B 贸易规模为 37800 万亿元，增长了约 25%。中国出口跨境网络零售交易规模为 7200 亿元，增长了 33.3%。中国出口跨境电商 B2B 与网络零售占比情况为：84% 属于 B2B 贸易规模，网上零售占到了 16%。

2015 年，中国出口跨境电商卖家地区分布情况为：广东 24.7%、浙江 16.5%、江苏 12.4%、福建 9.4%、上海 7.1%、北京 5.2%、湖北 4.1%、山东 3.3% 和其他 17.3%。中国出口跨境电商卖家品类分布情况为：3C 电子产品 37.7%、服装服饰 10.2%、户外用品 7.5%、健康与美容 7.4%、珠宝首饰 6%、家居园艺 4.7%、鞋帽箱包 4.5%、母婴玩具 3.6%、汽车配件 3.1%、灯光照明 2.8%、安全监控 2.2% 和其他 10.3%。中国出口跨境电商主要国家或地区为：美国 16.5%、欧盟 15.8%、东盟 11.4%、日本 6.6%、俄罗斯 4.2%、韩国 3.5%、巴西 2.2%、印度 1.4% 和其他 38.4%，欧盟居于第 2 的位置。中国与中东欧国家跨境电商交易额较低，大部分跨境电商交易发生在中国和西欧核心大国（如英、德、法等国）。

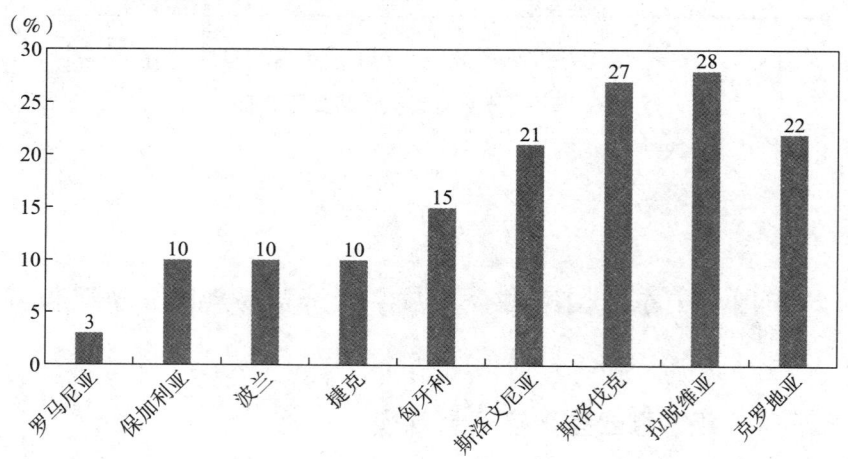

图 8-11 中东欧国家跨境购物比例

资料来源：《2017 欧洲电子商务报告》。

跨境购买力构成了跨境进口的来源，而中国的跨境购买力一直在不断提高。从中国电子商务研究中心的监测数据来看，2016 年，中国跨境进口电商交易规模达到 12000 亿元，同比增长 32.3%。在 2017 年的主流跨境进口电商平台中，网易考拉海购领先，占 21.4%；天猫国际购名列第 2，占 17.7%；唯品国际位于第 3，占 16.1%；排名第 4 的是京东全球购，市场占比 15.2%；排名第 5 的是聚美极速免税店，占 13.6%；排名第 6、第 7 的平台分别是小红书和洋码头，分别占 6.4% 和 5.3%；其他的跨境进口电商平台包括宝贝格子、蜜芽、宝宝树等均占总市场份额的 4.3%。2016 年，跨境网购用户最爱购买的是美妆护理、母婴用品、鞋服、食品、饰品箱包,其中美妆护理以及母婴产品的订单数量最多。

然而,中东欧国家在中国跨境进口的上述商品中不具有竞争优势和规模优势。在跨境购物方面,中东欧国家居民跨境购物比例大都低于欧洲国家的平均水平,比例最低的国家是罗马尼亚仅有3%。

在交易平台方面,中东欧国家原本是由亚马逊和eBay占据了主导地位。但近些年,阿里巴巴集团下跨境平台速卖通增长迅猛,逐渐向着三足鼎立的局面发展。值得一提的是,各方都在通过它们的平台不断完善在线零售网络系统,可以预见,这种激烈的竞争态势将会不断加剧。

8.5.2 双方融合性数字贸易类型

中国和中东欧国家在跨境电商方面有着很好的合作潜力。如中东欧国家的消费者更喜欢从中国购买商品。益普索(Ipsos)研究显示,美国和中国产品最受跨境网购消费者欢迎,分别占跨境网购的26%和18%。但是各地区消费者的喜好也不尽相同,北美、拉丁美洲、北欧和中东地区消费者普遍喜欢美国产品,西欧跨境消费者主要喜欢德国产品,而中东欧消费者则更喜欢从中国购买商品。

从2012年开始,中东欧国家的品牌就已经在中国跨境电商平台上试水。从阿里平台看,2016年中东欧国家的品牌商品在天猫国际的成交额比2015年增长了400%以上。捷克和波兰的美妆品牌在天猫国际开设了旗舰店,而匈牙利和罗马尼亚的巧克力品牌随着欧洲超市(如匈牙利的CBA超市、德国的麦德龙超市)进驻天猫国际而开始接触中国消费者。

浙江跨境电商是中国最早登陆中东欧国家市场的地方电商。2014年,义乌小商品批发电商"义乌购"也正式落户匈牙利。义乌购通过发展全球合作伙伴,为全球买家采购提供便利条件,兼有匈牙利文、英文和中文的"合计划"商铺商品信息与义乌购网站同步,当地买家下单后,由合作伙伴负责确认、质检、支付、商检和通关等一系列程序。义乌购不但给采购商带来了便利,而且大幅降低了交易成本。

跨境物流是跨境电商的主要融合方式。渝新欧、蓉欧快铁等承运了大量中国和中东欧国家跨境交易的商品。DHL等国际物流公司也积极参与了中国和中东欧国家的跨境电子商务贸易。

海外仓是双方融合性数字贸易的另一种形式。这种方式近年在中东欧国家发展迅速。继中国电商赛维（Linemart）在捷克布拉格机场附近的普洛斯（ProLogis）物流园区设立海外仓后，另一家中国电商——叠石桥（Stonebridge）也在该园区设立仓库。两家中国电商所租仓库的总面积达2.7万平方米。两家中国电商之所以布拉格西部园区，是因为亚马逊在此建立了物流配送中心。中国电商在海外仓的选址上，愿意效仿业内的成功企业。同时，在捷克设立仓库可以更接近德国等西欧主要国家。除上述两家电商外，以阿里巴巴为最大股东的递四方速递（4PX EXPRESS）于2016年在捷克比尔森州设立了海外仓。

8.5.3 双方融合性数字贸易特征

根据《中国和中东欧国家电子商务合作发展报告（2017）》，中国与中东欧国家的跨境电商交易具有鲜明的地区特点。匈牙利、波兰、捷克和斯洛伐克四国占据了绝大多数份额，其次为波罗的海三国。但不同的年份，其贸易额的波动较大。西巴尔干五国占据着最少的份额，是与中国贸易往来最不活跃的地区之一。

此外，产品种类单一，双方贸易主要集中在衣物鞋帽、电子器械和塑胶制品等产品上，很少涉及高技术产品。产品替代性极强，且初级产品、中间品较多，单价也普遍较低，容易被更廉价的同类商品所替代。

由于市场规模和消费规模的不同，顺差普遍存在。2012年以前，中东欧国家还有零星的国家保持着对华顺差，而到了2016年，中国对中东欧地区所有的国家都实现了全面顺差。这也导致中东欧本土电商的厌恶情绪，但情绪无助于改变现状，最终决定贸易的因素依旧是产品本身的竞争力和用户偏好。但这一情形也可能成为中国与中东欧国家进行电子商务合作与跨境电商交易的潜在负面因素。

中国部分企业将电子商务平台建设在中东欧地区，主要目的在于打开西欧与北欧国家的市场。虽然中国可以利用中东欧国家的区位优势开展与中东欧国家的电商合作，但这种合作受到西欧市场的磁吸效应而变得极为脆弱。因此，有必要做好二者的衔接工作。

语言差异也是电商发展的主要障碍，不单是语言，文化、习俗等因素都形成了障碍。另外，中东欧国家市场规模有限，投入产出不成比例，短期内难以让中国企业将中东欧国家作为核心经营区域，其增长潜力还需要较长时间去挖掘。

中国和中东欧国家的电商合作市场容量的不对称性较为显著。中国所需要的产品规模效应和中东欧国家市场所需要的产品特色并不匹配，很难达到各取所需的目的。中东欧国家对中国的依赖程度远高于中国对中东欧国家的依赖程度。不过，跨境电商的先期合作也不宜片面地追求短期市场效应和利润，在尊重市场规律的前提下，中国跨境电商企业正逐渐培养与顺应17国电子商务贸易的偏好，在特色产品进出口上形成合作氛围，逐渐扩展双方跨境电商合作的范围与层次。

8.6 中国与中东欧国家服务型数字经济贸易规模、类型和特征

8.6.1 中国服务型数字贸易规模

服务型数字经济主要指数字技术与第三产业的融合，是针对消费者各方面生活需求提供的便捷、高效、快速的数字服务。具体而言，服务型数字经济包括基础应用、商务类应用、金融类应用和公共服务等。与服务型数字经济发展相对应的是完善的互联网基础设施、庞大的互联网用户，以及在不同生活服务领域的活跃应用，本节所指服务型数字经济贸易具体分为ICT服务贸易、金融服务贸易和互联网文娱服务贸易。

表8-5 2014—2018年世界服务型数字经济贸易规模　　　　单位：亿美元

类别	2014年	2015年	2016年	2017年	2018年
ICT服务	465	467	485	528	606
金融服务	458	442	437	463	439
互联网文娱服务	510	493	502	521	554
合计	1433	1402	1424	1512	1649

资料来源：OECD Statistics。

2014年，世界ICT服务出口总额为465亿美元，金融服务出口额为458亿美元，互联网文娱服务出口额为510亿美元。2014年，服务型数字经济出口总额为1433亿美元，2015年为1402亿美元，2016年为1424亿美元，2017

年为1512亿美元，2018年为1649亿美元，年均增长率为10.1%，表明该类贸易正在持续稳定地增长中。

2014年，中国服务型数字经济总额为247.75亿美元，占世界总出口额的17.29%；2018年，出口额为517.14亿美元，占比达31.36%，增加了269.39亿美元，涨幅为108.73%，这表明中国已经占据了1/3的世界市场份额。在进口方面，2014年中国服务型数字经济进口额为242亿美元；占世界总进口额的16.89%，2018年为598亿美元，占世界总进口额的36.26%，增加了356亿美元，涨幅为147.11%。2014年，中国在这一贸易上有5.75亿美元的顺差额，2018年已经变为80.86亿美元的逆差。

8.6.2 中东欧国家服务型数字贸易规模

2014年中东欧国家服务型数字贸易出口额为222.86亿美元，占世界总出口额的15.55%；2018年出口额增长至337.79亿美元，增加了114.93亿美元，涨幅为51.57%，占世界总出口额的20.48%。

进口方面，2014年中东欧国家服务型数字贸易进口额为180.87亿美元，占世界总进口额的12.62%；2018年为208.94亿美元，占世界总进口额的12.67%，几乎没有变动。综合来看，2014年中东欧国家有着41.99亿美元的逆差，2018年为128.85亿美元的顺差。

8.6.3 双方服务型数字贸易特征

2014年，中国ICT服务贸易出口额为201亿美元，金融服务出口额为45亿美元，互联网文娱服务出口额为1.75亿美元，服务型数字经济出口总额为247.75亿美元。从结构上看，ICT服务出口在2014—2015年与2017—2018年这两个阶段上涨幅度最大，尤其是2018年上涨了93亿美元，年涨幅为33.57%，其余时间也都保持了稳定的增长。金融服务的出口额在2015年有较大下滑，仅为23亿美元，而后三年逐步上升至37亿美元，2018年又略微下滑至35亿美元。互联网文娱服务的波动最大，由2014年的1.75亿美元暴涨至2015年的7.31亿美元，此后两年分别为7.42亿美元和7.59亿美元，2018年又猛然上涨到12.14亿美元。2018年服务型数字经济出口额为517.14亿美元，比2014年增加了269.39亿美元，涨幅为108.73%。这反映出中国服务型数字经济出口增长较快（见表8-6）。

表 8-6 中国服务型数字经济出口情况　　　　　　　　单位：亿美元

类别	2014 年	2015 年	2016 年	2017 年	2018 年
ICT 服务	201.00	257.00	265.00	277.00	470.00
金融服务	45.00	23.00	32.00	37.00	35.00
互联网文娱服务	1.75	7.31	7.42	7.59	12.14
合计	247.75	287.31	304.42	321.59	517.14

资料来源：OECD Statistics。

中国的互联网文娱服务出口额较低，金融服务出口额也不高。这主要是国内严格的审查制度所致，难以形成对外有效的文化输出，文娱产品的出口又依赖一国文化影响力。

表 8-7 显示，2014 年，中国 ICT 服务贸易进口额为 107 亿美元，金融服务进口额为 48 亿美元，互联网文娱服务进口额为 87 亿美元。2018 年，ICT 进口额为 238 亿美元，金融服务进口额在 2015 年暴跌至 26 亿美元，2016 年和 2017 年持续下降至 20 亿美元和 16 亿美元，2018 年又回升至 21 亿美元。与金融服务进口相似，互联网文娱进口的波动最大，从 2014 年的 87 亿美元上涨至 2015 年的 189 亿美元，增加了 102 亿美元，涨幅为 117.24%，2018 年进口额增长至 339 亿美元。

表 8-7 中国服务型数字经济进口情况　　　　　　　　单位：亿美元

类别	2014 年	2015 年	2016 年	2017 年	2018 年
ICT 服务	107	112	125	192	238
金融服务	48	26	20	16	21
互联网文娱服务	87	189	214	275	339
合计	242	327	359	483	598

资料来源：OECD Statistics。

中国对互联网文娱服务的进口需求旺盛，这主要与国内文化软实力较弱有关，人们对于外来文娱服务的需求与日俱增，这是中国当下亟待改善和发展的重要问题。

由表 8-8 和表 8-9 可以看出，中东欧国家金融和互联网文娱两项服务的进出口情况极为平衡。中东欧地区在国家、民族繁多，语言混杂习俗不同的前提条件下，还能够保持较强的对外输出文化产品和服务的能力是极为不易的。

表 8-8　中东欧国家服务型数字经济出口情况　　　　　　　单位：亿美元

类别	2014 年	2015 年	2016 年	2017 年	2018 年
ICT 服务	176.08	168.78	200.80	236.07	279.45
金融服务	26.66	22.43	24.18	27.97	30.02
互联网文娱服务	20.12	19.56	23.53	26.04	28.32
合计	222.86	210.77	248.51	290.08	337.79

资料来源：OECD Statistics。

虽然中东欧国家在服务型数字贸易中整体处于顺差的地位，但顺差主要是因为 ICT 服务出口额显著高于进口额，但差距不大且比较稳定。

表 8-9　中东欧服务型数字经济进口情况　　　　　　　　单位：亿美元

类别	2014 年	2015 年	2016 年	2017 年	2018 年
ICT 服务	116.24	104.92	113.26	133.64	151.06
金融服务	41.80	33.54	34.05	33.66	34.73
互联网文娱服务	22.83	19.98	22.64	25.37	23.15
合计	180.87	158.44	169.95	192.67	208.94

资料来源：OECD Statistics。

第9章

中国与中东欧国家数据保护规制与法律

9.1 文献综述

针对互联网、大数据、云计算、人工智能等新兴科技，主要发达国家及地区都相继开展数据保护领域立法修缮工作，其中最有代表性的当属欧盟的 GDPR。美国政府早在 2014 年提出大数据发展应继续坚持隐私保护原则，强化而非削弱个人隐私保护。加利福尼亚州于 2018 年与 2020 年分别通过《加州消费者隐私保护法案》（California Consumer Privacy Act of 2018，CCPA）以及《加州隐私权法案》（California Privacy Rights Act of 2020，CPRA）。亚洲地区的新加坡、日本、韩国、泰国、越南，甚至一向都不重视个人隐私数据保护的印度也积极借鉴欧盟经验加大个人隐私数据保护法律的修缮工作，纷纷朝着更加严格的方向进行数据保护的调整和细化。截至 2020 年 4 月，全球已经有超过 140 个国家或地区制定或修订了个人数据保护法或隐私法，以提升本国或本地区的数据保护水平。

个人数据保护理论研究日趋成熟，成果也较为全面。两大法系对个人数据权的保护模式存在明显差异，以德国为代表的大陆法系通过统一立法模式，对各领域个人数据作出综合性规定，确立个人数据保护标准，认为个人数据权属于宪法性权利，系一般人格权，其权利基础为《德国基本法》第 1 条第 1 项规定的人性尊严以及德国宪法法院判决中形成的"信息自决权"；美国则采取分散式立法模式，主要依托市场调节和行业自律，通过隐私权对个人数据进行保护，认为隐私权涵盖所有人格利益，如名誉权、肖像权、姓名权等具体人格权，承担一般人格权的保护功能，其权利基础为《宪法》规定的基本公民权利以及《隐私法案》确立的隐私权。

鉴于从数据产生到收集、整理、加工及使用等过程，多个主体都可能对最终的数据产品做出一定贡献，数据权属的界定存在很大难度，理论分歧也最大。以美国 Lawrence Lessig（1999）以及英国剑桥大学 Joshua Fairfield（2017）为代表的学者提出个人数据财产性理论，前者明确认为数据具有财产属性，应当赋予数据主体以数据所有权；后者则提出了一种"迂回"的思路：通过变革现有的知识产权制度，强化个体对数字类型财产的控制。但持相反观点的学者也不在少数，如 E. Rose（2005）认为个人数据是纯粹的公共产品，数据使用具有非排他性，数据使用者是个人数据集合经济权利的主要受益者。

对个人数据的权属性质，国内学界也有不同主张，即宪法权利说、财产性权利说、人格权客体说、新型复合性权利说等多种学说。以姚岳绒（2012）为代表的学者认为个人信息体现为一种基本人权，即人的基本权利和自由。在该理念下，个人信息被认为是一种内在主体，涉及自然人人格尊严，是不具有经济属性、不可转让的基本人权。为了进一步提升个人的数字权利，张文显（2020）等提出"数字人权"的概念，把对数字科技的掌握和应用"权利"归属于"人权"。以申卫星（2020）、刘德良（2007）和汤擎（2000）为代表的学者认为，只要个人信息/数据具有维护主体的财产利益之功能，就应该承认主体对之享有财产权，个人信息作为财产性权益应适用财产权的法律框架加以保护。以王利明（2012）和齐爱民（2011）为代表的学者认为，个人信息（权）有独立的权利内涵，能够与其他具体人格权的内涵相区别，可以成为一项人格权；个人信息权既非财产权，也不同于隐私权，而是一种新型的具体人格权，应适用人格权的法律框架加以保护。以周汉华（2020）和梅夏英（2019）为代表的学者提出，个人权利的种类不断丰富，权利边界越来越广，既超出了传统的民事权利范畴，又横跨公私法边界，演化出许多新型公法权利，其中个人信息权即属于此种类型。

虽然现有文献对数据产权、个人信息性质、美欧等国家及地区个人数据保护法制的研究成果丰硕，但聚焦中东欧国家数据保护法制的资料相对匮乏，确有进一步研究的必要。

9.2 中东欧国家隐私及数据保护法制述评

9.2.1 欧盟《通用数据保护条例》

已经加入欧盟的中东欧 12 国在数据保护领域统一适用 2018 年 5 月 25 日正式生效的欧盟《通用数据保护条例》（GDPR），即保加利亚、克罗地亚、捷克、爱沙尼亚、希腊、匈牙利、拉脱维亚、立陶宛、波兰、罗马尼亚、斯洛伐克和斯洛文尼亚等国均适用 GDPR。欧盟 GDPR 克服了 1995 年《个人数据保护指令》的不足，在欧盟层面创设了被称为"史上最严的个人数据保护标准"。该条例生效后，即构成欧盟成员国国内法律体系的组成部分，不需要再进行国内法的转换，有效降低了欧盟各成员国在个人数据保护规则适用上的分歧和争议。

欧盟 GDPR 作为全新的欧盟个人数据保护基本法，共 11 章 99 条，重点规范了个人数据处理的基本原则、数据主体的权利及数据控制者和处理者的义务，监管者的权限、数据跨境传输以及法律责任等问题。相较于 1995 年欧盟《个人数据保护指令》，GDPR 回应了新兴科技对个人数据保护带来的新问题，不仅对基因数据、位置数据等进行了规范，而且对个人数据的自动化处理决定、数据画像、云存储等可能存在的泄露风险规定了控制者的义务和责任，明确了数据主体的访问权、被遗忘权以及可携带权等权利，强化了各成员国数据监管机构的监管职责等，成为世界范围内个人数据保护的标杆。

9.2.1.1 欧盟 GDPR 域外适用范围更广

纵观 GDPR 的适用范围，其兼顾了属地原则与效果保护主义原则，以实现数据保护的域外效力。具体来说，欧盟的 GDPR 对欧盟境内的数据控制者和处理者具有法律效力，同时针对与欧盟发生贸易的企业，GDPR 通过设置多个连接点将其适用范围扩展至境外。根据 GDPR 第 3 条第 1 款规定，只要是在数据处理过程中某一环节甚至是数据的控制者或处理者在欧盟境外，实施上述行为的个人或机构即应受到条例的规范。换言之，该数据控制者的实际数据处理行为发生在欧盟内，或者数据控制者在欧盟设有办公室或是在欧盟内雇佣了员工，该数据控制者即受到 GDPR 的规范。

与之相比，1995年《个人数据保护指令》的地域适用范围较窄，仅限于经营营业场所位于欧盟境内。GDPR通过扩大目标指向标准的方式，扩大了其适用范围。其中，第3条第1款规定明确了数据控制者与数据处理者在与欧盟境内没有连接点的情形下接受GDPR管辖方式，主要是基于向欧盟境内的成员提供产品或服务以实现数据处理的行为受到GDPR的调整。也就是说，接受该产品或服务的个人无须欧盟国家的国籍，只需位于欧盟境内并且能够从欧盟境内获取该服务。需要指出的是，上述行为也存在例外，如产品或服务仅限定于在欧盟境外使用，而个人私自在欧盟境内使用则不受GDPR的约束。

GDPR第3条第4款规定将条例扩展至在欧盟之外设立的组织或机构，"但需基于国际公法成员国的法律对其有管辖权的数据控制者和个人数据处理者"。换言之，若国际公法规定欧盟的法律对第三国的实体或机构具有管辖权，则可以将其纳入调整范围内，以避免欧盟国家内公民数据遭受侵害。

需要指出的是，GDPR并未厘清域外管辖权的边界，域外管辖可能出现执法层面的冲突。为了解决这一问题，欧盟数据保护理事会（EDPB）颁布了《GDPR第3条地域范围的指引的征求意见》，数据主体位于欧盟境内是认定条例适用标准的重要因素，而数据主体的国籍或是法律地位并不能影响条例的适用。因此，数据处理活动是否发生在欧盟境内以及数据控制者或处理者是否具有向欧盟境内提供服务或产品的意图也需要重点关注。这也体现出欧盟立法从数据主体的视角逐渐转为对数据处理与存储等行为的规制，从行为背后是否具备特定的意图来判定数据处理者行为的合法性与合规性，以此突破域外管辖带来的困境并实现域外效力的扩张。

值得肯定的是，欧盟GDPR虽然直接适用于各成员国以满足个人数据保护标准及规则的统一性，但在框架设计过程中也考虑到欧盟各成员国数据保护法制的差异性。GDPR在部分条款上授权各国根据本国国情制定符合其实施要求的个人数据保护具体规则，比如对儿童信息自决年龄范围的确定，各国可在13~16岁的范围内自行划定年龄标准；过世者是否受到数据保护；在雇佣关系中就业、生物识别与健康信息的存储与处理等可由各国自行作出更具体的规定；数据违法的情形下各国可以作出不同程度的处罚等。各国在GDPR整体主旨与要求不变的情况下采用不同的标准，有利于实现各国个人数据保护法与GDPR之间的协调，各国得以将国内法与GDPR冲突的部分在过渡期内对国内法加以修订。

9.2.1.2 数据保护官承担企业内部个人数据保护与协调的角色

GDPR 第 37 条规定了数据控制者或处理者在法定情形下有义务任命数据保护官。法定情形包括：公共机构的数据处理行为，法院依法履行职责的除外；数据处理者与数据控制者的核心业务涉及对数据主体定期进行大规模监控的数据处理操作；数据处理者与数据控制者的核心业务涉及大规模处理第 9 条特殊类别的数据以及第 10 条与刑事犯罪相关的数据。也就是说，除了上述法定情形必设数据保护官，数据控制者及处理者可在自愿基础上根据企业的数据处理的实际需要灵活设立专门的内部数据管理机构。同时，GDPR 对数据保护官提出了较高的专业能力要求，如具备数据保护领域的法律专业知识，熟悉个人数据保护相关的法律政策及数据处理技术等。

GDPR 还进一步明确了数据控制者及处理者设立数据保护官时，应充分保障数据保护官履行职责的独立性。为了确保数据保护官的独立性，GDPR 第 38 条规定了数据控制者和处理者应当确保对数据保护官不下达任何指示，且数据保护官不能因为履行职务而被解雇。这也就意味着，无论是数据控制者还是数据处理者均应保障数据保护官在履职工作中拥有充分的自主决策权，在这过程中不应以明示或是暗示的方式要求数据保护官的工作达到特定的程度与效果，以此来切实保障数据保护官能够以专业标准来履行职责。

在 GDPR 框架下，数据保护官承担着个人数据保护监管与协调的重要职责，其主要任务是通过帮助企业充分了解 GDPR 的规范从而实现个人数据收集、存储及处理行为达到合规要求。需要注意的是，如数据控制者与数据处理者违反 GDPR 的规定，应当由数据控制者与数据处理者承担主体责任而非数据保护官。同时，数据保护官作为数据保护的监管机构与数据控制者及数据处理者之间的重要连接点，一方面向数据控制者及数据处理者传达数据领域的最新监管法律政策；另一方面向数据监管机构反映企业在实际执行条例规定时可能遇到的问题，发挥着联系与沟通的纽带作用。

9.2.1.3 在跨境数据传输方面做了更为具体的规定

1995 年《个人数据保护指令》第 1 条规定，"会员国不得因与第 1 款所规定的保护有关事项限制或禁止会员国之间的个人数据自由流动"。第 25 条具体规定了数据传输至第三国的根本原则，一般情况下数据禁止输出到第三国，除非该国达到充分性保护水平。而 GDPR 则倾向于在数据有序流动的背景下，要求数据处理者与数据控制者严格遵守 GDPR 规定的个人数据保护要求。

对于个人数据跨境传输是否构成"充分性"的认定，欧盟委员会主要考虑以下两个方面：一是该国或该地区的法律制度，对人权与基本自由的尊重，关于公共安全、国防、国家安全、刑法和公共机构访问个人数据的一般性与部门性立法，以及此类立法的实施、数据保护规则、职业规则和安全措施，包括将个人数据转移到第三国或国际组织所必须遵循的第三国或国际组织的规则、判例法以及可执行的数据主体权利、对数据主体的司法救济等；二是第三国或国际组织已做出国际性承诺，或者承诺愿意承担有法律约束力的条约或法律文件所规定的其他责任，以及参加多边或地区性的体系，特别是和数据保护相关的体系所产生的其他责任。不难看出，在欧盟内部的数据传输方式相应得到简化，数据得以在欧盟内部自由流动。相应地，数据在向欧盟外部进行传输的过程中需要充分考虑到输入地的数据保护水平是否达到"充分性"标准，以此强化对欧盟个人数据的保护效力。

通常，欧盟委员会可评估第三国、第三国境内的特定部门或国际组织是否提供了足够的数据保护，确保了第三国或国际组织所提供数据保护标准认定的法律确定性和统一性。在此种情况下，向该第三国或国际组织传输个人数据无须进一步授权。欧盟委员会在不同的地域通过长达四年以上的实践，评估第三国或是国际组织保护数据水平与影响数据保护的相关因素。当认定此种数据保护并不符合现有规定时，委员会将撤销现有的认定。为满足公众的需求与提高透明度，未达到相应的数据保护水平的国家或组织将被刊于欧盟官方的期刊或是官网上以供公众查询。

除欧盟委员会明确许可的国家或是组织，对于其他国家或组织而言，可以在提供数据主体充分保护的前提下，通过提供适当的数据安全保障措施的方式来实现数据传输。相关的保障措施包括约束性企业规则、约束性执行规则、经欧盟委员会核查认可的标准合同的条款、成员国经核查程序制定并且为欧盟委员会批准的数据保护标准条款、经认可的认证机制或是行为准则。相较于1995年《个人数据保护指令》，约束性企业规则作为新的概念被纳入GDPR，约束性企业规则对企业内的雇主与员工均生效，对其具有严格的法律拘束力，由此赋予数据主体以执行数据处理的权利。对于集团企业而言，企业通过制定满足欧盟数据传输保护要求的约束性企业规则即可在集团内实现个人数据的跨境传输。

9.2.1.4 "个人数据"范围进一步扩大

GDPR 明确了"个人数据"的定义,即任何已识别或可识别的自然人("数据主体")的相关信息;可识别的自然人是指能够被直接或间接识别的个体,特别是通过诸如姓名、身份编号、地址、网上标识或者自然人所特有的一项或多项的生理性、遗传性、精神性、经济性、文化性或社会性身份而识别的个体。由此可见,GDPR 特别强调了个人数据的可识别性,如果信息不能识别到个人则不应被视为个人数据。同时,GDPR 对"基因数据""生物识别数据""与健康相关的数据"等进行了具体的定义解释,解决之前个人数据保护指令中存在的各国对同一概念理解与适用上的偏差与分歧,增加了条例的可适用性。

此外,GDPR 一项重大立法突破是结合了现有的互联网、大数据、云计算等新兴技术,个人数据类型包括了诸如个人定位信息、个人基因数据、在线识别标识(如电子邮件、网站储存在用户本地终端上的数据、网络地址等),这也积极推动了网络数据处理者通过调整内部策略及措施以积极应对 GDPR。

9.2.1.5 GDPR 强化了数据监管机构的执法权限

鉴于 1995 年《个人数据保护指令》各成员国存在数据监管机构执行情形不一、执法过程容易受到来自其他部门的干扰等问题,GDPR 第 6 章"独立的监管机构"确保成员国的数据监管机构能够独立地履行其法定职责。GDPR 第 52 条规定,每个监管机构在执行其任务和行使符合本条例的权力时,应当保持完全的独立性;每个监管机构的一个或多个成员在执行其任务和行使符合本条例的权力时,应当不受外部影响,不论是直接的还是间接性的,均不应接收任何人的指示;监管机构的成员不得从事违反其监管职责的活动,任职期间不得担任任何与其监管工作相冲突的有偿或无偿的职务;每个成员国都必须确保每个监管机构都具有为了有效履行其任务和行使其权利所必需的人力、技术性与资金、资源、前提性与基础性要素,其中包括在欧盟数据保护委员会中互助、合作和参与、履行任务和行使权利;每个成员国都应当确保每个监管机构都具有选择和雇佣其工作人员的权力,并且只受相关监管机构的一个或多个成员的专门指令约束;每个成员国都必须确保在不影响其独立性前提下,公开其单独的作为整个政府预算或国家年度预算的一部分。

从上述条文内容看，成员国的数据保护机构应当确保与其他政府执法机构之间保持独立性，执法过程不受来自其他部门的非法干预和影响，在人力与财力上均需得到支持以实现机构的真正独立，细化到机构内的成员而言，相关成员不得从事与职责不相关的活动以免影响其中立性。

总体来看，GDPR采用了公私兼顾、全领域覆盖的一揽子统一立法模式为个人数据保护提供全方位的法律保护，无论从适用范围、调整对象，还是从数据主体权利与数据控制者及处理者的义务，以及监管机构的执法权限、法律救济等方面来看，均呈现出前所未有的高标准和强监管。

9.2.2 未加入欧盟的中东欧国家数据保护法制概况

塞尔维亚、波黑、阿尔巴尼亚、北马其顿和黑山五国虽未加入欧盟，但事实上一直在向欧盟积极靠拢，这也体现在其国家的数据保护法制建设上，不仅以欧盟数据保护法制为蓝本修改本国的个人数据保护法，而且在条款内容及执法上与欧盟保持高度的一致性。

9.2.2.1 塞尔维亚

早在2008年10月，塞尔维亚就通过了《个人数据保护法》，该法专门设立了执法机构——公共利益和个人数据保护信息专员（以下简称"专员"）。2018年5月，欧盟GDPR正式生效，为了确保塞尔维亚的个人数据保护水平达到欧盟成员国水平，以尽快加入欧盟，塞尔维亚考虑修改本国的个人数据保护法。同年11月9日，塞尔维亚国民议会通过了新的《个人数据保护法》（2018年11月21日正式生效，并在9个月后正式施行），力求实现其本国的个人数据保护框架与欧盟GDPR相协调。

新法无论是在整体结构上还是在内容上，都直接参考了GDPR，二者呈现出高度一致性。

第一，对个人数据的处理原则进行了规定。即处理个人数据应遵循合法、公正、透明原则；为特定目的收集数据，并以该个人数据处理目的的必要性为限度进行处理；确保个人数据的准确并在必要时进行更新等。对于基于数据主体"同意"进行的处理，新法也做了更严格的规定，即"同意"需以书面形式做出，采用易于理解和易于接受的方式、使用简洁明了的文字表达，并与其他事项做显著区分。

第二，借鉴GDPR，新法专章赋予数据主体广泛的数据权利。新法第3

章规定了数据主体的数据访问权、更正和修改权、删除权、限制处理权、可携带权、反对权以及不受自动化处理决定权等权利，强化了数据主体对个人数据的有效控制。特别是数据可携带权，赋予了数据主体在技术可行的前提下，将个人数据直接从一个控制者传输至另一个控制者的权力。这不仅是对数据主体的赋权，而且进一步降低了企业的准入门槛，大大提升了中小企业的竞争力。

第三，强化了数据控制者及处理者的数据保护义务。新法第4章规定了数据控制者及处理者的数据安全保护义务（如采取适当的技术措施和组织措施），数据处理活动的记录保存义务、数据泄露行为的及时报告义务（72小时内毫不迟延地通知专员）以及通知义务（毫不迟延地通知数据主体）。同时，如果数据处理行为（如自动化处理个人数据、大规模处理特殊类型数据、对公共区域进行大规模系统检测等）可能对数据主体产生负面的影响，数据控制者应当开展数据影响评估。如果评估结果显示处理操作将对个人数据产生高风险，数据控制者有义务在开始处理前征询专员的意见。

第四，赋予专员一系列执法权限，确保新法得以真正落地施行。作为执法机构，专员被赋予了向国会及政府其他部门提供咨询意见、检查监督、调取相关信息、采取纠正措施、提起诉讼、处理投诉、规定并发布认证标准、参与国际交流、与其他国家数据监管机构展开合作等职权。同时，新法明确了专员独立的法律地位，履行职务时完全独立，不受其他任何外部干涉，也不接受任何个人指示，并提供相应的资金、场所及人员保障。

与GDPR不同，新法特别规定了主管当局为了特定目的采集和处理个人数据的相关条款及其例外情形。虽然在一定程度上确保了公权力机构数据处理活动的合法性，但也使新法的适用更加复杂，专员在执法阶段将会面临较大的不确定性。

9.2.2.2 波黑

2006年7月4日，波黑通过了《个人数据保护法》，2011年10月3日正式对《个人数据保护法》进行了修订。尽管波黑并非欧盟的成员国，但是为了加入欧盟，波黑以欧盟数据保护法为蓝本，以确保其在立法内容上与欧盟保持一致。波黑《个人数据保护法》确立了一系列个人数据处理的基本原则，如公平合法、目的限制、最小存储期限、透明度、数据质量、安全、特殊数据类别和数据最小化等原则。

第一,对数据做了基本分类。一般情况下,个人数据保护法涵盖所有公共机构以及自然人和法人在波黑境内处理的个人数据,适用中明确排除了自然人为私人目的的处理或收集行为。其中,特殊类别数据得到了相较于一般个人数据的特别保护。个人数据是指与自然人有关的任何信息,借助这些信息可以确定自然人的身份;特殊类别数据则是指隶属于自然人的健康信息、遗传信息、种族或族裔背景、政治观点或党派、工会信息、宗教信仰、性生活、刑事处罚以及生物数据等。除了少数例外情形,通常情形下数据控制者不得处理特殊类别数据,对其采取了更高级别的保护措施。

第二,赋予个人数据保护局法定监管职权。《个人数据保护法》要求个人数据保护局监督法律的实施、处理数据侵权的投诉、向议会提交年度报告、就制定或修订法律提出建议、发表法律意见。作为个人数据监管机构,数据保护局有权检查监督该法的施行情况、依法制定实施条例、方针或者其他法律文件,要求封锁、删除或销毁数据、发布暂时或永久性禁止数据处理的决定、警告或训诫、请求减轻刑事处罚、与其他国家的数据保护局合作。

第三,对数据跨境传输进行了明确规定。该法也采用了欧盟"充分性"标准,即不得将波黑个人数据跨境传输至未达到充分性保护要求的国家,两国应签订跨境数据传输与处理的协议以实现数据传输。需注意的是,只有个人数据保护局默认欧盟成员国已经提供了充分的安全措施,波黑个人数据才可以传输至欧盟成员国。

第四,在数据处理环节,强调了取得数据主体的"同意"的重要性。同意必须是准确无误的,这也就意味着数据主体的事先知情,即必须了解数据处理涉及的特定个人数据、数据控制者的姓名、数据处理的目的、时间范围,在充分了解数据处理的信息后再做出"同意"决定。特殊类别的数据处理需要取得数据主体的书面"同意",除此之外的个人数据可以通过口头等其他"同意"形式取得数据主体的授权。作为一项强制性的要求,获得主体的事先"同意"也存在例外,如数据持有人应数据所有人的要求建立合同关系或执行符合公共利益或统计目的则无须征得"同意"。

在执行与救济方面,该法也参考借鉴了欧盟数据保护框架的内容,对数据控制者处以 2550~51100 欧元的罚款,数据控制者的授权代表处以 100~7700 欧元的罚款。除了罚款,在违反刑法、布尔科区刑法等关于个人数据保护的规定时,该法还对违法者处以 6 个月至 1 年的刑期。需要注意的是,个人数据保护局作出的决定不得上诉,寻求救济者可以向波黑法院提起行政争议。

虽然波黑的个人数据保护法向欧盟看齐,但仍然受到了欧盟委员会的诟病。后者认为波黑在个人数据保护方面进展甚微,在数据保护的投诉日益增长的同时,执法部门没有制定与个人数据保护相匹配的实施条例,执法状况堪忧。换言之,波黑在个人数据保护立法及执法方面仍处于初级阶段。

9.2.2.3 阿尔巴尼亚

阿尔巴尼亚个人数据保护立法进程主要分为两个阶段。一是 2010 年前,为保护个人数据阿尔巴尼亚相继出台一系列的法律法规,包括 2008 年 3 月 10 日修订的《个人数据保护法》,9 月 11 日通过的《关于任命个人数据保护专员》的决定以及 11 月 13 日通过的《关于核准保护个人数据专员办事处的结构、人员和职位分类》的决定。二是在欧盟 GDPR 生效前后,阿尔巴尼亚个人数据保护立法又经历了一次重要的修订与变更。数据保护专员通过起草与 GDPR 相协调的法案完善其国内立法,并充分权衡了欧洲议会和理事会于 2016 年 4 月 27 日批准并于 2016 年 5 月 5 日生效的《关于刑事诉讼期间保护自然人个人数据的第 2016/680 号欧盟指令》。2018 年 4 月 4 日,阿尔巴尼亚议会通过了《关于阿尔巴尼亚专员对信息权和数据保护活动的评估》的决定,以应对 GDPR。该决议对专员在 2017 年保护、促进、落实信息权和隐私权方面的作用进行了评估,并阐述了专员在 2018 年所采取的个人数据保护的主要措施。

显而易见,阿尔巴尼亚在个人数据保护立法上始终与欧盟最新立法保持一致,采取一系列监管行为来强化个人数据保护领域的监督管理,对违规行为进行有效的规制。专员为进一步规范个人数据的处理工作,确保新法的实施,先后发布若干指示、指引和命令。例如,2010 年 3 月 10 日出台了个人数据保护专员第 2 号决定《关于确定资料登记管理程序及其记录、处理和获取的决定》;2012 年 11 月 20 日通过个人数据保护专员第 3 号决定《关于对个人数据具有足够保护水平的国家》;2012 年 12 月 27 日对第 4 号决定《关于通知处理个人数据义务的例外情况》在原有的基础上进行了补充。

阿尔巴尼亚个人数据保护立法另一个突出特点在于赋予了个人数据主体广泛的数据权利,如访问权、更正权、删除权、反对权以及救济的权利。一是赋予数据主体访问及知情权。针对数据控制者正在处理的数据,数据主体有权确认其个人数据是否正在处理、处理目的、处理数据的类别。一般而言,数据主体有权要求向其披露数据接受者的类别;通知方式需要以合理的、容易理解的方式进行传达；在数据被自动抓取并处理的情况下，应向数据主体传达在自动抓取的过程中所应用的原理或逻辑信息。二是数据主体有权要求对其数据进行屏蔽、更正或删除。当数据主体发现与自己有关的数据不规范、虚假、不完整，或违反法律规定地处理，即有权免费请求屏蔽、更正或删除。同时，反对处理权作为数据主体享有的一项重要权利，数据主体有权在任何时候反对数据控制方对个人相关的数据进行处理。除履行公共利益，在数据控制者或接受披露数据的第三方权力的范围内进行数据处理，为保护数据控制者、接受者或其他利害关系人的合法权益进行处理外，原则上数据处理者不得未经数据主体的同意擅自处理数据。三是阿尔巴尼亚在数据保护框架下完善了数据主体向相关数据保护机构投诉的途径。在其个人信息自由与合法权益受到侵犯时，有权向数据保护专员提出申诉或通知，并要求专员介入以实现有效救济。在必要的情况下，数据主体可以向法院提出申诉并寻求损害赔偿。

需要注意的是，阿尔巴尼亚的通知义务更为严格。数据保护局要求当地法律实体、受相关数据保护法规约束的外国法律实体、受相关数据保护法规约束的外国法律实体的代表处或分支机构等均应履行通知义务，特别是对于位于阿尔巴尼亚的外交使团或领事馆也不应例外；对于利用阿尔巴尼亚境内的设备收集数据，但是在境内未设立机构的数据控制者也应受阿尔巴尼亚数据保护法的约束，应当依法履行通知义务；即使是政府部门也不应免除通知义务，对于公共当局在预防犯罪、调查起诉、处理危害公共秩序的刑事犯罪和刑法、国防和国家安全领域的其他违法行为领域需要进行数据处理时，也应遵守数据处理的要求及时履行通知义务。由此可见，阿尔巴尼亚并未给予特殊主体以通知义务的豁免权。

9.2.2.4 北马其顿

北马其顿共和国的《个人数据保护法》主要由《北马其顿共和国政府公报》第7/2005号、第103/2008号、第124/2008号、第124/2010号，第135/2011号、第43/2014号、第153/2015号、第99/2016号和第65/2018号组成，该法于2005年2月生效，并于2014年3月进行了修订，该项立法与欧洲委员会1995年《个人数据保护指令》保持一致。在欧盟GDPR生效后，北马其顿经历了两年多的磋商与会议讨论，北马其顿议会于2020年2月16日通过了《个人数据保护法》（2020年2月24日生效），对数据控制者和数据处理者提出了新的要求。

北马其顿 2020 年《个人数据保护法》对于其本国个人数据保护具有重大意义，其中，最突出的特点包括以下几点。其一，该法的适用范围更广，无论数据处理的行为是在境内抑或是在境外，本地数据控制者和数据处理者都有义务执行该法；同样的，如果向北马其顿的个人提供商品或服务，即使是并不盈利的外国实体仍须遵守该法的规定。其二，在罚则方面做了调整和修改。罚款额高达上一财政年度总营业额的 2%~4%。其三，确保了数据监管机构履行职责上的独立性。原先的个人数据保护董事会（Directorate for Personal Data Protection）转变为个人数据保护局（Agency for Personal Data Protection），由原先的政府部门转变为一所独立机构，新的数据监管机构将享有更大的执法权限以监督法律的施行，具体包括：提高对有关个人数据（尤其是与儿童有关）的风险、规则、保障和权利的认识；向国家和政府机构提供法律适用方面的咨询；接受数据主体的申诉并告知相应的结果；建立数据保护影响评估要求；鼓励制定行为准则并审查认证；授权示范条款和具有约束力的公司规则；将制裁和执法行动的记录存档等职能。

此外，北马其顿的数据处理者需遵循新法第 10 条与第 11 条的规定，以合法的方法处理个人数据。第 10 条规定，合法处理数据需取得数据主体的同意、数据主体所缔结的合同履行之所必需、基于数据控制者的法定义务、为保护数据主体或第三人的重大利益、为实现公共利益或履行公共职能等。在极少数情况下，需进行数据主体利益与数据自由权利价值的衡量，来确定是否可以基于数据控制者的合法利益或第三方的合法利益处理数据。该法第 11 条规定了"同意"条款，以书面形式达成的"同意"，需采取易于理解的方式征求数据主体的意见并获得"同意"。

整体来看，北马其顿新个人数据保护法无论是内容还是价值理念均与 GDPR 一脉相承，但在一些程序上仍存在差异。在保留数据处理的记录上，北马其顿设置了更低的豁免门槛；在数据传输方面，新法设定的个人数据跨境传输规则不适用于从北马其顿传输至欧盟境内，也就是说，数据传输至欧盟境内的要求更低，只需通知个人数据保护局即可，但北马其顿向欧盟以外的第三国或国际组织的传输规则更为严格，需要获得监管机构的事先批准；在处理诸如健康、基因和生物特征等特殊类型数据时，必须有法律的明确规定，仅仅获得数据主体的同意不能成为数据处理者的免责理由，在"同意"之外仍需获得监管机构的事先批准；在处理用于盈利目的的数据时，必须取得数据主体的明示"同意"。

同时，为了确保新法以实施，北马其顿议会设立了 18 个月的过渡期，以确保国内企业及相关机构能够调整其内部数据合规政策，尽快与新法规定保持一致。

9.2.2.5 黑山

黑山《宪法》奠定了数据保护的法律基础，其中第 43 条规定："应确保个人数据的保护；禁止将个人数据用于收集目的以外的用途；每个人都有被告知收集个人相关数据的权利以及在遭数据侵权时获得法院保护的权利。"黑山《个人数据保护法》由第 79/2008 号、第 70/2009 号、第 44/2012 号和第 22/2017 号《黑山政府公报》构成，该法于 2008 年 12 月颁布，并于 2017 年 4 月进行了最新的修订。2020 年 5 月，黑山议会计划修订个人数据保护法，使其与欧盟 GDPR 相协调。

在数据的收集和处理方面，合法处理个人数据需获得数据主体的知情同意。黑山《个人数据保护法》对同意进行了具体规定，数据主体必须在了解数据处理的目的和法律依据的情况下做出同意方为有效。当然这也存在例外情况，在为履行数据控制人在法律下的法定义务或保护数据主体的生命或其他重大利益情形下，可以不经同意对数据进行处理。一般而言，数据处理必须以公平和合法的方式进行，处理数据的类型和范围须与处理数据的目的相称，数据的留存时间不应超过必要的时间并要保障数据的准确性、完整性和时效性。

在数据传输方面，由数据保护局对此作出充分评估，对出境数据的类型与输入国的现行法律作出充分的评估，确定数据控制者已经采取了适当措施保护个人数据，由数据保护局批准后方可执行。需要注意的是，个人数据传输至欧盟的门槛较低，无须数据保护局的批准，而仅仅要求数据主体知晓数据传输可能产生的后果并获得数据主体的"同意"即可。

在保障数据安全性上，黑山《个人数据保护法》要求数据控制者和数据处理者采取合理的措施、技术、人员和组织方式保障个人数据免受丢失、损害、未经授权被访问、更改、发布和滥用。此外，数据控制者还须制定完善的个人数据处理和保护的内部规则，确定应采取的措施。这也就意味着，并非所有员工都有权获得最新处理的数据，数据仅在特定范围内向有访问权限的员工进行披露，数据的类型、披露的条件的都应严格限制，从而保障个人数据的安全性。

同时，数据控制者应遵循严格的通知义务，在存在违法行为时，数据控制者有义务及时通知黑山电子通信和邮政活动局（Montenegrin Agency for Electronic Communications and Postal Activity）和数据保护局，以防止侵害个人数据或隐私的后果。如果未能履行通知义务，黑山数据保护局将对上述机构或企业处以6000~30000欧元不等的罚款，相关责任人处以300~3000欧元不等的罚款，并没收违法所得。

黑山数据保护局作为数据主管与执行机构，享有独立的监督权，依职权处理用户投诉并负责监督《个人数据保护法》的执行情况。数据保护局依法享有以下职权：与其他国家的数据监管机构合作、提出有关技术改进措施的建议、有权命令违法主体删除数据、禁止主体向境外传输数据、禁止数据主体不当披露数据、调查违反数据处理保护要求的数据控制者。由此作出的决定不得向数据处理机构上诉，但可以在主管法院提起行政诉讼或提起民事诉讼程序。严重的违法行为将涉及刑事责任，最高可被处一年有期徒刑。

整体而言，黑山个人数据保护法制的完善进程仍然缓慢，在数据高速迭代的当下难以满足新技术的挑战。虽然欧盟GDPR颁布迄今已有近四年之久，但黑山仍未及时更新本国国内数据保护法。尽管黑山规定了严格的罚款与刑事制裁措施以提高数据保护法律的威慑力，但配套执行措施仍存在缺失问题，其国内个人数据保护状况不容乐观。

纵观中东欧国家的数据保护法，除了已经加入欧盟的国家，未加入欧盟的五国都在个人数据保护立法方面向欧盟GDPR积极靠拢，以尽快实现国内数据保护与GDPR的接轨。塞尔维亚、北马其顿等中东欧国家甚至直接参照GDPR修订了本国个人数据保护法。

需要注意的是，上述未加入欧盟的中东欧各国匆忙地将欧盟GDPR加以国内化，也加速暴露出了中东欧国家在个人数据保护立法上的不适配性。中东欧国家目前个人数据保护整体情况堪忧的一个主要原因，就是公众对于个人数据保护的认识不足。公民并未充分认识到同意处理其个人数据可能产生的风险和后果。同时，对于企业违法处理数据行为的处罚也并未形成应有的震慑效果，违法成本较低成为普遍问题。此外，按照欧盟GDPR的规定，数据保护机构应配备相应的数据保护工作人员，但是具有相关专业知识的数据保护专员的短缺也使中东欧国家个人数据保护的执法效果大打折扣，而且在数据软件或信息技术上的重视度不足也导致了在个人数据保护上无论是财力投入还是人员配备都明显不足，从而减损了中东欧国家的个人数据保护的实效。

9.3 中国个人数据保护法制概况

9.3.1 法制概况

我国目前尚无一部统一适用对个人数据保护进行规范的专门法律，个人数据保护立法散见于《民法典》《网络安全法》《消费者权益保护法》《刑法》及其司法解释等法律中。

(1)《民法典》

《民法总则》中已经确立了个人信息保护的司法保护，在此之前个人信息保护往往以隐私权作为请求权基础，并且在实践中常常通过个案裁判的形式保护个人信息。因此，我国的个人信息保护因缺乏体系化且整体呈现执法不力、救济不足等问题而屡被诟病，2021年1月1日《民法典》的实施在很大程度上改善了这一情况。其中，第111条明确规定了自然人的个人信息受法律保护。任何组织或者个人需要获取他人个人信息的，应当依法取得并确保他人个人信息安全，不得非法收集、使用、加工、传输他人个人信息，不得非法买卖、提供或者公开他人个人信息。

《民法典》人格权编设专章规定了隐私权和个人信息的保护，并对隐私与个人信息做了区分。隐私指自然人的私人生活安宁和不愿为他人知晓的私密空间、私密活动、私密信息；个人信息是以电子或者其他方式记录的能够单独或者与其他信息结合识别特定自然人的各种信息，包括自然人的姓名、出生日期、身份证件号码、生物识别信息、住址、电话号码、电子邮箱、健康信息、行踪信息等。个人信息中的私密信息，适用有关隐私权的规定；没有规定的，适用有关个人信息保护的规定。也就是说，隐私与个人信息存在交叉，私密信息既是隐私权保护的对象，又是个人信息的重要内容。

值得注意的是，《民法典》第1035条第2款规定引入了"个人信息的处理"概念，具体包括个人信息的收集、存储、使用、加工、传输、提供、公开等处理方式。在处理个人信息时应遵循合法、正当、必要的原则，不得过度处理，并符合以下条件：取得自然人或其监护人同意，但是法律、行政法规另有规定的除外；公开处理信息的规则；明示处理信息的目的、方式和范围等。同时，第 1036 条规定了行为人处理个人信息的责任豁免法定情形，包括：在该自然人或者其监护人同意的范围内合理实施的行为；合理处理该自然人自行公开的或者其他已经合法公开的信息，但是该自然人明确拒绝或者处理该信息侵害其重大利益的除外；为维护公共利益或者该自然人合法权益，合理实施的其他行为。

《民法典》对于侵害个人隐私的行为也作出了规范，即除法律另有规定或者权利人明确同意外，任何组织或者个人不得实施下列行为：以电话、短信、即时通信工具、电子邮件、传单等方式侵扰他人的私人生活安宁；进入、拍摄、窥视他人的住宅、宾馆房间等私密空间；拍摄、窥视、窃听、公开他人的私密活动；拍摄、窥视他人身体的私密部位；处理他人的私密信息；以其他方式侵害他人的隐私权。《民法典》对于引发社会关注的焦点问题如酒店偷拍、偷窥、非法买卖个人信息等行为进行了回应。《民法典》第 1037 条规定列举了个人基本的信息权益内容，包括信息查阅、更正、删除等权益，并未涵盖知情、反对等内容。但其并未明确个人是否享有信息权利，也为个人信息的法律保护及法律适用带来了一定的不确定性。

（2）《网络安全法》

《网络安全法》重点关注了网络运营者对用户信息的保护义务，明确网络运营者收集、使用个人信息，应当遵循合法、正当、必要的原则，公开收集、使用的规则，明示收集、使用信息的目的、方式和范围，并经被收集者同意。网络运营者不得收集与其提供的服务无关的个人信息，不得违反法律、行政法规的规定和双方的约定收集、使用个人信息，并应当依照法律、行政法规的规定和与用户的约定，处理其保存的个人信息。

（3）《刑法》及其司法解释

《刑法》对于侵犯个人信息的入罪标准规定为"情节严重"，一旦出售或向他人提供个人信息达到"情节严重"的情形即应入罪。对于工作人员因履职行为获取的个人信息作出了更严格的罚则，应从重处罚。从刑法规定可以看出，对于侵害个人信息的主体不再限定于特殊主体，任何个人或是单位均可以构成出售、非法提供公民个人信息的主体，追责的对象有扩大的趋势。

2017 年 6 月 1 日实施的《最高人民法院、最高人民检察院关于办理侵犯公民个人信息刑事案件适用法律若干问题的解释》对"情节严重"与"情节特别严重"情形作出了具体规定。其中第 5 条规定列举了"情节严重"的具体情形，包括：出售或是向他人提供行踪轨迹信息；在明知或应当知道他人利用公民的个人信息进行犯罪，依旧向他人提供或是出售个人信息；非法获取、出售个人的行踪轨迹信息、征信信息、通话内容或是财产信息等达到 50 条以上；健康生理信息、住宿信息、通信记录或者交易信息等达到 500 条以上；其他信息达到 5000 条以上。从金额的认定标准来看，违法所得额当达到 5000 元，对于因工作原因履职获得的信息，仅仅达到上述的数量或是金额的一半即达到了情节严重的标准。当出售或提供个人信息导致被害人遭受了重大的精神损伤如精神失常或是重大的人身损害如死亡、重伤等，抑或是造成了恶劣的社会影响，金额与数量达到了上述情节严重的标准 10 倍以上数额的，则应当认定为情节特别严重。该司法解释在出台之后，明确了各法院定罪量刑的具体依据，有利于避免司法审判中出现法律适用标准不一的情形。

（4）《个人信息保护法（草案）》

应该说，无论《民法典》《刑法》，还是《消费者权益保护法》《网络安全法》虽然对于个人信息保护都有涉及，但是规定较为分散，呈现碎片化样态，难以实现个人信息保护的全覆盖。在此背景下，2020 年 10 月公布了《个人信息保护法（草案）》（以下简称《草案》）。作为个人信息保护领域的专门立法，《草案》共 8 章 70 条，聚焦目前个人信息保护的突出问题，内容涉及个人信息处理的一般原则、处理规则、个人信息的跨境提供、个人信息权利、个人信息处理者的义务、个人信息保护监管机构以及法律责任等，统一个人信息保护的尺度与标准，有利于整合公法和私法的综合治理，为我国个人信息保护提供了基本法律保障。虽然《草案》尚在征求意见阶段，但是也体现出我国立法者对于个人信息保护的关切和重视。

《草案》将信息根据不同的分类制定了不同的处理规则，充分考虑在不同场景下个人信息处理的特殊性，重点强调了个人敏感信息、未成年人信息、国家机关信息处理的具体规则，构建了有层次、有重点的个人信息保护体制。需要特别指出的是，《草案》区分了个人一般信息与个人敏感信息，设立专节对敏感个人信息作了更加严格的处理限制。例如，第 30 条规定强调仅在具有特定目的和充分必要性的前提下方可处理个人信息。在处理敏感个人信息过程中，除了要告知第 18 条规定的一般事项，还应告知处理敏感个人信息的必要性以及对个人的影响，并且还需在此基础上取得个人的单独"同意"或者书面"同意"。

同时，《草案》从法律层面明确了个人信息跨境提供的基本规则，对个人信息出境制度的落地起到极大的促进作用。《草案》并未采用欧盟 GDPR 在个人数据跨境传输方面的"充分性"要求,而是规定了个人信息出境的适用情形,为我国个信息出境提供了具体依据。第 38 条规定,个人信息处理者因业务等需要,确需向境外提供个人信息的,应至少具备下列条件之一:国家网信部门组织的安全评估;按照国家网信部门的规定经专业机构进行个人信息保护认证;与境外接收方订立合同;法律、行政法规或者国家网信部门规定的其他条件。从条款内容看,呼应了《草案》的立法主旨,即在保护个人信息权益的前提下,依法保障个人信息的有序自由流动。

需要特别注意的是,相较于《网络安全法》,《草案》并不是将"告知同意"视为处理个人信息的唯一合法基础,而是通过第 13 条对个人信息的合法处理作出规定,涵盖"为订立或履行合同所必需""为履行法定职责或法定义务所必需""为应对突发公共卫生事件或者紧急情况下位保护自然人的生命健康和财产安全所必需""为公共利益实施新闻报道、舆论监督等行为在合理的范围内处理个人信息"等内容,在一定程度上放宽了个人信息处理的限制,使个人信息处理的合法基础更加多元化,将有利于平衡个人信息保护与信息的合理利用。

9.3.2 特点分析

整体来看,在个人信息保护立法层面,我国已经形成以《民法典》《消费者权益保护法》《网络安全法》《刑法》等为核心的分领域保护的法律规范体系,网信办、市场监管局、人民银行、工信部等主管部门在各自监管权限范围内履行个人信息的保护职责。应该说,我国已经初步建立了个人信息保护的法律、法规政策及标准体系。

第一,鉴于《个人信息保护法(草案)》尚在征求意见中,现阶段我国个人信息保护立法规范仍以部门立法为主,涵盖民事领域、未成年人信息保护、消费者信息保护、网络用户信息保护等方面。

近年来针对销售者在提供商品或服务时强制性一揽子或超范围采集的消费者信息、网络用户信息被非法使用、未成年人信息被滥用等问题,部门立法能够及时对这些问题进行更新和调整,以强化对个人信息处理行为的规范。以《未成年人保护法》2020 年最新修订为例,考虑到互联网等技术应用引发的新问题、新风险,修订内容专门增加了第五章"网络保护"。对于新形势下信息处理者以及网络服务提供者针对未成年人的信息保护义务,做了重点规范。一方面，要求信息处理者通过网络处理未成年人个人信息的，应当遵循合法、正当和必要的原则；处理不满14周岁未成年人个人信息的，应当征得未成年人的父母或者其他监护人同意。未成年人、父母或者其他监护人要求信息处理者更正、删除未成年人个人信息的，信息处理者应当及时采取措施予以更正、删除。另一方面，如果网络服务提供者发现未成年人通过网络发布私密信息的，应当及时提示，并采取必要的保护措施。

第二，进一步细化并明确了对个人信息处理者信息处理的行为规范。无论是《消费者权益保护法》《网络安全法》《民法典》，还是《个人信息保护法（草案）》都对个人信息处理者确立了行为规范。《消费者权益保护法》要求经营者收集、使用消费者个人信息，应当遵循合法、正当、必要的原则，明示收集、使用信息的目的、方式和范围，并经消费者同意；《网络安全法》要求网络运营者应当对其收集的用户信息严格保密，并建立健全用户信息保护制度；《民法典》要求信息处理者不得泄露、篡改其收集、存储的个人信息，未经自然人同意，不得向他人非法提供其自然人个人信息等。《个人信息保护法（草案）》更是专章规定了个人信息处理的规则，为个人信息处理者提供了明确的行为指引。

第三，现行法律明确了行为人违法违规应承担民事、行政、刑事等不同性质的法律责任，这也使个人信息处理者的义务规范真正落地。《民法典》虽然没有直接规定侵害个人信息的民事责任承担方式，但在"人格权编"的第1章"一般规定"第995条明确了人格权受到侵害的民事责任，即"停止侵害、排除妨碍、消除危险、消除影响、恢复名誉、赔礼道歉"。需特别注意的是，根据2020年12月修订后的最高人民法院《民事案件案由规定》（2021年1月1日起施行），"个人信息保护纠纷"成为能够单独适用的民事案由，更加便利了个人启动信息保护的民事救济程序，强化了个人信息的司法保护。《消费者权益保护法》《网络安全法》则规定了经营者、网络运营者在违法处理用户个人信息时应承担的行政责任，诸如警告、罚款、没收违法所得，停业整顿、吊销许可证或营业执照等。《刑法》则主要规定了侵犯公民个人信息罪的刑事责任。应该说，对于个人信息保护的法律责任有了较为全面的规制，从民事责任、行政责任与刑事责任上约束信息控制者和信息处理者的行为，力求发挥法律的规制和震慑功能，并以此强化对公民个人信息的保护。

纵观我国个人信息保护的法律规范，《民法典》的颁布是个人信息保护的一次重大突破，但是仍未改变个人信息人格权保护的立法模式，尚未充分体现出个人信息财产权益的相应内容，一定程度上并不利于个人信息的使用。同时，我国的个人信息保护呈现出更多"公权化"的特点，严重依赖政府执法部门从行政监管或刑罚角度对个人信息的处理活动进行监督和约束，对个人信息被侵害后的民事救济及行业自律方面的规定则较为薄弱。

9.4 中国与中东欧国家在个人数据保护法制方面的比较分析

9.4.1 共性

从上述中东欧国家的个人数据保护立法沿革来看，无论是已经加入欧盟的国家还是正在准备加入欧盟的中东欧国家，都力求在数据保护法制框架上与欧盟 GDPR 保持一致。虽然各国在引入 GDPR 制度时也保留了自身数据保护法制特色，但总体趋势都是强化了个人数据保护，进一步提升了数据控制者及数据处理者数据合规的要求，设立专门的执法机构，不断提升数据保护的执法效果。我国个人信息保护制度体系也初具规模，并形成了法律、行政法规、部门规章以及国家标准、政策文件等法律规范体系。特别是我国刚刚公布的《个人信息保护法（草案）》内容框架在一定程度上借鉴了欧盟 GDPR，这使我国与中东欧国家的个人数据保护法制更加具有趋同性。

第一，立法模式呈现趋同性特征，普遍强化了对个人数据主体信息权益的保护。

从分别立法到综合性统一立法，中东欧国家的数据保护立法在立法例上呈现出趋同特征，纷纷针对个人数据保护制定了专门的法律，无论是公私机构还是其所涉行业，都统一适用个人数据保护法。我国刚刚公布的《个人信息保护法（草案）》一定程度上也参考了欧盟 GDPR，采用专门立法例，以切实保障个人所享有的合法信息（数据）权益。同时，中东欧国家与我国在立法中都突出了对个人数据主体权益的保护。例如，GDPR 第 3 章专门规定了"数据主体的权利"，涵盖访问权、更正权、被遗忘权、限制处理权、可携带权、反对权、不受自动化处理决定权等权利。其中，数据可携带权是新增权利，能够有效保障数据主体对于其个人数据的有效控制。同样地，我国相关立法也十分重视个人信息权益的保护。以《民法典》为例，第 1037 条专门规定了自然人的查阅或者复制、更正权以及删除权等;《个人信息保护法(草案)》明确规定了个人享有知情权、决定权、限制或拒绝处理权、查询复制、更正、删除权以及解释说明权等。虽然《草案》还在征求意见过程中,但立法者对个人信息权益保护的关切可见一斑。

第二,《民法典》《网络安全法》《消费者权益保护法》,在个人信息保护的基本原则上都采用了"合法、正当、必要"原则。《个人信息保护法(草案)》在此基础上更进一步拓展,引入了欧盟 GDPR 所遵循的"目的限制"原则、"公开、透明"原则、数据质量原则以及责任原则。特别是"公开、透明"原则是欧盟 GDPR 新增原则,要求数据处理者将赋有向数据主体披露其数据将被用于何种用途、如何使用、何时完成使用目的、数据留存期限等职责。质量原则要求个人数据应当准确,并及时更新,要求数据控制者或数据处理者采取一切合理措施,以确保那些不准确的个人数据毫不迟延地被删除或更正。

第三,跨境数据保护政策存在共通点,具体体现在我国与他国及地区之间的国际合作以实现数据的流动与数据保护的区域合作上。在欧盟参与的多边协议确定的跨境传输规则中,欧盟充分认识到因数据传输障碍导致的贸易壁垒,欧盟数据传输的区域合作存在必要性。以塞尔维亚为例,塞尔维亚在 2018 年《个人数据保护法》规制下给予了欧洲委员会的《欧洲委员会关于自动处理个人数据的个人保护公约》的缔约国概括性的许可,向上述缔约国作为目的地传输数据时无须经过评估手续认定数据保护的充分程度,实现了跨境数据传输的简化。

同样地,我国在数据跨境传输方面,贯彻国家总体安全观的基础上正积极部署跨境数据的区域合作机制。从《个人信息保护法(草案)》对个人信息跨境传输规则来看,我国虽然并未采用欧盟 GFPR "充分性"保护要求,但在信息出境的条件上做了适当放宽,只要符合"安全评估""经专业机构认证""与境外接收方订立合同"任一情形,即可出境。也就是说,促进数据跨境流动、减少数据出境壁垒已经成为数字经济背景下发达国家与发展中国家的共识。2020 年 11 月 15 日,东盟成员国、澳大利亚、中国、印度、日本、韩国和新西兰正式签署了《区域全面经济伙伴关系协定》(RCEP)。其中,第 12 章"电子商务"规定了跨境数据流动相关条款,明确限制缔约方政府对数字贸易施加诸如数据本地化存储或处理等措施,以最大限度促进并推动跨境贸易活动。

9.4.2 我国与中东欧国家立法框架的差异

虽然中东欧国家的个人数据保护法制与我国相关立法呈现明显的趋同性，但是因为历史文化、政治及法律传统等，双方个人数据保护立法也存在以下差异。

9.4.2.1 立法价值理念不同

不少中东欧国家如阿尔巴尼亚、塞尔维亚、克罗地亚、北马其顿等国都陆续以欧盟 GDPR 为蓝本制定或修改了本国个人数据保护法，使本国的数据保护乃至本国的法律制度融入欧盟的体系中，以求尽快加入欧盟，充分实现数据保护制度的融合以促进贸易与经济，最终实现中东欧国家的话语权与博弈权的提升。而欧盟 GDPR 一直被誉为"史上最严个人数据保护法"，标志着个人数据监管的国际新趋势将是从严从重。比如，GDPR 中"个人数据泄露"指的是由于违反安全政策而导致传输、储存、处理中的个人数据被意外或非法损毁、丢失、更改或未经同意而被公开或访问。也就是说，GDPR 的"个人数据泄露"不仅包括个人数据被收集、使用的情形，而且包括个人数据被他人损毁、删除的情形。对于数据泄露的惩罚措施也较为严格，违法者在一般情形下将被施加 1000 万欧元或上一年全球总营业额 2% 金额的罚款，二者取其高者进行处罚。在高额罚款的压力与严格的数据合规监管下，凸显了欧盟从严保护个人数据的决心，欧盟公民也因此获得了更有效的个人数据控制权。

从 GDPR 立法价值取向上看，欧盟对数据主体的权利保护权益明显高于企业与市场的经济利益。欧盟 GDPR 以严苛而受到全球企业的广泛诟病，给企业带来严重的合规负担，其严格规定迫使与欧盟有贸易的跨国性企业需要重新调整其个人数据保护方案。美国诸多企业在选择与欧盟进行贸易时，将更多考虑企业个人数据保护的合规成本以决定是否继续与欧盟企业保持贸易行为。GDPR 宽泛的管辖范围实则设置了更高的贸易壁垒将中小型外国企业拒之门外。以被遗忘权为例，欧盟认为信息的时效性有限，在合理范围内使用信息后一段时间内信息的时效性就"耗尽"了，数据控制者与数据处理者应当将数据从公共领域删除，而删除对于企业而言需要花费不少人力、物力成本。有学者认为 GDPR 并未着眼未来而仅仅止步于前，企业因条例而面临着高昂的守法成本，一家 500 名的雇员公司平均每年需花费 300 万美元的数据合规成本。上述批评一针见血地指出由于 GDPR 过于严苛的数据保护标准和要求，使中小型企业在市场竞争中较大型企业处于更加劣势的地位。同时，欧盟 GDPR 跨境监管也面临巨大的阻碍与风险。尽管在条例中欧盟的管辖权扩张延伸至欧盟域外，但该条例与美国第一修正案的规定存在冲突，美国普通法得以拒绝承认外国违反美国政策的裁决。由此可见，欧盟 GDPR 的核心是对个人数据的采集、存储、使用、传输等处理行为规定了更高标准、更严格的监管措施、更高额的处罚，已经阻碍实体经济的正常有序发展。

相较而言，我国在保护个人数据的同时，十分重视数据的利用。《网络安全法》强调"坚持网络安全与信息化发展并重"，鼓励网络技术创新和应用；《个人信息保护法（草案）》更是开宗明义地指出，其立法主旨一方面在于"保护个人信息权益，规范个人信息处理活动"，另一方面在于"保障个人信息依法有序自由流动，促进个人信息合理利用"，并拓展了个人信息处理者可以不经"同意"直接处理个人信息的法定情形（第 13 条）。上述规定，都是将鼓励信息有序流动及合理利用作为重要的立法价值出发点，促进个人信息最大限度地发挥经济价值。

9.4.2.2 执法机构

中东欧国家在个人数据保护法制方面一个突出的特点是只按照欧盟 GFPR 要求设立专门执法机构以强化个人数据保护，如塞尔维亚、阿尔巴尼亚设个人数据保护专员，波黑、北马其顿、黑山设个人数据保护局，专门执法机构被赋予广泛的执法权限，如调查检查、采取纠正措施、批准相关合同、发表咨询意见等，并以法律保障其能够独立履行监管职责。

相较而言，我国个人信息保护不设专门的个人信息保护监管机构，仍然采用各个职能部门按照各自的职责权限附带性履行个人信息保护监管职责的模式。以《个人信息保护法（草案）》为例，由国家网信部门负责统筹协调个人信息的保护和监管工作，其他各个部门则在各自职责范围内负责个人信息的保护和监管工作。

应该说，无论是专门机构监管模式，还是多头监管模式，都各有利弊。将所有个人信息保护监管权限集中于一个专职部门，虽然能够实现执法标准及程序的统一，但其弊端在于不区分行业领域往往会忽视不同行业之间信息保护的差异性，无法做到"量体裁衣式"监管。而且，单独设立一个专门机构，要拨付相应的运营资金及工作人员，成本必然上升。而多头监管模式虽然关注到各行业的特殊性，但不足之处也很突出，即个人信息保护只是监管机构职责的一部分内容，在监管资源、人员配置等方面无法与专门机构相提并论。因此，选择何种监管模式和执法机构，跟本国具体国情及法律传统密切相关。

9.4.2.3 归责原则

欧盟 GDPR 采用了过错推定原则，数据控制者或数据处理者因数据处理、收集等行为引起的损失需承担赔偿责任，上述主体除非证明自己不负责任。需要注意的是，多个数据控制者与数据处理者对损害行为造成的后果负有连带责任。对于数据主体而言，其承担的举证责任及证据要求将有所减轻。

现阶段，我国《民法典》并不是对个人信息侵权问题适用特殊归责原则，而是采用一般侵权责任纠纷的过错责任原则，即"谁主张，谁举证"。个人需要承担较重的举证责任来证明其个人因信息侵权而遭受损害，并且损害与侵权行为之间应具备因果关系。目前《个人信息保护法（草案）》尚在征求意见中，对于是否在民事损失赔偿领域适用"推定过错"原则还存在非常大的争议。从 2020 年 3 月，最高人民法院办公厅印发《最高人民法院 2020 年度司法解释立项计划》的通知来看，《关于审理个人信息权纠纷案件适用法律若干问题的解释》已经列入日程，可以预见，关于个人信息侵权案件到底适用何种归责原则会有最终定论。

第10章

中国与中东欧国家数字贸易规则
制定的现状与展望

10.1 文献综述

中东欧国家由于自身科技水平限制,鲜有制定有关数字贸易的规则。现有的17个中东欧国家中,12个国家为欧盟成员国,4个国家被列为欧盟候选国,此外,波黑也与欧盟签署了《稳定与联系协议》(Stabilisation and Association Agreement,SAA)。因此,中东欧国家数字贸易规则可以参考欧盟的相关规则。

中国对数字贸易规则的研究在近几年才起步,学术界和实务界对于数字贸易规则制定的研究仍处于摸索阶段。现有的学术研究仍未能准确界定数字贸易含义,对于数字贸易规则的研究主要集中于在数字贸易规则制定领域较为前沿的"美式数字贸易规则"。

本节根据数字贸易规则在区域贸易协定中的分布,通过梳理近几年国内外相关文献,从而对现有的中国和中东欧国家数字贸易规则进行分析。

10.1.1 国内研究现状

因在国际层面上仍未对数字贸易和电子商务之间的区别达成共识,部分学者会将现有电子商务规则视为数字贸易规则。如沈玉良(2019)认为,现有国际经贸规则在数字贸易领域仍未充分展开,WTO多边贸易体制在电子商务规则谈判上推进缓慢,而区域贸易协定则有强化数字贸易规则制定的趋势。欧洲国家已经在布局以数字贸易为核心的经贸新规则,我国也应当强化国家的统筹谋划和整体应对策略,推动WTO电子商务谈判取得成功,同时加强前沿数字贸易规则的研究。周念利和陈寰琦(2018)通过梳理欧盟国家的相关数字贸易规则条款，认为欧盟国家现有的相关条例仍处于零散状态，在未来与大国的博弈中，需要继续完善自身的数字贸易规则。崔艳新和王拓（2018）认为欧盟国家通过打造单一数字市场，消除欧盟国家境内的数字市场壁垒，激发数字贸易的自由流动能力，同时对外采取较为严格的标准，以保护欧盟成员国的合法权益。我国现阶段数字贸易的应用仍停留在电子商务领域，因此必须从战略高度对内重视数字贸易规则，对外加强国际规则的研究，同时探索符合我国国情的数字贸易规则。

茅孝军（2020）指出，数字税能否征收以及如何征收仍然是世界各国所需要探讨的问题。欧盟国家通过设立数字税，可以在一定程度上缓解数字型企业与传统企业的税负不均问题，但却会落入"贸易保护主义"嫌疑。从短期来看，中国必须及时落实应对策略，回应数字税征收问题；从长远来看，数字税的出现，倒逼中国对国际税收问题加强研究，以把握国际税收话语权。石静霞（2020）指出，对于关税是否应当永久免征的问题，只有依靠更多的统计数据、更客观的计算方法以及更全面的视野，经过综合评判，才能做出决定。随着现代数字技术普及，盲目地免关税可能会使GATT形同虚设。但我国又是跨境电商大国，适当地免除关税，对于我国企业"走出去"会有很大便利。因此，现阶段不急于做出终局决定，而暂时不予征收的做法是值得肯定的。对于数字税而言，我国可参考使用非歧视待遇规则，建议WTO成员方在BERPS协议等基础上进行谈判，保障数字贸易的有序、稳定发展。

段平方和候淑娟（2019）指出，欧洲的历史传统和社会文化决定了欧洲对于个人隐私的重视程度，他们认为跨境流动的数据是具有地域性的，并非公共产品，因此需要严加保护。而中国尚未形成专门针对数据流动和个人隐私保护的独立、完整的立法。现有的法律只是一般性的规定，数据监管制度落后于社会实践。这种情况会使我国在与欧盟等国家贸易时面临"东道国"的诸多限制和阻碍，不利于国际贸易的发展。周念利和陈寰琦（2018）指出，"隐私保护"对于欧盟国家而言是一个核心问题，是绝对不可侵犯的利益。由于欧盟国家对"隐私保护"采取高标准，导致其在"知识产权保护""跨境数据自由流通"方面的谈判多次被搁浅。GDPR的出台意味着欧盟国家对个人隐私保护达到了前所未有的历史性的高度。然而，严格限制数据流动并不是欧盟国家的目的，而是目前的一种手段。因为严格地限制数据流动会使欧盟国家的人民丧失大量就业机会，所以欧盟国家的最终目的仍然是"数据自由流动"。

周念利和陈寰琦（2018）指出，欧盟国家在知识产权保护领域会根据贸易对象的不同而持有不同的态度。面对贸易强国时，欧盟国家往往持谨慎的态度。比如对于打击网络侵权，欧盟国家希望提高知识产权保护力度，以保持和美国这样的发达国家一致的保护水平，然而这给欧洲政府带来了不小的麻烦。因此，一系列高标准的知识产权保护法规都未得到真正落实。在面对中等经济体时，欧盟国家则希望借助自身贸易强势地位，迫使对方让步，以维护自身的权益。同时，在视听领域，欧盟国家保持着一如既往的"文化例外"原则，即可以通过例外条款，不使用非歧视性待遇，对文化产品加以审查、排除。这主要还是由于美国文化输出强势，其中含有大量的"美式"价值观，会对欧洲文化产生冲击，因此需要严格管控。另外，源代码作为知识产权在数字贸易领域的一个特别点，关于其是否需要强制披露，也是将来中国与欧盟国家的一个谈判关键点。常海青（2020）提出，欧盟国家曾经出于保护自身经济利益的目的，要求外来企业进行软件源代码的披露，主要针对对象就是美国企业。这表明了欧盟国家在面对美国等贸易强国时，处理问题会格外谨慎，标准会提高。中国目前的法律法规主要对以金融机构及其监管部门为服务对象的电商企业的软件源代码获取进行专门的监督管理。欧盟国家在源代码披露问题上的弹性操作，为我国日后在与欧盟国家的谈判中提供了更多的操作空间。

武变霞和王会芳（2019）、张孟媛和袁钟怡（2019）提出，数字贸易交易过程中可能存在环境因素、系统软件自身漏洞、黑客入侵以及病毒攻击等诱发的计算机网络信息安全风险，针对此问题需进一步强化网络安全审查机制。彭德雷（2019）和汪晓风（2016）等将数字贸易风险归纳为原生风险和次生风险两类，并提出通过网络反恐、隐私保护、消费者权利保护、电子通信安全和网络安全事项等多方面合作来规避风险。朱丽芳（2019）聚焦于数字贸易的 AI 人工智能技术领域，会面临被恶意利用加剧安全风险、模型窃取引发数据风险、技术不成熟导致算法安全等风险。目前多数学者对于"网络安全保险"的研究大都停留于"借助互联网这个介质去订立保险的行为"，如夏燕群（2019）。仅有少数学者提及网络安全保险是"针对网络安全风险去创造一种新的保险类型"，如栾杰（2014）提及美国国际集团（AIG）早在 2003 年便推出了"黑客保险"。马晓宝（2016）提出美国目前提供网络安全保险服务的公司数量已经超过了 60 家，而且除了提供网络安全保险以外，还提供相应的责任保险和犯罪保险。张莉（2019）指出，欧盟国家关于网络安全的重要立法包括《网络与信息安全指令》（Network and Information Security，NIS）、GDPR（General Data Protection Regulation，GDPR）和《欧盟网络安全法案》（EU Cybersecurity Act）。刘新立（2019）认为，网络保险面临一定挑战，主要集中在数据和评估模型方面，数据不够充分，不同的业务模式和 IT 应用受网络攻击的风险存在高低之分。对于如何进行分类以及如何使模型能够涵盖新的变化等问题，一直没有较好的解决方案。

10.1.2 国外研究现状

Vincent 和 Hold（2011）通过研究欧盟与各国的贸易协定中数字贸易规则的制定情况，发现欧盟越来越重视数字贸易规则的制定。目前，对于数字贸易规则的"欧式"模板的研究方向主要针对知识产权、视听例外以及数据隐私及保护方面。也有学者通过对欧盟国家和美国在涉及电子合同案件中确定管辖权的方法进行分析，讨论了传统管辖权规则适用于数字合同纠纷的问题（Faye Fangfei Wang，2008）。Michael Hahn，Pierre Sauvé（2016）聚焦 CETA 和 TTIP 相关条款来分析欧盟国家在视听部门开放上的立场。Faye Fangfei Wang（2010）对欧盟国家在数据保护方面的政策和实践进行了分析与梳理，指出为了响应《人权公约》中对私人生活的保护，并促进欧洲经济活动以及各成员国个人数据自由流通法律的统一，"欧共体"于 1995 年通过了数据保护指令，即《95 指令》。同时，它认为该指令对于确保成员国之间标准的协调统一具有重要价值，但认为应进一步针对在线隐私和数据安全性保护立法。出于为隐私保护和国家安全的考虑，欧盟国家旗帜鲜明地支持"数据存储强制本地化"以限制"跨境数据自由流动"（Joshua P. Meltzer，2015）。学者的研究对象多集中在欧盟 FTA 中与数字贸易相关的章节。如 Aaronson（2019），Janow（2019）和 Meltzer（2019）均对《日本—欧盟自由贸易协定》进行了研究，认为《日本—欧盟自由贸易协定》中没有制定跨境数据流动的相关规则是由于欧盟在《国际服务贸易协定》和《美欧自由贸易协定》中对于跨境数据流动的承诺所持犹豫不决的态度所导致的。此外，关于网络安全，Joanna Swiatkowska（2017）指出，中东欧地区目前是一个政治局势紧张的地区，中东欧地区的决策者必须意识到由网络活动带来的新型风险，并利用可用资源来提高安全性。

10.2 数字贸易规则的内涵和外延

10.2.1 数字贸易规则的背景与定义

现有研究认为,数字贸易的诞生源于数字经济(陈维涛、朱柿颖,2019)。根据《二十国集团数字经济发展与合作倡议》(2016)的定义,数字经济指以数字化信息和知识为生产要素,以现代信息网络为重要活动空间,有效利用信息通信技术作为效率提升和经济结构优化的重要推动力的一系列经济活动。换言之,数字经济本身就是数字技术在经济领域应用的必然产物。而数字技术的快速发展以及数字技术在经济领域的深度渗透,则通过带动传统贸易方式转型升级,演变出数字贸易。

数字贸易作为一项全新的贸易活动,第一次正式出现是在 2013 年美国国际贸易委员会(USITC)出台的《美国与全球经济中的数字贸易 第 1 部分》报告中。USITC 将数字贸易定义为以数字技术为手段,利用互联网传输商品以及服务的商业活动。它明确将实体货物贸易排除在数字贸易范围之外。2014 年,USITC 在《美国与全球经济中的数字贸易 第 2 部分》报告中,对上述概念做出了修正,将实体货物纳入了数字贸易范围,即做出了扩大化解释。2017 年,美国贸易代表办公室(USTR)提出数字贸易不仅包括通过互联网进行产品和服务的交付,而且包括实现全球价值链的数据链。这一概念较 2014 年的版本做了更加扩大化的解释,突出了数据在数字贸易中的重要作用。结合以上三个定义,我们发现,数字贸易作为一个全新的概念,并不具有固定的含义,其外延和内涵随着时代的发展而发生变化。

从全球层面来看,由于各国数字技术水平有高有低,贸易发展程度参差不齐,对于数字贸易的定义也有所差别。比如,发达国家会参照美国提出的定义界定数字贸易;发展中国家则仍然处于电子商务阶段,以电子商务的标准界定数字贸易;而最不发达国家对数字贸易避而不谈。因此,数字贸易在国际上并不具有统一的定义。

学术界对数字贸易的定义也各有不同。比如,有的学者认为,数字贸易是指以互联网为媒介的商品和服务的传输与互易活动,同时通过列举的方式列举这一概念的外延（吴伟华，2019）。然而，这一定义没有强调数据在数字贸易中的重要作用。又比如，有的学者认为，数字贸易是指以互联网为基础，以数字交换技术为手段，实现传统实体货物、数字化产品与服务、数字化知识和信息的高效交换的商业活动，是数字货物贸易和数字服务贸易的有机统一（蓝庆新、窦凯，2019）。这一定义将实体货物纳入了数字贸易对象的范围，然而现有的电子商务已具备了数字化特征，这一定义仍无法将数字贸易与电子商务加以区分。

根据现有的实践情况，并综合学术界的观点，本书将数字贸易定义为依托数字技术，以数据跨境流动为核心的线上贸易活动。这一定义既吸收了学术观点的精髓，又结合了实践中的现实情况，是学术观点与实践需要的精准结合。

根据数字贸易的定义，数字贸易规则的概念可定义为在调整数字贸易活动过程中所形成的各种关系的规则的总称。

10.2.2　数字贸易规则的内涵

10.2.2.1　依托数字技术的发展

数字贸易规则不同于相对稳定的法律，缺乏相对固定的架构，也无严密的逻辑体系，而是随着数字技术的发展而不断变化，始终处于动态变化中的规则体系。在数字贸易研究的开端，数字技术刚刚起步时，研究者尚未清楚数字贸易具有何种新的规则，因此，便将传统电子商务领域的规则认作为数字贸易规则，比如无纸化贸易、电子签章、电子认证、在线消费者保护等。在数字技术本身有所发展并从货物贸易领域转向服务贸易领域应用的阶段，发达国家率先在数字贸易规则体系中加入了跨境数据流动、网络开放程度、数字税等要素。但对于这些要素，发达国家仍然处于摸索状态。在数字技术发展相对成熟并在跨境服务领域中深度应用的阶段，发达国家提出跨境数据自由流动、网络技术中立、电子传输免关税等要求。数字贸易规则随着数字技术的发展，始终处于变化当中，随着数字技术的发展，规则将逐步细化。同时，随着数字技术在贸易领域的开拓，尤其是服务贸易领域，各种新型贸易活动被创造出来，相应的规则体系逐渐扩大。

10.2.2.2 重点围绕数据展开

虽然现有的数字贸易规则采用广义的体系,将传统的电子商务规则纳入其中,但随着数字贸易的发展与演变,数字贸易规则体系将逐渐成熟,逐步凸显其重点围绕数据展开的一面。数据作为数字时代与土地、劳动力等并列的生产要素,是数字贸易必不可少的要素。因为数字贸易的核心在于跨境数据流动,所以数字贸易规则将会重点对围绕数据跨境流动中产生的问题进行规制。

10.2.3 数字贸易规则的外延

根据数字贸易的定义,并综合现有的实践情况,数字贸易规则的外延主要包含以下对象。

10.2.3.1 关税和国内税

税收作为一种国家存在的经济体现和历史现象,是国家的政治权力作用于经济的产物(朱榄叶,2012)。国家为了保证独立、正常行使其权力,确保整个社会生产活动有序进行,必然存在经济开支。为了能够确保正常开支,就必须要取得一定的财政收入。

在没有跨国贸易之前,税收往往只局限于一国疆土范围之内。因为在当时,一国的主权范围往往和疆土范围一致。然而,第一次世界大战后,大量资本跨国流通导致大规模收入的国际化,税收问题引发的国际矛盾日渐突出。第二次世界大战后,跨国公司逐渐涌现,跨国贸易日渐频繁。主体的国际化和收入的国际化,使原有以疆域作为征税标准的理念,无法适应贸易国际需要。国际逃税、避税活动呈多发趋势,税收问题趋向于白热化。解决这一问题,单靠一个国家调整本国的税收规则是无法实现的,必须从国际层面,设定一个共同的准则,让贸易当事国有章可循、有法可依。因此,国际税法应运而生。

国际税法的出现确实解决了当时国家之间的税收矛盾,化解了税收冲突。但随着国际经济交往的深入,科学技术的发展,国际税法也需要因时而变。现在的数字贸易就对国际税法提出了挑战,主要体现在关税和国内税两个方面。

一方面,就关税而言,根据定义来看,关税是指一国海关根据其法律规定,代表国家对进出关境的货物征收的一种税(郭寿康、韩立余,2009)。对于过去主要以实体货物为运输对象的传统国际贸易而言,关税的制定确实有助于维护一国产业稳定,增加一国财政收入。然而,伴随着数字技术运用于跨境贸易活动中,数字产品作为贸易对象,是属于货物还是属于服务,存在很大争议,且这一界限逐渐模糊。比如,就通过网络视频平台跨境观看电影这一贸易活动而言,美国认为这属于货物贸易,而欧盟国家认为这属于服务贸易。这一分歧使关税的征收范围出现了问题。原有的关税,只能适用于"货物"贸易,因此,原有的关税规定能否应用于"服务"贸易存在争议。虽然现在根据世贸组织的决定,暂时对数字贸易传输免征关税,但这一决定仍有可能在未来被世贸组织部长级会议推翻,未来的数字贸易规则将会明晰这一问题。

另一方面,就国内税而言,传统的税收规则规定了国内税由企业实体所在地的税务部门征税(闫德利,2019)。然而,由于数字技术的开发,一家企业可以实现不在另一个国家境内设置分公司的情况下,通过互联网向另一个国家内的公民或组织传输数字产品,规避国内税的征收。这一全新贸易方式对国内税的规定提出了挑战。目前,美国坚持应当免征这一数字税,而欧盟国家有意征收这一数字税,国际层面上尚未形成统一意见。

10.2.3.2 跨境数据流动和个人隐私保护

在传统贸易中,贸易运输的对象为实体货物,贸易信息的获得方式一般为商人之间的口口相传,或者根据当地机关或商行的公告,再或者通过电话询问的方式获得,贸易信息的发布一般也是通过上述方式。但是这就形成了一个问题,即贸易信息的发布与贸易信息的获取之间存在较长的时间差。如果一家跨国企业想要获取另一个地区的贸易信息,就必须委托当地的代理人就该区域开展"地毯式"搜集。代理人花了较长时间搜集完毕后,经过信息整理,再通过电话或者邮件的方式向公司总部报告。经过这样一套流程,消耗了过多的时间成本和交通成本,部分强调即时性的贸易活动则完全无法展开。

在数字贸易时代,互联网的普及和数字技术的赋能,可以缩短贸易时间,提高贸易效率。跨国公司在公司总部就可以搜集他国的贸易数据,同时通过大数据技术,对数据加以整合分析,最后得出贸易报告。

然而上述情况只是一种理论分析。数据是由用户在贸易活动过程中所形成的,数据本身携带着用户的个人隐私,海量的数据就是海量的个人隐私。

跨国公司在搜集数据后能否保证用户的个人隐私不被泄露是个未知数。有些数据还涉及国家关键信息，不能被外国公司获取，那么这类数据就需要严加管控。

因此，作为数字贸易的核心，数据是否允许跨境自由流动，又需要得到何种限制，数据所携带的个人隐私如何保护，需要数字贸易规则予以明晰回应。

10.2.3.3 知识产权

知识产权是人们依法对自己特定智力成果、商誉和其他特定相关客体等享有的权利（王迁，2011）。早期，人们对知识产权并不重视，发明人对发明不具有控制权，因此科技进步显得格外迟缓。工业革命时期，人们意识到如果不保护凝结了发明人富有创造性思想的发明创造，就无法推进科技的进步，因此开始着手制定法律法规，保护知识产权。

传统贸易以货物贸易为主，知识产权总是和实体货物黏附在一起。对于涉嫌假冒侵权物品，知识产权执法者可以通过查验、扣押、鉴别等一系列手段，查处侵权货物。虽然有些货物会通过走私、裹挟、混装等方式混入海关，但随着执法者丰富积累的经验、技术的升级，实体货物的盗版侵权现象愈加减少，盗版成本显著提高，货物贸易市场的知识产权保护水平显著改善。

在数字贸易时代，互联网的应用使数字产品的贸易量占比大大提高，但随之而来的是对假冒伪劣侵权案件的查处难度陡然提升。互联网的公共性使执法者难以通过具体渠道查处侵权产品，侵权产品的隐蔽性提升，执法者需要通过蛛丝马迹才能找到侵权源头。数字技术的运用使侵权产品的可复制性大大增强，执法者难以将侵权产品一网打尽。总体而言，数字时代的知识产权，具有传统贸易时代所不具有的特征，需要数字贸易规则予以明晰。

10.2.3.4 网络安全

安全是一种融合了主观感知与客观现实的状态，既是主体自身感受到没有受到威胁的主观状态，也是主体处于没有受到威胁的现实状态。在国家尚未定型，世界动荡不安时，人们对于安全的考量一般聚焦于军事领域，注重的是生命安全。而随着国际格局逐渐稳定，国际大环境趋于和平发展，人们对于安全的关注开始转向经济、文化等领域。

在传统货物贸易领域，从人身安全角度来看，人们一提到安全，往往会想到货物的质量是否安全，是否会威胁人体生命健康。从货物押运角度来看，人们在提到安全时会想到运输过程中是否会有安全风险，货物是否会遭遇不可抗力而损毁。而从国家产业角度来看，安全指外国货物贸易进驻国内，是否会对国内产业发展产生冲击，是否存在倾销或者补贴等可能性。因为选取角度不同，安全所以才会产生许多不同的含义。

在数字贸易时代，我们需要关注的是这个时代所具有鲜明特征的网络安全。数字贸易的崛起，带领互联网产业急速发展，但伴随而来的是一个接一个的漏洞，以及巨大的风险，如黑客攻击、境外反华信息输入国内以及我国机密信息泄露至国外等。网络作为联通全世界的纽带，其便捷性与透明度应当需要以安全作为前提。毫无安全可言的网络，将会对国家、社会、人民造成不可估量的后果。因此，网络安全在数字贸易时代需要数字贸易规则予以明晰确定。

10.3 中国—中东欧主要国家数字贸易规则概述

10.3.1 中国数字贸易规则概述

中国学者对于数字贸易规则的研究在近些年才刚刚起步，早期的研究以学习、借鉴美欧国家数字贸易规则为主。早期的司法实践当中，中国囿于自身数字技术的限制，以及货物贸易占主要地位的因素，将电子商务规则视为数字贸易规则。之后，随着数字技术的发展以及其在贸易领域的应用，中国才开始真正的重视数字贸易规则研究，并开始探索适合中国自身国情的数字贸易规则。

中国不论是对内的法律法规，还是对外的国际条约，均未形成统一的或独立的数字贸易规则范式。根据上文对数字贸易规则外延的罗列，中国有关数字贸易规则的相关条款散见于法律法规中，具体如下。

10.3.1.1 关税和国内税

就国内税而言，数字贸易的贸易对象表现为数字产品，而这一产品是属于货物还是属于服务，至今没有定论。目前中国有关关税的规定集中于《中华人民共和国进出口关税条例》，条例在第2条就明确只适用于"货物"贸易。因此，我国关税是否适用于"服务"贸易仍然是个未知数。我国国内税法针对数字贸易领域主要表现为《中华人民共和国企业所得税法》，然而该法律只说明了在中国境内未设立的机构、场所，但有来源于中国境内的非居民企业需要就中国境内所得缴税的情形，并没有明确针对数字贸易活动说明如何缴税。因此，从国内税的角度来看，数字贸易领域的税收问题仍然是一片空白。

从国际层面看，主要存在三份文件涉及关税问题，分别是中—澳 FTA、中—韩 FTA 和中国在 2019 年 4 月向 WTO 提交的首轮《电子商务议案》。中—澳 FTA 和中—韩 FTA 在其"电子商务章节"都明确了在世贸组织部长级会议作出新的决定之前，维持对双方之间的电子交易不征收关税的做法。《电子商务议案》在第 3 条、第 7 条规定同样提及电子传输暂时免征关税，并将这个决定保持到下届部长级会议之前。这三份文件表明中国在国际贸易往来中，对数字贸易关税问题，既欢迎减少贸易壁垒的做法，也保留了进一步采取措施的可能性。中国本身是跨境电子商务大国，互联网企业的发展对中国来说至关重要。如果对他国的互联网企业征收数字税，势必会对本国互联网企业的发展造成影响。但若完全不征收关税，又会使像美国这样互联网高度发达的国家通过搜集、使用我国用户数据，谋取高额利润，损害我国互联网企业的发展。因此，对关税问题，应当在仔细研究后再作决定。针对数字税问题，考虑到问题的前沿性与复杂性，我国尚未在提案中或国际条约中表明态度。

10.3.1.2　跨境数据流动和个人隐私保护

（1）跨境数据流动

2020 年 4 月 9 日，《中共中央国务院关于构建更加完善的要素市场化配置体制机制的意见》（以下简称《意见》）发布，其中第一次将数据作为新型生产要素，与土地、劳动力、资本、技术等传统要素并列。这表明，我国认识到数字时代已经到来，数据已然成为一类关键要素。我国既要保证数据高效、合理的使用，又要保证数据使用的安全，因此需要出台相应治理规则来规范数据的使用和流动。

从国内法角度看，我国现行有效法律中，尚无专门针对跨境数据流动的规定，仅有《中华人民共和国数据安全法》（草案）（以下简称《数据安全法》），针对数据流动问题，制定了大致方针。

《数据安全法》于 2018 年列入立法规划，属于条件比较成熟、拟提请审议的法律草案,于 2020 年 7 月在中国人大网公布,公开征求意见。从立法目的来看,《数据安全法》旨在从总体国家安全观的角度出发,以数据为核心,阐明对国家利益、公共利益和个人、组织合法权益给予全面保护,但这一保护绝非要求"绝对安全",或者是"封闭社会",其根本目标是在保障数据安全的前提下,促进数据高效利用,最终达到数据相对自由流通。从具体内容来看,本法确立了数据分级分类管理以及风险评估等数据安全管理各项制度,明确了开展数据活动的组织、个人的数据安全保护义务,落实了数据安全保护责任,坚持安全与发展并重,建立了保障政务数据安全与推动政务数据开放的制度措施。

从跨境数据流动的角度看,《数据安全法》第 10 条明确了我国对数据采取的是既要保证安全,又要促进自由流动的态度,即不存在顺位优劣之分,是平起平坐的关系。因此,在保证数据跨境安全的情况下,我国数据自由流动依然是大趋势。

《数据安全法》第 38 条规定,政务数据应当按照规定及时、准确地公开,依法不予公开的除外。这一条规定明确了国家政务数据以开放为原则,不开放为例外。跨境数据自由流动从政务数据开始先行先试,通过积累丰富经验,进而向其他领域的数据试点拓展,最终达到真正的数据自由流动的目的。

所以,我国目前虽然制定的是《数据安全法》,但整体是以安全与发展并重的角度出发,坚持包容审慎原则,鼓励和促进数据依法合理有效使用。现阶段,我国重心依然放在保障数据安全,促进数据开发利用,以安全保开发,以开发促安全。但未来数据自由流动一定是必然趋势。

(2)个人隐私保护

由于社会观念、科学技术、立法规划等原因,我国在很长一段时间都没有对个人隐私制定专门的立法。相关的规定散见于法律文件、政策规章以及行业自律性规定当中。从整体上看,我国早期的关于个人隐私保护的法律法规原则性内容较多,实质性内容较少;刑事惩治或行政监管较多,民事赔偿较少;一些特殊领域有隐私保护规定,但整体保护力度较弱。

进入信息时代后,我国开始注重个人隐私的保护,其中占重要地位的有三部法律,分别是《中华人民共和国刑法》(以下简称《刑法》)、《中华人民共和国民法典》(以下简称《民法典》)(2021 年 1 月 1 日起施行)和《中华人民共和国个人信息保护法》(以下简称《个人信息保护法》)(专家建议稿)。

我国《刑法》从刑事惩戒的角度严厉打击侵犯公民个人隐私的行为，其中第 253 条专门规定了"侵犯公民个人信息罪"，违反国家规定，出售或提供公民个人信息的，情节严重的，将被处以刑罚；通过履职或提供服务进而获得公民个人信息，再出售或提供的，从重处罚。这里可以看出，我国从刑罚上，对利用职务便利故意泄露个人信息的行为，施加了较重的惩治措施。

作为新时代我国社会主义法治建设的重大成果，《民法典》具有符合时代发展的前沿性，其中第 4 编"人格权"，就很好地体现了我国目前对于个人隐私保护的重视。"人格权"编下共分为 6 个章节，其中第 6 章专门规定了"隐私权和个人信息保护"，其中第 1034 条至第 1039 条是有关个人信息保护的规定。"人格权"编将个人信息分为私密信息和非私密信息，其中私密信息适用有关隐私权的规定，非私密信息适用有关个人信息保护的规定。从整体上看，《民法典》坚持处理个人信息，以个人同意为原则，以个人主动公开或以维护公共利益为目的，或法律、行政法规、双方另有约定为例外。这表明我国对个人隐私保护已有所重视，将个人利益的维护摆在较以往更加重要的地位上。

作为《民法典》中"隐私权和个人信息保护"章节的细化规范，《个人信息保护法》着重强化个人敏感信息的保护和个人一般信息的利用，实现信息主体、信息业者、国家机关三方主体之间的利益平衡。《个人信息保护法》以规范信息业者和政务部门的个人信息处理活动，保护信息主体的合法权益，促进大数据的合法利用为立法目的。其中第 56 条规定，"信息业者向经国家网信部门认定具备同等个人信息保护水平的国家和地区的信息业者提供个人信息，就可以免于信息安全评估"。在数字贸易时代，这一规定对于跨国信息交流互动具有重要意义。如果两国能够对信息保护提供对等保护，或者建立高度信任的关系，那么就可以极大地促进数据跨境自由流动。

综合以上三部法律来看，我国已从"重刑轻民"的观念，转向了"落实主体责任，细化赔偿责任"的理念，首先通过《民法典》这样一部大部门法，涵盖所有领域的个人隐私保护，强调引领作用；其次通过《个人信息保护法》，细化《民法典》中的规定。在未来，个人隐私保护的规定将会更加完善，操作规范将会更容易落实。

从国际层面看，在数字贸易规则领域，我国主要有三份文件规定了个人隐私保护，分别是中—澳 FTA、中—韩 FTA 和中国向 WTO 提交的《电子商务议案》。中—韩 FTA 只是要求双方应采取措施保护电子商务用户的个人信息；

中—澳 FTA 要求双方保护电子商务用户的个人信息，同时在可能范围内考虑国际标准；中国在向 WTO 提交的《电子商务议案》中明确，每一个 WTO 成员方都应当采取适当和必要的措施，保护电子商务用户的个人信息。对于数据流，安全始终是前提条件，因为这关系到每个 WTO 成员方的核心利益。总体而言，中国在国际层面上的文件用语比较笼统，未来仍然可能保持这种形式。

10.3.1.3 知识产权

我国知识产权法律规范集中体现在《中华人民共和国著作权法》（以下简称《著作权法》）、《中华人民共和国商标法》和《中华人民共和国专利法》当中，其中和数字贸易规则相关的是《著作权法》。然而目前的《著作权法》是在 2010 年修正的，无法适应数字贸易规则的前沿性。从目前的法规规章来看，最符合数字贸易规则的，应属《信息网络传播权保护条例》（以下简称《条例》）。

作为信息时代的产物，《条例》的出台，是为了更好地适应信息时代知识产权的保护要求，弥补《著作权法》的不足。其立法目的，一方面是为了保护著作权人、表演者、录音录像制作者（以下统称"权利人"）在互联网上的传播权利，另一方面也是为了明确互联网平台的责任承担条件，进而促进互联网版权事业的发展。

从《条例》的整体规定来看，我国明确了著作权利人享有信息网络传播权，他人若要使用著作，应当承担相应的义务。同时《条例》规定了"合理使用"和"法定许可"制度，赋予了著作权利人以外的人可以在未经著作权利人同意的情况下，使用著作人的著作的权利。

另外《条例》中规定的"避风港原则"，赋予了网络服务提供商一定的责任豁免权，但需要满足相应条件。对于广大网络服务提供商来说，这一规定变向促使他们自查自纠，清除盗版视频，同时保护他们自身免于处罚。

从国际层面看，我国签订的具有知识产权保护特征的协定，当属《与贸易有关的知识产权保护协定》（Agreement on Trade-Related Aspects of Intellectual Property Rights，以下简称"TRIPs 协定"）。然而，TRIPs 协定是在 2005 年修正的，已无法适应数字贸易规则前沿性的发展需要。目前规定既符合数字贸易规则发展趋势，又包含有知识产权规定的协议，应属《中美经贸协议》。这一协议对中国在知识产权保护方面提出了较高要求，其中在规范电子商务市场与打击网络侵权方面显现得更为严厉。协议要求电商平台对涉嫌假冒伪劣的产品迅速下架,免除善意提交错误下架通知权利人的责任,延长权利人投诉的时限,以及未能遏制假冒伪劣商品销售的电商平台可能会被处以吊销网络经营许可的严厉处罚。这些规定都对我国知识产权保护提出了更高的要求。

综合来看,我国现有知识产权规范距离数字贸易规则的保护标准尚存在进步空间,未来在数字贸易领域的有关数字贸易规则的国内规定将会跟上国际步伐,加大对知识产权的保护力度。

10.3.1.4 网络安全

我国针对网络安全的国内规定集中体现于《中华人民共和国网络安全法》(以下简称《网络安全法》)。《网络安全法》是我国第一部全面规范网络空间安全管理的法律,旨在实现依法治网、保障网络安全,化解网络风险和维护国家安全、社会公共利益,保护公民、法人和其他组织的合法权益,促进经济社会信息化健康发展。从整体内容来看,《网络安全法》规定了三项基本原则,即网络空间主权原则、网络安全与信息化发展并重原则和共同治理原则。这三项原则分别表明了我国坚持的主权平等原则、安全与发展并重以及全社会共同参与方针,从原则上引领我国互联网事业的前进。从具体内容来看,《网络安全法》提出制定网络安全战略,明确政府各部门的职责权限,完善网络安全监管体制,重点保护关键信息基础设施,完善网络安全义务和责任,加大违法惩处力度,以及将监测预警与应急处置措施制度化、法制化。

在国际合作方面,我国对于网络安全的态度主要体现于我国向 WTO 提交的《电子商务议案》,其中明确提出 WTO 会员国应当彼此尊重对方的互联网主权,交流互联网领域的实践经验,加强电子商务领域的保障措施,深化合作,维护网络安全。

综合来看,我国对网络安全的重视程度将会逐渐提高,相关规则会进一步完善。

10.3.2 中东欧主要国家数字贸易规则概述

目前中国—中东欧国家合作已经发展为"17+1 合作"的模式。现有 17 个中东欧国家中,除 12 个国家为欧盟成员国外,欧盟已将北马其顿、黑山、阿尔巴尼亚、塞尔维亚列为欧盟候选国,并与波黑签署了《稳定与联系协议》。《中国—中东欧国家合作索非亚纲要》中规定,各方将本着自愿、透明、包容、互惠、公平、共赢的原则,通过协商与合作来助力实现联合国 2030 年可持续发展议程,并且在遵守国际关系准则的基础上,根据各自的法规和国情,欧盟成员国和候选国还要根据相关法规及作为成员国应该遵守的改策,开展合作。由此可以看出,中东欧国家在与中国合作的过程中,除了要以各自法规和国情为基础外,其中的欧盟成员国与候选国还应当根据欧盟相关法规及作为成员国应遵守的政策展开合作。结合几乎全部中东欧国家都为欧盟正式成员国或欧盟候选国的现实情况,中东欧国家的数字贸易规则遵循欧盟制定的数字贸易规则,而波黑作为正在申请加入欧盟的国家,其数字贸易规则可以参照适用欧盟标准。

在对外的数字贸易规则方面,不同于已经在 FTA 中自成体系的"美式"数字贸易规则,欧盟数字贸易专章的构建进程较为落后。结合欧盟现已生效的 FTA 来看,其数字贸易规则还处在比较初级的阶段,与数字贸易规则有关的条款散布在各个不同的章节。与数字贸易规则最直接相关的是欧盟 FTA 中的电子商务章。而随着数字贸易内涵的演进,电子商务与数字贸易的概念也逐步被区分开来,这一点在各国 FTA 中逐渐开始出现"数字贸易章"而非"电子商务章"的现象中可以体现出来,如《美墨加协定》已经设立的独立的数字贸易章节。欧盟国家虽然起步较晚,但是在欧盟国家与墨西哥正处在商议的最新 FTA 中,欧盟国家建议设立"数字贸易章",可以看出欧盟国家也是逐步倾向于选择直接在 FTA 中设立数字贸易专章的规则表现形式。

早在 1995 年,欧洲议会和欧盟理事会发布了《关于涉及个人数据处理的个人保护以及此类数据自由流动的指令》(On the Protection of Individuals with Regard to the Processing of Personal Data and on the Free Movement of Such Data)(以下简称《95 指令》),规定了欧盟成员国个人数据跨境立法的基本原则与主要内容,允许在一定条件下向第三国跨境转移欧盟公民的个人数据。欧盟后来的 GDPR 也对数据跨境传输作了较严格的规定。此外,欧盟提出了建设欧洲单一数字市场的战略。2015 年 5 月 6 日,欧盟委员会出台了《欧洲数字单一市场战略》(The Digital Single Market Strategy for Europe),力图打造统一的数字商品、服务和资本市场,加强数字领域的互联互通,以推动技术发展来保障网络安全。这一设想反映了欧盟国家试图发展网络产业、维护网络安全的考虑(董一凡、李超,2016),为此欧盟期望通过以实行计划以及修改或立法的形式来实施。欧盟国家对内的数字贸易规则更多体现在新的指令、立法中,或者对现有法律法规进行修改以使其满足数字单一市场的要求。

中东欧国家很大一部分都是欧盟的成员国，以斯洛文尼亚和波兰为例，斯洛文尼亚作为欧盟成员国，完全执行欧盟的贸易政策，国内没有单独的贸易法律。在与第三国进行贸易时，斯洛文尼亚执行欧盟的海关规定，但成员国有权对欧盟规则未涉及的领域进行立法。同样地，自 2004 年 5 月 1 日波兰成为欧盟成员国后，与欧盟其他成员国的贸易遵循欧盟内部统一大市场原则。波兰与非欧盟国家（第三国）贸易适用欧盟共同政策措施和手段，如共同贸易、共同关税表等。可见，中东欧主要国家贸易规则的内容实质上与欧盟的贸易规则基本一致的。

10.3.2.1 关税和国内税

在国内税方面，2003 年，欧盟对向欧盟境内企业或个人出售商品的非欧盟电子商务企业征收增值税，并且将数字产品视同于服务，提出对数字产品征收的增值税适用服务贸易规则（王惠敏、张黎，2017）。

在关税方面，在欧盟国家最新商议的一系列 FTA 中，欧盟国家均提出了不对数字传输征收关税的方案。如《欧盟-墨西哥 FTA（升级）》中，第 3 条规定："1. 任一缔约方均不得对其与另一缔约方之间的电子传输征收关税。2. 为进一步明确，第 1 款规定并不排除当事方对电子传输征收国内税或其他费用，只要这种税收或费用与本协定的征收方式相一致。"这一做法也与全球数字贸易规则中对待数字传输虽不征收关税的趋势相吻合，对跨数字传输不征收关税，但不影响对数字传输征收国内税。

10.3.2.2 跨境数据流动及个人隐私保护

OECD《关于隐私保护与个人数据跨境流动的指南》（OECD Guidelines on the Protection of Privacy and Transborder Flows of Personal Data）中对跨境数据流动的定义为，跨境数据流动是一点到另一点的跨越国家和政治疆界通过利用数字手段进行的数据传递。跨境数据自由流动是数字贸易构建的基础，因此在数字贸易规则的制定中，能否实现跨境数据自由流动一直是核心问题。实现数据跨境自由流动不仅可以使信息获取更为便利，提高生产率，而且能突破地域限制，降低交易成本，促进市场更加有效地运行。跨境数据自由流动及个人隐私保护也是欧盟数字贸易规则制定中的"重头戏"。欧盟国家在跨境数据自由流动及个人隐私保护方面的态度较为矛盾。一方面，欧盟国家希望能够通过加快数据跨境自由流动促进经济发展；另一方面，欧盟国家传统的个人数据保护立法却给跨境数据自由流动带来了较大的限制，若个人隐私安全得不到保障,那欧盟国家境外企业将难以获得境内的个人数据,这也是欧盟国家在对外谈判中的焦点。欧盟在个人数据保护方面较为典型的规定为《95 指令》和 GDPR,二者均对个人数据跨境传输作出了规定。

(1)《95 指令》

《95 指令》是欧盟国家数据保护领域最重要的成果之一,内容较为全面。

就其立法基础而言,《95 指令》的前言第 10 目显示,对数据保护的规定一定程度上来源于《欧洲人权和基本自由保护条约》(European Convention for the Protection of Human Rights and Fundamental Freedoms)以及"欧共体"一般法律原则。根据《欧洲人权和基本自由保护条约》第 8 条以及共同体法律的一般原则,国家法律处理个人数据的目的是保护基本权利和自由,尤其是隐私权。因此,在制定相关法律的过程中不得使相关保护有任何减损,不仅如此,而且应设法确保其在共同体中获得高水平保护。

对于欧盟成员国之间的数据自由流动,其第一条规定:"(1)根据本指令,成员国应保护自然人的基本权利和自由,尤其是个人数据方面的隐私权。(2)成员国不得出于前款提供的保护的原因而限制或禁止成员国之间的个人数据自由流通。"这一规定说明了如果不违反数据保护的法律或指令,公司有权在欧盟内部自由流通数据。这意味着欧盟内部数据流通得到了基础性的保障,为欧盟内部数字贸易的发展奠定了规则基础。

而对于欧盟成员国与第三方国家或地区之间的数据跨境流动,《95 指令》还在第 4 章规定了个人数据传输至第三方国家时的原则。其第 25 条规定:"成员国应规定,只有在符合根据其他规定制定的国内规范的情况下,才可将正在处理或打算在转移后处理的个人数据转移至第三国,第三国应确保足够的保护水平。"这一规定表明,对于欧盟国家以外的不能对数据提供充分保护的国家,个人数据的传输会受到阻碍,即要求数据传输的第三方国家保持与欧盟相当的数据保护力度。然而,欧盟国家的数据保护力度相对较高,能达到这一条件的国家并不多,从而导致欧盟国家数字贸易规则制定过程中在跨境数据自由流动与个人隐私保护问题上难以与其他国家达成共识。

(2)GDPR

由于《95 指令》实施后出现各成员国执法机制和执法力度上的差异、公民几乎未提起侵权之诉等问题,导致欧盟国家在个人数据保护方面并未形成真正的统一,个人数据传输至第三方国家是否能保持与欧盟一致的保护水平也无法得到保证。因此,欧盟委员会自 2010 年起呼吁采用成员国可直接实施的条例代替《95 指令》，之后于 2012 年提出了 GDPR（草案），并于 2016 年通过生效（张金平，2019）。

GDPR 将条例的适用范围尽可能地扩大，其第 3 条规定："（1）本例适用于在欧盟内部设立的数据控制者或处理者对个人数据的处理，不论其实际数据处理行为是否在欧盟境内进行。（2）本条例适用于如下相关活动中的个人数据处理，即使数据控制者或处理者不在欧盟设立：（a）为欧盟内的数据主体提供商品或服务——不论此项商品或服务是否要求数据主体支付对价；（b）对发生在欧洲范围内的数据主体的活动进行监控。（3）本条例适用于在欧盟之外设立，但基于国际公法成员国的法律对其有管辖权的数据控制者的个人数据处理。"该条款赋予了 GDPR 域外效力，旨在防止欧盟境外企业处理个人数据时降低欧盟国家公民的个人数据保护水平。

同时，该条例还在第 5 章专门就"将个人数据转移到第三国或国际组织"作出了规定，确立的数据转移一般性原则为："对于正在处理或计划进行处理的个人数据，将其转移至第三国或国际组织，包括将个人数据从第三国或国际组织转移到另一第三国或另一国际组织，控制者和处理者只有满足本条例其他条款，以及满足本章规定的条件才能进行转移。为了保证本条例对于自然人的保护程度不被削弱，本章的所有条款均应被遵守。"即明确提出了数据保护的高标准要求。

根据该条例，将个人数据转移至欧盟国家以外的第三方国家，需要欧盟委员会作出认定，认为相关的第三国、第三国中的某区域或一个或多个特定部门、或国际组织具有充足的保护能力，可以将个人数据转移到第三国或国际组织，此类转移不需要特定的授权。评估保护程度的充分性时，需要考虑以下几项因素：法治，对人权与基本自由的尊重，包括关于公共安全、国防、国家安全、刑法和公共机构访问个人数据的一般性与部门性立法，以及此类立法的实施、数据保护规则、职业规则和安全措施，包括将个人数据转移到另一第三国或国际组织所必须遵循的第三国或国际组织的规则、判例法以及有效可执行的数据主体权利、对其个人数据正在转移的数据主体的司法救济；在国际组织是主体的情形中，第三国内存在一个或多个有效运作的独立监管机构，保证数据保护规则的实施，包括具有充分的执行权力，在数据主体行使其权利时和与成员国的监管机构合作时提供帮助和建议；第三国或国际组织已经许下的国际性承诺，或者承诺愿意承担有法律约束力的条约或法律文件所引起的其他责任，以及参加多边或地区性的体系，特别是和数据保护相关的体系所引起的其他责任。在评估了保护程度的充分性后，欧盟委员会可以通过制定实施性法案，确定第三方是否具有充足的保护能力，并规定数据转移需要有适当的安全保障。

在该章节的最后，还提出了个人数据保护的国际合作问题。希望在涉及第三国或国际组织的情形中，欧盟委员会和监管机构应当采取合适的措施以期发展国际合作机制，以便促进对个人数据保护立法的有效实施；在采取合适安全措施保障个人数据保护和其他基本权利与自由的前提下，通过告知、申诉转介、调查帮助和信息互换为个人数据保护立法提供国际性互助；在实施个人数据保护立法中，使相关利益方密切参与为了进一步国际合作而进行的讨论和活动；促进个人数据立法与实践的及时信息互换——包括与第三国管辖权冲突问题。

10.3.2.3 知识产权

随着数字贸易的发展，数字贸易中产生的知识产权纠纷不断增加，传统的贸易规则在数字贸易知识产权纠纷的解决中出现了一定的问题。知识产权保护问题也成了数字贸易规则谈判中的焦点。

欧盟国家近年来在知识产权领域的工作重点主要包括：积极探索适应数字时代的知识产权保护体系；进一步推进在欧盟国家层面的统一知识产权保护，包括单一专利、共同体商标等；加强知识产权执法力度等。2011年5月，欧盟提出了新的知识产权保护战略，集中指向数字化时代的知识产权保护。这一战略是《欧盟2020战略》《单一市场法案》和《数字欧盟议程》的补充和有机组成部分（中华人民共和国商务部，2017）。2019年4月15日，欧盟委员会正式表决通过和发布了《数字化单一市场版权指令》，将现有的欧盟版权法现代化，推动建立一个真正的数字单一市场。

知识产权集约型企业在欧盟经济体及就业市场占比较高，对欧盟国家来说十分重要。然而，互联网经济给欧盟国家带来了巨大机遇的同时，互联网上的知识产权侵权纠纷也显著增多，将近1/4的全球互联网流量侵犯了著作权，其中包括音乐、视听内容和软件等数字商品。但是数字化产品的迅速发展对TRIPs条款提出了挑战，为了适应时代发展，加大对知识产权的保护力度，欧盟国家试图全面推进TRIPs+条款（European commission，2014）。互联网服务提供商之类的网络中介责任是监管挑战之一，其应当承担何种义务仍存在争议。一方面，法律需要在个人权利之间寻求平衡；另一方面，需要尊重表达自由、个人数据保护等知识产权基本权利。

欧盟在知识产权领域通过利用其在贸易上的强势地位，要求中等经济体在知识产权保护问题上作出让步。在与发达经济体谈判的过程中保持了较为谨慎的态度，但是在与中等经济体谈判时通过了与发达经济体谈判过程中拒绝的条款（周念利、陈寰琦，2018）。由此可见，欧盟针对不同国家采取不同的知识产权保护态度。在与数字贸易较为发达的国家进行谈判时，会对"知识产权保护"以及"隐私保护"之间的平衡要求较高，而在与数字贸易相对不发达的国家谈判时在二者的平衡问题上态度较为宽容。

10.3.2.4 网络安全

近年来，斯洛伐克、波兰、捷克、立陶宛、罗马尼亚、黑山、匈牙利、拉脱维亚、爱沙尼亚和克罗地亚等10个中东欧国家相继发表了网络安全战略级规划文件，逐步重视网络安全方面的发展。但是中东欧国家在网络安全方面的合作对象仅限于欧盟，有较为明显的闭塞性。

欧盟关于网络安全的重要立法包括《网络与信息安全指令》《通用数据保护条例》《欧盟网络安全法案》。

《网络与信息安全指令》并非具体规定，与法规不同，该指令要求各成员国根据指令所传达的精神执行各自的法律要求，代表着未来的立法方向。希望通过成员国国家层面网络安全能力的提升促进欧盟各成员国之间更稳固安全的沟通渠道。不同于GDPR，该指令主要针对关键国家基础设施，如能源、银行、金融市场基础设施及数字化基础设施等领域。同时还规定了该指令的区域约束力，不属于欧盟或欧洲经济区的成员国在此区域内提供服务仍需要遵守该指令。

《欧盟网络安全法案》的目的在于确保内部市场的正常运作，旨在实现欧盟内部高水平网络安全、网络弹性和信任。其制定是因为考虑到电子通信网络和服务在经济增长中日趋重要的地位，为有效应对各类网络安全风险，防范其对计算机系统、通信网络、数字产品、服务和设备以及公民、组织和企业带来的潜在威胁，提升欧盟国家整体的网络安全防护水平（张莉，2019）。该法案旨在扩充欧洲网络与信息安全管理局（ENSIA）的职责，从而构建一个通用的欧洲网络安全认证框架，促进欧盟内部的网络影响力，并推动"欧盟数字单一市场"战略的实施。其核心理念包括强化ENSIA的授权与职责，以及构建通用的欧洲网络安全认证框架。该法案可促进欧盟成员国实现互通的网络认证标准,从而更好地应对数字时代的网络安全风险。

10.4 中国—中东欧国家数字贸易规则的比较分析及展望

中国和中东欧国家在数字贸易规则的制定中均有各自的立场与原则,对比研究中国与中东欧国家数字贸易规则内容要点对于展望中国与中东欧国家在数字贸易规则方面的合作有着重要意义。

10.4.1 中国—中东欧国家数字贸易规则比较

中国及中东欧国家均无独立的数字贸易规则范本,但是其内容都涉及关税和国内税、跨境数据流动和个人隐私保护、知识产权、网络安全等要点。

10.4.1.1 关税和国内税

在关税问题上,中国现有国内法律并未对电子传输的关税作出规定,而中国—澳大利亚 FTA、中国—韩国 FTA 中均表明暂时维持双方之间的电子交易不征收关税的做法。低成本的电子传输对作为跨境电商大国的中国来说更有利。数字贸易相关的国内税问题中国目前并无定论。

中东欧主要国家的贸易规则遵循欧盟贸易规则,在关税方面,虽然提出了不对数字传输征收关税的方案,但是保留了对数字传输征收国内税的权利。

对比来看,中国与中东欧国家在数字传输的关税问题上立场一致,目前均不对此征收关税。但是国内税的具体规定仍需进一步探索。

10.4.1.2 跨境数据流动和个人隐私保护

在国际层面上,中国坚持以跨境数据流动安全为重。在国内层面,通过《个人信息保护法》《数据安全法》《民法典》和《刑法》的规定,加强了个人隐私保护的力度。综合来看,中国对于跨境数据流动和个人隐私方面的问题,持谨慎态度,既意识到跨境数据自由流动在促进数字贸易发展中的重要性,也坚持个人隐私保护及严格的数据安全保护等核心内容。希望在二者之间寻求平衡,即在保证数据安全的前提下促进跨境数据自由流动。

欧盟正在寻求建立内部的数字单一市场,因此在欧盟成员国之间易于实现数据自由流动。中东欧国家相互之间的跨境数据自由流动有欧盟的立法基础。在与非欧盟成员国之间的跨境数据流动问题上,个人隐私保护是合作谈判中的核心要点。第三方若要实现和欧盟成员国之间的跨境数据自由流动,需要证明已达到与欧盟国家相同的数据保护水平,并且需要经过欧盟的审核。此外,在欧盟向 WTO 提交的议案中,强调禁止数据本地化,可以看出欧盟在多边贸易协议中对于数据流动的态度逐渐开放。

整体而言,中东欧国家虽然也坚持在个人隐私得到充分保护的基础上促进跨境数据自由流动,但是相比中国而言,其数据对外开放的程度更广,相关法律体系更为完善。

10.4.1.3 知识产权

中国目前关于知识产权的规定与 TRIPs 协定要求一致,对于关键基础信息设施的源代码,采用重点安全评估的方法。就中国现有规定来看,中国知识产权保护标准处于逐步提高的阶段,正在加大知识产权保护力度。而欧盟国家在与发达经济体的知识产权保护的较量中,会通过"隐私保护"标准,强调知识产权保护的重要性。对于源代码的问题,欧盟国家坚持强调源代码不能够被强制披露或转移。欧盟国家针对数字贸易知识产权领域提出了高于 TRIPs 协议的标准,试图推动"TRIPs+"条款。

在现有规定中,欧盟对于数字贸易领域知识产权保护的标准高于中国,这使中国在和作为欧盟成员国的中东欧国家进行数字贸易规则合作时,在知识产权保护方面处于劣势地位。

10.4.1.4 网络安全

中国在国际层面上坚持尊重互联网主权,在国内制定了《网络安全法》以加强网络安全的管理。《网络安全法》赋予国家网信部门网络安全统筹协调的职能,为未来形成更加科学的沟通协调机制打下基础。我国网络安全认证体系逐步完善,但从整体进度来看,仍有较大的进步空间。

欧盟国家在 2016—2019 年相继出台了一系列重要的网络安全保护法律文件,表明欧盟国家面对日渐严峻的网络安全形势积极做出了反应,试图加快构建网络安全法律体系的进程。中东欧国家发布的一系列战略级文件也体现了其对网络安全的重视程度。

网络安全是中国和中东欧国家在数字贸易规则合作中的核心问题之一,双方均寻求更高层次的网络安全保护。

10.4.2　中国—中东欧国家数字贸易规则合作现状及展望

通过前述对比分析,可以看出中国与中东欧国家的数字贸易规则合作存在一定立法基础,下文将结合中国与中东欧国家数字贸易规则合作现状对中国—中东欧国家数字贸易规则合作进行细节上的展望。

10.4.2.1　中国—中东欧国家数字贸易规则合作现状

中国与中东欧国家之间目前尚未签订 FTA,有关数字贸易规则的合作集中体现于中国与中东欧国家在 2018 年 6 月签订的《电子商务合作倡议》。此外,中国与欧盟均向 WTO 提交了首轮《电子商务议案》,其中包含双方关于数字贸易规则部分内容的看法。

(1)《电子商务合作倡议》

2018 年 6 月,中国与中东欧国家签订了《电子商务合作倡议》。这份倡议明确了中国与中东欧国家均积极支持世贸组织第 11 次部长级会议上发表的关于电子商务的联合声明。同时,中国与中东欧国家将以国内法律、法规、政策为基础,支持电子商务企业的合作。

根据该倡议的内容来看,中国与中东欧国家之间的合作仍处于电子商务阶段,这与目前的多边贸易体制谈判进程相一致。现有的电子商务规则谈判,部分内容涉及数字贸易规则。根据中国和中东欧国家在倡议中积极支持关于电子商务联合声明的态度,以及中国与中东欧国家支持电商企业合作的态度,我们可以看到,中国与中东欧国家愿意就部分数字贸易领域法律、法规、政策进行谈判,同时如果在双方向 WTO 提交的《电子商务议案》中对某一领域持共同的观点,将会大大减少谈判阻力。《电子商务合作倡议》为双方提供了数字贸易规则合作的基础。

(2)《电子商务议案》

2019 年 1 月 25 日,包括中国和欧盟在内的 WTO 各成员方就持续已久的电子商务问题达成共识,发布了《电子商务联合声明》,明确各方均愿意就电子商务与贸易有关的问题展开谈判。

2019 年 4 月 24 日和 4 月 29 日,中国和欧盟分别向 WTO 提交了《电子商务议案》,阐述了己方看法。这两份提案呈现以下几项特征。

①关税。欧盟提出不得对包括传输内容的电子传输征收关税。而中国认为应继续保持在部长级会议下届会议之前不对电子传输征税。即现阶段,中

国与中东欧国家在电子传输关税问题上均持不征收关税的态度。

②跨境数据自由流动和个人隐私保护。针对跨境数据流动问题，欧盟提出禁止数据本地化措施，且不存在例外情形。在个人隐私保护方面，欧盟认为保护个人数据和隐私是一项基本权利，各成员可采取并维持其认为适当的保障措施。对于中国而言，不论是跨境数据流动还是个人隐私保护，安全始终都在第一位。目前来看，中东欧国家更加看重数据的流动性，而中国更注重安全性。

③知识产权。在源代码的问题上，欧盟提出原则上不得强制披露或转移源代码，除非双方自愿，或者存在公共安全例外。而中国的提案中并未就这一问题进行说明。

④网络安全。在网络接入与安全问题上，欧盟提出各成员国应确保用户可以在合理和非歧视性的网络管理下，接入网络服务。中国认为各成员国应相互尊重互联网主权。

综上所述，中国与中东欧国家在多边贸易体制下，在跨境数据流动等方面仍存在一定分歧。但《电子商务倡议》为中国与中东欧国家提供了一个单独、方便、快捷的沟通渠道，双方可在此基础上寻求数字贸易规则领域进一步的合作。

10.4.2.2　中国——中东欧国家数字贸易规则合作展望

2018年，中国与中东欧国家签署了《电子商务合作倡议》，标志着中国与中东欧国家将会在电子商务领域展开积极合作。2019年，中国与中东欧国家在克罗地亚杜布罗夫尼克举行领导人会晤，围绕"搭建开放、创新、伙伴之桥"主题，制定和发表了《中国—中东欧国家合作杜布罗夫尼克纲要》，再一次提及双方支持世贸组织电商谈判，将通过电商平台进一步展开合作。

结合前文对于中国与中东欧国家数字贸易规则的介绍与比较，中国与中东欧国家在数字贸易规则领域可以寻求进一步的合作，合作形式可包括但不限于在双边贸易协定或多边贸易协定中单独设立数字贸易章节。可能合作的具体内容主要集中在以下几个方面。

(1) 关税与国内税

在关税方面，中国与中东欧国家目前均坚持电子传输免征关税。中国虽表达了暂时免征关税的态度，但从国内数字贸易发展情况来看，永久免征关税是趋势，双方可达成一致意见。

在国内税问题上，由于数字产品的性质难以界定，双方在其境内对数字产品以何种方式征收国内税尚未明确。中国与中东欧国家在谈判过程中可对国内税问题进行磋商，争取达成数字税在征收方式、征收对象上的共识。

（2）跨境数据自由流动和个人隐私保护

尽管中国与中东欧国家在跨境数据自由流动和个人隐私保护问题上存在一定分歧，但是由于跨境数据流动在数字贸易中的核心作用，双方必然会在个人隐私保护和数据跨境自由流动之间的平衡问题上各做出一定让步，而让步的程度则取决于双方国内个人隐私保护体系的完善程度。通过在保护水平评估体系等问题上达成共识来促进跨境数据自由流动问题的解决。

（3）知识产权

目前中东欧国家对于知识产权的保护标准高于中国，但在中美经贸协议的影响下，中国必然会对原有的知识产权法律法规进行修改，提高知识产权保护力度。因此，中国与中东欧国家在知识产权问题上可以基于 TRIPs 协议进一步达成一致意见。

（4）网络安全

网络安全涉及国家安全，各国在此问题上均持谨慎态度。中国与中东欧国家在广义的网络安全概念上意见大致相同，但中东欧国家要求的网络开放程度高于中国。中国目前仍需进一步完善网络安全保护立法，构建完整的网络安全保护体系，为与其他国家进行数字贸易规则合作提供国内立法基础。

综上所述，中国与中东欧国家将在一系列合作纲要的围绕下，积极就数字贸易规则合作展开对话，努力达成共识，为双方未来长久的发展奠定坚实的基础。

参 考 文 献

[1] 蓝庆新，窦凯．美欧日数字贸易的内涵演变、发展趋势及中国策略[J]．国际商务，2019（6）：48-54．

[2] 吴伟华．我国参与制定全球数字贸易规则的形势与对策[J]．国际商务，2019（6）：55-60．

[3] 沈玉良．塑造面向数字贸易的国际经贸新规则[N]．中国经济时报，2019-11-08（5）．

[4] 周念利，陈寰琦．数字贸易规则"欧式模板"的典型特征及发展趋向[J]．国际经贸探索，2018（3）：96-106．

[5] 崔艳新，王拓．数字贸易规则的最新发展趋势及我国应对策略[J]．全球化，2018（3）：98-107．

[6] 茅孝军．新型服务贸易壁垒："数字税"的风险、反思与启示[J]．国际经贸探索，2020（7）：98-112．

[7] 石静霞．数字经济背景下的WTO电子商务诸边谈判：最新发展及焦点问题[J]．东方法学，2020（2）：170-184．

[8] 段平方，侯淑娟．基于美式模板和欧式模板下中国数字贸易规则体系的构建[J]．南华大学学报（社会科学版），2019（5）：51-59．

[9] 常海青．应对数字贸易国际规则差异的思考[J]．中国国情国力，2020（6）：61-64．

[10] 武变霞，王会芳．大数据背景下计算机网络信息安全风险及防护措施[J]．漯河职业技术学院学报，2019（4）：20-22．

[11] 夏燕群．互联网保险产品市场接受度研究：以蚂蚁金服客户调研数据为基础[D]．杭州：浙江大学，2019．

[12] 张孟媛，袁钟怡．美国网络安全审查制度发展、特点及启示[J]．网络与信息安全学报，2019（6）：1-9．

[13] 朱丽芳．人工智能技术在应用中的安全风险与管控研究[J]．电信

工程技术与标准化，2019（12）：33-37.

［14］彭德雷．数字贸易的"风险二重性"与规制合作［J］．比较法研究，2019（1）：172-186.

［15］刘新立．网络风险，保险业的机遇与挑战［N］．中国保险报，2019-09-03（7）．

［16］汪晓风．网络恐怖主义与"一带一路"网络安全合作［J］．国际展望，2016（4）：116-132.

［17］马晓宝．中国网络安全保险发展研究：以携程网瘫痪为例［D］．沈阳：辽宁大学，2016.

［18］栾杰．浅析黑客保险［J］．上海保险，2014（7）：33-35.

［19］陈维涛，朱柿颖．数字贸易理论与规则研究进展［J］．经济学动态，2019（9）：114-126.

［20］董一凡，李超．欧盟《数字单一市场战略》解读［J］．国际研究参考，2016（3）：5-9.

［21］王惠敏，张黎．电子商务国际规则新发展及中国的应对策略［J］．国际贸易，2017（4）：51-56.

［22］张金平．欧盟个人数据权的演进及其启示［J］．法商研究，2019〔5〕：182-192.

［23］欧盟知识产权制度、政策和动态［R］．中华人民共和国商务部，2017.

［24］张莉．欧盟最新版《网络安全法案》对我国的启示［N］．中国计算机报，2019-10-14（12）．

［25］Faye Fangfei Wang. Obstacles and Solutions to Internet Jurisdiction：A Comparative Analysis of the EU and US Laws［J］．Journal of International Commercial Law and Technology，2008（3）：233-241.

［26］Michael Hahn，Pierre Sauvé. Research for The Cult Committee-Culture and Education in CETA［R］．European Parliament，2016.

［27］Fangfei，Wang，Faye. Law of Electronic Commercial Transactions：Contemporary Issues in the EU，US and China［M］．Routledge，2010：103-121.

［28］Joshua Paul Meltzer. The Internet，Cross-Border Data Flows and International Trade［J］．Asia and the Pacific Policy Studies，2015（2）：90-102.

［29］Aaronson，Susan Ariel. What Are We Talking about When We Talk about

Digital Protectionism? [J]. World Trade Review, 2019 (18): 541-577.

[30] Janow, M. E. & P. C. Mavroidis. Digital trade, e-commerce, the WTO and regional frameworks [J]. World Trade Review, 2019 (18): 1-7.

[31] Meltzer, J. P. Governing digital trade [J]. World Trade Review, 2019 (18): 1-26.

[32] Swiatkowska, J. Central and eastern European countries under cyberthreats [J]. Polish Political Science Yearbook, 2017 (46): 30-39.

[33] Trade, growth and intellectual property-Strategy for the protection and enforcement of intellectual property rights in third countries [R], European commission, 2014.

[34] 孙琪. 中国与中东欧国家经贸合作现状及发展前景研究 [J]. 国际商贸, 2019 (3): 46-53.

[35] 鞠维伟. "一带一路"建设下的中国与中东欧国家互联互通合作 [J]. 当代世界, 2018 (12): 68-71.

[36] 赵福军. 中国与中东欧经贸合作进入新时代 [N]. 中国经济时报, 2018-07-06.

[37] 宋杰. 中国—中东欧国家经贸"合作快车"提速: 宁波建起全国首个"16+1"经贸合作示范区 [N]. 中国经济周刊, 2018-06-18.

[38] 罗琼, 臧学英. "一带一路"背景下中国与中东欧国家多元合作问题 [J]. 国际经济合作, 2017 (9): 79-83.

[39] 刘作奎. 大变局下的"中国—中东欧国家合作" [J]. 国际问题研究, 2020 (2): 65-78.

[40] 葛雪刚. 中国数字经济迈入黄金期 [J]. 经济视野, 2019, (2): 14-27.

[41] 曹淼孙. 我国数字贸易发展: 现状、挑战与策略研究 [J]. 西南金融, 2020 (1): 46-53.

[42] 夏蓓丽, 彭雪芬. 中东欧国家信息化状况 [M] //丁波涛, 唐涛. 全球信息社会蓝皮书: 全球信息社会发展报告 (2017). 北京: 社会科学文献出版社, 2017.

[43] 孔田平. 中东欧国家数字经济的现状与前景 [J]. 欧亚经济, 2020 (1): 1-20, 127.

[44] 庄怡蓝, 王义栀. 发展"一带一路"数字经济的初步思考 [J]. 大

陆桥视野，2018（5）：61-63.

[45] 姜琍."17+1 合作"框架下中捷经贸合作：机遇与挑战[J]. 海外投资与出口信贷，2020（2）：18-22.

[46] 王鹏，魏必，刘思扬. 中欧数字经济合作的现状、不足与启示[J]. 互联网经济. 2020（3）：12-19.

[47] 宋爽，陈晓."17+1 合作"机制下中国对中东欧的投资[J]. 海外投资与出口信贷，2020（2）：23-26.

[48] 姜琍."16+1 合作"和"一带一路"框架内的中国与斯洛伐克经贸合作[J]. 欧亚经济，2019（3）：58-70.

[49] 吴若男，崔佳慧，洪鑫. 中国与保加利亚经贸合作的机遇、挑战及对策[J]. 商业经济，2020（1）：96-98.

[50] 潘晓明. 国际数字经济竞争新态势与中国的应对[J]. 国际问题研究，2020（2）：93-106.

[51] 徐金海，夏杰长. 全球价值链视角的数字贸易发展：战略定位与中国路径[J]. 改革，2020（5）：6-15.

[52] 蓝庆新. 数字经济是推动世界经济发展的重要动力[J]. 人民论坛·学术前沿，2020（8）：80-85.

[53] 李峥. 五举措应对全球数字经济发展新趋势[J]. 中国国情国力，2020（2）：12-14.

[54] 田原. 中国—东盟数字经济合作前景广阔[N]. 经济日报，2018（16）.

[55] 闫志君，翟崑. 中国东盟共建数字经济"一带一路"核心区[N]. 中国经济时报，2019（5）：1-8.

[56] 王海燕. 中国与中亚国家共建数字丝绸之路：基础、挑战与路径[J]. 国际问题研究，2020（2）：107-133.

[57] 金丹，杜方鑫. 中越共建"数字丝绸之路"的机遇、挑战与路径[J]. 宏观经济管理，2020（4）：78-90.

[58] 王鹏，魏必，刘思扬. 中欧数字经济合作的现状、不足与启示[J]. 互联网经济，2020（3）：12-19.

[59] 孔田平. 中东欧国家数字经济的现状与前景[J]. 欧亚经济，2020（1）：2-20.

[60] 为讨好美国排挤华为，对中东欧不值[N]. 环球时报，2019（2）.

［61］孙璞. 深化"一带一路"网信领域开放合作促进数字丝绸之路建设行稳致远［J］. 网信军民融合, 2019（4）：4-7.

［62］IULIA MONICA, OEHLER‐SINCAI. Central And Eastern Europe：Correlations Between The EU Dependence-attitude Matrix And Cooperation Intensity With China［J］. Revista de Economie Mondială, 2017（9）：1-19.

［63］LILEI SONG, DRAGAN PAVLICEVIC. China's Multilayered Multilateralism：A Case Study of China and Central and Eastern Europe Cooperation Framework［J］. Chinese Political Science Review, 2019（4）：277-302.

［64］JAKUB JAKóBOWSKI. Chinese-led Regional Multilateralism in Central and Eastern Europe, Africa and Latin America：16+1, FOCAC, and CCF［J］. Journal of Contemporary China, 2018（113）：659-673.

［65］JUSTYNA SZCZUDLIK. Coming out of the shadows：the Polish perspective on China-Central and Eastern Europe relations［J］. China's discovery of central europe, 2015：49-59.

［66］IULIA MONICA, OEHLER-SINCAI AND COSTIN, LIANU AND IRINA GABRIELA, RăDULESCU. European Union and Big Four's Position Towards the 16+1 Cooperation Platform［J］. Munich Personal RePEc Archive.

［67］XIAO FANG. The Belt and Road initiative：connecting China and Central Europe［J］. China's discovery of central europe（2015）：3-14.

［68］穆正礼, 罗红玲, 蓝玉茜, 等. "一带一路"背景下的人才需求及人才培养模式：基于中国-中东欧国家合作大数据的分析报告［J］. 海外华文教育, 2017（7）：869-892.

［69］黄黎洪. 中国建设数字丝绸之路与数字化时代全球治理的变革研究［J］. 电子政务, 2019（10）：56-67.

［70］全球数字经济新图景［R］. 中国信息通信研究院, 2019.

［71］"一带一路"数字经济国际合作重在开放与共享［J］. 起重运输机械, 2017（12）：121.

［72］郑东超. 中东欧智库的"一带一路"观［J］. 社会科学文摘, 2017（5）：5-7.

［73］蓝庆新, 窦凯. 共享时代数字经济发展趋势与对策［J］. 理论学刊, 2017（6）：55-61.

［74］方芳."数字丝绸之路"建设：国际环境与路径选择［J］.国际论坛，2019，21（2）：56-75+156-157.

［75］杨晓琰，郭朝先.加强国际产能合作推进"一带一路"建设高质量发展［J］.企业经济，2019（7）：50-60.

［76］中国企业在欧发展报告［R］.欧盟中国商会，2019.

［77］张兮维，张利华.中国企业在中东欧承包工程项目的特点、问题与对策［J］.国际经济合作，2017（6）：87-95.

［78］朱晓中.中国—中东欧合作：特点与改进方向［J］.国际问题研究，2017（3）：41-50.

［79］王娟娟，杨冰如.中国在"一带一路"区域的投资结构变化及发展趋势［J/OL］.中国流通经济，2020（1）：90-99［2020-01-21］.

［80］Jacoby Wade. Different Cases, Different Faces: Chinese Investment in Central and Eastern Europe［J］. Asia Europe Journal, 2014（12）: 31-33.

［81］Majman Slawomir. Silk Road on the Central and Eastern Europe Angle［J］. Internal Document for Silk Road Forum, 2015（5）: 1-2.

［82］Dumitresce Conel George. Central and Eastern European Countries Focus on the Silk Road Economic Belt［J］. Regional Development and International Trade, 2015（11）: 186-197.

［83］Lilei Song, Dragan Pavlićević. China's Multilayered Multilateralism: A Case Study of China and Central and Eastern Europe Cooperation Framework［J］. Chinese Political Science Review, 2019（4）: 277-302.

［84］Ramon Pacheco Pardo. Europe's financial security and Chinese economic statecraft: thecase of the Belt and Road Initiative［J］. Asia Europe Journal, 2018（16）: 237-250.

［85］Jakóbowski J. Chinese-led regional multilateralism in Central and Eastern Europe, Africa and Latin America: 16+1, FOCAC, and CCF［J］. Journal of Contemporary China, 2018（27）: 659-673.

［86］Vangeli, A., Pavlićević, D. Introduction: New perspectives on China-Central and Eastern Europe relations［J］. Asia Europe Journal, 2019（17）: 361-368.

［87］Man Hung Thomas Chan, The Belt and Road Initiative-the New Silk Road: a research agenda［J］. Journal of Contemporary East Asia Studies, 2018（2）: 104-123.

[88] Tamas Matura. China-CEE Trade, Investment and Politics [J]. Europe-Asia Studies, 2019 (03): 388-407.

[89] 王鹏, 魏必, 刘思扬. 中欧数字经济合作的现状、不足与启示 [J]. 互联网经济, 2020 (3).

[90] 于军. 中国—中东欧国家合作机制现状与完善路径 [J]. 国际问题研究, 2015 (2).

[91] 刘作奎. 中国—中东欧国家合作的发展历程与前景 [J]. 当代世界, 2020.4.

[92] 邓靖. "16+1 合作"与中欧贸易新关系研究 [N]. 世界科学出版社, 2019-12-23.

[93] 王薇. "一带一路"背景下中国与中东欧国家经贸关系研究 [J]. 现代管理科学, 2019 (12).

[94] 陈龙. 建设"数字丝绸之路"面临的挑战及解决对策 [J]. 《全国流通经济》, 2018 (5), 26-27.

[95] 方芳. "数字丝绸之路"建设——国际环境与路径选择 [J]. 国际论坛, 2019 (2).

[96] 庄怡蓝, 王义桅. 发展"一带一路"数字经济的初步思考 [J]. 丝路经济, 2019.

[97] 曹丹. 中国"数字丝绸之路"面临的困境与解决对策 [J]. 商场现代化, 2019 (2), 55-56.

[98] 张晓锋. 中东欧国家对接丝绸之路经济带: 新成果与新挑战 [J]. 经济与管理, 2019 (6).

[99] 鞠维伟. "一带一路"建设下的中国与中东欧国家互联互通合作 [J]. 当代世界, 2018.

[100] 多米尼克·德维尔潘. 数字丝绸之路的挑战与机遇 [N]. 中国报道, 2019 (5), 45-47.

[101] Sun Jie, 2019. "Challenges, Opportunities and Prospects of Cooperation Under The 16+1 And Belt and Road Initiative," Global Economic Observer, "Nicolae Titulescu" University of Bucharest, Faculty of Economic Sciences; Institute for World Economy of theRomanian Academy, vol. 7 (1), June.

[102] 陆菁, 傅诺. 全球数字贸易崛起: 发展格局与影响因素分析 [J]. 社会科学战线, 2018 (11): 57-66+281.

[103] 张昱,王亚楠,何轩.基于整体网分析法的中国服务贸易国际竞争力分析[J].国际经贸探索,2020,36(1):19-32.

[104] 肖伶俐,李敬.网络分析视角下中国与中东欧国家的贸易竞争与贸易互补关系研究[J].西南大学学报(社会科学版),2019,45(6):75-84+202.

[105] 种照辉,覃成林."一带一路"贸易网络结构及其影响因素:基于网络分析方法的研究[J].国际经贸探索,2017,33(5):16-28.

[106] 郑军,张永庆,黄霞.2000—2014年海上丝绸之路贸易网络结构特征演化[J].国际贸易问题,2017(3):154-165.

[107] 李忠民,周维颖,田仲他.数字贸易:发展态势、影响及对策[J].国际经济评论,2014(6):131-144.

[108] 马述忠,房超,梁银锋.数字贸易及其时代价值与研究展望[J].国际贸易问题,2018(10):16-30.

[109] 李杨,陈寰琦,周念利.数字贸易规则"美式模板"对中国的挑战及应对[J].国际贸易,2016(10):24-27.

[110] 蓝庆新,窦凯.基于"钻石模型"的中国数字贸易国际竞争力实证研究[J].社会科学,2019(3):44-54.

[111] 夏杰长.数字贸易的缘起、国际经验与发展策略[J].北京工商大学学报(社会科学版),2018,33(5):1-10.

[112] 岳云嵩,李柔.数字服务贸易国际竞争力比较及对我国启示[J].中国流通经济,2020,34(4):12-20.

[113] 凌祯蔚.全球数字贸易的发展趋势、面临问题及应对策略[J].现代商业,2017,(18):53-54.

[114] 孙秀丽.欧盟服务贸易竞争力及其影响因素研究——以波特钻石模型为依据[J].西南民族大学学报(人文社科版),2020,41(4):128-137.

[115] 陈靓.数字贸易自由化的国际谈判进展及其对中国的启示[J].上海对外经贸大学学报,2015,22(3):28-35.

[116] 贾怀勤.数字贸易的概念、营商环境评估与规则[J].国际贸易,2019,(9):90-96.

[117] 沈子傲,韩景华.中国与中东欧贸易合作研究:基于贸易互补性和竞争性的视角[J].国际经济合作,2016(8):55-63.

[118] 邹嘉玲,刘卫东.2001—2013年中国与"一带一路"沿线国家贸

易网络分析［J］. 地理科学，2016，36（11）：1629-1636.

［119］张昱，王亚楠，何轩. 基于整体网分析法的中国服务贸易国际竞争力分析［J］. 国际经贸探索，2020（1）：19-32.

［120］邓靖，李敬. 贸易竞争、贸易互补与贸易环境——中国与中东欧国家贸易合作的实证检验［J］. 首都经济贸易大学学报，2019，21（3）：47-56.

［121］孙爱军. G20国家间贸易网络特征研究［J］. 河海大学学报（哲学社会科学版），2019，21（1）：42-50+106.

［122］孙强，谢宇. 社会网络分析视角下全球服务贸易发展失衡研究［J］. 河北经贸大学学报，2019，40（2）：47-56.

［123］牟岚. 中欧服务贸易竞争力比较研究［J］. 财经问题研究，2014（6）：99-105.

［124］龙海雯，施本植. 中国与中东欧国家贸易竞争性、互补性及贸易潜力研究——以"一带一路"为背景［J］. 广西社会科学，2016（2）：78-84.

［125］谭飞燕，张力，李孟刚. 基于国际竞争新优势的贸易强国指标体系构建与实证［J］. 统计与决策，2019，35（22）：27-31.

［126］侯敏，邓琳琳. 中国与中东欧国家贸易效率及潜力研究——基于随机前沿引力模型的分析［J］. 上海经济研究，2017（7）：105-116.

［127］于军. 中国—中东欧国家合作机制现状与完善路径［J］. 国际问题研究，2015（2）：112-126.

［128］欧洲议会国际贸易委员会通过《数字贸易战略》报告，驻欧盟使团经商参处. http：//eu. mofcom. gov. cn/article/jmxw/201711/20171102677442. shtml.

［129］商务部. 中国数字服务贸易发展报告［R］2019.（2019-09-19）. http：//coi. mofcom. gov. cn/article/y/gnxw/201910/20191002901732. shtml.

［130］OECD. Towards a handbook on measuring digital trade：status update［R］. 2018（2018-10-24）. https：//unstats. un. org/unsd/nationalaccount/aeg/2018/M12_ 3f_ Digital_ Trade_ OECD. pdf.

［131］UNITED NATIONS CONFERENCE ON TRADE AND DEVELOPMENT. International trade in ICT servic-es and ICT-enabled services［R］. UNCTAD Publication，2015.

［132］中国信息通信研究院. 数字贸易发展与影响白皮书［R］2019. http：//www. caict. ac. cn/kxyj/qwfb/bps/201912/P020191226585408287738. pdf.

［133］Rauch J E. Networks versus markets in international trade. Journal of International Economics. 1999 (48): 7-35.

［134］Greaney T M, Mattsson L Q Easton G. International competitiveness and trade promotion policy from a network perspective. Working paper, University of Western Sydney, 2003: 38-39.

［135］Ma Angeles Serrano, Boguna M. Topology of the world trade web［J］. physical review E statistical nonlinear&soft matter physics, 2003, 68 (1 pt 2): 015101.

［136］Garlaschelli D, Loffredo M I. Structure and Dynamics of the world Trade Networks［J］. Physica A-statistical mechanics&Its Applications, 2005, 355.

［137］Fagiolo G, Reyes J A, Schiav S. World-trade web: topological properties, dynamics, and evolution. Physical Review, 2009, 79 (3): 036115.

［138］潘妍, 徐金海. 推动中国数字服务贸易高质量发展［J］. 中国经贸导刊, 2020 (13): 40-43.

［139］柳卸林, 董彩婷, 丁雪辰. 数字创新时代: 中国的机遇与挑战［J］. 科学学与科学技术管理: 2020 (9): 1-19. http://kns.cnki.net/kcms/detail/12.1117.G3.20200413.1256.002.html.

［140］杨伊静. 打造包容性数字经济模式 推动中国经济高质量发展——中国信通院发布《中国数字经济发展白皮书（2020年）》［J］. 中国科技产业, 2020 (8): 5-7.

［141］孔田平. 中东欧国家数字经济的现状与前景［J］. 欧亚经济, 2020 (1): 1-20+125+127.

［142］李波, 陈康令. 推动数字"一带一路"发展形成新模式［J］. 世界知识, 2020 (15): 64-65.

［143］余勤. 充分挖掘农业数字化红利 第四届中国—中东欧国家农业部长会议举行［J］. 农药市场信息, 2019 (11): 10.

［144］王鹏, 魏必, 刘思扬. 中欧数字经济合作的现状、不足与启示［J］. 互联网经济, 2020 (3): 12-19.

［145］庄怡蓝, 王义桅. 发展"一带一路"数字经济的初步思考［J］. 中国信息安全, 2018 (3): 35-38.

［146］刘若. 中国与中东欧国家高新技术产品贸易影响因素及潜力分析［D］. 成都: 西南财经大学, 2019.

［147］Hans Zon. The digital economy: Challenges for Central European Industry. 2001, 15 (3): 216-232.

[148] 刘作奎. 中东欧在丝绸之路经济带建设中的作用（英文）[J]. China International Studies, 2014 (4): 18-32+1.

[149] Jelena M. Andrić, Jiayuan Wang, Patrick X. W. Zou, et al. Fuzzy Logic – Based Method for Risk Assessment of Belt and Road Infrastructure Projects. 2019, 145 (12).

[150] Cieślik. Shifting from the EU's production networks? Electronics industry exports of Central and Eastern Europe. 2020, 27 (1): 52-57.

[151] Grzegorz Górski, Joanna Górska-Szymczak. Central and Eastern Europe as Partner of Chinese One Belt One Road Project. 2018, 4 (1): 16-21.